भारतीय नौसेना

सीनियर सेकेंडरी रिक्रूट (SSR)

नवीनतम संस्करण

अभ्यास किट

20 टेस्ट्स

08 मॉक टेस्ट्स

12 सेक्शनल टेस्ट्स

वास्तविक परीक्षा प्रारूप पर आधारित टेस्ट

✓ पूर्णतः संशोधित और अद्यतन

✓ सभी बहुविकल्पीय प्रश्नो का विस्तृत विश्लेषण

शीर्षक	: भारतीय नौसेना सीनियर सेकेंडरी रिक्रूट (SSR)
लेखक का नाम	: Mr. Rohit Manglik
प्रकाशक	: EduGorilla Community Pvt. Ltd.
प्रकाशक का पता	: 12/651 प्रथम तल, अरविन्दो पार्क के सामने, निकट जामा मस्जिद, इंदिरा नगर लखनऊ, उत्तर प्रदेश, 226016, भारत।

कॉपीराइट EduGorilla

अस्वीकरण EduGorilla

यद्यपि लेखक और प्रकाशक ने इस पुस्तक में जानकारी की सटीकता सुनिश्चित करने के लिए हर संभव प्रयास किया है, लेखक और प्रकाशक त्रुटियों के लिए जिम्मेदार नहीं हैं और इस त्रुटि या चूक के कारण किसी भी पार्टी को हुए किसी भी नुकसान, क्षति, या व्यवधान के लिए के लिए किसी भी दायित्व को अस्वीकार करते हैं।

Compiled and created by EduGorilla Community Pvt. Ltd

EduGorilla Community Pvt. Ltd. द्वारा मुद्रित

रोहित मांगलिक
सीईओ, *EduGorilla*

प्रिय छात्रों,

एक बहुत ही प्रचलित कहावत है कि "सफलता उन्हीं को मिलती है जो उसके लिए कड़ी मेहनत करते हैं।" लेकिन मैंने लोगों को उनकी परीक्षाओं के लिए दिन-रात एक करके मेहनत करते हुए देखा है, पर फिर भी वे सफल नहीं हो पाते। तो वहीं दूसरी ओर, कुछ लोग बस आधी मेहनत करके परीक्षा में सफलता प्राप्त करते हैं। तो, क्या वे किस्मत वाले हैं? नहीं मेरा मानना है, कि ऐसा इसलिए है क्योंकि वे सिर्फ कड़ी नहीं बल्कि कुशल तरीके से अपनी तैयारी करते हैं। इसी तरह आपको भी अपनी परीक्षाओं की तैयारी के लिए अपनी योजना बनानी चाहिए, ताकि आपकी भी सफलता की संभावना बढ़ सके। तो तैयार हो जाइये EduGorilla के साथ अपनी परीक्षा में चयन होने की संभावना को 16 गुना बढ़ाने के लिए।

EduGorilla आपको न केवल कड़ी मेहनत करने में मदद करता है, बल्कि एक स्मार्ट और योजनाबद्ध तरीके से तैयारी करने में भी सहायता प्रदान करता है। EduGorilla की तैयारी पैकेज के साथ आप अपने परीक्षा में चयन होने के रास्ते को सहज और मनोरंजक बना सकते हैं। अपनी तैयारी के लिए सही रास्ता खोजना मुश्किल हो सकता है, यदि आप ये नहीं जानते कि आपको किस दिशा में जाना है। चिंता न करें हम आपके साथ खड़े हैं! EduGorilla आपकी सफलता में आपका मार्गदर्शक बनेगा। हमारे तैयारी पैकेज के साथ आप रणनीतिक रूप से तैयारी कर, अपनी परीक्षा में सिर्फ एक ही प्रयास में सफल हो सकते हैं।

EduGorilla के तैयारी पैकेज में शामिल हैं-

• टेस्ट सीरीज़   • किताबें

हमारे तैयारी पैकेज को सभी तरह के नये बदलवों, विशेषज्ञों की राय एवं छात्रों के प्रतिक्रिया के अनुसार तैयार किया गया है। जो आपको परीक्षा के प्रत्येक चरण की चयन प्रक्रिया को पार करने के योग्य बनाता है।

हमारी किताबें शिक्षकों और विशेषज्ञों द्वारा आपकी परीक्षा के लिए तैयार की गई हैं, 150+ वर्षों के अनुभव के साथ; ताकि आपको आसान, कुशल और प्रभावी शिक्षण प्रदान किया जा सके। हमारी स्मार्ट किताबें न सिर्फ आपको प्रश्नों के उत्तर देने की समझ देती हैं, अपितु आपके अभ्यास के लिए समान रूप के प्रश्न भी प्रदान करती हैं।

EduGorilla की सक्षम टेस्ट सीरीज आपको वास्तविक अनुभव और आत्मविश्वास प्रदान करती हैं, जिसके माध्यम से आप केवल एक प्रयास में अपनी ऑफलाइन अथवा ऑनलाइन परीक्षा पास कर सकते हैं। वर्तमान में हम 83,000+ मॉक टेस्ट्स और 1,440+ प्रतियोगी एवं शैक्षणिक परीक्षाओं की तैयारी कराते हैं।

अर्थात, EduGorilla आपकी तैयारी में आपकी सहायता करने का कोई भी मौका नहीं छोड़ता है और परीक्षा के सभी चरणों को कवर करता है, ताकि परीक्षा की तैयारी के लिए आपको कहीं और भटकना ना पड़े।

हम आपको डिफेन्स, बैंकिंग, टीचिंग और अन्य राष्ट्रीय एवं राज्य स्तरीय परीक्षाओं के लिए सम्पूर्ण तैयारी पैकेज प्रदान करते हैं। अतः इससे कोई फर्क नहीं पड़ता कि आप किस परीक्षा के लिए तैयारी कर रहे हैं, क्योंकि आप सफलता हासिल करेंगे।

आपको परीक्षा की शुभकामनाएं!

रोहित मांगलिक,
संस्थापक और मुख्य कार्यकारी अधिकारी, EduGorilla

प्रस्तावना

EduGorilla छात्रों को उनकी परीक्षा में सफल होने के लिए मार्गदर्शन प्रदान करता है। जिसको ध्यान में रखते हुए हमारे कुल 150+ वर्षों का अनुभव रखने वाले प्रतिष्ठित विशेषज्ञों ने कड़े प्रयासों के द्वारा "भारतीय नौसेना : सीनियर सेकेंडरी रिक्रूट (SSR)" को तैयार किया है। इस किताब के प्रश्नों को हाल ही में परीक्षा के पाठ्यक्रम और पैटर्न में हुए सभी बदलावों को ध्यान में रखकर बनाया गया है। वो प्रश्न जिनकी Indian Navy Senior Secondary Recruits (SSR) परीक्षा में आने कि संभवना काफी प्रबल है, उनको इस किताब मे रखा गया है। आप EduGorilla की "भारतीय नौसेना : सीनियर सेकेंडरी रिक्रूट (SSR)" के माध्यम से अपनी सफलता की संभावना को 16 गुना बढ़ा सकते हैं।

EduGorilla ये अपनी संपूर्ण तैयारी पैकेज के माध्यम से साकार करता है। इस किट में आपको प्रश्न अच्छी तरह अवधारित एवं संरचित रूप मे मिलेंगे जिन्हे आपकी जरूरतों के अनुसार बनाया गया है। इसके माध्यम से आपको स्मार्ट तरीके से परीक्षा के लिए अभ्यास करने में मदद मिलेगी। साथ ही आपको सहायक, समाधान और स्मार्ट उत्तर पत्रिका भी प्रदान की जायेंगी। जिससे आप अपना मूल्यांकन स्वयं कर सकते हैं। आप स्वयं की समीक्षा कर, उन सभी बिन्दुओं पर खुद को बेहतर तरीके से तैयार कर सकते हैं।

EduGorilla आपको अपनी परीक्षा में सफ़लता दिलाने और आपके लक्ष्य को हासिल करने में आपकी सहायता करने का वादा करता हैं। हम अपने प्रतिभागियों पर पूरा भरोसा करते हैं और उन्हें मेरिट सूची के शीर्ष पर देखते हैं। शीर्ष स्थान की ओर आपका पहला कदम है हमारे साथ तैयारी शुरू करना। EduGorilla की "भारतीय नौसेना : सीनियर सेकेंडरी रिक्रूट (SSR)" की विशेषताएं कुछ इस प्रकार हैं।

➤ अच्छी तरह से शोध किया हुआ पाठ्यक्रम

➤ उच्च गुणवत्ता

➤ विस्तृत उत्तर और विश्लेषण

➤ स्मार्ट उत्तर पत्रिका

➤ परीक्षा सुसंगत प्रश्न

इस प्रकार EduGorilla आपकी तैयारी को मजबूत और आपको परीक्षा में राफल होने के योग्य बनाता है।

Indian Navy Senior Secondary Recruits (SSR)
परीक्षा की योग्यता, परीक्षा पैटर्न, विषय को जानने
के लिए QR कोड को स्कैन करें।

Book ID: 0350

English

Ques (1-5):Direction: Read the following passage and answer the question.

It is to progress in the human sciences that we must look to undo the evils which have resulted from a knowledge of the physical world hastily and superficially acquired by the population unconscious of the changes in themselves that the new knowledge has imperative. The road to a happier world than any known in the past lies open before us if atavistic destructive passions can be kept in the leash while the necessary adaptations are made. Fears are inevitable in time, but hopes are equally rational and far more likely to bear good fruit. We must learn to think rather less of the dangers to be avoided than of the good that will lie within our grasp if we can believe in it and let it dominate our thoughts. Science, whatever unpleasant consequences it may have, by the way, is in its very nature a liberator, a liberator of bondage to physical nature and in time to come, a liberator from the weight of destructive passions. We are on the threshold of utter disaster or unprecedentedly glorious achievement. No previous age has been fraught with problems so momentous, and it is to science that we must look to for a happy future.

Q.1 What does science liberate us from?
A. Fears and destructive passions
B. Slavery to physical nature and from passions
C. Bondage to physical nature
D. Idealistic hopes of glorious future

Q.2 Should human sciences be developed because they will:
A. Provide more knowledge of the physical word
B. Make us conscious of the changing world
C. Make us conscious of the changing in ourselves
D. Eliminate the destruction caused by a superficial knowledge of the physical world

Q.3 If man's bestial yearning is controlled:
A. The future will be tolerable
B. The future will be brighter than the present
C. The present will be brighter than the future
D. The present will become tolerable

Q.4 Fears and hopes according to the author:
A. Are closely linked with the life of modern man
B. Can bear fruit
C. Can yield good results
D. Are irrational

Q.5 To carve out a bright future man should:
A. Analyse dangers that lie ahead
B. Try to avoid dangers
C. Overcome fear and dangers
D. Cultivate a positive outlook

Q.6 Choose the correctly punctuated sentence.
A. However, David did not achieve his goal.
B. However; David did not achieve his goal.
C. However David did not achieve his goal!
D. However: David did not achieve his goal.

Q.7 Direction: Choose the correct alternative to correct the sentence.

In our country, women **have an opportunities to rise** to the top in every walk of life.
A. have been having opportunities
B. have had opportunities for a raise
C. have opportunities to rise
D. will be have opportunities to rise

Q.8 Direction: Choose the appropriate synonym of the word.
Hoarse
A. Noisy   **B.** Harmful   **C.** Pleasant   **D.** Harsh

Q.9 Direction: Choose the appropriate antonym of the word.
Capitulate
A. Conquer   **B.** Venerate
C. Destroy   **D.** Surrender

Q.10 Direction: Choose the correct Active / Passive sentence.
I had 500 INR in my wallet. I lost it.
A. I had 500 INR in my wallet, but I lost it.
B. I had 500 INR in my wallet, which has been lost by me.
C. I lost the 500 INR I had in my wallet.
D. The 500 INR in my wallet is lost.

Q.11 Direction: Change Active to Passive Voice or vice - versa as the case may be.
Has the work been completed by you?
A. Has you completed the work?
B. Have you completed the work?
C. Have you been completing the work?
D. Is the work complete?

Q.12 Direction: Change Direct to Indirect Speech or vice - versa as the case may be.
"Do you write a good hand?" the teacher said to the student.
A. The teacher asked the student if he would write a good hand.
B. The teacher asked the student if he can write a good hand.
C. The teacher asked the student if he has written a good hand.
D. The teacher asked the student if he wrote a good hand.

Q.13 Direction: Choose the most appropriate alternative to change a sentence from indirect to direct speech or vice - versa.
The customer asked the waiter if he could book a table for dinner that night.

A. The customer said to the waiter, "Can I book a table for dinner tonight?"

B. The customer said, "Can I book a table for dinner tonight?"

C. The customer said to the waiter, "Can I book a table tonight?"

D. The customer said to the waiter, "Could I book a table for dinner tonight?"

Q.14 Direction: Choose the most appropriate alternative to complete the sentence.

I bring fresh flowers ______ the lovely lady coming from the seas.

A. for **B.** off **C.** in **D.** to

Q.15 Direction: Choose the most appropriate preposition to complete the sentence.

______ the nine gods, he swore.

A. At **B.** Of **C.** By **D.** Into

Q.16 Direction: Choose the most appropriate alternative to complete the sentence.

Two gold jewellery sets were given to ______ by my grandmother.

A. them **B.** our **C.** me **D.** I

Q.17 Direction: Choose the most appropriate alternative to complete the sentence.

I was ______ to know that everybody was fine.

A. pleasant **B.** pleased **C.** pleasing **D.** pleaseful

Q.18 Direction: Choose the most appropriate verbs/tense to complete the sentence.

The garden ______ sweet with flowers like the rose and the jasmine

A. was smelling **B.** had been smelling
C. smelled **D.** None

Q.19 Direction: Choose the most appropriate determiners to complete the sentence.

______ men must be punished.

A. An **B.** Those **C.** The **D.** Each

Q.20 From the given four options choose the correct sentence.

A. I can't go out tonight because I have to prepare for my interview tomorrow.

B. I can't go out tonight because I has to prepare for my interview tomorrow.

C. I can't went out tonight because I have to prepare for my interview tomorrow.

D. I can't go out tonight because I have to prepare about my interview tomorrow.

Q.21 Direction: Select the correct adjective from the given options.

You can not grow cherries in these areas. They grow only in ________ conditions.

A. exceptional **B.** specific
C. special **D.** considerable

Q.22 Identify the adjective out of the given options.

A. Cowardly **B.** Belly
C. Apply **D.** Beautifully

Q.23 Direction: Fill in the blank with an appropriate determiner.

He had heard there were many beavers in ____ park.

A. No determiner **B.** a
C. an **D.** the

Q.24 Direction: Fill in the blank with a suitable phrasal verb.

Sandy just stood by and _________ my glass.

A. showed off **B.** read out
C. gave up **D.** filled up

Q.25 Direction: Fill in the blank with the most appropriate phrasal verb.

He ______ his grandfather.

A. takes off **B.** takes to
C. takes after **D.** takes for

Science

Q.26 प्लैंक के स्थिरांक की विमा ___ के समान हैं।

A. ऊर्जा **B.** शक्ति
C. कोणीय आवृत्ति **D.** कोणीय संवेग

Q.27 एक टेनिस बॉल को सीधे ऊपर की तरफ फेंका जाता है और उसी ऊंचाई पर पकड़ा जाता है। जब गेंद शीर्ष पर पहुंचता है तो निम्नलिखित में से कौन गेंद की गति का वर्णन करता है ?

A. गेंद का वेग शून्य होता है।
B. गेंद का त्वरण शून्य होता है।
C. गेंद का त्वरण 9.8 मी/से^{2} है।
D. इनमें से कोई नहीं

Q.28 एक जड़त्वीय फ्रेम में निरंतर वेग से आगे बढ़ने वाली वस्तु ___चाहिए।

A. में उस पर कार्य करने वाला शुद्ध बल होना
B. में उस पर कार्य करने वाला शून्य शुद्ध बल होना
C. में उस पर गुरुत्वाकर्षण का कोई बल नहीं होना
D. गुरुत्वाकर्षण के कारण कुछ समय बाद रुकनी

Q.29 द्रव्यमान 3 kg वाले एक निकाय को 1 m की ऊंचाई से गिराया जाता है। जब यह भूमि को स्पर्श करता है तो निकाय की गतिज ऊर्जा क्या होगी?

A. 49 J **B.** 29.4 J **C.** 200 J **D.** 150 J

Q.30 एक पानी की फिल्म को प्रत्येक $10\ cm$ लम्बाई और एक-दूसरे से $0.5\ cm$ की दूरी पर दो सीधे समानांतर तारों के बीच बनाया गया है। यदि तार के बीच की दूरी को $1\ mm$ बढ़ाया गया है, तो कितना कार्य किया जायेगा? पानी का पृष्ठीय तनाव = $72\ dynes/cm$

A. 288 अर्ग **B.** 72 अर्ग **C.** 144 अर्ग **D.** 216 अर्ग

Q.31 द्विपरमाणुक अणुओं के एक गैस में, गैस $\frac{C_P}{C_V}$ के दो विशिष्ट उष्माओं का अनुपात क्या है?

A. 7 : 6 **B.** 7 : 5 **C.** 6 : 5 **D.** 7 : 8

Q.32 एक वस्तु में वायुमंडल के समान तापमान है। तो वायुमंडल से उत्सर्जित विकिरण और प्राप्त विकिरणों का अनुपात क्या होता है?

A. शून्य **B.** एक

C. अनंत　　　　　　**D.** इनमें से कोई नहीं

Q.33 निम्नलिखित में से कौन-सा उनकी समयावधि में तब परिवर्तन नहीं दर्शायेगा जब उन्हें चंद्रमा पर ले जाया जाएगा?

A. एक साधारण दोलन　　　　**B.** एक भौतिक दोलन

C. एक मरोड़ दोलन　　　　**D.** इनमें से कोई नहीं

Q.34 यदि एक तरंग की आवृत्ति दोगुनी हो जाती है, तो इसका तरंगदैर्घ्य कितना होता है?

A. आधा

B. यह भी दोगुना हो जाता है

C. अपरिवर्तित, क्योंकि c स्थिरांक है

D. अब 4 गुना लंबा

Q.35 10 cm त्रिज्या वाले एक खोखले धातु के गोले को इस प्रकार आवेशित किया जाता है जिससे इसकी सतह पर विभव 80 V होता है। तो गोले के केंद्र पर विभव क्या है?

A. शून्य　　　**B.** 80 V　　　**C.** 800 V　　　**D.** 8 V

Q.36 यदि विद्युत धारा एक नस के माध्यम से पारित होती है, तो एक व्यक्ति निम्न में से क्या करेगा?

A. हंसना शुरू करेगा　　　　**B.** रोना शुरू करेगा

C. उत्तेजित हो जाएगा　　　　**D.** इनमें से कोई नहीं

Q.37 जब एक आवेशित कण एकसमान चुंबकीय क्षेत्र में प्रवेश करता है, तो इसकी गतिज ऊर्जा क्या होती है?

A. स्थिर रहती है　　　　**B.** बढ़ती है

C. कम होती है　　　　**D.** शून्य हो जाती है

Q.38 एक परिपथ में धारा कब वाटहीन होती है?

A. धारा प्रत्यावर्ती होती है

B. परिपथ में प्रतिरोध शून्य है

C. परिपथ में प्रेरकत्व शून्य है

D. प्रतिरोध और प्रेरकत्व दोनों शून्य हैं

Q.39 मैक्सवेल के एम्पियर के परिक्रमी नियम का संशोधित रूप क्या है?

A. $\oint \vec{B} \cdot d\vec{S} = 0$

B. $\oint \vec{B} \cdot d\vec{l} = \mu_0 i$

C. $\oint \vec{B} \cdot d\vec{l} = \mu_0 i + \frac{1}{\epsilon_0}\frac{dq}{dt}$

D. $\oint \vec{B} \cdot d\vec{l} = \mu_0 i + \mu_0 \epsilon_0 \frac{d\phi_E}{dt}$

Q.40 लाल प्रकाश में रखा गगा हरी पत्तियों वाला एफ पौधा कैसा दिखाई देगा?

A. काला　　　**B.** हरा　　　**C.** लाल　　　**D.** बैगनी

Q.41 एक पानी की बूंद को 8 बराबर बूंदों में विभाजित किया जाता है। तो बड़े बूंद के आंतरिक और बाहरी पक्ष के बीच दबाव अंतर क्या होगा?

A. सबसे छोटे बूंदों के समान

B. सबसे छोटे बूंदों का $\frac{1}{2}$

C. सबसे छोटे बूंदों का $\frac{1}{4}$

D. सबसे छोटे बूंदों का दोगुना

Q.42 निम्नलिखित में से कौन-सा एक रेडियोधर्मी क्षय का मोड नहीं है?

A. पोजीट्रान उत्सर्जन　　　　**B.** इलेक्ट्रॉन अभिग्रहण

C. संलयन　　　　**D.** अल्फा क्षय

Q.43 आवृत्ति ω_m वाले एक सन्देश सिग्नल को एक आयाम मॉडुलन तरंग (AM) प्राप्त करने के लिए आवृत्ति ω_c के एक वाहक तरंग से मिलाया जाता है। तो AM तरंग की आवृत्ति क्या होगी?

A. ω_m　　**B.** ω_c　　**C.** $\left(\frac{\omega_m + \omega_c}{2}\right)$　　**D.** $\left(\frac{\omega_m - \omega_c}{2}\right)$

Q.44 एथिलीन के हाइड्रोजनीकरण से बनने वाले हाइड्रोकार्बन में मौजूद हाइड्रोजन परमाणुओं की संख्या कितनी है?

A. 4　　　**B.** 6　　　**C.** 8　　　**D.** 2

Q.45 _________एक प्रोग्राम है जो स्रक कथनों को निष्पादन योग्य निर्देशों में अनुवादित करता है।

A. सॉफ्टवेयर　　　　**B.** असेम्बलर

C. अनुवादक　　　　**D.** इनमें से कोई नहीं

Q.46 $60 kmh^{-1}$ के वेग पर चलती $1500\ kg$ की कार को रोकने के लिए आवश्यक कार्य की गणना करें।

A. $-208333\ J$　　　　**B.** $208333\ J$

C. $-209333\ J$　　　　**D.** $-207333\ J$

Q.47 धातु ऑक्सीजन के साथ प्रतिक्रिया कर निम्न में से कोनसा पदार्थ बनाते हैं?

A. क्षारीय ऑक्साइड　　　　**B.** अम्लीय ऑक्साइड

C. (A) और (B) दोनों　　　　**D.** इनमे से कोई भी नहीं

Q.48 भोजन के प्रमुख घटक ______ हैं जिन्हें टूट-फूट के लिए शरीर द्वारा आवश्यक माना जाता है।

A. विटामिन　　　　**B.** खनिज पदार्थ

C. नमक　　　　**D.** प्रोटीन

Q.49 मलेरिया का कारण बनने वाला प्रोटोजोआ कौन सा है?

A. एंटअमीबा हिस्टोलिटिका

B. यूग्लीना

C. पैरामिसियम

D. प्लास्मोडियम

Q.50 VIRUS का अर्थ है:

A. Vital Information Recourse Under Siege

B. Vital Information Reason Under Siege

C. Vital Information Recourse Under System

D. Virus Information Recourse Under Siege

Mathematics

Q.51 माना कि एक त्रिभुज ABC का O परिकेन्द्र, G केन्द्रक और O' लम्बकेन्द्र है। तीन सदिश को O के माध्यम से खिंचा गया है और $\vec{a} = \overrightarrow{OA}, b = \overrightarrow{OB}$ और $c = \overrightarrow{OC}$, द्वारा दर्शाया गया है, तो $\vec{a} + \vec{b} + \vec{c}$ का मान ज्ञात कीजिए।

A. $\overrightarrow{OG}$　　　　**B.** $\overrightarrow{2OG}$

C. $\overrightarrow{OO}$　　　　**D.** इनमें से कोई नहीं

Q.52 चार मशीन हैं और यह ज्ञात है कि उनमें से ठीक दो दोषपूर्ण हैं। उनकी जाँच यादृच्छिक क्रम में एक-एक करके तब तक की जाती है जब तक कि दोनों दोषपूर्ण मशीनों की पहचान ना हो जाये। तो प्रायिकता क्या है कि केवल दो जांचों की आवश्यकता हैं?

A. $\frac{1}{3}$　　　**B.** $\frac{1}{6}$　　　**C.** $\frac{1}{2}$　　　**D.** $\frac{1}{4}$

Q.53 $\lim\limits_{x \to 0} \dfrac{(1-\cos 2x)^2}{x^4}$ का मान ज्ञात कीजिए।

A. 1   B. 8   C. 4   D. 0

Q.54 यदि n (X) = 300, n (Y) = 400 और n (X ∪ Y) = 500 तो n (X - Y) किसके बराबर है?

A. 120   B. 140   C. 150   D. 100

Q.55 मान लीजिए $f: R \to R, f(x) = 2x - 3, \forall x \in R$ द्वारा परिभाषित फलन है। तो $f^{-1}(x)$ का मान ज्ञात कीजिए।

A. $2x + 3$ B. $\frac{x}{2} + 3$ C. $\frac{1}{2x-3}$ D. $\frac{x+3}{2}$

Q.56 300 और 500 के बीच सभी प्राकृतिक संख्याओं का योग क्या है जो 7 से विभाज्य हैं?

A. 29334   B. 11527   C. 12572   D. 11571

Q.57 समीकरण $\dfrac{\sin 4x - \sin 2x}{\cos 4x + \cos 2x}$ किसके बराबर है?

A. $\cot x$ B. $\tan x$
C. $\tan 2x$ D. इनमें से कोई नहीं

Q.58 cos 3x का मान ज्ञात कीजिए।

A. 3 cos x - 4cos³ x   B. 4 cos³ x - 3 cos x
C. 4 cos x - 3 cos³ x   D. इनमें से कोई नहीं

Q.59 $\int_{-2}^{2} |x|\, dx$ का मान ज्ञात कीजिए।

A. 0   B. 1   C. 2   D. 4

Q.60 अवकल समीकरण $\left(\dfrac{d^3 y}{dx^3}\right)^{\frac{3}{2}} = \left(\dfrac{d^2 y}{dx^2}\right)^2$ डिग्री का घात ज्ञात कीजिए।

A. 1   B. 2   C. 3   D. 4

Q.61 $\int \cos^2 x\, dx$ का मूल्यांकन कीजिए।

A. $\frac{x}{2} + \frac{\sin 2x}{2} + c$ B. $\frac{x}{2} + \frac{\sin 2x}{4} + c$
C. $\frac{x}{2} - \frac{\sin 2x}{4} + c$ D. $\frac{x}{2} + \frac{\cos 2x}{4} + c$

Q.62 $\dfrac{4+2i}{1-2i}$ का मापांक क्या है, जहाँ $i = \sqrt{-1}$ है?

A. $2\sqrt{5}$ B. 4   C. 3   D. 2

Q.63 यदि p और q समीकरण $x^2 - 30x + 221 = 0$ के मूल हैं तो $p^3 + q^3$ का मान ज्ञात कीजिए।

A. 7010   B. 7110   C. 7210   D. 7240

Q.64 यदि a, b, c, d, e, f A.P. में है, तो e − c का मान क्या होगा?

A. 2 (c - a)   B. 2 (d - c)   C. 2 (f - d)   D. (d - c)

Q.65 दो सदिशों $\vec{a} = 2\hat{i} + \hat{j} - 3\hat{k}$ तथा $\vec{b} = 3\hat{i} - 2\hat{j} - \hat{k}$ के बीच का कोण ज्ञात कीजिए।

A. −160°   B. −60°   C. 160°   D. 60°

Q.66 यदि सीधी रेखा $2x - 5y + 4 = 0$ बिंदुओं $(1,5)$ और $(\alpha, 3)$ से गुजरने वाली रेखा के लंबवत है तो α किसके बराबर है?

A. $\frac{6}{5}$ B. $\frac{9}{5}$ C. $\frac{7}{8}$ D. 2

Q.67 उस दीर्घवृत्त का समीकरण ज्ञात कीजिए जिसके शीर्ष $(\pm 5,0)$ पर और केंद्र-बिंदु $(\pm 4,0)$ पर हैं।

A. $\frac{x^2}{25} + \frac{y^2}{9} = 1$ B. $\frac{x^2}{9} + \frac{y^2}{25} = 1$
C. $\frac{x^2}{16} + \frac{y^2}{25} = 1$ D. $\frac{x^2}{25} + \frac{y^2}{16} = 1$

Q.68 एक थैले में 7 लाल और 4 नीली गेंदे हैं। दो गेंदों को प्रतिस्थापन के साथ यादृच्छिक रूप से निकाला जाता है, तो अलग-अलग रंगों वाली गेंदों को निकालने की प्रायिकता क्या होगी?

A. $\frac{28}{121}$ B. $\frac{56}{121}$
C. $\frac{1}{2}$ D. इनमें से कोई नहीं

Q.69 $2X - Y$ आव्यूह को ज्ञात करें जैसे कि $X + Y = \begin{bmatrix} 7 & 5 \\ 3 & 4 \end{bmatrix}$ और $X - Y = \begin{bmatrix} 1 & -3 \\ 3 & 0 \end{bmatrix}$ है।

A. $\begin{bmatrix} 3 & 4 \\ 0 & -2 \end{bmatrix}$ B. $\begin{bmatrix} 5 & -2 \\ 6 & 2 \end{bmatrix}$
C. $\begin{bmatrix} 5 & 4 \\ 3 & -2 \end{bmatrix}$ D. $\begin{bmatrix} -3 & 4 \\ 0 & -2 \end{bmatrix}$

Q.70 सारणिक $\begin{vmatrix} x+2 & x+3 & x-1 \\ x+6 & x+8 & x+4 \\ x+9 & x+11 & x+7 \end{vmatrix}$ का मान ज्ञात कीजिए।

A. $-x + 32$ B. 32
C. 12   D. 16

Q.71 यदि परवलय $y^2 = 4kx$ बिंदु $(-2,1)$ से होकर गुजरता है, तो लैटस रेक्टम की लम्बाई क्या है?

A. $\frac{1}{2}$ B. $\frac{1}{3}$
C. $\frac{1}{4}$ D. इनमें से कोई नहीं

Q.72 समानांतर तल $3x + y + 3z = 8$ और $9x + 3y + 9z = 15$ के बीच की दूरी ज्ञात कीजिए।

A. $\frac{5}{\sqrt{19}}$ B. $\frac{7}{\sqrt{19}}$ C. $\frac{3}{\sqrt{19}}$ D. $\frac{9}{\sqrt{19}}$

Q.73 यदि समतल $2x - y - 3z - 7 = 0$ और $4x - 2y + 5kz + 9 = 0$ समानांतर हैं तो $5k + 7$ का मान ज्ञात कीजिए।

A. 4   B. 5   C. 3   D. 1

Q.74 एक रेखा $(1,1)$ से होकर गुजरती है और रेखा $3x + y = 7$ के लंबवत है। इसका x- अंतःखंड ज्ञात कीजिए।

A. -2 B. 2   C. $\frac{2}{3}$ D. $-\frac{2}{3}$

Q.75 केंद्र से होकर गुजरने वाले वृत्त $x^2 + y^2 + x + c = 0$ की त्रिज्या ज्ञात कीजिए।

A. $\frac{1}{4}$ B. $\frac{1}{2}$ C. 1   D. 2

General Awareness

Q.76 अगस्त 2022 में किस देश ने रूसी राज्य द्वारा संचालित परमाणु ऊर्जा कंपनी 'एएसई' के साथ 2.25 बिलियन डॉलर का समझौता किया है?

[RBI Assistant, 2020], [UPSSSC Rajasva Lekhpal, 2015]

A. भारत   B. चीन
C. जापान   D. दक्षिण कोरिया

Q.77 निम्नलिखित में से किसे जुलाई 2022 में भारत के 15वें राष्ट्रपति के रूप में चुना गया है?

A. निर्मला सीतारमण   B. स्वाति पीरामली

C. हिमा कोहली   D. द्रौपदी मुर्मू

Q.78 2022 में संयुक्त राष्ट्र महिला कोर बजट में भारत का क्या योगदान है?

[Delhi Forest Guard, 2021], [HSSC Canal Patwari, 2021]

A. यूएसडी 10,000   B. यूएसडी 50,000

C. यूएसडी 100,000   D. यूएसडी 500,000

Q.79 गुप्त वंश का संस्थापक कौन था?

A. श्री गुप्त   B. चन्द्रगुप्त द्वितीय

C. समुद्रगुप्त   D. स्कंदगुप्त

Q.80 बैंकिंग में ATM का पूर्ण रूप क्या है?

A.   Automated Tallying Machine

B.   Automated Teller Machine

C.   Automated Totalling Machine

D.   Automated Transaction of Money

Q.81 किस राज्य को अक्सर "पाँच नदियों की भूमि" कहा जाता है?

A. पंजाब   B. महाराष्ट्र

C. आंध्र प्रदेश   D. हिमाचल प्रदेश

Q.82 पुस्तक "टू किल ए मॉकिंगबर्ड" के लेखक कौन है?

A. अमिताव घोष   B. एलिस मुनरो

C. हार्पर ली   D. पैट्रिक मोदियानो

Q.83 अर्जेंटीना की राजधानी क्या है?

A. हवाना   B. कैनबरा

C. ब्यूनस आयर्स   D. ओटावा

Q.84 निम्नलिखित में से कौन एक मार्शल नृत्य है?

A. कथकली   B. मेघालय का बांस-नृत्य

C. मयूरभंज छाउ   D. पंजाब का भांगड़ा

Q.85 निर्देश: निम्न में से कौन-सी संख्या दी गयी श्रृंखला को पूर्ण करेगी?

0, 5, 22, 57, ?, 205

A. 198   B. 116   C. 172   D. 92

Q.86 यदि OUT के लिए कूट 152120 है, तब IN के लिए कूट होगा:

A. 1015   B. 819   C. 1813   D. 914

Q.87 नवीन कॉज़ा ________ की मुद्रा है।

A. क्यूबा   B. अंगोला   C. बहमास   D. चाड

Q.88 किस वैज्ञानिक ने 'पेनिसिलिन' की खोज की?

A. अलेक्जेंडर फ्लेमिंग   B. रॉबर्ट कोच

C. लुई पास्चर   D. अर्नस्ट चैन

Q.89 स्पेसX के संस्थापक और CEO कौन हैं?

A. जेम्स   B. टिम कुक

C. जेम्स सोफिया   D. एलन मस्क

Q.90 "फॉर्मूला -1" किस खेल से संबंधित है?

A. मोटर रेसिंग   B. क्रिकेट

C. आइस हॉकी   D. पोलो

Q.91 1916 के लखनऊ समझौते का क्या महत्व था?

A.   मुस्लिम नेता महात्मा गांधी के नेतृत्व में असहयोग आंदोलन में शामिल होने के लिए सहमत हुए।

B.   ब्रिटिश भारत के विभाजन के लिए सहमत हुए, ताकि मुसलमानों को अपनी अलग जमीन मिल सके।

C.   इसने मुस्लिम लीग और भारतीय राष्ट्रीय कांग्रेस (INC) और INC के बीच समूहों के बीच मैत्रीपूर्ण संबंध बनाए।

D.   असहयोग आंदोलन रोक दिया गया और ब्रिटिश सभी प्रांतों को स्वायत्तता देने के लिए सहमत हो गए।

Q.92 निर्देश: दिए गए विकल्पों में से प्रश्न उस शब्द का चयन करें जिसे दिए गए शब्द के अक्षरों का उपयोग करके नहीं बनाया जा सकता है। (पुनरावृत्ति नहीं होनी चाहिए)

DISBURSEMENT

A. BURST   B. DISTURB

C. SISTER   D. SENTIMENT

Q.93 मेघालय में निम्नलिखित में से कौन सी भाषा व्यापक रूप से नहीं बोली जाती है?

A. अंग्रेज़ी   B. गारो   C. खासी   D. हिन्दी

Q.94 कितनी भाषाओं को अनुसूचित भाषा के रूप में मान्यता प्राप्त है?

A. 21   B. 22   C. 23   D. 24

Q.95 'डांडिया'________ का एक लोकप्रिय नृत्य है।

A. पंजाब   B. गुजरात   C. तमिलनाडु   D. महाराष्ट्र

Q.96 बैसाखी आमतौर पर ______ को मनाई जाती है।

A. 14 अप्रैल   B. 25 अप्रैल   C. 1 मई   D. 31 दिसंबर

Q.97 हैंडबॉल के खेल में कितने खिलाड़ी होते हैं?

A. 4   B. 5   C. 6   D. 7

Q.98 किस देश को "अफ्रीका का विशालकाय" कहा जाता है?

A. मिश्र   B. नाइजीरिया

C. दक्षिण अफ्रीका   D. स्कॉटलैंड

Q.99 बांग्लादेश में ______ के साथ सीमांत भूमि है।

A. केवल भारत   B. भारत और म्यांमार

C. भारत और भूटान   D. भारत और चीन

Q.100 पाकिस्तान की राजधानी का नाम बताइए।

A. रावलपिंडी   B. इस्लामाबाद

C. कराची   D. लाहौर

// स्मार्ट उत्तर पुस्तिका //

सही उत्तर — उन छात्रों का प्रतिशत जिन्होंने प्रश्नों का सही उत्तर दिया था। **छोड़ दिया** — उन छात्रों का प्रतिशत जिन्होंने प्रश्नों को छोड़ दिया था।

प्रश्न संख्या	उत्तर	सही उत्तर / छोड़ दिया	प्रश्न संख्या	उत्तर	सही उत्तर / छोड़ दिया	प्रश्न संख्या	उत्तर	सही उत्तर / छोड़ दिया	प्रश्न संख्या	उत्तर	सही उत्तर / छोड़ दिया	प्रश्न संख्या	उत्तर	सही उत्तर / छोड़ दिया	प्रश्न संख्या	उत्तर	सही उत्तर / छोड़ दिया
1	B	81.99 % 16.85 %	18	C	82.17 % 17.08 %	35	B	77.9 % 16.26 %	52	B	89.33 % 10.46 %	69	B	87.3 % 11.1 %	86	D	89.63 % 10.31 %
2	D	81.23 % 11.02 %	19	B	85.43 % 13.89 %	36	C	81.75 % 13.83 %	53	C	81.49 % 17.47 %	70	C	52.8 % 41.99 %	87	B	78.47 % 13.99 %
3	B	81.91 % 10.26 %	20	A	81.45 % 12.28 %	37	A	42.21 % 32.38 %	54	D	84.58 % 11.45 %	71	A	52.42 % 41.3 %	88	A	47.12 % 32.85 %
4	A	84.69 % 15.12 %	21	B	85.21 % 13.25 %	38	B	50.64 % 47.85 %	55	D	88.31 % 10.35 %	72	C	56.82 % 40.54 %	89	D	61.94 % 33.6 %
5	D	82.23 % 13.81 %	22	A	49.76 % 40.74 %	39	D	42.17 % 51.56 %	56	D	64.62 % 30.61 %	73	D	44.27 % 54.09 %	90	A	81.04 % 17.0 %
6	A	83.28 % 10.62 %	23	D	60.8 % 37.64 %	40	A	86.34 % 13.16 %	57	B	40.74 % 30.77 %	74	A	55.37 % 41.37 %	91	C	85.95 % 12.86 %
7	C	84.83 % 12.93 %	24	D	41.43 % 44.86 %	41	B	68.59 % 30.11 %	58	B	52.44 % 46.92 %	75	B	69.84 % 30.16 %	92	D	89.54 % 10.16 %
8	D	77.4 % 20.42 %	25	C	42.2 % 53.25 %	42	C	43.27 % 40.79 %	59	D	79.1 % 10.37 %	76	D	84.64 % 10.54 %	93	D	78.64 % 17.39 %
9	A	76.15 % 10.23 %	26	D	51.12 % 31.75 %	43	B	81.14 % 11.16 %	60	C	59.07 % 38.68 %	77	D	78.98 % 14.23 %	94	B	69.21 % 30.7 %
10	C	82.94 % 12.71 %	27	C	88.55 % 10.8 %	44	B	48.12 % 48.82 %	61	B	56.63 % 35.77 %	78	D	78.37 % 10.42 %	95	B	85.26 % 11.61 %
11	B	84.61 % 10.82 %	28	B	49.91 % 30.18 %	45	B	79.91 % 14.33 %	62	D	89.54 % 10.15 %	79	A	86.55 % 12.36 %	96	A	78.71 % 10.58 %
12	D	89.62 % 10.08 %	29	B	66.7 % 30.34 %	46	A	42.36 % 30.16 %	63	B	55.8 % 37.42 %	80	B	87.38 % 12.53 %	97	D	76.48 % 20.02 %
13	A	81.33 % 17.96 %	30	C	46.27 % 44.17 %	47	A	88.23 % 11.37 %	64	B	80.13 % 13.92 %	81	A	79.38 % 11.31 %	98	B	87.85 % 11.54 %
14	A	77.3 % 13.74 %	31	B	53.82 % 39.35 %	48	D	47.65 % 35.04 %	65	D	42.44 % 49.36 %	82	C	80.38 % 14.6 %	99	B	77.63 % 12.13 %
15	C	83.76 % 10.21 %	32	B	68.45 % 30.56 %	49	D	60.72 % 34.37 %	66	B	49.12 % 34.94 %	83	C	87.32 % 12.68 %	100	B	81.39 % 14.84 %
16	C	80.33 % 14.98 %	33	C	82.2 % 15.3 %	50	A	42.69 % 35.92 %	67	A	51.9 % 35.76 %	84	C	80.77 % 16.82 %			
17	B	78.93 % 10.87 %	34	A	86.1 % 13.3 %	51	C	50.59 % 35.31 %	68	B	85.47 % 13.78 %	85	B	88.78 % 10.37 %			

//संकेत और समाधान//

1. Acccording to the passage, "Science, whatever unpleasant consequences it may have, by the way, is in its very nature a liberator, a liberator of bondage to physical nature and in time to come, a liberator from the weight of destructive passions." **So, science liberates us from bondage or slavery to physical nature and from destructive passions**.

Hence, the correct option is (B).

2. According to the passage, "It is to progress in the human sciences that we must look to undo the evils which have resulted from a knowledge of physical world hastily and superficially acquired by population unconscious of the changes in themselves that the new knowledge has imperative." This means that the **population is unable to recognize the changes that the new knowledge has brought in** them which they have superficially acquired from the physical world. **Only, progress in human sciences can eliminate the destruction which is caused by this knowledge.**

Hence, the correct option is (D).

3. According the passage, "The **road to a happier world**, than any known in the past, lies open before us **if atavistic destructive passions can be kept in leash**" which means that if man's bestial (cruel) or destructive passions or yearnings are kept under control, we will have happier and brighter future than the present or the past.

Hence, the correct option is (B).

4. According to the passage, "Fears are inevitable in time, but hopes are equally rational and far more likely to bear good fruit." This statement means that **more than fear, hope can bear good fruit**. Therefore, option (A) is correct as it can be concluded from the passage how hopes and fears are closely linked with the life of modern man. Options (B) and (C) are incorrect. Also, it is mentioned that hopes are rational which means option (D) is incorrect.

Hence, the correct option is (A).

5. According to the passage, "We must learn to think less of the dangers to be avoided than of the good that will lie within our grasp, if we can believe in it and let it dominate our thoughts." This means that **instead of thinking and getting worried about how to avoid the dangers** that are unavoidable, a man **must think about the good and have a positive outlook** to carve out a bright future.

Hence, the correct option is (D).

6. However, David did not achieve his goal.

The comma (,) is used to separate ideas or elements. Also, it is used after the salutation, or when a brief pause is required after a word or phrase.

For example; Thanks for your help, Tom.

In the question, we require a brief pause after however as it is the introductory adverb.

A semicolon (;) is used when we need to separate independent clauses and to show a close relationship between them.

For example; She was hurt; she knew he had said that to upset him.

A colon (:) is used to provide a pause before introducing related information, or when we want to define or introduce something and join unequal parts of sentences.

For example; He missed only one person: Advik.

An exclamation mark (!) is used to denote a sudden outcry or emphasis.

For example; His behaviour made me furious!

Hence, the correct option is (A).

7. In our country, women **have opportunities to rise** to the top in every walk of life.

In the given question 'an' cannot be used because 'an' is used with singular and countable nouns.

In option (A), instead of 'have been having', 'have had' should be used in order to make the sentence simple. Also, in general statements, we use the simple present tense or past tense form.

In option (B), 'raise' is incorrect because we use 'raise' when we talk about a transitive verb (it has a direct object).

In the given sentence, 'rise' will be used because we do not have any direct object i.e., we are talking about 'the top of every walk of life'.

For example; Raise your hand. (Object is hand)

In option (D), 'have' is incorrect. Whenever we use 'will be' i.e., the action is to be performed in the future, we use the 'ing' form of the verb. In the present tense, 'have' cannot be used with 'will be'.

For example; She will be having a party tomorrow.

Hence, the correct option is (C).

8. Hoarse means (of a person's voice) sounding rough and harsh, typically as the result of a sore throat or of shouting.

For example; I heard a hoarse whisper.

Harsh means unpleasantly rough or jarring to the senses.

For example; I cannot bear his harsh voice.

It is clear from the examples that hoarse and harsh are synonyms.

Noisy means making or given to making a lot of noise.

Harmful means causing or likely to cause harm.

Pleasant means giving a sense of happy satisfaction or enjoyment.

Hence, the correct option is (D).

9. Capitulate means cease to resist an opponent or an unwelcome demand; yield.

For example; The king had to capitulate to the enemy forces.

Conquer means overcome and take control of (a place or people) by military force.

For example; We need to conquer poverty.

It is clear from the examples that the antonym of capitulate is conquer.

Venerate means regard with great respect; revere.

Destroy means end the existence of (something) by damaging or attacking it.

Surrender means stop resisting an enemy or opponent and submit to their authority.

Hence, the correct option is (A).

10. I lost the 500 INR I had in my wallet.

In the passive voice, we make the subject of the sentence as the object of the passive sentence and use the past participle form of the verb.

So, in option (C), 500 INR which is the subject becomes the object and wallet which is the object becomes the subject. Also, we use the past participle form 'had'.

The verb generally comes in between the subject and the object.

Accordingly, options (A) and (B) are incorrect because the verb had come before the subject i.e 500 INR.

'Is' is used with third person singular nouns like he/she/it.

Hence, the correct option is (C).

11. Have you completed the work?

The subject of the sentence should be in agreement with the pronoun used. Usually, we use 'has' with pronouns like he/she/it whereas we use 'have' with pronouns like I/you/we. So, in the given sentence 'have' should be used.

Also, the given question is in the past tense which is identified by the word completed so, the correct transformation of the sentence should also be in the past tense. Accordingly, the present continuous tense 'been completing' in option (C) is incorrect.

Option (D) has missing information as there is no mention of the subject you.

Hence, the correct option is (B).

12. The teacher asked the student if he wrote a good hand.

The given sentence Do you write a good hand? the teacher said to the student is in the present tense. When a sentence in present and future tense is converted to indirect speech, the tense does not change. So, we simply change the pronoun from the first person to the third person i.e., from 'you' to 'he' and change 'write' to 'wrote'.

Option (A) uses the past tense of the word 'will' i.e., 'would'. While converting a sentence from direct to indirect speech, 'will' changes to 'would', but the given sentence does not contain will.

Option (B) contains 'can' which is incorrect because 'can' always changes to 'could' in indirect speech.

Option (C) contains 'has' which is incorrect as 'has' changes to 'had' in indirect speech.

Hence, the correct option is (D).

13. The customer said to the waiter, ''Can I book a table for dinner tonight?''

Option (B) is incorrect because the customer is asking the waiter and the statement has no mention of the waiter.

Option (C) is incorrect because it has missing information i.e., for dinner so it is not the correct conversion of the given sentence to the direct speech.

Option (D) is incorrect because whenever we change a sentence from indirect to direct speech could changes to can. [from past tense to present tense]

Hence, the correct option is (A).

14. I bring fresh flowers for the lovely lady coming from the seas.

Both to and for are used to describe a motive or a reason but the difference is, 'to' is always used before a verb whereas 'for' is used before a noun. In the given sentence, the motive is for the lovely lady. Clearly, lady is a noun. So, we should use 'for' before the lovely lady.

Use of 'to' - For example; He came here to work. (Work is a verb)

'Off' is used when we have to convey a separation or disconnection.

For example; The dog ran off the street.

'In' is used to define a resting place or to denote something within an area.

For example; He lives in Europe.

Hence, the correct option is (A).

15. By the nine gods, he swore.

'By' is used when a particular thing is done with the help of another thing or with reference to another thing.

For example; I''ll send this by email.

In the given question, the subject 'he' is doing an action with reference to the nine gods. So, 'by' will be used in the sentence.

'At' is used when we refer to a particular time or place.

For example; Meet me at midnight.

'Of' is used to indicate relating to, belonging to someone, for reference or to indicate a number or amount.

For example; This is a picture of my dog.

'Into' is used to express movement generally with a verb that expresses movement.

For example; She came into my room.

Hence, the correct option is (C).

16. Two gold jewellery sets were given to me by my grandmother.

Me is used when the person speaking is receiving the action of the verb in some way.

For example; She smiled at me.

Them is used in place of plural nouns in third person.

For example; The kids are playing. I will not disturb them.

Our is a first person plural possessive pronoun. It specifies ownership by the speaker.

For example; This is our school.

I is used when the person speaking is doing the action.

For example; I am going to rest.

In the given question, me should be used as clearly the speaker of the statement which is identified by my grandmother is the object. Them can also be used but the most appropriate word is me.

Hence, the correct option is (C).

17. I was pleased to know that everybody was fine.

Since the sentence is in simple past tense which is recognized by the word was, past tense form of the word please i.e., pleased will be used to make the sentence grammatically correct.

Pleasant is used in the simple present tense.

Pleasing is the present participle form.

Pleaseful is an incorrect form of the word please.

Hence, the correct option is (B).

18. The garden smelled sweet with flowers like the rose and the jasmine.

Option (C) is correct because when we give a general statement or a fact we use the third form of the verb i.e., verb+ed.

Option (A) uses the past continuous tense i.e., an action happening in the past.

For example; She was going to the party.

Option (B) is in the past perfect continuous tense i.e., the action which started at a point in the past and is still continuing in the present. Usually, an adverb of time is used with them.

For example; At that time, she had been preparing for 2 months.

In the given question, there is no adverb of time.

Hence, the correct option is (C).

19. Those men must be punished.

Those is used to demonstrate subjects which are in plural form.

For example; Those are my shirts.

In the given sentence, those will be used to point towards a subject in the plural form i.e., men.

An is used before vowels.

For example; An apple a day keeps a doctor away.

The is used to refer to a particular thing or person. It is never used at the beginning of the sentence before 'man'.

For example; He is the same man I saw yesterday. (Correct because it used to refer to a specific person)

Each is used before singular nouns.

For example; Each student must have their card.

Hence, the correct option is (B).

20. The correct formation of sentence is:

'I can't go out tonight because I have to prepare for my interview tomorrow', because the preposition 'for' is used after the verb prepare.

I can't go out tonight because I has to prepare for my interview tomorrow is incorrect because the verb after 'I' should be 'have'.

I can't went out tonight because I have to prepare for my interview tomorrow is incorrect because the basic form of the verb i.e., go should be used after can't.

I can't go out tonight because I have to prepare about my interview tomorrow is incorrect because the preposition about is used after the verb prepare.

Hence, the correct option is (A).

21. 'Specific' means 'particular'. The context of the given sentence is that cherries grow in some particular conditions only. Therefore, the adjective 'specific' is suitable to describe 'condition'.

'Exceptional' means 'uncommon or extra-ordinary'.

'Special' means 'uncommon or unusual'.

'Considerable' means 'substantial, remarkable'.

None of these adjectives are suitable to describe the noun 'condition' to grow cherries.

The completed sentence, thus, becomes: You can not grow cherries in these areas. They grow only in specific conditions.

Hence, the correct option is (B).

22. Adjectives are words that modify nouns or pronouns to make them more specific.

Option (A) cowardly is an adjective that means 'lacking courage'.

Option (B) belly is a noun which is the term given to the front part of the human trunk consisting of the stomach. It is also used to describe the undersurface of a ship or an aircraft.

Option (C) apply is a verb that means to make a formal request.

Option (D) beautifully is an adverb that means in a way that is pleasing.

Hence, the correct option is (A).

23. It is stated that there are many beavers in the park. This suggests that the sentence is talking about a particular park. So, the definite determiner 'the' should be used.

Hence, the correct option is (D).

24. The context refers to pouring something in a glass. Here, the phrasal verb "filled up" is correct as it means to complete something completely.

Option (A) is incorrect as "to show off" is to behave in a way that is intended to attract attention or admiration.

Option (B) is incorrect as "to read out" is to read aloud.

Option (C) is incorrect as "to give up" is to stop trying to do something before you have finished.

Hence, the correct option is (D).

25. To "take after" someone is to be like them. The context refers to him being like someone.

To "take off" is to leave.

To "take to" someone is to begin to like them.

To "take for" something is to regard as something.

Hence, the correct option is (C).

26. प्लांक की स्थिरांक: यह एक भौतिक स्थिरांक है जो विद्युत चुम्बकीय क्रिया की मात्रा है। यह एक फोटॉन द्वारा की गई आवृत्ति से संबंधित ऊर्जा $E = hv$ है।

$$\therefore h = \frac{E}{v}$$

जहां, $E = $ ऊर्जा, $v = $ आवृत्ति और $h = $ प्लैंक स्थिरांक

अब,

ऊर्जा का विमीय सूत्र $(E) = [ML^2 T^{-2}]$

आवृत्ति का विमीय सूत्र $(v) = [T^{-1}]$

$$h = \frac{ML^2 T^{-2}}{T^{-1}}$$

$$\therefore h = ML^2 T^{-1}$$

$\therefore$ प्लांक के स्थिरांक h का विमीय सूत्र $[ML^2 T^{-1}]$ है।

कोणीय संवेग: यह रेखीय संवेग के घूर्णी समकक्ष है।

$$L = I \times \omega$$

$$\therefore L = r \times p$$

जहां, $L = $ कोणीय संवेग, $I = $ जड़त्वाघूर्ण, $\omega = $ कोणीय संवेग, $r = $ दूरी तथा $p = $ रेखीय संवेग

अब,

दूरी (r) का विमीय सूत्र $= [L]$

रेखीय संवेग (p) का विमीय सूत्र $= [MLT^{-1}]$

इसलिए, L का विमीय सूत्र $= [L] \times [MLT^{-1}]$

$$\therefore L = [ML^2 T^{-1}]$$

$\therefore$ कोणीय संवेग L का विमीय सूत्र $[ML^2 T^{-1}]$ है।

अत: विकल्प (D) सही है।

27. जब गेंद शीर्ष पर होता है, तो यह पृथ्वी के गुरुत्वाकर्षण खिंचाव के कारण स्थिर हो जाता है और फिर वापस आ जाता है, इसलिए इसका वेग शून्य हो जाता है क्योंकि यह और आगे नहीं जा सकता है। दुर्भाग्य से शून्य वेग का यह क्षण मुश्किल से दृश्य होता है, चूँकि यह एक बहुत छोटे समयावधि में होता है। जब टेनिस का गेंद संभव शीर्ष स्थान पर होता है तो गुरुत्वाकर्षण के कारण त्वरण गेंद पर कार्य करता है जो 9.8 मी/से² के बराबर होता है।

अत: विकल्प (C) सही है।

28. गति के दूसरे नियम के अनुसार,

बल $F = K \frac{p_2 - p_1}{t} = K \frac{m(v-u)}{t} = K \frac{m(v-v)}{t} = 0$ [चूंकि वेग स्थिर है]

$$\therefore F = 0$$

चूंकि स्थिर वेग है, इसलिए त्वरण शून्य होगा। इसलिए बल शून्य होगा।

अत: विकल्प (B) सही है।

29. दिया गया,

निकाय का द्रव्यमान $(m) = 3$ kg और ऊंचाई $(h) = 1$m

निकाय की स्थितिज ऊर्जा,

PE = mgh

$\Rightarrow$ PE = 3 × 9.8 × 1

$\Rightarrow$ PE = 29.4 J

जैसे ही निकाय गिरता है, इसकी गतिज ऊर्जा स्थितिज ऊर्जा के व्यय पर बढ़ जाती है।

जब निकाय भूमि को स्पर्श करता है, तो इसकी स्थितिज ऊर्जा शून्य हो जाती है और ऊर्जा के संरक्षण के कारण स्थितिज ऊर्जा गतिज ऊर्जा में परिवर्तित हो जाती है।

भूमि पर वस्तु की गतिज ऊर्जा = 1 m पर निकाय की स्थितिज ऊर्जा = 29.4 J

अत: विकल्प (B) सही है।

30.

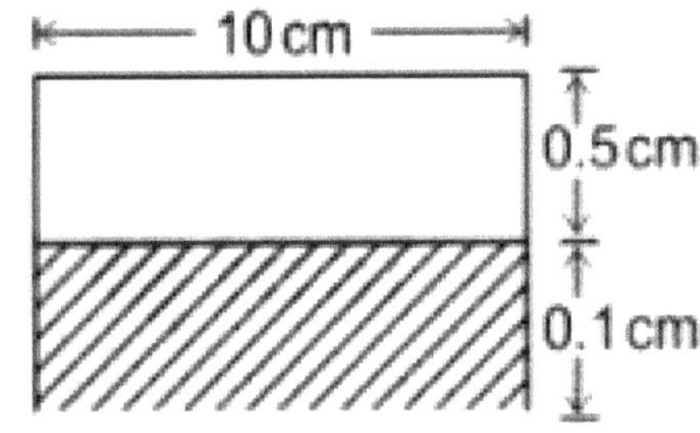

दिया गया,

तारों की लम्बाई $10\ cm$ है, तार के बीच की दूरी $0.5\ cm$ है और पानी का पृष्ठीय तनाव $72\ dynes/cm$ है।

चूंकि यह एक पानी की फिल्म है इसलिए इसमें दो सतहें होती है। क्षेत्रफल में वृद्धि $= \Delta S = 2(A_1 - A_2)$

जहां, ΔS पृष्ठीय क्षेत्रफल में परिवर्तन है और S क्षेत्रफल है।

$$\Rightarrow \Delta S = 2(10 \times 0.6 - 10 \times 0.5)$$

$$\Rightarrow \Delta S = 2(6 - 5) = 2\ cm^2$$

इसलिए, किया गया कार्य = पृष्ठीय तनाव $\times$ पृष्ठीय क्षेत्रफल

$$W = T \times \Delta S$$

जहाँ, T पानी का पृष्ठीय तनाव है।

$$W = 72 \times 2 = 144\ \text{अर्ग}$$

अत: विकल्प (C) सही है।

31. अणुओं की कुल संख्या nN_A है जहाँ N_A अवोगाद्रो संख्या है। यदि गैस द्विपरमाणुक है, तो गैस की आंतरिक ऊर्जा-

$$U = nN_A \left(\frac{5}{2}kT\right) = n\frac{5}{2}RT$$

यदि अणु कंपन नहीं करते हैं। तो इस स्थिति में,

$$C_v = \frac{1}{n}\frac{dU}{dT} = \frac{5}{2}R$$

और

$$C_p = C_v + R = \frac{5}{2}RT + R = \frac{7}{2}R$$

तो,

$$\gamma = \frac{C_p}{C_v} = \frac{\frac{7}{2}R}{\frac{5}{2}R} = \frac{7}{5}$$

∴ द्विपरमाणुक अणुओं वाले एक गैस में, गैस के दो विशिष्ट उष्माओं का अनुपात $7:5$ है।

अतः विकल्प (B) सही है।

32. मान लीजिए एक वस्तु को लम्बे समय तक के लिए एक कमरे में रखा जाता है। हमें पता चलता है कि वस्तु का तापमान स्थिर रहता है और यह कमरे के तापमान के बराबर है। वस्तु फिर भी तापीय विकिरण प्रसारित करती है। लेकिन समान बिंदु पर यह आस-पास के वस्तु द्वारा उत्सर्जित विकिरण के भाग को भी अवशोषित करती है।

तो हम यह निष्कर्ष निकाल सकते हैं कि एक वस्तु का तापमान इसके वायुमंडल के तापमान के बराबर है, और यह उसी दर पर विकिरण प्रसारित करती है, जिस दर पर यह विकिरण अवशोषित करती है। तो अनुपात एक होगा।

अतः विकल्प (B) सही है।

33. मरोड़ दोलन की समयावधि निम्न संबंध द्वारा दी गयी है,

$$T = 2\pi\sqrt{\frac{I}{C}}$$

जहाँ $I = $ जड़त्वाघूर्ण

$C = $ रस्सी का पुन:स्थापन युग्म

लेकिन, मरोड़ दोलन की समयावधि गुरुत्वाकर्षण के कारण लगने वाले त्वरण पर निर्भर नहीं करती है और इसलिए यह दूसरे ग्रहों पर भिन्न नहीं होगी।

अतः विकल्प (C) सही है।

34. माना,

$v_1 = $ वास्तविक तरंग आवृत्ति $= v$

$\lambda_1 = $ वास्तविक तरंगदैर्ध्य

λ_2 नया तरंगदैर्ध्य

v_2 नयी तरंग आवृत्ति $= 2v$

तो,

वेग, आवृत्ति और तरंगदैर्ध्य के बीच का संबंध : $c = v \times \lambda$

∴ $c = v_1 \times \lambda_1 = v \times \lambda_1$ .... (1)

$c = v_2 \times \lambda = 2v \times \lambda_2$ .... (2)

समीकरण (1) और (2) को विभाजित करने पर, हमें प्राप्त होता है

$$\frac{c}{c} = \frac{v \times \lambda_1}{2v \times \lambda_2}$$

$$\Rightarrow \lambda_2 = \frac{\lambda_1}{2}$$

∴ यदि तरंग की आवृत्ति दोगुनी हो जाती है तो इसका तरंगदैर्ध्य आधा हो जाता है।

अतः विकल्प (A) सही है।

35. एक खोखले धातु के गोले (गोलाकार आवरण) की स्थिति में आवरण के अंदर विद्युत क्षेत्र शून्य होता है। इसका अर्थ है कि आवरण के अंदर विभव स्थिर होता है। इसलिए गोले के केंद्र पर विभव इसकी सतह पर विभव के समान होती है अर्थात् 80 V क्योंकि आवरण के अंदर एक गतिशील आवेश में कोई कार्य नहीं किया जाता है।

अतः विकल्प (B) सही है।

36. यदि विद्युत धारा एक नस के माध्यम से पारित होती है, तो यह नसों में संवेगों के चालन में बाधा डालता है और पुरुष दर्द के प्रति असंवेदनशील हो जायेगा। विद्युत बल के कारण नसें सुन्न और कमजोर हो जाएंगी। नसे ऊतक धारा के लिए कुछ प्रतिरोध प्रदान करता है लेकिन ज्यादा नहीं। इसके परिणामस्वरूप गंभीर आघात, विस्मरण, दौरा पड़ सकता है या यहाँ तक कि श्वास भी रुक सकता है। इसलिए व्यक्ति उत्तेजित हो जाता है।

अतः विकल्प (C) सही है।

37. जब एक आवेशित कण किसी चुंबकीय क्षेत्र B में प्रवेश करता है तो उसकी गतिज ऊर्जा स्थिर रहती है क्योंकि कण पर लगने वाला बल:

$$\vec{F} = q\vec{V} \times \vec{B}$$

यह बल $\vec{V}$ से लंबवत है, इसलिए $\vec{B}$ द्वारा किया गया कार्य $= 0$। इससे गतिज ऊर्जा में कोई परिवर्तन नहीं होता है।

अतः विकल्प (A) सही है।

38.

- घटक $I_{rms}\sin\phi$, E_{rms} के लंब है। चूँकि $I_{rms}\sin\phi$ और E_{rms} के बीच का फेज कोण $\frac{\pi}{2}$ है।

- $P_{av} = E_{rms}(I_{rms}\sin\phi)\cos\frac{\pi}{2} = 0$

- हम घटक $I_{rms}\sin\phi$ को निष्क्रिय या वाटहीन धारा कहते हैं क्योंकि यह a.c. परिपथ में किसी भी शक्ति का खपत नहीं करता है। यह शुद्ध रूप से प्रेरणिक या धारिता परिपथ में होता है जिसमें धारा और वोल्टेज $\frac{\pi}{2}$ के फेज अंतर द्वारा अलग होता है।

- यह उस परिपथ में संभव होता है जहाँ प्रतिरोध शून्य होता है।

अतः विकल्प (B) सही है।

39.

- एम्पियर के नियम का संशोधन करने के लिए मैक्सवेल ने समरूपता के तर्क का पालन किया।

- फैराडे के नियम से एक परिवर्तित होने वाला चुंबकीय क्षेत्र विद्युतीय क्षेत्र को प्रेरित करता है, इसलिए परिवर्तित होने वाले विद्युतीय क्षेत्र को चुंबकीय क्षेत्र को प्रेरित करना चाहिए। चूँकि धाराएं चुंबकीय क्षेत्र का सामान्य सोत हैं, एक परिवर्तित होने वाले विद्युतीय क्षेत्र को धारा के साथ संबंधित होना चाहिए। मैक्सवेल ने उस धारा को विस्थापन धारा कहा।

- आयामी स्थिरता को बनाये रखने के लिए विस्थापन धारा को एम्पियर के नियम में जोड़ा जाता है:

$$\oint \vec{B} \cdot \vec{dl} = \mu_0 I + \mu_0\epsilon_0\left(\frac{d\Phi_E}{dt}\right)$$

जहाँ, $\epsilon_0 \left(\dfrac{d\Phi_E}{dt}\right)$ विस्थापन धारा है।

अत: विकल्प (D) सही है।

40. हरे पौधे हरे होते हैं क्योंकि उनमें क्लोरोफिल नामक एक वर्णक होता है। क्लोरोफिल दृश्यमान प्रकाश स्पेक्ट्रम के भीतर प्रकाश की तरंग दैर्ध्य की एक निश्चित मात्रा को अवशोषित करता है। चूंकि क्लोरोफिल दृश्यमान प्रकाश स्पेक्ट्रम (लाल रंग के समान) के लंबे तरंग दैर्ध्य क्षेत्रों में और दृश्य प्रकाश स्पेक्ट्रम (नीले रंग के समान) के छोटे तरंगदैर्ध्य क्षेत्रों में प्रकाश को अवशोषित करता है। हरा प्रकाश अवशोषित नहीं होता है, लेकिन परावर्तित होती है, जिससे पौधे हरे दिखाई देते हैं।

दिया गया है कि पौधे सूर्य प्रकाश में हरे दिखाई देते हैं, तो इसे लाल प्रकाश में काला या भूरा दिखाई देना चाहिए क्योंकि इसमें हरा दिखाई देने के लिए हरा तरंगदैर्ध्य प्रतिबिंबित नहीं होगा।

अत: विकल्प (A) सही है।

41. माना कि R और r क्रमशः सबसे बड़े बूंद और सबसे छोटी बूंद की त्रिज्या हैं।
आयतन तब संरक्षित होता है जब पानी की बूंद को 8 छोटे बूंदों में विभाजित किया जाता है
आयतन संरक्षण से,
$$\frac{4}{3}\pi R^3 = 8 \times \frac{4}{3}\pi r^3$$
$$\Rightarrow r = \frac{R}{2}$$
सतहों के बीच दबाव अंतर $= \Delta p = \dfrac{4\sigma}{R}$ (चूँकि पानी के लिए दो सतहें हैं, इसे 2 के अतिरिक्त गुणांक से गुणा किया गया है)
बड़े बूंद से दबाव अंतर $= p_b = \dfrac{4\sigma}{R}$
छोटे बूंद से दबाव अंतर $= p_s = \dfrac{4\sigma}{r} = \dfrac{4\sigma}{\frac{R}{2}} = \dfrac{8\sigma}{R} = 2 \times \dfrac{4\sigma}{R} = 2p_b$
$\therefore p_b = \dfrac{1}{2}p_s$
अत: विकल्प (B) सही है।

42.

- अल्फा, बीटा या गामा जैसे कोई भी विकिरण संलयन प्रतिक्रिया में उत्सर्जित नहीं होती है, इसलिए यह एक रेडियोधर्मी क्षय नहीं है। इसलिए विकल्प (C) गलत है।
- बीटा-क्षय एक प्रकार का रेडियोधर्मी क्षय है जिसमें एक परमाणु कण से एक बीटा कण (तेजी से ऊर्जावान इलेक्ट्रॉन या पॉज़िट्रॉन) उत्सर्जित होता है। इसलिए विकल्प (A) और (B) सही है।
- वह प्रक्रिया जिसमें दो हल्के नाभिक एकल सबसे भारी नाभिक को बनाने के लिए संयोजित (अत्यधिक उच्च तापमान पर) होता है, जो नाभिक संलयन कहलाता है।
- एकल नाभिक का द्रव्यमान जो निर्मित होता है, वह मूल नाभिक के द्रव्यमानों के योग से कम होता है। द्रव्यमान में इस अंतर के परिणामस्वरूप ऊर्जा की बड़ी मात्रा मुक्त होती है।
- अल्फा क्षय और α-क्षय रेडियोधर्मी क्षय का एक प्रकार है जिसमें एक आणविक नाभिक एक अल्फा कण को उत्सर्जित करता है और इस प्रकार अलग-अलग आणविक नाभिक में परिवर्तित हो जाता है, जो एक द्रव्यमान संख्या के साथ जो चार से कम हो जाता है और एक आणविक संख्या जो दो से कम हो जाता है।

अत: विकल्प (C) सही है।

43. अब, प्रश्न के अनुसार वाहक तरंग की आवृत्ति ω_c होती है। इसलिए आयाम-मॉडुलन तरंग में भी आवृत्ति ω_c होती है।

अत: विकल्प (B) सही है।

44.

- एथिलीन (C_2H_4) कार्बन परमाणुओं के एक युग्म से जुड़े हुए चार हाइड्रोजन परमाणुओं के साथ एक रासायनिक यौगिक है जो एक दोहरे बंध से जुड़ा होता है।
- यह एक रंगहीन गैस और बेहद ज्वलनशील है।
- हाइड्रोजनीकरण का अर्थ हाइड्रोजन का संवर्धन है, इस प्रकार इथेन का पूर्ण हाइड्रोजनीकरण एथेन प्रदान करता है।

$$C_2H_6 = C_2H_6 + H_2 \rightarrow CH_3 - CH_3$$

- एथिलीन के हाइड्रोजनीकरण से बनने वाले हाइड्रोकार्बन में मौजूद हाइड्रोजन परमाणुओं की संख्या 6 होती है।

अत: विकल्प (B) सही है।

45. असेम्बलर वह प्रोग्राम है जो स्मरक कथनों को निष्पादन योग्य निर्देशों में अनुवादित करता है। असेम्बलर का उपयोग असेंबली भाषा को मशीन भाषा में परिवर्तित करने के लिए किया जाता है क्योंकि मशीन कूट केवल वह कूट है जिसे कंप्यूटर सिस्टम द्वारा समझा गया है।

अत: विकल्प (B) सही है।

46. दिया गया,
कार का द्रव्यमान, $m = 1500\ kg$;
कार का वेग, $v = 60kmh^{-1} = 60 \times \dfrac{5}{18} = \dfrac{50}{3}\ m/s$
काम किया $=$ कार की गतिज ऊर्जा में परिवर्तन
$$W = \frac{1}{2}mv^2 - \frac{1}{2}mu^2 = \frac{1}{2}m(v^2 - u^2)$$
$$\Rightarrow W = \frac{1}{2}(1500)\left[(0)^2 - \left(\frac{50}{3}\right)^2\right]$$
$$\Rightarrow W = \frac{1}{2} \times 1500 \times \frac{2500}{9} = -208333\ J$$
अत: विकल्प (A) सही है।

47. धातु ऑक्सीजन के साथ प्रतिक्रिया करके क्षारीय आक्साइड बनाते हैं। धातु ऑक्साइड क्षारीय प्रकृति के होते हैं क्योंकि वे नमक और पानी बनाने के लिए तनु अम्ल के साथ प्रतिक्रिया करते हैं। वे धातु हाइड्रॉक्साइड बनाने के लिए पानी के साथ भी प्रतिक्रिया करते हैं जो प्रकृति में क्षारीय होते हैं क्योंकि ये धातु हाइड्रॉक्साइड विलयन में OH^- आयनों को छोड़ते हैं।

अत: विकल्प (A) सही है।

48. प्रोटीन को शरीर का निर्माण खंड कहा जाता है। वे विकास और शरीर के सामान्य टूट-फूट को ठीक करने के लिए आवश्यक हैं। इन कार्यों को पूरा करने के लिए शरीर को प्रोटीन को पचाने की आवश्यकता होती है। प्रोटीन आहार का महत्वपूर्ण हिस्सा है क्योंकि यह मांसपेशियों के निर्माण में मदद करता है। तो, प्रोटीन भोजन के प्रमुख घटक हैं जो शरीर द्वारा टूट-फूट को ठीक करने के लिए आवश्यक होते हैं।

अत: विकल्प (D) सही है।

49. प्रोटोजोआ जो मलेरिया का कारण बनता है वह प्लास्मोडियम है जो मादा एनोफिलीज मच्छर के काटने से एक संक्रमित व्यक्ति से दूसरे में फैलता है।

अत: विकल्प (D) सही है।

50. VIRUS का अर्थ Vital Information Recourse Under Siege है।

एक कंप्यूटर वायरस वास्तव में एक विद्वेषपूर्ण सॉफ़्टवेयर प्रोग्राम या "मैलवेयर" है, जो आपके सिस्टम को संक्रमित करते समय, अन्य कंप्यूटर प्रोग्रामों को बदल करके और अपना कोड डाल कर खुद की नकल बना लेता है। संक्रमित कंप्यूटर प्रोग्राम में डेटा फ़ाइल, या हार्ड ड्राइव के "बूट" क्षेत्र भी शामिल हो सकते हैं।

अत: विकल्प (A) सही है।

51. दिया हुआ,

यहाँ, एक त्रिभुज ABC का O परिकेन्द्र, G केन्द्रक और O' लम्बकेन्द्र है। हम जानते हैं कि केन्द्रक लंबकेन्द्र और परिकेन्द्र तक की दूरी को $2:1$ के अनुपात में विभाजित करता है अर्थात् G, O और O' को जोड़ने वाले रेखाखण्ड को $2:1$ के अनुपात में विभाजित करता है।

$$\Rightarrow \vec{a} + \vec{b} + \vec{c} = \overrightarrow{OA} + \overrightarrow{OB} + \overrightarrow{OC} = (\vec{A} - \vec{O}) + (\vec{B} - \vec{O}) + (\vec{C} - \vec{O})$$

$$\Rightarrow \vec{a} + \vec{b} + \vec{c} = (\vec{A} + \vec{B} + \vec{C}) - 3 \times \vec{O}$$

$$\Rightarrow \vec{a} + \vec{b} + \vec{c} = 3 \times \left[\left(\frac{\vec{A}+\vec{B}+\vec{C}}{3}\right) - \vec{O}\right]$$

$$\Rightarrow \vec{a} + \vec{b} + \vec{c} = 3 \times [\vec{G} - \vec{O}]$$

$$\Rightarrow 3 \times \vec{G} = 2 \times \vec{O} + \vec{O'}$$

$$\Rightarrow \vec{O'} - \vec{O} = 3 \times (\vec{G} - \vec{O})$$

$$\Rightarrow \overrightarrow{OO'} = 3 \times (\vec{G} - \vec{O})$$

$$\Rightarrow \overrightarrow{OO'} = \vec{a} + \vec{b} + \vec{c}$$

अत: विकल्प (C) सही है।

52. माना,

घटना A = पहले परिक्षण में दोषपूर्ण मशीन का चयन करना।
घटना B = दूसरे परिक्षण में दोषपूर्ण मशीन का चयन करना।
घटना $A \cap B$ = 2 जांचों में दोषपूर्ण मशीन का चयन करना।
यहाँ, 4 मशीनों में से दो मशीन दोषपूर्ण हैं।

$$\therefore P(A) = \frac{n(A)}{n(S)} = \frac{2}{4} = \frac{1}{2}$$

$$P(B) = \frac{n(B)}{n(S)} = \frac{1}{3}$$

$$\Rightarrow P(A \cap B) = P(A) \times P(B) = \frac{1}{2} \times \frac{1}{3} = \frac{1}{6} \ (\because A \text{ और}$$

B स्वतंत्र घटनाएं हैं।)
अत: विकल्प (B) सही है।

53. दिया हुआ,

$$\lim_{x \to 0} \frac{(1-\cos 2x)^2}{x^4}$$

$$= \lim_{x \to 0} \frac{(2\sin^2 x)^2}{x^4} \ (1 - \cos 2\theta = 2\sin^2\theta)$$

$$= \lim_{x \to 0} \frac{4\sin^4 x}{x^4}$$

$$= \lim_{x \to 0} 4 \times \left(\frac{\sin x}{x}\right)^4$$

$$= 4 \times 1 = 4$$

अत: विकल्प (C) सही है।

54. दिया हुआ,

$n (X) = 300$, $n (Y) = 400$ और $n (X \cup Y) = 500$

जैसा कि हम जानते हैं कि, किसी भी दो परिमित सेट A और B के लिए,

$n (A \cup B) = n (A) + n (B) - n (A \cap B)$

$\therefore n (X \cup Y) = n (X) + n (Y) - n (X \cap Y)$

$\Rightarrow 500 = 300 + 400 - n (X \cap Y)$

$\Rightarrow n (X \cap Y) = 200$

जैसा कि हम जानते हैं कि, किसी भी दो परिमित सेट A और B के लिए,

$n (A - B) = n (A) - n (A \cap B)$

$\therefore n (X - Y) = n (X) - n (X \cap Y) = 300 - 200 = 100$

अत: विकल्प (D) सही है।

55. जैसा कि हम जानते हैं,

दिए गए फलन $f(x) = y$, के लिए हम कह सकते हैं कि $x = f^{-1}(y)$ है।

माना कि $y = f(x) = 2x - 3$ है।

$$\Rightarrow x = \frac{y+3}{2} = f^{-1}(y)$$

y को x से प्रतिस्थापित करने पर, हमें प्राप्त होता है

$$\therefore f^{-1}(x) = \frac{x+3}{2}$$

अत: विकल्प (D) सही है।

56. 300 और 500 के बीच की संख्याएँ जो 7 से विभाज्य हैं, $301, 308, 315, \ldots, 497$ हैं।

यह एक समांतर श्रेणी है जिसमें पहला पद 301 है।

इसलिए समांतर श्रेणी के n वां पद $= a + (n-1)$

हमारे पास है,

$$497 = 301 + (n-1)7$$

$$\Rightarrow 196 = (n-1)7$$

$$\Rightarrow n - 1 = \frac{196}{7} = 28$$

$$\Rightarrow \text{पदों की संख्या} = n = 28 + 1 = 29$$

अब, योग $= \frac{n}{2}(a+1)$

$$= \frac{29}{2}(301 + 497)$$

$$= \frac{29 \times 798}{2}$$

$$= 29 \times 399$$

$$= 11571$$

अत: विकल्प (D) सही है।

57. दिया हुआ,

$$\frac{\sin 4x - \sin 2x}{\cos 4x + \cos 2x}$$

$$= \frac{2\cos\left(\frac{4x+2x}{2}\right)\sin\left(\frac{4x-2x}{2}\right)}{2\cos\left(\frac{4x+2x}{2}\right)\cos\left(\frac{4x-2x}{2}\right)}$$

$$= \frac{\sin x}{\cos x}$$

$$= \tan x$$

समीकरण $\frac{\sin 4x - \sin 2x}{\cos 4x + \cos 2x}$, $\tan x$ के बराबर है।

अत: विकल्प (B) सही है।

58. माना,

cos 3x = cos (2x + x)

⇒cos 3x = cos 2x. cos x - sin 2x. sin x

= (2cos²x - 1). cos x - (2sin x. cos x). sin x

= 2cos³ x - cos x - 2sin² x. cos x

= cos x (2cos² x - 1 - 2sin² x)

= [cos x (2cos² x - 1 - 2 (1 - cos² x)]

= [cos x (4cos² x -3)]

= 4 cos³ x - 3 cos x

अत: विकल्प (B) सही है।

59. $\int_{-2}^{2}|x|\,dx = \int_{-2}^{0}|x|\,dx + \int_{0}^{2}|x|\,dx$

$= \int_{-2}^{0} -x\,dx + \int_{0}^{2} x\,dx$

$= -\frac{1}{2}[x^2]_{-2}^{0} + \frac{1}{2}[x^2]_{0}^{2}$

$= \frac{-1}{2}[0^2 - (-2)^2] + \frac{1}{2}[2^2 - 0^2]$

$= 2 + 2 = 4$

अत: विकल्प (D) सही है।

60. दिया हुआ,

$$\left(\frac{d^3y}{dx^3}\right)^{\frac{3}{2}} = \left(\frac{d^2y}{dx^2}\right)^2$$

दोनों पक्षों का वर्ग करने पर, हमें प्राप्त होता है

$$\left(\frac{d^3y}{dx^3}\right)^3 = \left(\frac{d^2y}{dx^2}\right)^4$$

यहाँ उच्चतम अवकलज $\left(\frac{d^3y}{dx^3}\right)^3$ है।

$$\therefore \text{डिग्री} = \left(\frac{d^3y}{dx^3}\right)^3 \text{ का घात} = 3$$

अत: विकल्प (C) सही है।

61. जैसा कि हम जानते हैं,

$1 + \cos2x = 2\cos^2x$

$1 - \cos2x = 2\sin^2x$

$\int \cos x\,dx = \sin x + c$

माना $I = \int \cos^2 x\,dx$

$= \int \frac{1+\cos2x}{2}\,dx$

$= \frac{1}{2}\int (1 + \cos2x)\,dx$

$= \frac{1}{2}\left[x + \frac{\sin2x}{2}\right] + c$

$= \frac{x}{2} + \frac{\sin2x}{4} + c$

अत: विकल्प (B) सही है।

62. माना $z = x + iy = \frac{4+2i}{1-2i}$

$= \frac{4+2i}{1-2i} \times \frac{1+2i}{1+2i}$

$= \frac{4+10i+4i^2}{1-4i^2}$

चूँकि हम जानते हैं

$= \frac{4+10i-4}{1+4}$

$x + iy = \frac{10i}{5} = 0 + 2i$

चूँकि हम जानते हैं कि यदि $z = x + iy$ एक सम्मिश्र संख्या है, तो इसके मापांक को $|z| = \sqrt{x^2 + y^2}$ द्वारा ज्ञात किया गया है।

$\therefore |z| = \sqrt{0^2 + 2^2} = 2$

अत: विकल्प (D) सही है।

63. दिया हुआ,

p और q समीकरण $x^2 - 30x + 221 = 0$ के मूल हैं।

मानक द्विघात समीकरण $ax^2 + bx + c = 0$ के साथ दिए गए समीकरण की तुलना करके हम प्राप्त करते हैं $a = 1, b = -30$ और $c = 221$

जैसा कि हम जानते हैं कि, यदि α और β द्विघात समीकरण $ax^2 + bx + c = 0$ के मूल हैं तो

$$\alpha + \beta = -\frac{b}{a} \text{ और } \alpha \times \beta = \frac{c}{a}$$

$\Rightarrow p + q = 30$ और $pq = 221$

$\Rightarrow p^3 + q^3 = (p + q) \times (p^2 - pq + q^2) = (p + q) \times [(p+q)^2 - 3pq]$

$\Rightarrow p^3 + q^3 = (p + q) \times [(p+q)^2 - 3pq] = 30 \times [900 - 663] = 7110$

अत: विकल्प (B) सही है।

64. माना x , A.P., a, b, c, d, e, f... का सार्वअंतर है।

∴ e = a + (5 - 1)x [∵ an = a + (n - 1)d]

⇒ e = a + 4x and d = a + 3x

∴ c = a + 2x

⇒ (e − c) = 2x

⇒ (d − c) = x

⇒ (e − c) = 2(d − c)

अत: विकल्प (B) सही है।

65. दिया गया:

$\vec{a} = 2\hat{i} + \hat{j} - 3\hat{k}$ तथा $\vec{b} = 3\hat{i} - 2\hat{j} - \hat{k}$

$\vec{a} \cdot \vec{b} = (2\hat{i} + \hat{j} - 3\hat{k}).(3\hat{i} - 2\hat{j} - \hat{k})$

$\Rightarrow \vec{a} \cdot \vec{b} = 6 - 2 + 3 = 7 \quad ...(1)$

$|\vec{a}| = \sqrt{2^2 + 1^2 + (-3)^2} = \sqrt{14} \quad ...(2)$

$|\vec{b}| = \sqrt{3^2 + (-2)^2 + (-1)^2} = \sqrt{14} \quad ...(3)$

$\cos\theta = \frac{\vec{a} \cdot \vec{b}}{|\vec{a}| \cdot |\vec{b}|}$

उपरोक्त समीकरण में $(1), (2)$ तथा (3) से मान रखने पर,

$$= \frac{7}{\sqrt{14}\cdot\sqrt{14}}$$

$$= \frac{1}{2}$$

$$\cos\theta = \cos 60°$$

$$\Rightarrow \theta = 60°$$

अतः विकल्प (D) सही है।

66. माना कि रेखा $2x - 5y + 4 = 0$ की ढलान m_1 है और बिंदुओं $(1,5)$ और $(\alpha, 3)$ को जोड़नेवाली रेखा की ढलान m_2 है।

$$m_2 = \frac{3-5}{\alpha-1} = \frac{-2}{\alpha-1}$$

अब रेखा की ढलान $= m_1 = \frac{2}{5}$

दिया हुआ,

दी गई रेखाएं एक दूसरे के लंबवत हैं,

$$\therefore m_1 m_2 = -1$$

$$\Rightarrow \frac{-2}{\alpha-1} \times \frac{2}{5} = -1$$

$$\Rightarrow -4 = -5 \times (\alpha - 1)$$

$$\Rightarrow (\alpha - 1) = \frac{4}{5}$$

$$\Rightarrow \alpha = \left(\frac{4}{5}\right) + 1 = \frac{9}{5}$$

अतः विकल्प (B) सही है।

67. जैसा कि हम जानते हैं,

दीर्घवृत्त का समीकरण $= \frac{x^2}{a^2} + \frac{y^2}{b^2} = 1$

उत्केंद्रता $(e) = \sqrt{1 - \frac{b^2}{a^2}}$

जहाँ, शीर्ष $= (\pm a, 0)$ और केंद्र-बिंदु $= (\pm ae, 0)$

दिया हुआ,

यहाँ, दीर्घवृत्त का शीर्ष $(\pm 5, 0)$ और केंद्र-बिंदु $(\pm 4, 0)$ है।

इसलिए, $a = \pm 5$

$$\Rightarrow a^2 = 25 \text{ और}$$

$$ae = 4$$

$$\Rightarrow e = \frac{4}{5}$$

अब, $\frac{4}{5} = \sqrt{1 - \frac{b^2}{5^2}}$

$$\Rightarrow \frac{16}{25} = \frac{25 - b^2}{25}$$

$$\Rightarrow 16 = 25 - b^2$$

$$\Rightarrow b^2 = 9$$

$\therefore$ दीर्घवृत्त का समीकरण $= \frac{x^2}{25} + \frac{y^2}{9} = 1$

अतः विकल्प (A) सही है।

68. कुल 7 लाल $+4$ नीली $= 11$ गेंदे हैं।

1 लाल गेंद निकालने की प्रायिकता $= \frac{^7C_1}{^{11}C_1} = \frac{7}{11}$

1 नीली गेंद निकालने की प्रायिकता $= \frac{^4C_1}{^{11}C_1} = \frac{4}{11}$

(1 लाल) और (1 नीला) गेंद निकालने की प्रायिकता $= \frac{7}{11} \times \frac{4}{11} = \frac{28}{121}$

उसी प्रकार, (1 नीला) और (1 लाल) गेंद निकालने की प्रायिकता $= \frac{4}{11} \times \frac{7}{11} = \frac{28}{121}$

अलग-अलग रंगों वाली गेंदों को निकालने की प्रायिकता $= \frac{28}{121} + \frac{28}{121} = \frac{56}{121}$

अतः विकल्प (B) सही है।

69. दिया गया है,

$$X + Y = \begin{bmatrix} 7 & 5 \\ 3 & 4 \end{bmatrix} \quad \text{...(i)}$$

$$X - Y = \begin{bmatrix} 1 & -3 \\ 3 & 0 \end{bmatrix} \quad \text{...(ii)}$$

2 समीकरणों को जोड़ने पर, हम प्राप्त करते हैं

$$2X = \begin{bmatrix} 8 & 2 \\ 6 & 4 \end{bmatrix}$$

$$\Rightarrow X = \begin{bmatrix} 4 & 1 \\ 3 & 2 \end{bmatrix}$$

(i) से (ii) घटाकर

$$2Y = \begin{bmatrix} 6 & 8 \\ 0 & 4 \end{bmatrix}$$

$$\Rightarrow Y = \begin{bmatrix} 3 & 4 \\ 0 & 2 \end{bmatrix}$$

माना $A = 2X - Y$

$$A = 2 \times \begin{bmatrix} 4 & 1 \\ 3 & 2 \end{bmatrix} - \begin{bmatrix} 3 & 4 \\ 0 & 2 \end{bmatrix}$$

$$\Rightarrow A = \begin{bmatrix} 8 & 2 \\ 6 & 4 \end{bmatrix} - \begin{bmatrix} 3 & 4 \\ 0 & 2 \end{bmatrix}$$

$$\Rightarrow A = \begin{bmatrix} 5 & -2 \\ 6 & 2 \end{bmatrix}$$

अतः विकल्प (B) सही है।

70. माना $\Delta = \begin{vmatrix} x+2 & x+3 & x-1 \\ x+6 & x+8 & x+4 \\ x+9 & x+11 & x+7 \end{vmatrix}$ है।

$C_2 \to C_2 - C_1, C_3 \to C_3 - C_1$ को लागू करने पर

$$= \begin{vmatrix} x+2 & 1 & -3 \\ x+6 & 2 & -2 \\ x+9 & 2 & -2 \end{vmatrix}$$

$C_3 \to C_3 + C_2$ को लागू करने पर

$$= \begin{vmatrix} x+2 & 1 & -2 \\ x+6 & 2 & 0 \\ x+9 & 2 & 0 \end{vmatrix}$$

C_3 के साथ विस्तृत करने पर, हमें प्राप्त होता है

$$= -2[2(x+6) - 2(x+9)]$$

$$= -4[x+6-x-9]$$

$$= 12$$

अत: विकल्प (C) सही है।

71. जैसा कि हम जानते हैं,

परवलय $y^2 = 4ax$ के लैटस रेक्टम की लम्बाई $4a$ है।

दिया गया है,

परवलय $y^2 = 4kx$ बिंदु $(-2,1)$ से होकर गुजरता है।

बिंदु $(-2,1)$ परवलय $y^2 = 4kx$ के समीकरण को संतुष्ट करता है।

$\Rightarrow (1)^2 = 4k(-2)$

$\Rightarrow k = \dfrac{-1}{8}$

अब, लैटस रेक्टम की लम्बाई $= 4k$

लैटस रेक्टम की लम्बाई $= 4\left(\dfrac{-1}{8}\right)$

लैटस रेक्टम की लम्बाई $= \dfrac{-1}{2}$

लैटस रेक्टम की लम्बाई ऋणात्मक नहीं हो सकती है।

$\therefore$ लैटस रेक्टम की लम्बाई $= \dfrac{1}{2}$

यदि परवलय $)y^2 = 4kx$ बिंदु $(-2,1)$ से होकर गुजरता है, तो लैटस रेक्टम की लम्बाई $\dfrac{1}{2}$ है।

अत: विकल्प (A) सही है।

72. जैसा कि हम जानते हैं,

दो समानांतर तल $ax + by + cz + d_1 = 0$ और $ax + by + cz + d_2 = 0$ के बीच की दूरी $\left|\dfrac{d_1 - d_2}{\sqrt{a^2 + b^2 + c^2}}\right|$ है।

दिया हुआ,

$3x + y + 3z = 8$ और $9x + 3y + 9z = 15$

$9x + 3y + 9z = 15$ को 3 से विभाजित करने पर, हमें प्राप्त होता है

$3x + y + 3z = 5$

अब, $3x + y + 3z = 8$ और $3x + y + 3z = 5$ के बीच की दूरी

$= \left|\dfrac{8-5}{\sqrt{3^2 + 1^2 + 3^2}}\right|$

$= \dfrac{3}{\sqrt{19}}$

अत: विकल्प (C) सही है।

73. जैसा कि हम जानते हैं,

यदि $a_1 x + b_1 y + c_1 z + d_1 = 0$ और $a_2 x + b_2 y + c_2 z + d_2 = 0$ समानांतर हैं अर्थात $\dfrac{a_1}{a_2} = \dfrac{b_1}{b_2} = \dfrac{c_1}{c_2} \neq \dfrac{d_1}{d_2}$

दिया हुआ,

समतल $2x - y - 3z - 7 = 0$ और $4x - 2y + 5kz + 9 = 0$ समानांतर हैं।

हम जानते हैं कि यदि समतल समानांतर हैं तो x, y और z के गुणांक के अनुपात बराबर हैं।

$\dfrac{2}{4} = \dfrac{-1}{-2} = \dfrac{-3}{5k}$

$\Rightarrow \dfrac{1}{2} = \dfrac{-3}{5k}$

$\Rightarrow 5k = -6$

इसलिए $k = \dfrac{-6}{5}$

अब,

$5k + 7 = 5 \times \left(\dfrac{-6}{5}\right) + 7 = 1$

अत: विकल्प (D) सही है।

74. दिया हुआ,

$3x + y = 7$

$\Rightarrow y = -3x + 7$

रेखा की ढलान $= m = -3$

तो इसके लिए लंबवत रेखा की ढलान $\dfrac{-1}{m} = \dfrac{1}{3}$ है।

ढलान $\dfrac{1}{3}$ के साथ $(1,1)$ से गुजरने वाली रेखा का समीकरण है

$y - 1 = \left(\dfrac{1}{3}\right)(x-1)$

$\Rightarrow 3y - 3 = x - 1$

$\Rightarrow 3y = x + 2$

$\Rightarrow 3y - x = 2$

x अंत:खंड के लिए $y = 0$

$\therefore x = -2$

तो रेखा का x अंत:खंड -2 है।

अत: विकल्प (A) सही है।

75. माना $x^2 + y^2 = r^2$ वृत्त का समीकरण है। तो वृत्त का $(0,0)$ केंद्र है और r त्रिज्या है।

हम जानते हैं कि, $x^2 + y^2 = r^2$ वृत्त का समीकरण है। तो वृत्त का $(0,0)$ केंद्र है और r त्रिज्या है।

दिया गया,

वृत्त का समीकरण $x^2 + y^2 + x + c = 0$, है, जो केंद्र से होकर गुजरती है।

अर्थात् $c = 0$

$\Rightarrow x^2 + y^2 + x = 0$

$\Rightarrow x^2 + x + \dfrac{1}{4} - \dfrac{1}{4} + y^2 = 0$

$\Rightarrow x^2 + x + \dfrac{1}{4} + y^2 = \dfrac{1}{4}$

$\Rightarrow \left(x + \dfrac{1}{2}\right)^2 + y^2 = \left(\dfrac{1}{2}\right)^2$

जो त्रिज्या $\frac{1}{2}$ वाले वृत्त का समीकरण है।

केंद्र से होकर गुजरने वाले वृत्त $x^2 + y^2 + x + c = 0$ की त्रिज्या $\frac{1}{2}$ है।

अत: विकल्प (B) सही है।

76. दक्षिण कोरिया ने अगस्त 2022 में एक रूसी राज्य द्वारा संचालित परमाणु ऊर्जा कंपनी 'एएसई' के साथ 2.25 अरब डॉलर के समझौते पर हस्ताक्षर किए हैं।

- मिस्र के पहले परमाणु ऊर्जा संयंत्र के लिए घटक प्रदान करने के लिए इस पर हस्ताक्षर किए गए हैं।
- एएसई एक सरकारी स्वामित्व वाले रूसी परमाणु समूह रोसाटॉम की सहायक कंपनी है।
- दक्षिण कोरिया ने संयुक्त अरब अमीरात में परमाणु ऊर्जा रिएक्टर बनाने के लिए 20 अरब डॉलर के अनुबंध पर भी हस्ताक्षर किए हैं।

अत: विकल्प (D) सही है।

77. झारखंड के पूर्व राज्यपाल और राष्ट्रीय जनतांत्रिक गठबंधन की उम्मीदवार द्रौपदी मुर्मू को 21 जुलाई 2022 को भारत के 15वें राष्ट्रपति के रूप में चुना गया है।

वह इस पद के लिए चुनी जाने वाली पहली आदिवासी महिला हैं और सबसे कम उम्र की भी हैं।

उन्होंने निर्वाचक मंडल के वोटों का 64.03% जीतकर विपक्षी उम्मीदवार यशवंत सिन्हा को हराया।

अत: विकल्प (D) सही है।

78. भारत ने अपने मुख्य बजट के लिए संयुक्त राष्ट्र महिला, लैंगिक समानता और महिला सशक्तिकरण के लिए संयुक्त राष्ट्र एजेंसी के लिए 500,000 अमरीकी डालर का योगदान दिया है।

संयुक्त राष्ट्र में भारत के स्थायी प्रतिनिधि टी.एस.तिरुमूर्ति ने घोषणा की कि भारत ने महिलाओं के नेतृत्व वाले विकास और लैंगिक समानता की अपनी साझेदारी की पुष्टि की है। संयुक्त राष्ट्र महिला कार्यकारी निदेशक, सीमा बहौस ने भारत को इसके योगदान के लिए धन्यवाद दिया।

अत: विकल्प (D) सही है।

79. गुप्त साम्राज्य एक प्राचीन भारतीय साम्राज्य था जो तीसरी शताब्दी के उत्तरार्ध से लेकर 543 ईस्वी पूर्व तक मौजूद था। इसके अंचल में, लगभग 319 से 467 ईस्वी तक, इसने भारतीय उपमहाद्वीप के अधिकांश हिस्से को कवर किया। इस अवधि को इतिहासकारों द्वारा भारत का स्वर्ण युग माना जाता है। साम्राज्य के शासक वंश की स्थापना राजा श्री गुप्त ने की थी।

अत: विकल्प (A) सही है।

80. ATM (Automated Teller Machine) एक कम्प्यूटरीकृत मशीन है जो स्थानीय बैंकों द्वारा किसी शहर या कस्बे के विभिन्न स्थानों में ग्राहकों को उनके बैंक खातों तक पहुंचने और बैलेंस पूछताछ और नकदी निकासी जैसे कुछ बैंकिंग कार्यों को करने में सक्षम बनाने के लिए रखी जाती है।

अत: विकल्प (B) सही है।

81. पंजाब उत्तर भारत का एक राज्य है। पंजाब शब्द फ़ारसी शब्द पंज (पाँच) और अब (पानी) का एक यौगिक है। इस प्रकार पंजाब का अर्थ "पाँच नदियों की भूमि" है। पाँच नदियाँ सतलुज, ब्यास, रावी, चिनाब और झेलम हैं।

अत: विकल्प (A) सही है।

82. हार्पर ली, जिसका पहला उपन्यास, "टू किल ए मॉकिंगबर्ड", एक छोटे से अलबामा शहर में नस्लीय अन्याय के बारे में थी जिसकी 40 मिलियन से अधिक

प्रतियां बिकीं। 89 वर्ष की आयु में उनकी मृत्यु हो गई। हार्पर ली, टू किल ए मॉकिंगबर्ड के प्रसिद्ध पुनरावर्ती लेखक हैं। उसका अधिकांश जीवन सुर्खियों से बाहर बीता था।

अत: विकल्प (C) सही है।

83. ब्यूनस आयर्स अर्जेंटीना की राजधानी है।

अशांति और शक्ति संघर्ष की लंबी अवधि के बाद, ब्यूनस आयर्स और भी मजबूत हुआ और 1880 में अर्जेंटीना की संघीय राजधानी का नाम दिया गया।

अत: विकल्प (C) सही है।

84. मयूरभंज छऊ नृत्य मूल रूप से एक आदिवासी नृत्य था, जो 18वीं शताब्दी में ओडिशा के मयूरभंज के जंगलों से उत्पन्न हुआ था, इसे 19वीं शताब्दी में एक मार्शल कला रूप का दर्जा मिला। इसने धीरे-धीरे अपने मार्शल स्वरूप को छोड़ दिया।

अत: विकल्प (C) सही है।

85. अनुसरित श्रृंखला इस प्रकार है:

$1^3 - 1 = 0$

$2^3 - 3 = 5$

$3^3 - 5 = 22$

$4^3 - 7 = 57$

$5^3 - 9 = 116$

$6^3 - 11 = 205$

अत: विकल्प (B) सही है।

86.

Alphabets	A	B	C	D	E	F	G	H	I	J	K	L	M
Positional value	1	2	3	4	5	6	7	8	9	10	11	12	13
Positional value	26	25	24	23	22	21	20	19	18	17	16	15	14
Alphabets	Z	Y	X	W	V	U	T	S	R	Q	P	O	N

OUT → O = 15, U = 21, T = 20 → 152120

इसी प्रकार,

IN → I = 9, N = 14 → 914

अत: विकल्प (D) सही है।

87. नवीन कांज़ा अंगोला की मुद्रा है। मुद्रा का नाम कांज़ा नदी से लिया गया है। कांज़ा नदी 966 किलोमीटर की सबसे लंबी नदी है, जो देश के मध्य भाग में स्थित है। पश्चिम अफ्रीका समय (WAT) में अंगोला का समय ज़ोन सार्वभौम निर्देशांकित काल (UTC) से 1 घंटे आगे है। लुआंडा, अंगोला का सबसे बड़ा शहर और राजधानी है।

अत: विकल्प (B) सही है।

88. सर अलेक्ज़ेंडर फ्लेमिंग एक स्कॉटिश चिकित्सक और माइक्रोबायोलॉजिस्ट थे, जिन्हें एंजाइम लाइसोज़ाइम और दुनिया के पहले व्यापक रूप से प्रभावी एंटीबायोटिक पदार्थ की खोज के लिए जाना जाता था जिसे उन्होंने पेनिसिलिन नाम दिया था।

अत: विकल्प (A) सही है।

89. स्पेस एक्सप्लोरेशन टेक्नोलॉजीज कार्पोरेशन (स्पेसX) एक अमेरिकी एरोस्पेस निर्माता और अंतरिक्ष परिवहन सेवा कंपनी है जिसका मुख्यालय कैलिफोर्निया के हॉथोर्न में स्थित है। इसे 2002 में एलन मस्क द्वारा मंगल ग्रह पर बस्ती बसाने को सक्षम करने के लिए, अंतरिक्ष परिवहन लागत को कम करने के लक्ष्य के साथ स्थापित किया गया था। एलन मस्क की अगुआई वाली

स्पेस एक्सप्लोरेशन स्पेसX ने सफलतापूर्वक अपने फाल्कन 9 रॉकेट का प्रक्षेपण किया।

अत: विकल्प (D) सही है।

90. फॉर्मूला-1 को संक्षेप में F1 भी कहा जाता है, एक अंतरराष्ट्रीय ऑटो रेसिंग खेल है। F1 सिंगल-सीट, ओपन-व्हील और ओपन-कॉकपिट पेशेवर मोटर रेसिंग प्रतियोगिता का उच्चतम स्तर है।

अत: विकल्प (A) सही है।

91. 1916 के लखनऊ समझौते ने मुस्लिम लीग और भारतीय राष्ट्रीय कांग्रेस (INC) और INC के मध्य समूहों के बीच मैत्रीपूर्ण संबंध बनाए। यह पहली बार था कि हिंदू और मुसलमान एक ही जमीन पर एक साथ आए। इसने अंग्रेजों के बीच विश्वास का बीज बो दिया कि भारत को स्व सरकार मिल सकती है। INC के उग्रवादी और उदारवादी गुट भी एकजुट हो गए।

अत: विकल्प (C) सही है।

92. 1) BURST → इसका निर्माण हो सकता है क्योंकि DISBURSEMENT

2) DISTURB → इसका निर्माण हो सकता है क्योंकि DISBURSEMENT

3) SISTER → इसका निर्माण हो सकता है क्योंकि DISBURSEMENT

4) SENTIMENT → इसका निर्माण नहीं हो सकता क्योंकि यहाँ केवल 1 N और 1 T हैं DISBURSEMENT

इसलिए SENTIMENT शब्द का निर्माण DISBURSEMENT के अक्षरों से नहीं हो सकता।

अत: विकल्प (D) सही है।

93. मेघालय के लोग, जो भारत के उत्तर-पूर्वी राज्यों में से एक है, हिंदी को व्यापक रूप से नहीं बोलते हैं। गारो, पारन, खासी और अंग्रेजी जैसी भाषाएं इस राज्य में व्यापक रूप से बोली जाती हैं। अंग्रेजी मेघालय की आधिकारिक भाषा है।

अत: विकल्प (D) सही है।

94. भारत की आधिकारिक भाषाओं को भारत के संविधान की आठवीं अनुसूची में सूचीबद्ध किया गया है। भारतीय संविधान के अनुच्छेद 344 (1) और 351 के अनुसार, आठवीं अनुसूची 22 भाषाओं को मान्यता देती है। राज्य और केंद्र शासित प्रदेश एक आधिकारिक भाषा अपना सकते हैं जो प्रशासनिक कर्तव्यों को पूरा करने के लिए स्थानीय रूप से उपयोग की जाती है।

अत: विकल्प (B) सही है।

95. डांडिया गुजरात का एक लोक नृत्य है। इसे डांडिया रास या रास के नाम से भी जाना जाता है। नवरात्रि पर्व पर लोक नृत्य किया जाता है। नृत्य राजस्थान के मारवाड़ क्षेत्र में भी किया जाता है। डांडिया रास, गरबा, तिप्पणी जुरिउन, और भवई गुजरातियों के प्रमुख लोक नृत्य हैं।

अत: विकल्प (B) सही है।

96. बैसाखी आमतौर पर हर वर्ष 13 या 14 अप्रैल को मनाई जाती है। यह सिखों के लिए महत्वपूर्ण दिन है। यह खालसा का जन्मदिन है। इस दिन किसान भगवान को अपनी फसल चढ़ाते हैं और अच्छी फसल और आशीर्वाद की प्रार्थना करते हैं।

अत: विकल्प (A) सही है।

97. हैंडबॉल जिसे 'टीम हैंडबॉल' या ओलंपिक हैंडबॉल या यूरोपीय टीम हैंडबॉल या यूरोपीय हैंडबॉल या बॉर्डन बॉल के रूप में भी जाना जाता है। हैंडबॉल खेल में दो टीमें होती हैं जिनमें प्रत्येक में सात खिलाड़ी होते हैं।

अत: विकल्प (D) सही है।

98. नाइजीरिया को "अफ्रीका के विशालकाय" के रूप में जाना जाता है। नाइजीरिया को दुनिया में सबसे अधिक आबादी वाला काला देश माना जाता है, इसलिए इसे "अफ्रीका का विशालकाय" कहा जाता है। मिस को नील का उपहार कहा जाता है। स्कॉटलैंड को लैंड ऑफ केक कहा जाता है।

अत: विकल्प (B) सही है।

99. बांग्लादेश में भारत और म्यांमार के साथ सीमांत भूमि है। भारत बांग्लादेश के साथ 4,096 किलोमीटर लंबी सीमा साझा करता है। यह दुनिया की पांचवीं सबसे लंबी सीमांत भूमि है। भारत बांग्लादेश के साथ अपनी सबसे लंबी सीमा साझा करता है।

अत: विकल्प (B) सही है।

100. नव-स्वतंत्र पाकिस्तान ने 1947 में कराची को अपनी राजधानी के रूप में चुना था। हालाँकि, एक दशक बाद, राष्ट्रपति अयूब खान ने राजधानी को लगभग 1,500 किलोमीटर उत्तर में, नए शहर इस्लामाबाद में स्थानांतरित करने का निर्णय लिया।

अत: विकल्प (B) सही है।

Mathematics

Q.1 समुच्चय $A = \{1,2,3,4,5,6,7,8\}$ और $B = \{1,3,5,6,7,8,9\}$ का सममितीय अंतर है:

A. $\{1,3,5,6,7,8\}$

B. $\{2,4,9\}$

C. $\{2,4\}$

D. $\{1,2,3,4,5,6,7,8,9\}$

Q.2 दिए गए समीकरण $\dfrac{1}{1+5i} - \dfrac{1}{1-5i}$ का निरपेक्ष मान क्या है?

A. $\dfrac{7}{15}$ **B.** $\dfrac{2}{9}$ **C.** $\dfrac{3}{17}$ **D.** $\dfrac{5}{13}$

Q.3 यदि 15 में से 8 बिंदु एक ही सीधी रेखा में हैं, तो त्रिभुज की संख्या क्या है?

A. 428 **B.** 399 **C.** 287 **D.** 370

Q.4 $\left(3x - \dfrac{1}{x^2}\right)^6$ में x^2 का गुणांक ज्ञात कीजिए।

A. 0 **B.** $\dfrac{-3}{2}$ **C.** $\dfrac{3}{2}$ **D.** $\dfrac{5}{8}$

Q.5 गणना कीजिए, $\dfrac{\log 256}{\log 16} = \log x$

A. 1000 **B.** 100 **C.** 200 **D.** 500

Q.6 यदि, $\Delta = \begin{vmatrix} 115 & 106 & 97 \\ 10 & 1 & -8 \\ 106 & 97 & 88 \end{vmatrix}$ है, तो Δ का मान क्या है?

A. 0 **B.** 1572 **C.** 1648 **D.** 2421

Q.7 यदि आव्यूह $\begin{bmatrix} \cos\theta & \sin\theta & 0 \\ \sin\theta & \cos\theta & 0 \\ 0 & 0 & 1 \end{bmatrix}$ एकल है, तो θ का मान ज्ञात कीजिए।

A. $\dfrac{\pi}{4}$ **B.** $\dfrac{\pi}{2}$ **C.** π **D.** 0

Q.8 यदि, $A = \begin{bmatrix} 1 & 1 \\ 0 & 1 \end{bmatrix}$ है, तो A^n का मान ज्ञात कीजिए।

A. $\begin{bmatrix} 1 & n \\ 0 & 1 \end{bmatrix}$ **B.** $\begin{bmatrix} n & n \\ 0 & n \end{bmatrix}$ **C.** $\begin{bmatrix} n & n \\ 0 & n \end{bmatrix}$ **D.** $\begin{bmatrix} 1 & 1 \\ 0 & n \end{bmatrix}$

Q.9 उस सीधी रेखा का समीकरण ज्ञात कीजिए जो x + 2y + 4 = 0 रेखा के समानांतर है और बिंदु (2, 5) से होकर गुजरती है।

A. x + 2y + 4 = 0 **B.** x + 2y - 11 = 0

C. x + 2y + 5 = 0 **D.** x + 2y - 12 = 0

Q.10 $\tan^{-1}\left(\dfrac{1}{7}\right) + \tan^{-1}\left(\dfrac{1}{13}\right)$ का मान है:

A. $\tan^{-1}\left(\dfrac{1}{7}\right) + \tan^{-1}\left(\dfrac{1}{13}\right)$

B. $\tan^{-1}\left(\dfrac{2}{7}\right)$

C. $\tan^{-1}\left(\dfrac{2}{9}\right)$

D. $\tan^{-1}\left(\dfrac{1}{9}\right)$

Q.11 एकैकी फलन f : {1, 2, 3} → {1, 2, 3} का प्रकार ज्ञात कीजिये?

A. अंतः क्षेपी

B. आच्छादक

C. दोनों आच्छादक एवं अंतः क्षेपी

D. उपरोक्त में से कोई नहीं

Q.12 $\lim\limits_{x \to \infty} \left(\dfrac{x}{x+1}\right)$ का मान ज्ञात करें।

A. 0 **B.** ∞ **C.** 1 **D.** -1

Q.13 यदि, $s = \sin\theta(1 + \sec\theta); \dfrac{ds}{d\theta} = ?$

A. $\cos\theta + \sec^2\theta$ **B.** $\cos^2\theta + \sec^2\theta$

C. $\cos^2\theta + \sec\theta$ **D.** $\tan\theta + \tan\theta\sec^2\theta$

Q.14 निम्नलिखित में से कौन $x = 1$ के बिंदु पर $h(x) = x^4 - 2x^2 + 2x$ के ग्राफ पर रेखा स्पर्शरेखा का एक समीकरण है?

A. $y = 2x + 1$ **B.** $y = x - 1$

C. $y = x + 1$ **D.** $y = 2x - 1$

Q.15 यदि $A = \{1,2\}, B = \{1,2,3,4\}, C = \{5,6\}$ और $D = \{5,6,7,8\}$ फिर निम्नलिखित कथन में से कौन सा सत्य है।

A. $(A \times C) \subset (B \times D)$

B. $(B \times D) \subset (A \times C)$

C. $(A \times B) \subset (A \times D)$

D. $(D \times A) \subset (B \times A)$

Q.16 $\int \dfrac{1}{\sqrt{x^2 - 6x + 1}} dx$ का हल है:

A. $\log|(x - 3) + |\sqrt{(x^2 - 6x + 1)}| + c$

B. $\log|(x - 9) - |\sqrt{(x^2 - 4x + 1)}| + c$

C. $\log|(x - 3) - |\sqrt{((x^2 - 6x + 1)}| + C$

D. $\log|(x - 9) + |\sqrt{(x^2 - 4x + 1)}| + C$

Q.17 $\int_{-1}^{1} 5\, x^4 \sqrt{x^5 + 1}\, dx$ की गणना कीजिए।

A. $\dfrac{6\sqrt{2}}{5}$ **B.** $\dfrac{5\sqrt{3}}{4}$ **C.** $\dfrac{4\sqrt{2}}{3}$ **D.** $\dfrac{3\sqrt{2}}{4}$

Q.18 सेट $\{1,2,5\}$ और $\{1,2,6\}$ का संघ सेट है:

A. $\{1,2,6,1\}$ **B.** $\{1,2,5,6\}$

C. $\{1,2,1,2\}$ **D.** $\{1,5,6,3\}$

Q.19 सेट $\{1,2,5\}$ और $\{1,2,6\}$ का प्रतिच्छेदन सेट है:

A. $\{1,2\}$ **B.** $\{5,6\}$ **C.** $\{2,5\}$ **D.** $\{1,6\}$

Q.20 $x, x + 2, x + 5$ का औसत A है और $y, y + 3, y + 7$ का औसत B है। यदि $y = x - 2$ है, तो x के अनुसार A ओर B का औसत क्या है?

A. $x + \dfrac{14}{6}$ **B.** $x + \dfrac{13}{6}$ **C.** $x + \dfrac{11}{6}$ **D.** कोई नहीं

Q.21 एक सिक्का उछाला जाता है और एक पासा लुढ़काया जाता है। सिक्के की चित दिखाने एवं पासे द्वारा 6 दर्शाने की प्रायिकता कितनी होगी?

A. $\dfrac{1}{2}$ **B.** $\dfrac{1}{6}$ **C.** $\dfrac{1}{12}$ **D.** $\dfrac{1}{24}$

Q.22 सेट $\{1,2,5\}$ और $\{1,2,6\}$ का अंतर सेट है_______

A. $\{1\}$ **B.** $\{5\}$ **C.** $\{3\}$ **D.** $\{2\}$

Q.23 यदि, $\log 2 = 0.3010$ और $\log 3 = 0.4771$ तो, $\log_5 512$ का मान क्या है?

A. 2.870 **B.** 2.967 **C.** 3.876 **D.** 3.912

Q.24 एक सर्वेक्षण यह निर्धारित करता है कि एक इलाके में, 33% बाइक से काम करते हैं, 42% कार से जाते हैं, और 12% दोनों का उपयोग करते हैं। यादृच्छिक व्यक्ति द्वारा चयनित उपयोग की संभावना न तो उनमें से एक है-

A. 0.29 **B.** 0.37 **C.** 0.61 **D.** 0.75

Q.25 एक सिक्का पक्षपाती है ताकि पट के रूप में होने की संभावना 3 गुना हो। यदि सिक्का दो बार उछाला जाता है, तो पट की संख्या का संभाव्यता वितरण ढूंढें:

A. $P(T = 0) = \frac{11}{16}$ **B.** $P(T = 1) = \frac{6}{16}$

C. $P(T = 2) = \frac{13}{16}$ **D.** इनमें से कोई नहीं

English

Q.26 Direction: Choose the correct antonym of the given word:

Undermine

A. Assist **B.** De-emphasize
C. Strengthen **D.** Sabotage

Q.27 Direction: Choose the correct antonym of the given word:

Rancid

A. Abominable **B.** Fresh
C. Polite **D.** Putrid

Q.28 Direction: In the following question, choose the word opposite in meaning to the given bold word.

Born in **squalid** surroundings of the slums she rose to stardom overnight.

A. Dirty **B.** Clean
C. Disorderly **D.** Mean

Q.29 Direction: Choose the correct synonym of the given word:

Tactile

A. Brittle **B.** Compelling
C. Intangible **D.** Palpable

Q.30 Direction: Choose the correct synonym of the given word:

Atone

A. Dull **B.** Monochromatic
C. Repent **D.** Augment

Ques (31-35):Direction: In the following question, a sentence is divided into three parts (a), (b) and (c). Find out which part of the sentence has an error and choose that as your answer. If there is no error, then choose (d) as your answer.

Q.31 The risk of death from multiple fears or another strong emotion are greater (a)/ for individuals with preexisting heart conditions, but people (b)/ who are perfectly healthy in all other respects can also fall victim. (c)/ No error (d).

A. (a) **B.** (b) **C.** (c) **D.** (d)

Q.32 When we tell somebody about a statement we heard a few days earlier and have to fill a couple (a)/ of the plot holes with our own embellishments to make sure (b)/ everything makes sense and we're not crazy. (c)/ No error (d).

A. (a) **B.** (b) **C.** (c) **D.** (d)

Q.33 The therapy involved a therapist putting a client at a trancelike state (a)/ where she was encouraged to root out (b)/ and re-experience forgotten childhood memories. (c)/ No error (d).

A. (a) **B.** (b) **C.** (c) **D.** (d)

Q.34 I don't see how (a)/ that's any different as (b)/ you trying to protect me. (c)/ No error (d).

A. (a) **B.** (b) **C.** (c) **D.** (d)

Q.35 Many a man are harassed to death to pay the (a)/ rent of a larger and more luxurious box (b)/ who would not have frozen to death in such a box as this. (c)/ No error (d).

A. (a) **B.** (b) **C.** (c) **D.** (d)

Ques (36-40):Direction: Read the following passage to answer the given questions based on it.

The University Grant Commission's directive to college and University lecturers to spend a minimum of 22 hours a week in direct teaching is the product of budgetary cutbacks rather than pedagogik wisdom. It may seem odd, at first blush, that teachers should protest about teaching a mere 22 hours. However, if one considers the amount of time academics require to prepare to lectures of good quality as well as the time they need to spend doing research, it is clear that most conscientious teachers work more than 40 hours a week. In University system around the world lecturers rarely spend more than 12 to 15 hours in directing teaching activities a week. The average college lecturer in India does not have any office space. If computers are available, internet connectivity is unlikely. Libraries are poorly stocked. Now the UGC says universities must implement a complete **freeze** on all permanent recruitment, abolish all posts which have been vacant for more than a year, and cut staff strength by 10 per cent. And it is an order to ensure that these cutbacks do not affect the quantum of teaching that existing lecturers are being asked to work longer. Obviously, the quality of teaching and academic work in general will decline. While it is true that in some college teachers do not take their classes regularly, the UGC and the institution concerned must find a proper way to hold them accountable. An absentee teacher will continue to play truant even if the number of hours he is required to teach goes up.

All of us are well aware of the unsound state that the Indian higher education system is in today. Thanks to years of **sustained** financial neglect, most Indian universities and colleges do no research worth the name. Even as the number of students entering colleges has increased dramatically, public investment in higher education has actually declined in relative terms. Between 1985 and 1997, when public expenditure on higher education as percentage of outlays on all levels of education grew by more than 60 per cent in Malaysia and 20 per cent in Thailand, India showed a decline of more than 10 percent. Throughout the world, the number of teachers in higher education per million populations grew by more than 10 per cent in the same period; in India it fell by one per cent. Instead of transferring the burden of government apathy on to the backs of the teachers, the UGC should insist that the need of the country's university system be adequately catered to.

Q.36 Why does the UGC want to increase the directing teaching hours of university teachers?

A. UGC feels that the duration of contact between the teacher and the taught should be more.

B. UGC wants teachers to spend more time in their departments

C. UGC does not have money to appoint additional teachers

D. All of above

Q.37 Which of the following is the reason for the sorry state of affairs of the Indian Universities as mentioned in the passage?

A. The poor quality of teachers

B. Politics within and outside the departments

C. Heavy burden of teaching hours on the teachers

D. Not getting enough financial assistance

Q.38 Besides direct teaching, University teachers spend considerable time in / on

A. Administrative activities such as admission

B. Supervising examination and correction of answer papers

C. Carrying out research in the area of their interest

D. None of these

Q.39 Which of the following statement is NOT TRUE in the context of the passage?

A. UGC wants teachers to spend minimum 40 hours in a week in teaching

B. Some college teachers do not conduct their classes regularly

C. None

D. All are true

Q.40 Which of the following statements is/are TRUE in the context of the passage?

1. Most colleges do not carry out research worth the name.

2. UGC wants lecturers to spend minimum 22 hours a week in direct teaching

3. Indian higher education system is in unsound state

A. Only 1 and 2　　　　**B.** Only 2

C. Only 1 and 3　　　　**D.** All 1, 2 and 3

Q.41 Which of these is not a punctuation mark?

A. Full stop　**B.** Comma　　**C.** Colon　　**D.** Hashtag

Q.42 Which of these is used after a nominative absolute?

A. Colon　　　　　　**B.** Comma

C. Full stop　　　　　**D.** Question mark

Q.43 Which of these is used to separate short co-ordinate clauses of a compound sentence?

A. Semicolon　　　　　**B.** Comma

C. Full stop　　　　　　**D.** Colon

Q.44 Direction: Fill in the blanks with suitable prepositions:
Defeat never comes ___ any man until he admits it.

A. into　　**B.** from　　　**C.** on　　　**D.** to

Q.45 Direction: Fill in the blanks with suitable prepositions:
A lamp is hung ____ my head.

A. on　　**B.** above　　　**C.** in　　　**D.** by

Q.46 Direction: Fill in the blanks with suitable prepositions:
____ the given diagram, We can see the black box.

A. to　　**B.** in　　　**C.** from　　　**D.** by

Q.47 Direction: In the following question, a sentence has been given in Direct & Indirect Speech. Out of the four alternatives suggested, select the one which best expresses the same sentence in Direct & Indirect Speech?
Kiran asked me, "Did you see the Cricket match on television last night?"

A. Kiran asked me whether I saw the Cricket match on television the earlier night.

B. Kiran asked me whether I had seen the Cricket match on television the earlier night.

C. Kiran asked me did I see the Cricket match on television the last night.

D. Kiran asked me whether I had seen the Cricket match on television the last night.

Q.48 Direction: In the following question, a sentence has been given in Direct & Indirect Speech. Out of the four alternatives suggested, select the one which best expresses the same sentence in Direct & Indirect Speech?
I said to him, "Why are you working so hard?"

A. I asked him why he was working so hard.

B. I asked him why was he working so hard.

C. I asked him why had he been working so hard.

D. I asked him why he had been working so hard.

Q.49 Direction: In the following question, a sentence has been given in Active/Passive Voice. Out of the four alternatives suggested, select the one which best expresses the same sentence in Passive/Active Voice?

He killed himself.

A. Himself was killed by him.

B. Killing himself was done by him.

C. He was killed by himself.

D. He had to kill himself.

Q.50 Direction: A sentence has been given in Active/Passive Voice. Out of the four alternatives suggested, select the one which expresses the same sentence in Passive/Active Voice and mark your Answer.

People generally prefer wealth to health.

A. Wealth to health is generally preferred.

B. Wealth to health is preferred by people generally.

C. Generally people are preferred wealth to health.

D. Generally is preferred wealth to health.

Science

Q.51 एक व्यक्ति एक $10n$ बल लागू करके एक बाल्टी पकड़ता है। फिर $5\ m$ की एक क्षैतिज दूरी चलता है और $10\ m$ की एक ऊर्ध्वधर दूरी तक चढ़ जाता है। उसके द्वारा किए गए कुल कार्य का पता लगाएं?

A. 100J **B.** 150J **C.** 50J **D.** 200J

Q.52 एक साधारण हार्मोनिक दोलन का आयाम A और समयावधि T है। इसके लिए x = A से $\frac{A}{2}$ तक यात्रा करने के लिए समय की आवश्यकता है ?

A. $\frac{T}{6}$ **B.** $\frac{T}{4}$ **C.** $\frac{T}{3}$ **D.** $\frac{T}{2}$

Q.53 एक कार्बोक्जिलिक एसिड HA का वाष्प जब MnO_2 से अधिक $573\ K$ पैदावार से गुजरता है। एसिड HA क्या है?

A. मेथानोइक एसिड **B.** ईथेनोइक एसिड
C. प्रोपानोइक एसिड **D.** ब्यूटेनिक एसिड

Q.54 तीन प्रतिरोधों 5Ω, 4.5Ω और 3Ω को इस तरह से मिलाएं कि इस संयोजन का कुल प्रतिरोध अधिकतम हो:

A. 12.5Ω **B.** 13.5Ω **C.** 14.5Ω **D.** 16.5Ω

Q.55 विद्युत चुम्बकीय तरंग की कौन सी संपत्ति, उस माध्यम पर निर्भर करती है जिसमें वह यात्रा कर रहा है?

A. वेग **B.** आवृत्ति
C. समय सीमा **D.** लहर की लंबाई

Q.56 दो कथन हैं:
कथन A : गति के परिवर्तन की दर बल से मेल खाती है
कथन B : संवेग के परिवर्तन की दर गतिज ऊर्जा से मेल खाती है
निम्नलिखित में से कौन सा सही है?

A. केवल A **B.** केवल B
C. A और B दोनों सही हैं **D.** A और B दोनों गलत हैं

Q.57 गुरुत्वाकर्षण के कारण त्वरण का मूल्य-

A. भूमध्य रेखा और ध्रुवों पर समान है
B. कम से कम डंडे पर है
C. भूमध्य रेखा पर कम से कम है
D. ध्रुव से भूमध्य रेखा तक बढ़ता है

Q.58 मुख्य फ्यूज इसमें जुड़ा है:

A. लाइव तार
B. तटस्थ तार
C. दोनों जीवित और पृथ्वी तार
D. पृथ्वी और तटस्थ तार दोनों

Q.59 रैखिक त्वरण की इकाई है:

A. किग्रा \ मीटर **B.** मीटर \ सेकंड
C. मीटर \ सेकंड² **D.** रेड / सेकंड²

Q.60 पारे का सापेक्ष घनत्व 13.6 है। $S.I.$ इकाइयों में इसका घनत्व $X \times 10^3\ kgm^{-3}$ है। X ज्ञात कीजिए।

A. 13 **B.** 14 **C.** 13.6 **D.** 14.6

Q.61 निम्नलिखित का मिलान करें:

(A) वायरल रोग	(i) डेंगू, मलेरिया, प्लेग
(B) बैक्टीरियल रोग	(ii) खसरा, कण्ठमाला, स्वाइन फ्लू, चिकनपॉक्स
(C) कीड़े के माध्यम से रोग	(iii) तपेदिक, डिप्थीरिया, टेटनस, हैजा,
	फैलता है	टाइफाइड
(D) वंशानुगत रोग	(iv) मधुमेह उच्च रक्तचाप, कैंसर

A. (A - iii), (B - i), (C - iv), (D - ii)
B. (A - ii), (B - iii), (C - i), (D - iv)
C. (A - i), (B - ii), (C - iii), (D - iv)
D. (A - iv), (B - iii), (C - ii), (D - ii)

Q.62 एक तत्व A के परमाणु में प्रोटॉन की संख्या 19 है, उसके आयन A^+ में इलेक्ट्रॉन की संख्या है:

A. 18 **B.** 19 **C.** 20 **D.** 21

Q.63 माई प्याराबमंड फूड गाइडेंस सिस्टम के मुताबिक, एक व्यक्ति को अपने वसा का अधिकांश भाग _______ द्वारा प्राप्त करना चाहिए।

A. गोमांस, चिकन, और मछली
B. सब्जियों के तेल, नट, और मछली
C. वसा, तेल, और मिठाई
D. दूध, दही और पनीर

Q.64 विडाल परीक्षण _______ के परीक्षण के लिए किया जाता है

A. एच.आई.वी. **B.** टाइफ़ाइड
C. मलेरिया **D.** डायबिटीज़

Q.65 किसी भी t पर एक कुंडल के साथ जुड़ा हुआ प्रवाह $\Phi_B = 10t^2 - 50t + 250$ तक दिया जाता है। $t = 3s$ पर प्रेरित ईएमएफ (emf) है:

A. $-190\ V$ **B.** $-10\ V$ **C.** $10\ V$ **D.** $190\ V$

Q.66 लाल प्रकाश की किरण का उपयोग करके एक विवर्तन पैटर्न प्राप्त किया जाता है। अगर लाल बत्ती को नीली रोशनी से बदल दिया जाए तो क्या होगा?

A. बैंड गायब हो जाते हैं
B. कोई परिवर्तन नहीं होता है
C. विवर्तन पैटर्न एक साथ संकरा और सघन हो जाता है
D. विचलन पैटर्न व्यापक और आगे अलग हो जाता है

Q.67 साइकिल का टायर अचानक फट गया। इस प्रक्रिया का प्रकार क्या है?

A. इज़ोटेर्मल **B.** स्थिरोष्म
C. इसोचोरिक **D.** आइसोबारिक

Q.68 एक परमाणु में दो इलेक्ट्रॉन त्रिज्या R और 4R के परिपत्र कक्षाओं में नाभिक के चारों ओर घूमते हैं। एक परिक्रमा को पूरा करने के लिए उनके द्वारा लिए गए समय का अनुपात है:

A. 1:4 **B.** 4:1 **C.** 1:8 **D.** 8:7

Q.69 अभिकथन
एडियाबेटिक कंप्रेशन में सिस्टम की आंतरिक ऊर्जा और तापमान कम हो जाता है।

कारण
एडियाबेटिक संपीड़न एक धीमी प्रक्रिया है।

A. अभिकथन और कारण दोनों सही हैं और कारण अभिकथन के लिए सही स्पष्टीकरण है
B. अभिकथन और कारण दोनों सही हैं लेकिन कारण अभिकथन के लिए सही स्पष्टीकरण नहीं है
C. अभिकथन और कारण दोनों सही हैं लेकिन कारण अभिकथन के लिए सही स्पष्टीकरण नहीं है
D. दावा और तर्क दोनों ही गलत हैं

Q.70 यदि उच्च दबाव पर गैस वाला सिलेंडर फट जाता है, तो गैस कम हो जाती है।

A. प्रतिवर्ती एडियाबेटिक परिवर्तन और तापमान में गिरावट
B. प्रतिवर्ती एडियाबेटिक परिवर्तन और तापमान का बढ़ना
C. अपरिवर्तनीय एडियाबेटिक परिवर्तन और तापमान में गिरावट
D. अपरिवर्तनीय एडियाबेटिक परिवर्तन और तापमान का बढ़ना

Q.71 हाइड्रोजन परमाणु के प्रोटॉन और इलेक्ट्रॉन के बीच गुरुत्वाकर्षण बल के आकर्षण के इलेक्ट्रोस्टैटिक बल का अनुपात निम्न के क्रम का है:

A. 10^{39} B. 10^{-39} C. 10^8 D. 10^{-8}

Q.72 $CH_3 - CH = O + H_2, NOH$ द्वारा प्रस्तुत जैविक प्रतिक्रिया $CH_3 - CH - NH + H_2O$ का उदाहरण देती है:

A. एक अतिरिक्त प्रतिक्रिया
B. एक संक्षेपण प्रतिक्रिया
C. एक ऑक्सीकरण प्रतिक्रिया
D. एक ऑक्सीकरण प्रतिक्रिया

Q.73 रेडियोकार्बन वातावरण में उत्पन्न होता है:

A. वायुमंडल में मौजूद तेज न्यूट्रॉन और नाइट्रोजन नाभिक के बीच टकराव
B. वायुमंडलीय ऑक्सीजन पर सूरज से पराबैंगनी प्रकाश की कार्रवाई
C. सौर विकिरणों की कार्रवाई विशेष रूप से वायुमंडल में मौजूद कार्बन डाइऑक्साइड पर कॉस्मिक किरणें
D. वातावरण में बिजली का निर्वहन

Q.74 H^+ में मौजूद इलेक्ट्रॉनों की संख्या है:

A. शून्य   B. एक   C. दो   D. तीन

Q.75 एक अर्धचालक के प्रतिरोध का तापमान गुणांक:

A. हमेशा सकारात्मक है
B. हमेशा नकारात्मक होता है
C. शून्य रहेगा
D. सकारात्मक या नकारात्मक या शून्य हो सकता है

General Awareness

Q.76 निम्नलिखित में से किस क्षेत्र में भारत और रूस के बीच जनवरी 2022 में पैसेज अभ्यास आयोजित किया गया था?

A. लाल सागर
B. अरब सागर
C. दक्षिण चीन सागर
D. भूमध्य सागर

Q.77 भारतीय कढ़ाई शैली के सही जोड़े पर विचार कीजिये ।

1. कसीदा – कर्नाटक
2. फुलकारी– पंजाब
3. कासुति – पश्चिम बंगाल

नीचे दिए गये विकल्पों में से सही को चुनिए -

A. केवल 1 और 2
B. केवल 1 और 3
C. केवल 2
D. 1,2 और 3

Q.78 निम्नलिखित में से कौन सा युग्म सुमेलित है?

1. मृच्छकटिकम् - शूद्रक
2. बुद्धचरित - वासुवंधु
3. मुद्राराक्षस - विशाखदत्त
4. हर्षचरित - बाणभट्ट

नीचे दिए गए कोड का उपयोग करके सही उत्तर चुनें:

A. 1, 2, 3 and 4
B. 1, 3 and 4
C. 1 and 4
D. 2 and 3

Q.79 गांधार कला संयोजन है-

A. इंडो - रोमन
B. इंडो - ग्रीक
C. इंडो - इस्लामी
D. इंडो - चाइना

Q.80 सीतला षष्ठी त्योहार कितना पुराना है?

A. लगभग 100 साल
B. लगभग 200 साल
C. लगभग 300 साल
D. लगभग 400 साल

Q.81 भारतीय पूर्वी तटीय मैदान के दक्षिणी भाग को क्या कहा जाता है?

A. उत्तरी सरकार
B. मालाबार तट
C. कोरोमंडल तट
D. कोंकण तट

Q.82 निम्नलिखित में से कौनसा शहर कर्क रेखा के सबसे नज़दीक है?

A. दिल्ली   B. कोलकाता   C. जोधपुर   D. नागपुर

Q.83 संकोष नदी सीमा बनाती है-

A. झारखंड और पश्चिम बंगाल
B. असम और अरूणाचल प्रदेश
C. असम और पश्चिम बंगाल
D. बिहार और झारखंड

Q.84 पलामू टाइगर रिजर्व कहां स्थित है?

A. राजस्थान
B. झारखंड
C. ओडिशा
D. उत्तर प्रदेश

Q.85 निम्नलिखित में से कौन सा अंतर्राष्ट्रीय पुरस्कार पत्रकारिता के क्षेत्र में सर्वोत्तम योगदान के लिए दिया जाता हैं?

A. ऑस्कर पुरस्कार
B. बुकर पुरस्कार
C. पुलित्जर पुरस्कार
D. सुल्लिवन पुरस्कार

Q.86 वर्ष 2019 के लिए 33वां मूर्तिदेवी पुरस्कार ________ को दिया गया था।

A. जॉर्ज मिलर
B. मीरा कुमार
C. विश्वनाथ तिवारी
D. सतीश रेड्डी

Q.87 जॉर्डन की राष्ट्रीय मुद्रा क्या है?

A. जोर्डनियन डाउन
B. जोर्डनियन शेकेल
C. जोर्डनियन लीरा
D. जोर्डनियन दीनार

Q.88 निम्नलिखित में से किस को फिलिस्तीन के उच्चतम पुरस्कार से सम्मानित किया गया है?

A. नरेंद्र मोदी
B. फ्रांसिसा होलैंड
C. बराक ओबामा
D. डोनाल्ड ट्रम्प

Q.89 निम्न में से कौन से भारतीय को नोबेल पुरस्कार नहीं मिला है?

A. रबींद्रनाथ टैगोर
B. सी. वी. रमन
C. सत्यजीत रे
D. अमर्त्य सेन

Q.90 'टू लाइव और नोट लाइव' पुस्तक किसने लिखी?

A. वीरेन सोरी
B. कपिल इशापुरी
C. नीरद सी चौधरी
D. राघव बहल

Q.91 प्रसिद्ध पुस्तक 'आनंदमठ' के लेखक कौन थे?

A. सरोजिनी नायडू
B. बंकिम चंद्र चट्रोपाध्याय
C. श्री अरबिंदो
D. रविंद्रनाथ टैगोर

Q.92 मालाबार में 1921 में मोपला विद्रोह मुस्लिम किसान विद्रोह किस के खिलाफ था?

A. मुस्लिम भूमिपति
B. ब्रिटिश सरकार प्राधिकरण

C. गैर-आदिवासी बाहरी

D. हिंदू भूमिपति

Q.93 निम्नलिखित में से किसने उपन्यास "दुर्गेशनंदिनी" लिखा था?

A. बिपिन चंद्र पाल   **B.** बंकिम चंद्र चट्टोपाध्याय

C. गोपाल कृष्ण गोखले   **D.** सरोजिनी नायडू

Q.94 भारतीय वायु सेना ने अपनी स्वर्ण जयंती कब मनाई थी?

A. 1962   **B.** 1972   **C.** 1982   **D.** 1992

Q.95 पद IRBM का पूर्ण रूप क्या है?

A. इंटरमीडिएट रिसर्चड बैलिस्टिक मिसाइल

B. इंटरमीडिएट रिसोर्स बैलिस्टिक मिसाइल

C. इंटरमीडिएट रेंज बैलिस्टिक मिसाइल

D. इंटरमीडिएटेड रेंज बैलिस्टिक मिसाइल

Q.96 नौसेना पनडुब्बी आईएनएस कलवरी भारत और किस यूरोपीय संघ के राष्ट्र के बीच एक साझेदारी की गई है?

A. इटली   **B.** फ्रांस   **C.** जर्मनी   **D.** स्पेन

Q.97 भारतीय नौसेना ने नौसेना के जहाजों के लिए मैटानचेरी घाट पर बंदरगाह की बर्थिंग सुविधा का उपयोग करने के लिए किस पोर्ट ट्रस्ट के साथ एक समझौता ज्ञापन पर हस्ताक्षर किए है?

A. कांडला पोर्ट ट्रस्ट   **B.** कोलकाता पोर्ट ट्रस्ट

C. कोचीन पोर्ट ट्रस्ट   **D.** चेन्नई पोर्ट ट्रस्ट

Q.98 बजट 2018 के अनुसार पूर्व वर्ष देश के स्वास्थ्य क्षेत्र में सुधार के लिए किस योजना को शुरू किया गया?

A. सुरक्षा बीमा परियोजना

B. स्वच्छ भारत मिशन

C. राष्ट्रीय स्वास्थ्य बीमा योजना

D. नेशनल हेल्थ प्रोटेक्शन स्कीम

Q.99 केंद्रीय कैबिनेट ने हाल ही में ऑपरेशन ओशीयनोग्राफी (समुद्र विज्ञान) के लिए अंतर्राष्ट्रीय प्रशिक्षण केंद्र की स्थापना के संबंध में यूनेस्को के साथ समझौते को मंजूरी दी है। यह केंद्र किस शहर में स्थापित होगा?

A. नई दिल्ली   **B.** हैदराबाद   **C.** चेन्नई   **D.** लखनऊ

Q.100 इस विवरण के साथ कौन सटीक बैठता है 'भारतीय कपास व्यापारी, बैंकर, कांग्रेसी, महात्मा गांधी के करीबी सहयोगी'?

A. एम आर जयकर   **B.** वी एस शास्त्री

C. जी डी बिड़ला   **D.** जमनालाल बजाज

// स्मार्ट उत्तर पुस्तिका //

सही उत्तर — उन छात्रों का प्रतिशत जिन्होंने प्रश्नों का सही उत्तर दिया था।   **छोड़ दिया** — उन छात्रों का प्रतिशत जिन्होंने प्रश्नों को छोड़ दिया था।

प्रश्न संख्या	उत्तर	सही उत्तर / छोड़ दिया	प्रश्न संख्या	उत्तर	सही उत्तर / छोड़ दिया	प्रश्न संख्या	उत्तर	सही उत्तर / छोड़ दिया	प्रश्न संख्या	उत्तर	सही उत्तर / छोड़ दिया	प्रश्न संख्या	उत्तर	सही उत्तर / छोड़ दिया	प्रश्न संख्या	उत्तर	सही उत्तर / छोड़ दिया
1	B	46.2 % / 51.88 %	18	B	80.44 % / 13.95 %	35	A	84.39 % / 15.28 %	52	C	44.08 % / 49.2 %	69	C	41.98 % / 32.99 %	86	C	28.75 % / 68.79 %
2	D	86.76 % / 12.38 %	19	A	76.21 % / 23.27 %	36	C	40.47 % / 42.7 %	53	B	57.95 % / 39.6 %	70	C	56.25 % / 38.2 %	87	D	45.33 % / 43.0 %
3	B	47.34 % / 33.34 %	20	C	85.16 % / 13.27 %	37	D	57.57 % / 32.37 %	54	A	67.04 % / 32.76 %	71	B	17.53 % / 81.08 %	88	A	58.64 % / 38.43 %
4	A	10.27 % / 87.97 %	21	C	47.34 % / 41.45 %	38	C	68.85 % / 30.5 %	55	A	86.06 % / 11.97 %	72	A	88.23 % / 10.98 %	89	C	80.52 % / 18.22 %
5	B	49.03 % / 39.83 %	22	C	77.31 % / 12.79 %	39	A	47.46 % / 36.7 %	56	A	89.92 % / 10.01 %	73	A	80.14 % / 10.76 %	90	C	86.76 % / 12.96 %
6	A	40.38 % / 50.1 %	23	C	65.61 % / 31.45 %	40	D	44.43 % / 44.01 %	57	C	50.95 % / 44.52 %	74	A	85.04 % / 11.95 %	91	B	47.32 % / 41.68 %
7	A	30.23 % / 68.86 %	24	B	42.92 % / 47.99 %	41	D	76.11 % / 11.04 %	58	A	83.4 % / 15.46 %	75	A	65.98 % / 32.69 %	92	D	89.34 % / 10.52 %
8	A	77.8 % / 15.58 %	25	B	43.91 % / 38.56 %	42	B	58.58 % / 34.72 %	59	C	55.51 % / 44.25 %	76	B	55.04 % / 44.22 %	93	B	60.3 % / 35.03 %
9	D	40.14 % / 53.02 %	26	C	44.77 % / 31.31 %	43	B	50.97 % / 48.9 %	60	C	24.34 % / 69.73 %	77	C	43.85 % / 48.31 %	94	C	65.67 % / 30.46 %
10	C	19.19 % / 73.06 %	27	B	12.25 % / 86.85 %	44	B	87.75 % / 10.19 %	61	B	54.96 % / 30.37 %	78	B	23.07 % / 70.55 %	95	C	86.04 % / 13.43 %
11	B	46.92 % / 48.88 %	28	B	44.69 % / 36.74 %	45	B	42.17 % / 42.9 %	62	A	51.96 % / 43.57 %	79	B	64.15 % / 34.46 %	96	B	78.0 % / 16.77 %
12	C	46.45 % / 35.42 %	29	D	59.39 % / 35.42 %	46	D	44.52 % / 54.01 %	63	B	86.32 % / 11.16 %	80	D	81.24 % / 14.11 %	97	C	78.83 % / 11.55 %
13	A	18.85 % / 73.01 %	30	C	66.12 % / 30.77 %	47	B	51.76 % / 37.19 %	64	B	49.96 % / 31.11 %	81	C	85.15 % / 12.7 %	98	D	61.76 % / 37.33 %
14	D	67.3 % / 30.55 %	31	A	45.4 % / 33.05 %	48	A	83.2 % / 12.3 %	65	D	76.6 % / 20.05 %	82	B	46.5 % / 46.85 %	99	B	30.63 % / 67.61 %
15	A	59.86 % / 30.56 %	32	A	89.56 % / 10.05 %	49	C	68.46 % / 30.88 %	66	C	62.84 % / 30.1 %	83	B	58.72 % / 36.27 %	100	C	68.1 % / 31.53 %
16	A	65.09 % / 31.07 %	33	A	40.49 % / 30.76 %	50	A	64.85 % / 31.19 %	67	B	11.83 % / 75.36 %	84	B	82.46 % / 17.42 %			
17	C	15.65 % / 71.81 %	34	B	79.83 % / 19.89 %	51	A	48.05 % / 43.57 %	68	C	28.73 % / 68.25 %	85	C	67.08 % / 30.25 %			

//संकेत और समाधान//

1. दो समुच्चयों का सममितीय अंतर वह समुच्चय होता है जिसमें ऐसे तत्व होते हैं जो ठीक एक समुच्चय में होते हैं।

$$A \oplus B = (A - B) + (B - A)$$
$$= \{2, 4, 9\}$$

अत: विकल्प (B) सही है।

2. मान लेते हैं,

$$z = \frac{1}{1+5i} - \frac{1}{1-5i}$$

हम जानते हैं कि,

$$z = \frac{z_2 - z_1}{z_1 z_2}$$

$$z_2 = (1 - 5i), z_1 = (1 + 5i)$$

$$\Rightarrow \frac{(1-5i)-(1+5i)}{(1+5i)(1-5i)}$$

$$\Rightarrow \frac{-10i}{(1)^2-(5i)^2}$$

$$\Rightarrow -\frac{10i}{26}$$

$$\Rightarrow -\frac{5}{13}i$$

z का मापांक है,

$$\therefore |z| = \sqrt{(0)^2 + \left(\frac{5}{13}\right)^2}$$

$$\Rightarrow \sqrt{\frac{25}{169}}$$

$$\Rightarrow \frac{5}{13}$$

अत: विकल्प (D) सही है।

3. 15 बिंदुओं से बने त्रिभुज की संख्या = $^{15}C_3$

जब 8 हिस्से समरेख बिंदु हैं, तो $^8C_3$ त्रिभुज नहीं बनाया जाएगा,

$$^{15}C_3 - {}^8C_3$$
$$= \frac{15!}{3!12!} - \frac{8!}{3!5!}$$
$$= \frac{15 \times 14 \times 13}{3 \times 2} - \frac{8 \times 7 \times 6}{3 \times 2}$$
$$= 455 - 56$$
$$= 399$$

अत: विकल्प (B) सही है।

4. $r_n = {}^nC_r (a)^{n-r}(b)^r$

$$= \left(3x - \frac{1}{x^2}\right)^6 = {}^6C_0(3x)^6 \cdot \left(\frac{1}{x^2}\right)^0 + {}^6C_1(3x)^5 \cdot \left(\frac{1}{x^2}\right)^1$$
$$+ {}^6C_2(3x)^4\left(\frac{1}{x^2}\right)^2$$

$$+ {}^6C_3(3x)^3\left(\frac{1}{x^2}\right)^3 + {}^6C_4(3x)^2 \cdot \left(\frac{1}{x^2}\right)^4 + {}^6C_5(3x)^1 \cdot$$
$$\left(\frac{1}{x^2}\right)^5 + {}^6C_6(3x)^0\left(\frac{1}{x^2}\right)^6$$

हम देख सकते हैं कि यहाँ x^2 का कोई पद नहीं है, इसलिए गुणांक 0 है।

अत: विकल्प (A) सही है।

5. $\frac{\log 256}{\log 16} = \log x$

$$\frac{\log(16)^2}{\log(16)} = \log x$$
$$\Rightarrow 2 = \log x$$
$$\Rightarrow x = 10^2$$
$$\Rightarrow x = 100$$

अत: विकल्प (B) सही है।

6. $C_2 \to C_2 - \frac{1}{2}(C_1 + C_3)$ को हल करने पर, हम प्राप्त करते हैं,

$$\Delta = \begin{vmatrix} 115 & 0 & 97 \\ 10 & 0 & -8 \\ 106 & 0 & 88 \end{vmatrix} = 0$$

अत: विकल्प (A) सही है।

7. एक आव्यूह को एकल कहा जाता है यदि इसका सारणिक शून्य होता है।
अर्थात् आव्यूह A के एकल होने के लिए, $|A| = 0$
एक एकल आव्यूह के लिए, व्युत्क्रम मौजूद नहीं होता है।

दिया गया है कि, आव्यूह $\begin{bmatrix} \cos\theta & \sin\theta & 0 \\ \sin\theta & \cos\theta & 0 \\ 0 & 0 & 1 \end{bmatrix}$ एकल है,

तो, $\begin{vmatrix} \cos\theta & \sin\theta & 0 \\ \sin\theta & \cos\theta & 0 \\ 0 & 0 & 1 \end{vmatrix} = 0$

$$\Rightarrow \begin{vmatrix} \cos\theta & \sin\theta \\ \sin\theta & \cos\theta \end{vmatrix} = 0$$
$$\Rightarrow \cos 2\theta - \sin 2\theta = 0$$
$$\Rightarrow \cos 2\theta = \cos \frac{\pi}{2}$$
$$\therefore \theta = \frac{\pi}{4}$$

अत: विकल्प (A) सही है।

8. $A = \begin{bmatrix} 1 & 1 \\ 0 & 1 \end{bmatrix}$

$$A^2 = A \cdot A = \begin{bmatrix} 1 & 1 \\ 0 & 1 \end{bmatrix}\begin{bmatrix} 1 & 1 \\ 0 & 1 \end{bmatrix}$$
$$= \begin{bmatrix} 1+0 & 1+1 \\ 0 & 1 \end{bmatrix} = \begin{bmatrix} 1 & 2 \\ 0 & 1 \end{bmatrix}$$
$$A^3 = A^2 \cdot A = \begin{bmatrix} 1 & 2 \\ 0 & 1 \end{bmatrix}\begin{bmatrix} 1 & 1 \\ 0 & 1 \end{bmatrix}$$
$$= \begin{bmatrix} 1 & 2+1 \\ 0 & 1 \end{bmatrix} = \begin{bmatrix} 1 & 3 \\ 0 & 1 \end{bmatrix}$$

यहाँ पैटर्न को देखकर,

$$A^n = \begin{bmatrix} 1 & n \\ 0 & 1 \end{bmatrix}$$

अत: विकल्प (A) सही है।

9. किसी भी सीधी रेखा का समीकरण जो x + 2y + 4 = 0 के x + 2y + k = 0 के समानांतर है।

चूंकि समीकरण, बिंदु (2, 5) से गुजरता है।

$2 + 2(5) + k = 0$

$2 + 10 + k = 0$

$12 + k = 0$

$k = -12$

समीकरण से,

रेखा का अभीष्ट समीकरण x + 2y - 12 = 0 है।

अत: विकल्प (D) सही है।

10. हम जानते हैं कि,

$$\tan^{-1}x + \tan^{-1}y = \tan^{-1}\left(\frac{x+y}{1-xy}\right)$$

$$\tan^{-1}\left(\frac{1}{7}\right) + \tan^{-1}\left(\frac{1}{13}\right) = \tan^{-1}\left(\frac{\frac{1}{7}+\frac{1}{13}}{1-\frac{1}{7}\times\frac{1}{13}}\right)$$

$$= \tan^{-1}\left(\frac{20}{90}\right)$$

$$= \tan^{-1}\left(\frac{2}{9}\right)$$

अत: विकल्प (C) सही है।

11. चूँकि f एकैक फलन है, {1, 2, 3} के तीन घटक f के सह-प्रान्त {1, 2, 3} के भिन्न घटकों में से लिए गए है। इसलिए f एक आच्छादक फलन है।

अत: विकल्प (B) सही है।

12. $X = \infty$ पर, मान $\frac{\infty}{\infty}$ है, इसलिए सीमा एक अनिश्चित रूप $\left(\frac{0}{0}, \frac{\infty}{\infty}, 0\times\infty, 00, 1\infty, \infty0\right)$ में है।

अनिश्चित रूप को नजरअंदाज करते हुए,

$$\lim_{x\to\infty}\left(\frac{x}{x+1}\right)$$

$$= \lim_{x\to\infty}\left(\frac{1}{1+\frac{1}{x}}\right)$$

$$= \frac{1}{1+0}$$

$$= 1$$

अत: विकल्प (C) सही है।

13. $(\cos\theta)' = -\sin\theta$

$\Rightarrow (\sin\theta)' = \cos\theta$

$\Rightarrow (\sec\theta)' = \sec\theta\tan\theta$

$\Rightarrow (\tan\theta)' = \sec^2\theta$

$s = \sin\theta(1 + \sec\theta) = \sin\theta + \tan\theta$

$\frac{ds}{d\theta} = (\sin\theta)' + (\tan\theta)' = \cos\theta + \sec^2\theta$

अत: विकल्प (A) सही है।

14. एक रेखा का समीकरण दिया गया है जैसा कि, $y - y_1 = m(x - x_1)$ जहाँ m ढाल है, इसलिए स्पर्शरेखा को ज्ञात करने के लिए हमें इसके ढाल और रेखा पर एक बिंदु की आवश्यकता है, रेखा की स्पर्शरेखा $h'(x)$ द्वारा दी गई है।

$h(x) = x^4 - 2x^2 + 2x$

$h'(x) = 4x^3 - 4x + 2$

$h'(1) = 4(1)^3 - 4(1) + 2 = 2$

स्पर्शरेखा का ढाल 2 है अर्थात $m = 2$

$x = 1$ पर,

$h(1) = (1)^4 - 2(1)^2 + 2(1) = 1$

इसलिए, प्रतिच्छेदन बिंदु हैं (1, 1)

रेखा का समीकरण: $y - y_1 = m(x - x_1)$

$y - 1 = 2(x - 1)$

$y = 2x - 1$

अत: विकल्प (D) सही है।

15. $A \times C = \{1,2\} \times \{5,6\}$

$= \{(1,5)(1,6)(2,5)(2,6)\}$

$B \times D = \{1,2,3,4\} \times \{5,6,7,8\}$

$= \{(1,5)(1,6)(1,7)(1,8)(2,5)(2,6)(2,7)$
$(3,5)(3,6)(3,7)(3,8)(4,5)(4,6)(4,7)(4,8)\}$

$(A \times C) \subset (B \times D)$

अत: विकल्प (A) सही है।

16.

$$l = \int \frac{1}{\sqrt{x^2-6x+1}}dx = \int \frac{1}{\sqrt{x^2-6x+9-9+1}}dx = \int \frac{1}{\sqrt{(x-3)^2-\sqrt{8}^2}}dx$$

$$l = \log|(x-3) + \sqrt{((x-3)^2 - \sqrt{8}^2)}| + c$$

$$l = \log|(x-3) + |\sqrt{(x^2 - 6x + 1)}| + c$$

अत: विकल्प (A) सही है।

17. $t = x^5 + 1$, रखने पर, तब, $dt = 5x^4 dx$

$\int 5x^4\sqrt{x^5 + 1}\,dx$

$\Rightarrow \int \sqrt{t}\,dt = \frac{2}{3}t^{\frac{3}{2}}$

$\Rightarrow \frac{2}{3}(x^5 + 1)^{\frac{3}{2}}$

इसलिए, $\int_{-1}^{1} 5x^4\sqrt{x^5 + 1}\,dx$

$\Rightarrow \frac{2}{3}\left[(x^5 + 1)^{\frac{3}{2}}\right]_{-1}^{1}$

$\Rightarrow \frac{2}{3}\left[(1^5 + 1)^{3/2} - ((-1)^5 + 1)^{\frac{3}{2}}\right]$

$\Rightarrow \frac{2}{3}\left[2^{\frac{3}{2}} - 0^{\frac{3}{2}}\right]$

$\Rightarrow \frac{2}{3}(2\sqrt{2})$

$\Rightarrow \frac{4\sqrt{2}}{3}$

अत: विकल्प (C) सही है।

18. सेट A और सेट B का संघ सेट वह सेट है जिसमें वे तत्व होते हैं जो A या B में होते हैं।

माना, $A = \{1,2,5\}$ और $B = \{1,2,6\}$

इसलिए, $A \cup B = \{1,2,5,6\}$

अत: विकल्प (B) सही है।

19. सेट A और B का प्रतिच्छेदन वह सेट होता है जिसमें वे तत्व होते हैं जो A और B दोनों में होते हैं।

माना, $A = \{1,2,5\}$ और $B = \{1,2,6\}$

इसलिए, $A \cap B = \{1,2\}$

अत: विकल्प (A) सही है।

20. $A = \dfrac{(x+x+2+x+5)}{3}$

$= \dfrac{(3x+7)}{3}$

$B = \dfrac{(y+y+3+y+7)}{3}$

$= \dfrac{(3y+10)}{3}$

A और B का औसत,

$= \dfrac{(A+B)}{2}$

$= \dfrac{\left[\frac{(3x+7)}{2} + \frac{(3x+10)}{2}\right]}{2}$

$= \dfrac{(3x+3y+17)}{6}$

$= \dfrac{(3x+3x-6+17)}{6}$

$= \dfrac{(6x+11)}{6}$

$= \dfrac{x+11}{6}$

अत: विकल्प (C) सही है।

21. सिक्का फेंकने पर चित प्राप्त करने की प्रायिकता $= (P1) = \dfrac{1}{2}$

एक पासा लुढ़काने पर 6 प्राप्त करने की प्रायिकता $= (P2) = \dfrac{1}{6}$

ये दो घटनाएं स्वतंत्र हैं।

तो सिक्के द्वारा चित एवं पासा द्वारा 6 दर्शनि की प्रायिकता इस प्रकार होगी-

$P = P_1 \times P_2 = \dfrac{1}{2} \times \dfrac{1}{6} = \dfrac{1}{12}$

अत: विकल्प (C) सही है।

22. सेट A और सेट B का अंतर सेट वह सेट है जिसमें वे तत्व होते हैं जो A या B में होते हैं।

माना, $A = \{1,2,3\}$ और $B = \{1,2,5\}$

इसलिए, $A - B = \{3\}$

अत: विकल्प (C) सही है।

23. $\log_5 512$

$\Rightarrow \dfrac{\log 512}{\log 5}$

$\Rightarrow \dfrac{\log 2^9}{\log\left(\frac{10}{2}\right)}$

$\Rightarrow \dfrac{9\log 2}{\log 10 - \log 2}$

$\Rightarrow \dfrac{9 \times 0.3010}{1 - 0.3010}$

$\Rightarrow \dfrac{2.709}{0.699}$

$\Rightarrow \dfrac{2709}{699}$

$\Rightarrow 3.876$

अत: विकल्प (C) सही है।

24. मान लेते हैं, बाइक से काम पर जाने वाले $= P(B)$

कार द्वारा $= P(C)$

और दोनों के द्वारा $= P(B \cap C)$

दिया गया, $P(B) = 0.33, P(C) = 0.42$

$P(B \cap C) = 0.12$

$P(B \cap C) = ?$

$P(B \cap C) = 1 - P(B \cup C)$

$= 1 - P(B) - P(C) + P(B \cap C)$

$= 1 - 0.22 - 0.42 + 0.12$

$= 0.37$

अत: विकल्प (B) सही है।

25. एक पक्षपाती सिक्के को देखते हुए कि सिर पट की तुलना में 3 गुना अधिक है। सिक्का दो बार उछाला जाता है।

$P(H) = \dfrac{3}{4}$ and $P(T) = \dfrac{1}{4}$

मान ले T पट की संख्या के लिए यादृच्छिक चर हो।

$P(T = 0) = P(HH) = \dfrac{3}{4} \times \dfrac{3}{4} = \dfrac{9}{16}$

$P(T = 1) = P(HT, TH) = \dfrac{3}{4} \times \dfrac{1}{4} + \dfrac{3}{4} \times \dfrac{1}{4} = \dfrac{3}{16} + \dfrac{3}{16} = \dfrac{3}{8} = \dfrac{6}{16}$

$P(T = 2) = P(TT) = \dfrac{1}{4} \times \dfrac{1}{4} = \dfrac{1}{16}$

अत: विकल्प (B) सही है।

26. Undermine – to make something weaker, undermine is to weaken the position, goals, or success of something.

Strengthen - to become stronger or to make something stronger.

Assist- to give support or help.

De-emphasize- to remove emphasis from something.

Sabotage - damage that is done on purpose and secretly in order to prevent an enemy or a competitor from being successful.

Hence, the correct option is (C).

27. Rancid – (of foods containing fat or oil) smelling or tasting unpleasant as a result of being old and stale.

Fresh - (used especially about food) produced or picked very recently; not frozen or in a tin.

Hence, the correct option is (B).

28. Squalid means extremely dirty or unpleasant. Therefore, the opposite is clean.

Hence, the correct option is (B).

29. Tactile – Perceptible by touch, connected with the sense of touch.

Palpable - Capable of being touched or felt.

Hence, the correct option is (D).

30. Atone – To show that one is sorry for doing something wrong.

Repent - To cause to feel regret or contrition.

Hence, the correct option is (C).

31. Replace 'are' with 'is'. The verb in an 'or', 'either/or', or 'neither/nor' sentence agrees with the noun or pronoun closest to it which in this case is 'emotion'.

Hence, the correct option is (A).

32. The flaw is in the first part of the sentence.

The sentence implies that we need to add some details to the statement to make it more acceptable. The preposition 'in' is missing in the first part of the sentence. The phrasal verb 'fill in' means 'to act as a substitute for something' and in the given sentence, it suggests that we have to fill in the gaps with our own ideas to make sure everything makes sense. So, the correct sentence is: When we tell somebody about a statement we heard a few days earlier and have to fill in a couple of the plot holes with our own embellishments to make sure everything makes sense and we're not crazy.

Hence, the correct option is (A).

33. The error is in the first part of the sentence.

The sentence implies that the therapy involved a therapist putting a client into a half-conscious state where she was encouraged to find her forgotten childhood memories.

The error is due to the wrong usage of the preposition 'at'. 'At' means 'expressing location or arrival in a particular place or position'. The correct preposition which suits the context of the sentence is 'into' as it means 'expressing movement or action with the result that someone or something becomes enclosed or surrounded by something else'.

So, the correct sentence is: The therapy involved a therapist putting a client into a trance-like state where she was encouraged to root out and re-experience forgotten childhood memories.

Hence, the correct option is (A).

34. The error is in the second part of the sentence.

The error is due to the wrong usage of the preposition 'as'. We use the preposition 'than' after 'different' if it is followed by a noun or a pronoun.

In the above sentence, a different is followed by a pronoun 'you'. Therefore, 'as' must be replaced with 'than'.

The correct sentence is: I don't see how that's any different than you trying to protect me.

Hence, the correct option is (B).

35. The error lies in part 1 of the given sentence as the fixed expression "many a/an" is more formal than the single word "many" and it is much less common. Like the adjective and the pronoun, 'many a/an' is used for indicating a large number of something and it takes a singular countable noun followed by a singular verb while 'many' is used with countable plural nouns followed by plural verb.

Hence, the correct option is (A).

36. Kindly refer to the 1st sentence of the 1st paragraph.

The University Grant Commission's directive to college and University lecturers to spend a minimum of 22 hours a week in direct teaching is the product of budgetary cutbacks rather than pedagogik wisdom.

Hence, the correct option is (C).

37. The answer to this question can also be inferred from the 1st sentence of the 1st paragraph.

Hence, the correct option is (D).

38. The answer can be inferred from the 3rd sentence of the 1st paragraph. If one considers the amount of time academics require to prepare to lectures of good quality as well as the time they need to spend doing research, it is clear that most conscientious teachers work more than 40 hours a week.

Hence, the correct option is (C).

39. In the given context of the passage, option A is not true.

Hence, the correct option is (A).

40. In the given context of the passage, all the statements are true. Kindly refer to the 1st and 2nd sentences of the 1st paragraph and first few sentences of the 2nd paragraph.

Hence, the correct option is (D).

41. The main punctuation marks are full stop, comma, colon, semicolon, question mark, exclamation mark, hyphen, dash, brackets, apostrophe. Hashtag isn't a punctuation mark. It is a symbol used in social networks, and it has no relevance in English Grammar.

Hence, the correct option is (D).

42. The comma is used after a nominative absolute. For example," Once over, she returned home in complete peace."

Hence, the correct option is (B).

43. The comma is used to separate short co-ordinate clauses of a compound sentence. For example, " She came, she stooped, she conquered."

Hence, the correct option is (B).

44. Defeat never comes **to** any man until he admits it.

Hence, the correct option is (B).

45. A lamp is hung **above** my head.

Hence, the correct option is (B).

46. In the given diagram, We can see the black box.

Hence, the correct option is (B).

47. Kiran asked me whether I had seen the Cricket match on television the earlier night.

Hence, the correct option is (B).

48. I asked him why he was working so hard.

Hence, the correct option is (A).

49. He was killed by himself.

The subject of active voice becomes the object in passive voice and vice-versa. Moreover, the subject and the object interchange their placements in the sentence in active and passive voices and third form of verb is used. Case of past indefinite: In such cases, we use auxiliary 'was/were' + 'third form of the verb'.

Hence, the correct option is (C).

50. Wealth to health is generally preferred.

Case of present simple tense takes the third form of the verb with 'is/am/are'. Subject and object are inter changed.

Hence, the correct option is (A).

51. $s = 5m, F = 10N$, और $\theta = 90°$
द्वारा किया गया कार्य,
$$W1 = Fcos\theta = 10 \times 5 \times cos90° = 0$$
ऊर्ध्वाधर गति की स्थिति में, बल और विस्थापन के बीच का कोण $0°$ है।
यहाँ, $F = 10N, s = 10m$ और $\theta = 0°$
तो, काम किया, $W_2 = 10 \times 10 \times cos0 = 100J$
इसलिए, कुल काम $= W1 + W2 = 100J$
अत: विकल्प (A) सही है।

52. जैसे ही दोलन $x = A$ से शुरू होता है, हम कह सकते हैं,
$$x = acos\omega t$$
$$\frac{a}{2} = acos\left(\frac{2\pi t}{T}\right)$$
$$cos\left(\frac{2\pi t}{T}\right) = \frac{1}{2}$$
$$= cos\left(\frac{\pi}{6}\right)$$
$$\frac{2\pi t}{T} = \frac{\pi}{6}$$
या $t = \frac{T}{6}$
अत: विकल्प (C) सही है।

53. ईथेनोइक एसिड (HA) का वाष्प जब $573\ K$ पैदावार में MnO_2 से अधिक हो जाता है।

$$2CH_3COOH \xrightarrow[573\ K]{MnO} CH_3COCH_3 + CO_2 + H_2O$$

अत: विकल्प (B) सही है।

54. अधिकतम प्रतिरोध श्रृंखला व्यवस्था में होगा।

इस प्रकार,

R= 5Ω + 4.5Ω + 3Ω = 12.5Ω

अत: विकल्प (A) सही है।

55. आवृत्ति, तरंग दैर्ध्य और समय अवधि सभी तरंग उत्पादन स्रोत के अनुसार भिन्न हो सकते हैं। लेकिन, एक विद्युत चुम्बकीय तरंग का वेग उस माध्यम पर निर्भर करता है जिसके माध्यम से वह यात्रा कर रहा है। निर्वात में तरंग के वेग को प्रकाश की गति कहा जाता है, जिसे $3 \times 10^8\ m/s$ माना जाता है।

अत: विकल्प (A) सही है।

56. हम जानते हैं कि F = dp / dt जो समय और KE = P2 / 2m के साथ संवेग के परिवर्तन की दर है और इसलिए संवेग के परिवर्तन की दर गतिज ऊर्जा से मेल नहीं खाती है। तो चुनाव (A) सही है।

अत: विकल्प (A) सही है।

57. गुरुत्वाकर्षण के कारण त्वरण का मान भूमध्य रेखा पर कम से कम होता है क्योंकि पृथ्वी और उसके केंद्र के बीच की दूरी ध्रुवों की तुलना में भूमध्य रेखा पर अधिक होती है।

अत: विकल्प (C) सही है।

58. kWh मीटर के आउटपुट टर्मिनलों से बाहर आने वाले लाइव तारों में एक और फ्यूज होता है जिसे मुख्य फ्यूज कहा जाता है।

फ्यूज, घरेलू सर्किट में प्रवेश करने से पहले लाइव तार के साथ श्रृंखला में जुड़ा हुआ होता है। ऐसा इसलिए किया जाता है क्योंकि यह केवल लाइव वायर है जिसमें तटस्थ तार के विपरीत 220 वोल्ट की उच्च क्षमता होती है जो शून्य क्षमता को वहन करती है। फ्यूज की रेटिंग करीब 50 एम्पीयर है। इस प्रकार यह शॉर्ट-सर्किट या ओवरलोडिंग के कारण घर में प्रवेश करने वाले पूरे विद्युत तारों को आग लगने जैसी किसी भी क्षति को रोकता है।

अत: विकल्प (A) सही है।

59. रैखिक त्वरण को समय के संबंध में एक शरीर के रैखिक वेग के परिवर्तन की दर के रूप में परिभाषित किया गया है।

अर्थात a = v / t और वेग की इकाई m / s है।

तो, रैखिक त्वरण की इकाई मीटर \ सेकंड² बन जाती है।

अत: विकल्प (C) सही है।

60. RD $=$ पारे का घनत्व / पानी का घनत्व
$13.6 =$ पारे का घनत्व $/1gcm^{-3}$
तो, $CGS = 13.6gcm^{-3}$ में पारे का घनत्व
तो, S.I. इकाई में पारे का घनत्व, $= \frac{13.6 \times 100 \times 100 \times 100}{1000} kgm^{-3}$
$\Rightarrow 13.6 \times 10^3 kgm^{-3}$
अत: विकल्प (C) सही है।

61.

(A) वायरल रोग	(ii) खसरा, कण्ठमाला, स्वाइन फ्लू चिकनपॉक्स
(B) बैक्टीरियल रोग	(iii) तपेदिक, डिप्थीरिया, टेटनस, हैजा, टाइफाइड
(C) कीड़े के माध्यम से रोग फैलता है	(i) डेंगू, मलेरिया, प्लेग
(D) वंशानुगत रोग	(iv) मधुमेह उच्च रक्तचाप, कैंसर

अत: विकल्प (B) सही है।

62. किसी तत्व के तटस्थ परमाणु में,
प्रोटॉन की संख्या = इलेक्ट्रॉनों की संख्या
$\therefore$ तत्व $A = 19$ में इलेक्ट्रॉनों की संख्या
अब, A^+ आयन में, एक इलेक्ट्रॉन के नुकसान से सकारात्मक चार्ज प्राप्त होता है।
$\therefore$ आयन $A^+ = 19 - 1 = 18$ में इलेक्ट्रॉनों की संख्या
अत: विकल्प (A) सही है।

63. माई प्यारामिंड खाद्य मार्गदर्शन प्रणाली के अनुसार, एक व्यक्ति को सब्जियों के तेल, नट, और मछली से अपना अधिकांश वसा प्राप्त करना चाहिए।

अत: विकल्प (B) सही है।

64. टाइफाइड के परीक्षण के लिए विडाल परीक्षण किया जाता है। यह एक सामान्य एग्लूटीनेशन टेस्ट है जो एन्ट्रॉनिक बुखार के सीरोलॉजिकल डायग्नोसिस में नियोजित है।

अत: विकल्प (B) सही है।

65. $e = -\dfrac{d\phi}{dt} = -\dfrac{d}{dt}(10t^2 - 50t + 250)$

$\quad = (20t - 50) = -(20(3) - 50)$

$\quad = -(60 - 50) = -10\ V$

अत: विकल्प (B) सही है।

66. विवर्तन पैटर्न में फ्रिंज की चौड़ाई $\dfrac{D\lambda}{d}$ के रूप में दी गई है,

इसलिए, जब लाल बत्ती को नीली रोशनी से बदल दिया जाता है, तो तरंग दैर्ध्य घट जाता है जिसका अर्थ है कि फ्रिंज चौड़ाई कम हो जाती है और पैटर्न एक साथ संकरा और सघन हो जाता है।

अत: विकल्प (C) सही है।

67. कोई भी प्रक्रिया जो तेजी से होती है जैसे कि सिस्टम के बीच कोई गर्मी हस्तांतरण नहीं होना चाहिए और यह परिवेश। जब एक टायर अचानक फट जाता है, तो विस्तार तुरंत होता है। इससे अंदर के तापमान में कमी आती है। जैसे, बाहर का उच्च तापमान उसमें गर्मी स्थानांतरित करेगी, यह गर्मी हस्तांतरण तेजी से नहीं होता है और विस्तार के विपरीत, तुरंत नहीं होता है, जो तात्कालिक है। फटने के बाद गर्मी हस्तांतरण होती है, जिसके कारण कोई विचार कर सकता है कि वास्तविक प्रक्रिया के दौरान लगभग कोई ऊर्जा विनिमय नहीं है। इस प्रकार प्रक्रिया स्थिरोष्म है।

अत: विकल्प (B) सही है।

68. समय अवधि, $T \propto (R)^{\frac{3}{2}}$

$\therefore \dfrac{T_1}{T_2} = \left(\dfrac{R_1}{R_2}\right)^{\frac{3}{2}} = \left(\dfrac{1}{4}\right)^{\frac{3}{2}} = \dfrac{1}{8}$

इस प्रकार, समयावधि का अनुपात $1:8$ है।

अत: विकल्प (C) सही है।

69. जब एक प्रक्रिया बहुत तेजी से होती है ताकि गर्मी को अंदर या बाहर बहने का समय न मिले तो यह प्रक्रिया एडियाबेटिक है। एडियाबेटिक संपीडन एक तीव्र क्रिया है और आंतरिक ऊर्जा और तापमान दोनों में वृद्धि होती है।

अत: विकल्प (C) सही है।

70. गैस सिलेंडर में अचानक विस्फोट हो जाता है, यह एक अपरिवर्तनीय एडियाबेटिक परिवर्तन है और विस्तार के खिलाफ किया गया कार्य तापमान को कम करता है।

अत: विकल्प (C) सही है।

71. आकर्षण का इलेक्ट्रोस्टैटिक बल $= \dfrac{kq_1q_2}{r^2} =$

$\dfrac{9\times10^9\times(1\cdot6\times10^{-19})^2}{r^2}$

आकर्षण का गुरुत्वाकर्षण बल $= \dfrac{Gm_em_p}{r^2}$

$\quad = \dfrac{(6\cdot67\times10^{-11})(9\cdot1\times10^{-31})(1\cdot67\times10^{-27})}{r^2}$

अनुपात $\dfrac{F_e}{F_g} = \dfrac{9\times10^9\times(1\cdot6\times10^{-19})^2}{(6-67\times10^{-11})(9\cdot1\times10^{-31})(1\cdot67\times10^{-27})}$

$\quad = \dfrac{23\cdot04\times10^{-2j}}{101\cdot36\times10^{-69}}$

$\quad = 2\cdot27\times10^{39}$

अत: विकल्प (A) सही है।

72. समीकरण द्वारा प्रस्तुत कार्बनिक प्रतिक्रिया

$CH_3 - CH = O + H_2NOH$ देता है $CH_3 - CH - NH + H_2O$ संक्षेपण प्रतिक्रिया का एक उदाहरण है।

अत: विकल्प (A) सही है।

73. रेडियोकार्बन वातावरण में मौजूद तेज न्यूट्रॉन और नाइट्रोजन नाभिक के बीच टकराव के परिणामस्वरूप उत्पन्न होता है।

परमाणु प्रतिक्रिया इस प्रकार दी गई है:

$$_7N^{14} + _0n^1 \rightarrow _6C^{14} + _1H^1$$

अत: विकल्प (A) सही है।

74. H^+ एक हाइड्रोजन आयन है, और यह एक आयन है क्योंकि यह एक इलेक्ट्रॉन है। इलेक्ट्रॉनों को नकारात्मक रूप से चार्ज किया जाता है। जब एक परमाणु इलेक्ट्रॉनों को प्राप्त करता है तो उसके पास नकारात्मक शुल्क होगा। तो, इसमें शून्य इलेक्ट्रॉन है।

अत: विकल्प (A) सही है।

75. दिए गए तापमान पर, किसी भी सामग्री की प्रतिरोधकता सामग्री में इलेक्ट्रॉनों की मुफ्त इलेक्ट्रॉनों की संख्या और बहाव गति पर निर्भर करती है। इलेक्ट्रॉनों की बहाव गति इस बात से निर्धारित होती है कि इलेक्ट्रॉन सामग्री में एक-दूसरे और अन्य परमाणुओं से कितनी बार टकराते हैं।

अर्धचालक के लिए, तापमान में वृद्धि के साथ प्रतिरोधकता कम हो जाती है क्योंकि चालन के लिए अधिक मुफ्त प्रभारी वाहक (इलेक्ट्रॉन और/या छेद) उपलब्ध हैं। इसलिए, उनके पास नकारात्मक तापमान गुणांक होता है।

जबकि, तापमान के रूप में प्रतिरोधकता बढ़ जाती है इस रूप में इलेक्ट्रॉनों कंडक्टर में कंपन परमाणुओं के साथ अधिक बार टकराते हैं। यह इलेक्ट्रॉनों की बहाव गति को कम करता है (और इस प्रकार वर्तमान कम कर देता है) और उन्हें प्रतिरोध के सकारात्मक तापमान गुणांक देता है।

अत: विकल्प (A) सही है।

76. भारत और रूस की नौसेनाओं ने 14 जनवरी 2022 को अरब सागर में एक पासिंग अभ्यास किया।

भारतीय नौसेना के स्वदेशी रूप से डिजाइन और निर्मित निर्देशित-मिसाइल विध्वंसक आईएनएस कोच्चि ने रूसी संघ की नौसेना के विध्वंसक एडमिरल ट्रिब्यूट्स के साथ अभ्यास किया। यह सुनिश्चित करने के लिए एक पासिंग अभ्यास किया जाता है कि इसमें भाग लेने वाली दो नौसेनाएं आपदा या युद्ध के समय में सुचारू रूप से समन्वय और संवाद करने में सक्षम हों।

अत: विकल्प (B) सही है।

77. भारत में कई दर्जनों क्षेत्रीय कढ़ाई शैलियाँ है जो विभिन्न परिधानों में क्षेत्रानुसार दिखाई देती हैं। भारतीय कढ़ाई शैलियों में डिजाइन कपड़े की सिलाई तथा बनावट पर आधारित है। जिसमे बिंदु, वैकल्पिक बिंदु, वर्ग, आयत और क्रमचय और संयोजन आदि बनाये जाते हैं। कसीदा जम्मू-कश्मीर की है जबकि कासुति कर्नाटक की है तथा फुलकारी पंजाब की है।

अत: विकल्प (C) सही है।

78. बुद्धचरित, अश्वघोष द्वारा लिखी गई थी। जबकि अन्य तीन सुमेलित हैं।

मृच्छकटिकम् में कई उल्लेखों से ज्ञात होता है कि शूद्रक दक्षिण भारतीय थे तथा उन्हें प्राकृत तथा अपभ्रंश भाषाओं का भी अच्छा ज्ञान था। वे वर्ण व्यवस्था में विश्वास रखते थे तथा गायों और ब्राह्मणों का विशेष आदर करते थे। शूद्रक का समय छठी शताब्दी था। मृच्छकटिकम के अतिरिक्त उन्होने वासवदत्ता, पद्मप्रभृतका आदि की रचना भी की।

मुद्राराक्षस संस्कृत का ऐतिहासिक नाटक है जिसके रचयिता विशाखदत्त हैं। इसकी रचना चौथी शताब्दी में हुई थी। इसमें चाणक्य और चन्द्रगुप्त मौर्य संबंधी ख्यात वृत्त के आधार पर चाणक्य की राजनीतिक सफलताओं का अपूर्व विश्लेषण मिलता है।

हर्षचरित संस्कृत में बाणभट्ट द्वारा रचित एक ग्रंथ है। इसमें भारतीय सम्राट हर्षवर्धन का जीवनचरित वर्णित है। ऐतिहासिक कथानक से सम्बन्धित यह संस्कृत का सबसे प्राचीन ग्रन्थ है।

अत: विकल्प (B) सही है।

79. गंधार कला को ग्रीक-बौद्ध कला के रूप में भी जाना जाता है, यह तब विकसित हुई जब ग्रीक और रोम से कलात्मक प्रभाव अफ़गानिस्तान की बौद्ध परंपराओं के साथ मिला। कुषाण राजाओं के संरक्षण में, गांधार कला नई ऊंचाइयों पर पहुंची। उसी समय, भारत में मथुरा में कला की एक अलग शैली विकसित हो रही थी।

अत: विकल्प (B) सही है।

80. शिव और पार्वती का विवाह सीतला षष्ठी के रूप में मनाया जाता है, जो युगों से उत्कल ब्राह्मणों का एक प्रमुख त्योहार रहा है। संबलपुर के राजा की याद में संबलपुर में करीब 400 साल पहले इसे पुरी जिले के ब्राह्मण सासना गांवों से उत्कल श्रोतिय वैदिका ब्राह्मण द्वारा प्रारंभ किया गया था।

अत: विकल्प (D) सही है।

81. ओडिशा से आंध्र प्रदेश तक उत्तर-सर्किल-तटीय मैदान।

मैंगलोर से कन्याकुमारी तक मालाबार तट-तटीय मैदान।

आंध्र प्रदेश से तमिलनाडु तक कोरोमंडल तट-तटीय मैदान।

गुजरात से गोवा तक कोंकण तट-तटीय मैदान।

अत: विकल्प (C) सही है।

82. कोलकाता शहर कर्क रेखा (23 ½ ° उत्तरी अक्षांश) के सबसे निकट है। कोलकाता कर्क रेखा के ठीक नीचे स्थित है।

अत: विकल्प (B) सही है।

83. संकोष नदी असम और अरूणाचल प्रदेश के बीच सीमा बनाती है।

संकोष एक नदी है जो उत्तरी भूटान में उगती है और भारत में असम राज्य में ब्रह्मपुत्र में निकल जाती है। भूटान में, इसे वांगड्यू फोडरंग शहर के पास कई सहायक नदियों के संगम के नीचे पुना त्सांग चु के नाम से जाना जाता है।

अत: विकल्प (B) सही है।

84. पलामू टाइगर रिजर्व, झारखंड का इकलौता टाइगर रिजर्व है। इसे भारत की मूल नौ टाइगर रिजर्व के रूप में जाना जाता है। यह रिजर्व, लगभग 1,014 वर्ग किमी. के क्षेत्र में फैला हुआ है। इसका कोर क्षेत्र, 414 वर्ग किमी. है और इसका बफर क्षेत्र 600 वर्ग किमी. के आसपास है।

अत: विकल्प (B) सही है।

85. ऑस्कर पुरस्कार फिल्मी क्षेत्र में दिया जाता है।

बुकर पुरस्कार लेखकों को दिया जाता है।

और सुल्लिवन पुरस्कार खेल जगत में दिया जाता है।

अत: विकल्प (C) सही है।

86. कवि-आलोचक और साहित्य अकादमी के पूर्व अध्यक्ष डॉ विश्वनाथ प्रसाद तिवारी को उनके काम 'अस्ति और भवति' के लिए वर्ष 2019 के लिए प्रतिष्ठित 33 वें मूर्तिदेवी पुरस्कार के लिए चुना गया है।

अत: विकल्प (C) सही है।

87. जोर्डनियन दीनार 1950 से जॉर्डन की मुद्रा रही है। जॉर्डन के दीनार को व्यापक रूप से वेस्ट बैंक में इजरायली शेकेल के साथ भी इस्तेमाल किया जाता है।

अत: विकल्प (D) सही है।

88. हाल ही में फिलिस्तीन की यात्रा के दौरान नरेंद्र मोदी को फिलिस्तीन के सर्वोच्च नागरिक पुरस्कार से सम्मानित किया गया है।

प्रधान मंत्री नरेंद्र मोदी को भारत और फिलिस्तीन के बीच संबंधों को बढ़ावा देने के लिए उनके महत्वपूर्ण योगदान को मान्यता देते हुए, राष्ट्रपति महमूद अब्बास ने 'फिलिस्तीन के ग्रैंड कॉलर' का सम्मान दिया।

अत: विकल्प (A) सही है।

89. सत्यजीत रे को भारत में सिनेमा के सर्वोच्च पुरस्कार, दादा साहब फाल्के पुरस्कार (1984) और भारत के सर्वोच्च नागरिक पुरस्कार, भारत रत्न (1992) सहित कई पुरस्कार और सम्मान प्राप्त किए। लेकिन उन्हें नोबल पुरस्कार कभी नहीं मिला।

रवीन्द्रनाथ टैगोर को 1913 में साहित्य के लिए नोबल पुरस्कार मिला। 1930 में भौतिकी में नोबेल पुरस्कार सर चंद्रशेखर वेंकट रमन को "प्रकाश के प्रकीर्णन और रमन प्रभाव की खोज" के लिए दिया गया। अमर्त्य सेन को 1998 में आर्थिक विज्ञान में नोबेल मेमोरियल पुरस्कार और 1999 में कल्याणकारी अर्थशास्त्र में उनके कार्य के लिए भारत के सर्वोच्च सम्मान भारतरत्न से सम्मानित किया गया।

अत: विकल्प (C) सही है।

90. नीरद सी चौधरी ने 'टू लाइव और नोट लाइव' पुस्तक लिखी। नीरद चन्द्र चौधरी एक भारतीय बंगाली-अंग्रेज़ी लेखक और विद्वान व्यक्ति थे। बंगाली लेखक और विद्वान जो भारतीय उपमहाद्वीप से ब्रिटिश औपनिवेशिक शासन की वापसी और बाद में स्वतंत्र भारत में पश्चिमी संस्कृति की अस्वीकृति के विरोध में थे।

अत: विकल्प (C) सही है।

91. 'आनंदमठ', प्रसिद्ध बंगाली उपन्यास बंकिम चंद्र चट्टोपाध्याय द्वारा 1882 में लिखा गया था। यह उपन्यास और फिल्म संन्यासी विद्रोह की घटनाओं पर आधारित है, जो 18 वीं शताब्दी के अंत में पूर्वी भारत, विशेष रूप से बंगाल में हुई थी।

अत: विकल्प (B) सही है।

92. हिंदू भूमिपति। मालाबार विद्रोह (जिसे मोपलाः विद्रोह के रूप में भी जाना जाता है और मलयालम में मप्पिला लाहा) को 1921 में मप्पिलों द्वारा दक्षिण भारत के मालाबार क्षेत्र में ब्रिटिश अधिकार प्राधिकरण के खिलाफ एक सशस्त्र विद्रोह हुआ और 19 वीं और 20 वीं सदी के प्रारंभ में हुई मप्पिला विद्रोह की श्रृंखला की परिणति थी।

अत: विकल्प (D) सही है।

93. दुर्गेशनंदिनी बंकिम चंद्र चट्टोपाध्याय का पहला उपन्यास था, जिसे 1864 में प्रकाशित किया गया था। उन्होंने भारत का राष्ट्रीय गीत भी लिखा।

बंकिमचन्द्र चट्टोपाध्याय बांग्ला भाषा के प्रख्यात उपन्यासकार, कवि, गद्यकार और पत्रकार थे। भारत का राष्ट्रगीत 'वन्दे मातरम्' उनकी ही रचना है जो भारतीय स्वतंत्रता संग्राम के काल में क्रान्तिकारियों का प्रेरणास्रोत बन गया था।

अत: विकल्प (B) सही है।

94. भारतीय वायु सेना का आधिकारिक गठन 8 अक्टूबर 1932 को किया गया था। जीवन के 50 वर्षों के पूरा होने के बाद स्वर्ण जयंती मनाते हैं। इसलिए 1982 में भारतीय वायुसेना ने स्वर्ण जयंती मनाई थी।

अत: विकल्प (C) सही है।

95. एक इंटरमीडिएट रेंज बैलिस्टिक मिसाइल (आईआरबीएम) एक मध्यम श्रेणी की बैलिस्टिक मिसाइल (एमआरबीएम) और एक इंटरकांटिनेंटल बैलिस्टिक मिसाइल (आईसीबीएम) के बीच 3,000-5,500 किमी (1,864-3,418 मील) की दूरी के साथ एक बैलिस्टिक मिसाइल है।

अत: विकल्प (C) सही है।

96. प्रधान मंत्री श्री नरेन्द्र मोदी ने मुंबई में एक समारोह में नौसैनिक पनडुब्बी आईएनएस कलवरी को समर्पित किया। आईएनएस कलवरी को "मेक इन इंडिया" का एक प्रमुख उदाहरण बताया गया है। उन्होंने अपने निर्माण में

शामिल सभी लोगों की सराहना की। पनडुब्बी भारत और फ्रांस के बीच तेजी से बढ़ती रणनीतिक साझेदारी का एक उत्कृष्ट उदाहरण है। उन्होंने कहा कि आईएनएस कलवरी भारतीय नौसेना में और अधिक ताकत बढ़ाएगी। प्रधान मंत्री ने कहा कि 21 वीं सदी को एशिया की सदी के रूप में वर्णित किया गया है। उन्होंने कहा कि यह भी निश्चित है कि 21 वीं शताब्दी में विकास की सड़क हिंद महासागर के माध्यम से जाती है। यही कारण है कि हिंद महासागर का सरकार की नीतियों में एक विशेष स्थान है। प्रधान मंत्री ने कहा कि इस दृष्टि को संक्षेप एसएजीएआर- सुरक्षा और क्षेत्र में सभी के लिए विकास के माध्यम से समझा जा सकता है। भारत ने " संकट के समय, अपने सहयोगी देशों के लिए "सबसे पहले उत्तरदाता" भारतीय कूटनीति और भारतीय सुरक्षा प्रतिष्ठान का मानव चेहरा हमारी विशेषता है

अत: विकल्प (B) सही है ।

97. भारतीय नौसेना ने नौसेना के जहाजों के लिए मैटानचेरी घाट पर पोर्ट की बर्थिंग सुविधा का उपयोग करने के लिए कोचीन पोर्ट ट्रस्ट (CPT) के साथ समझौता ज्ञापन (MOU) पर हस्ताक्षर किए है। एमओयू के अनुसार, मैटानचेरी घाट पर कोचीन पोर्ट के Q2 और Q3 बर्थ, 228 मीटर की लंबाई को अपने नौकाओं के लिए पाँच साल तक भारतीय नौसेना को सौंप दिया जाएगा। एक साल में 10 करोड़ रुपये की अनुमानित लागत पर पट्टा, नौसेना और CPT के बीच बढ़ती साझेदारी को न केवल बढ़ेगा, बल्कि नौसेना को बड़े बर्थिंग स्पेस के साथ भी प्रदान करेगा, इस प्रकार कोच्चि में नौसेना के साथ-साथ वाणिज्यिक और नौसेना दोनों के जहाजों की उपस्थिति को सक्षम बनाता है।

अत: विकल्प (C) सही है ।

98. बजट 2018 के अनुसार पूर्व वर्ष देश के स्वास्थ्य क्षेत्र में सुधार के लिए नेशनल हेल्थ प्रोटेक्शन स्कीम को शुरू किया गया । इंदु भूषण को केंद्र सरकार की योजना आयुष्मान भारत राष्ट्रीय स्वास्थ्य संरक्षण मिशन (ABNHPM) के मुख्य कार्यकारी अधिकारी (सीईओ) के रूप में नियुक्त किया गया है। पश्चिम बंगाल पहला राज्य है, जिसने अपने राज्य में इस योजना को लागू किया हैं।

अत: विकल्प (D) सही है ।

99. प्रधान मंत्री श्री नरेंद्र मोदी की अध्यक्षता में केंद्रीय मंत्रिमंडल ने हाल ही में हैदराबाद में यूनेस्को के श्रेणी 2 केंद्र (C2C) के रूप में ऑपरेशन ओशियनोग्राफी (समुद्र विज्ञान) के लिए अंतर्राष्ट्रीय प्रशिक्षण केंद्र की स्थापना को मंजूरी दी है। इस समझौते का उद्देश्य भारतीय महासागर रिम (IOR), भारतीय और अटलांटिक महासागरों के समीप अफ्रीकी देशों, यूनेस्को के ढांचे के नीचे छोटे द्वीपों के देशों के लिए क्षमता के विकास के लिए एक प्रशिक्षण केंद्र स्थापित करना है। ऑपरेशनल महासागरीय विभिन्न क्षेत्रों जैसे सूचना सेवाएं प्रदान करने के लिए मछुआरे, आपदा प्रबंधन, नौवहन, बंदरगाहों, तटीय राज्यों, नौसेना, तट रक्षक, पर्यावरण, अपतटीय उद्योग अपने दिन-प्रतिदिन के संचालन के लिए व्यवस्थित समुद्री विज्ञान अध्ययन आयोजित करने की एक गतिविधि है।

अत: विकल्प (B) सही है ।

100. जी डी बिड़ला महात्मा गांधी के करीबी सहयोगी थे जो एक भारतीय कपास व्यापारी, बैंकर और कांग्रेसी भी थे।

अत: विकल्प (C) सही है ।

English

Ques (1-5):Direction: Read the passage and answer the question that follows.

The concept of 'creative society' refers to a phase of development of a society in which a large number of potential contradictions become articulate and active. This is most evident when oppressed social groups get politically mobilized and demand their rights. The upsurge of the peasants and tribals, the movements for regional autonomy and self-determination, the environmental movements, and the women's movements in the developing countries are signs of the emergence of a creative society in contemporary times. The forms of social movements and their intensity may vary from country to country and place to place within a country. But the very presence of movements for social transformation in various spheres of a society indicates the emergence of a creative society in a country.

Q.1 How do social groups justify the concept of 'creative society'?

A. By protesting

B. By demanding their rights

C. By raising issues

D. Both (B) and (C)

Q.2 How can we describe 'creative society'?

A. The phase in which a large number of potential contradictions become articulate and active.

B. The phase in which a large number of creative thoughts become articulate and active.

C. The phase in which people contradict the law.

D. Both (A) and (B)

Q.3 Which of these does not show the emergence of the creative society?

A. Rise of peasants and tribals

B. Environmental movements

C. Women's movements

D. None of these

Q.4 Social movements can occur in:

A. Various spheres of society

B. Places in the country

C. Government organizations

D. Both (A) and (B)

Q.5 Which word from the passage can substitute the phrase 'belonging to the present'?

A. Contemporary

B. Autonomy

C. Potential

D. Upsurge

Q.6 Direction: In the question, a sentence has been given in an active/passive voice. Out of the given four alternatives, suggest the one which best expresses the given sentence in passive/active voice.

An amendment in the bill was being demanded by the farmers.

A. The farmers demanded an amendment in the bill.

B. The farmers were demanding an amendment in the bill.

C. The farmers had been demanding an amendment in the bill.

D. The farmers demand an amendment in the bill.

Q.7 Direction: In the question, a sentence has been given in an active/passive voice. Out of the given four alternatives, suggest the one which best expresses the given sentence in passive/active voice.

John has placed an order for a piano.

A. An order for a piano has been placed by John.

B. A piano is being ordered by John.

C. An order for a piano had been placed by John.

D. John was placing the order for a piano.

Q.8 Direction: Select the correct direct form of the given sentence.

She asked me how much I had paid for the mangoes.

A. She said to me, "How much did you pay for the mangoes?"

B. She said to me, "How much I paid for the mangoes?"

C. She said to me, "How I paid for the mangoes?"

D. She said to me, "How much did I pay for the mangoes?"

Q.9 Directions: Select the correct indirect form of the given sentence.

The traveler inquired, "Will there be a shelter for strangers?"

A. The traveler inquired if would there be a shelter for strangers.

B. The traveler inquired if there will be a shelter for strangers.

C. The traveler inquired if there would be a shelter for strangers.

D. The traveler inquired whether will there be a shelter for strangers.

Q.10 Choose the correct punctuated sentence.

A. The words, The Prohibited Area, made me return from there.

B. The words, 'The Prohibited Area', made me return from there.

C. The words "The Prohibited Area, made me return from there".

D. The words, "The Prohibited Area", made me return from there.

Q.11 Direction: Fill in the blank with the correct preposition.

Lady Sri Ram college is affiliated _____ the Delhi University.

A. to

B. from

C. with

D. None of the above

Q.12 Direction: Fill in the blank with the correct preposition.

You are requested to fill the form _____ black ink.

A. with   **B.** in   **C.** within   **D.** under

Q.13 Direction: Fill in the blank with the most appropriate pronoun.

The man _____ book you are reading is my father.

A. who   **B.** whose   **C.** whom   **D.** that

Q.14 Direction: Fill in the blank with a suitable pronoun.

My son and my daughter are very fond of _____.

A. herself   **B.** each other
C. themselves   **D.** himself

Q.15 Direction: Fill in the blank with the correct form of Verbs / Tense.

Raman saw that the clock _______.

A. stop   **B.** will stop
C. have been stopped   **D.** had stopped

Q.16 Direction: Choose the correct form of Verbs / Tense for the given sentence.

Man _____ how to reach the most distant planets.

A. hasn't knew   **B.** do not know
C. didn't knew   **D.** does not know

Q.17 Direction: Choose the correct form of Verbs / Tense for the given sentence.

She generally _______ her breakfast at 7 a.m.

A. takes   **B.** took
C. has taken   **D.** is taking

Q.18 Direction: In the following question, out of the four alternatives, select the alternative which will improve the underlined part of the sentence. In case No correction is needed, select "No correction required".

I saw him in the park <u>last Monday</u>.

A.   on last Monday
B.   at last Monday
C.   on the last Monday
D.   No correction required

Q.19 Direction: Select the most appropriate synonym of the given word.

Deference

A. Compliance   **B.** Dishonor
C. Disregard   **D.** Complication

Q.20 Direction: Choose the antonym of the given word.

Repulsive

A. Abhorrent   **B.** Attractive
C. Intolerant   **D.** Offensive

Q.21 Direction: Select the most appropriate synonym of the given word.

Altruist

A. Philanthropist   **B.** Impressionist
C. Nutritionist   **D.** Individualist

Q.22 From the given four options choose the correct sentence.

A.   Have you ever watched a film in English?

B.   Were John reading the book last night?
C.   How long have you being waiting for me?
D.   What is you doing here?

Q.23 Direction: Fill in the blank with an appropriate article.

I'm afraid of _____ dogs.

A. A   **B.** An
C. The   **D.** No article

Q.24 Direction: Fill in the blank by selecting the appropriate phrasal verb from the given options.

Have you any idea which son of his will _____ when he retires?

A. take up   **B.** take along
C. take over   **D.** take in

Q.25 Direction: Fill in the blank by selecting the appropriate phrasal verb from the given options.

He is _______ the trees with an electric saw.

A. cutting down   **B.** carrying on
C. bringing up   **D.** putting down

Science

Q.26 प्लेट क्षेत्रफल A का एक निश्चित संधारित्र एक दूरी d से अलग किया गया है। यदि पृथक्करण दूरी को $\frac{d}{3}$ तक कम कर दिया जाता है, तो पहले और बाद की धारिता का अनुपात कितना होगा ?

A. $1:2$ **B.** $3:2$ **C.** $1:\sqrt{2}$ **D.** $1:3$

Q.27 विद्युत क्षेत्र तीव्रता की SI इकाई क्या है?

A. C **B.** $C.m$ **C.** V **D.** $\frac{V}{m}$

Q.28 भारत में AC की आवृत्ति_______होती है।

A. 50 Hz   **B.** 60 Hz   **C.** 220 Hz   **D.** 110 Hz

Q.29 एक गेंद को पकड़ने के लिए एक क्रिकेट फील्डर अपने हाथों को पीछे की ओर मोड़ता है। तो इसके पीछे संकल्पना को किसके द्वारा वर्णित किया गया है?

A.   न्यूटन के गति का पहला नियम
B.   न्यूटन के गति का दूसरा नियम
C.   न्यूटन के गति का तीसरा नियम
D.   जड़त्व का नियम

Q.30 फोकल लम्बाइयाँ f_1 और f_2 के दो पतले लेंस संपर्क में और समाक्षीय होते हैं। संयोजन की शक्ति क्या है?

A. $\frac{f_1+f_2}{2}$ **B.** $\frac{f_1+f_2}{f_1 f_2}$ **C.** $\sqrt{\frac{f_1}{f_2}}$ **D.** $\sqrt{\frac{f_2}{f_1}}$

Q.31 किलो वाट-घंटा_______ की इकाई है।

A. विद्युत शक्ति   **B.** ऊर्जा
C. आवेग   **D.** शक्ति की दर

Q.32 आपतन प्रकाश की तीव्रता और आवृति दो गुना बढ़ जाती है। तो निम्नलिखित में से कौन सा कथन सही है?

A.   प्रकाश विद्युत धारा दो गुना बढ़ जायेगी।
B.   प्रकाश विद्युत धारा चार गुना कम हो जायेगी।
C.   प्रकाश विद्युत धारा समान रहती है।
D.   प्रकाश विद्युत धारा बढ़ती है और फिर कम हो जाती है।

Q.33 एक लेंस की फोकल लंबाई $+20cm$ है। इसकी शक्ति का मान ज्ञात कीजिए।

A. $\frac{1}{20}$ डायोप्टर

B. $\frac{1}{500}$ डायोप्टर

C. $\frac{1}{5}$ डायोप्टर

D. 5 डायोप्टर

Q.34 एक ट्यूब के अंदर, प्रवेश त्रिज्या एवं निर्गत त्रिज्या के अनुपात $3:2$ से एक समान त्रिज्या अनुपात के साथ जल प्रवाहित हो रहा है। फिर प्रवेश और निर्गत टर्मिनलों पर वेग का अनुपात कितना होगा ?

A. $4:9$ **B.** $9:4$ **C.** $8:27$ **D.** $1:1$

Q.35 बर्नौली प्रमेय के लागू होने की शर्त यह है कि तरल पदार्थ_________ ।

A. उच्च श्यानता होनी चाहिए

B. इकाई घनत्व का होना चाहिए

C. असंपीड़ित होना चाहिए

D. वायुमंडलीय दबाव में होना चाहिए

Q.36 एक पूर्ण दोलन में एक साधारण पेंडुलम द्वारा किया गया कार्य कितना होगा ?

A. शून्य

B. $2\pi\sqrt{\frac{l}{g}}$

C. अनंत

D. इनमें से कोई नहीं

Q.37 संपीडन और विरलीकरण वाली तरंग को क्या कहा जाता है?

A. अनुप्रस्थ तरंग

B. अनुदैर्ध्य तरंग

C. प्रकाश तरंग

D. पराबैंगनी किरणें

Q.38 चालक रॉड में ऊष्मा स्थानांतरण की दर में _____ वृद्धि होगी।

A. सिरों के पार तापमान को घटाकर

B. रॉड के अनुप्रस्थ काट क्षेत्र को घटाकर

C. रॉड की लंबाई बढ़ाकर

D. रॉड की लंबाई घटाकर

Q.39 किसी प्रणाली के लिए आंतरिक ऊर्जा परिवर्तन + 20 Cal और किया गया कार्य - 200 Cal है। प्रणाली और प्रतिवेश के बीच विनिमय किए गए ताप का पता लगाएं।

A. 220 Cal

B. - 220 Cal

C. - 180 Cal

D. + 180 Cal

Q.40 एक गोलाकार खोल की सतह एकसमान रूप से आवेशित होती है। फिर गोलाकार खोल के अंदर विद्युत क्षेत्र का मान ज्ञात कीजिए।

A. शून्य

B. स्थिर

C. स्थिर

D. केंद्र से दूरी के लिए आनुपातिक

Q.41 एक ट्रांसफार्मर के द्वितीयक कुंडली और प्राथमिक कुंडली में घुमावों की संख्या क्रमशः 200 और 500 हैं। यदि प्राथमिक कुंडली में विद्युत धारा $48\,A$ है तो द्वितीयक कुंडली में धारा ज्ञात करें।

A. $148\,A$ **B.** $130\,A$ **C.** $120\,A$ **D.** $100\,A$

Q.42 धारा ले जाने वाली परिनालिका से जुड़े चुंबकीय क्षेत्र की प्रबलता क्या है?

A. परिनालिका की लंबाई के साथ एकसमान

B. परिनालिका के बाहर चुंबकीय क्षेत्र शून्य है

C. बढ़ेगी यदि कुंडली के पाश की संख्या में वृद्धि हुई है

D. उपरोक्त सभी

Q.43 निम्नलिखित तरंगों में से किसे ऊष्मा ऊर्जा की तरंगें कहा जाता है?

A. रेडियो तरंगें

B. अवरक्त तरंगें

C. पराबैंगनी तरंगें

D. सूक्ष्म तरंगें

Q.44 वायु में प्रकाश तरंगदैर्ध्य $6000A$ है और कांच का अपवर्तक सूचकांक 1.5 है, उसी प्रकाश में प्रवेश करने वाले काँच की तरंगदैर्ध्य क्या होगी ?

A. $12000A$ **B.** $4000A$ **C.** $9000A$ **D.** $6000A$

Q.45 परमाणु में न्यूट्रॉन की संख्या किसके बराबर है?

A. द्रव्यमान संख्या – परमाणु संख्या

B. परमाणु संख्या

C. इलेक्ट्रॉनों की संख्या

D. द्रव्यमान संख्या

Q.46 निम्नलिखित में से कौन सा कथन अल्केन के लिए सत्य है?

A. अल्केन संतृप्त हाइड्रोकार्बन होते हैं।

B. अल्केन का सामान्य सूत्र C_nH_{2n+2} है।

C. मिथेन, अल्केन का उदाहरण है।

D. उपर्युक्त सभी

Q.47 प्रोपेन का आणविक सूत्र _______ है।

A. CH_4 **B.** C_4H_{10} **C.** C_3H_8 **D.** C_2H_6

Q.48 पृथ्वी की त्रिज्या R के संदर्भ में किस ऊंचाई पर गुरुत्वाकर्षण के कारण त्वरण, पृथ्वी की सतह पर गुरुत्वाकर्षण के कारण त्वरण के $\frac{1}{4}$ वां हो जाता है?

A. $3R$ **B.** $\frac{R}{3}$ **C.** $2R$ **D.** R

Q.49 $6000\,km$ त्रिज्या के किसी ग्रह के गुरुत्वाकर्षण के कारण त्वरण (m/s^2 में) क्या होगा, यदि इसका पलायन वेग $12\,km/s$ है?

A. 14 **B.** 9 **C.** 12 **D.** 6

Q.50 यदि _____ नहीं है तो एक कंप्यूटर "बूट" नहीं कर सकता है।

A. कम्पाइलर

B. लोडर

C. ऑपरेटिंग सिस्टम

D. असेम्बलर

Mathematics

Q.51 $17\sin\theta + 5\cos\theta$ का अधिकतम और न्यूनतम मान ज्ञात कीजिए।

A. $\sqrt{314}, \sqrt{264}$

B. $\sqrt{314}, -\sqrt{314}$

C. $-\sqrt{314}, \sqrt{314}$

D. $\sqrt{23}, \sqrt{12}$

Q.52 $\sec^4\theta - \sec^2\theta$ किसके बराबर है?

A. $\tan^2\theta - \tan^4\theta$

B. $\tan^2\theta + \tan^4\theta$

C. $\cos^4\theta - \cos^2\theta$

D. $\cos^2\theta - \cos^4\theta$

Q.53 एक बैग में 5 लाल, 8 काली गेंदें और 7 नीली गेंदें हैं। बैग से यादृच्छिक रूप से एक गेंद निकाली जाती है। लाल गेंद के नहीं निकलने की प्रायिकता ज्ञात कीजिए।

A. $\frac{1}{5}$ **B.** $\frac{3}{5}$ **C.** $\frac{3}{4}$ **D.** $\frac{4}{5}$

Q.54 यदि $\frac{56}{54}P_{r+3} = 30800:1$, है तो r का मान ज्ञात कीजिए।

A. 40 **B.** 41 **C.** 42 **D.** 43

Q.55 n (A) = 50, n (B) = 20 और n (A∩B) = 10, तो n [(A - B) ∪ (B - A)] का मान ज्ञात कीजिए।

A. 40 B. 50 C. 60 D. 70

Q.56 $\left[(i)^{25} + \left(\frac{1}{i}\right)^{27}\right]^2$, का मान क्या है, जहाँ $i = \sqrt{-1}$ है?

A. 2 B. $\frac{1}{i}$ C. $-i$ D. -4

Q.57 यदि α, β समीकरण $x^2 + 6x + 4 = 0$, के मूल हैं तो $\frac{\alpha^4 + \beta^4}{\alpha^{-4} + \beta^{-4}}$ किसके बराबर है?

A. 1024 B. 256 C. 64 D. 16

Q.58 यदि ज्यामितीय श्रेणी $4, 8, 16, \ldots$ में n संख्याओं का योग 2044 है तो n का मान ज्ञात कीजिए।

A. 6 B. 7 C. 8 D. 9

Q.59 यदि x, y, z तीन क्रमागत धनात्मक पूर्णांक हैं, तो $\log(1 + xz)$ का मान ज्ञात कीजिए।

A. $\log y$ B. $\log \frac{y}{2}$ C. $\log(2y)$ D. $2\log(y)$

Q.60 $\log_6 \sqrt{2} + \log_6 \sqrt{3}$ का मान ज्ञात कीजिए।

A. $\frac{1}{2}$ B. $\frac{1}{4}$ C. 1 D. 2

Q.61 λ का मान क्या है जिसके लिए सदिश $2\hat{i} - 5\hat{j} - \hat{k}$ और $-\hat{i} + 4\hat{j} + \lambda\hat{k}$ लंबवत हैं?

A. 21 B. -18 C. -22 D. 22

Q.62 यदि सदिश $2\hat{i} - \hat{j} + \hat{k}, \hat{i} + 2\hat{j} - 3\hat{k}$ और $3\hat{i} + m\hat{j} + 5\hat{k}$ समतलीय है, तो m का मान क्या है?

A. -2 B. 2 C. -4 D. 4

Q.63 यदि $A = \begin{bmatrix} -1 & 4 \\ 5 & 8 \end{bmatrix}$ है तो आव्यूह A का ट्रेस ज्ञात कीजिए।

A. 6 B. 7 C. 8 D. 9

Q.64 सारणिक $\begin{vmatrix} i & i^2 & i^3 \\ i^4 & i^6 & i^8 \\ i^9 & i^{12} & i^{15} \end{vmatrix}$ का मान क्या है, जहाँ $i = \sqrt{-1}$ है?

A. 0 B. -2 C. $4i$ D. $-4i$

Q.65 यदि किसी रेखा की दिशा कोसाइन $\left(\frac{1}{k}, \frac{2}{k}, \frac{-2}{k}\right)$ हैं तो k का मान ज्ञात कीजिए।

A. $\pm\left(\frac{1}{\sqrt{3}}\right)$ B. $\frac{1}{3}$ C. $\pm\sqrt{3}$ D. 3

Q.66 उस वृत्त की त्रिज्या ज्ञात कीजिए जो बिंदु $(1,2)$ और $(3,4)$ से होकर गुजरती है और केंद्र सीधी रेखा $y - 3x + 2 = 0$ पर है?

A. 3 B. $\sqrt{3}$ C. 5 D. $3\sqrt{2}$

Q.67 $\lim\limits_{x \to 0} \dfrac{\sqrt{\left(\frac{1}{2}(1 - \cos 2x)\right)}}{x}$ बराबर है:

A. 1 B. -1
C. 0 D. इनमें से कोई नहीं

Q.68 पहले 16 प्राकृतिक संख्याओं का समांतर माध्य क्या है जिसके साथ संख्याओं का मान स्वयं संख्या है?

A. $\frac{17}{2}$ B. $\frac{33}{2}$ C. 11 D. $\frac{187}{2}$

Q.69 सीधी रेखा $6x + 8y + 15 = 0$ और $3x + 4y + 9 = 0$ के बीच की लंबवत दूरी क्या है?

A. $\frac{3}{2}$ B. $\frac{3}{10}$ C. $\frac{3}{4}$ D. $\frac{2}{7}$

Q.70 $\int_0^1 \dfrac{e^{\tan^{-1} x} dx}{1 + x^2}$ किसके बराबर है?

A. $e^{\frac{\pi}{4}} - 1$ B. $e^{\frac{\pi}{4}} + 1$ C. $e - 1$ D. e

Q.71 $\int \dfrac{(\log x)^2}{x} dx$ किसके बराबर है?

A. $\frac{(\log x)^2}{2} + c$ B. $\frac{(\log x)^3}{x} + c$
C. $\frac{(\log x)^3}{3} + c$ D. उपरोक्त में से कोई नहीं

Q.72 दीर्घवृत्त $\dfrac{x^2}{4} + \dfrac{y^2}{9} = 1$ पर एक बिंदु के केंद्रबिंदु की दूरी का योग ज्ञात कीजिए।

A. 4 इकाई B. 6 इकाई C. 8 इकाई D. 10 इकाई

Q.73 दीर्घवृत्त $3x^2 + y^2 - 12x + 2y + 1 = 0$ के लैटस रेक्टम की लम्बाई ज्ञात कीजिए।

A. $2\sqrt{3}$ B. 12 C. $\frac{4}{\sqrt{3}}$ D. $\frac{3}{\sqrt{2}}$

Q.74 परवलय $y^2 - 8x + 6y + 1 = 0$ के नाभिलंब की लंबाई ज्ञात कीजिए।

A. 4 B. 8 C. 12 D. 2

Q.75 9 अवलोकनों का अंकगणितीय माध्य 100 है और वह 6 का 80 है, सभी 15 अवलोकनों का संयुक्त माध्य क्या होगा?

A. 100 B. 80 C. 90 D. 92

General Awareness

Q.76 इंटरनेशनल गर्ल्स इन आईसीटी डे 2022 का विषय क्या था जो हर साल अप्रैल में चौथे गुरुवार को मनाया जाता है?

A. पहुंच और सुरक्षा
B. अगली पीढ़ी को प्रेरणा
C. केस फॉर चेंज, कनेक्टेड वीमेन, IoT और टेक 4 गर्ल्स
D. शक्ति परिवर्तन: नवाचार और रचनात्मकता में महिलाएं

Q.77 विश्व पैरा एथलेटिक्स ग्रां प्री 2022 में देवेंद्र झाझरिया ने कौन सा पदक जीता?

A. स्वर्ण B. रजत
C. कांस्य D. इनमें से कोई नहीं

Q.78 अशोक का अंतिम युद्ध कौन सा था?

A. प्लासी का युद्ध B. कलिंग का युद्ध
C. कालीकट का युद्ध D. पानीपत का युद्ध

Q.79 हड़प्पा सभ्यता की खोज किस वर्ष में हुई थी?

A. 1905 B. 1921 C. 1926 D. 1932

Q.80 पिन घाटी राष्ट्रीय उद्यान भारत के किस राज्य में स्थित है?

A. हिमाचल प्रदेश B. जम्मू और कश्मीर
C. पंजाब D. गुजरात

Q.81 भाखड़ा नांगल बांध किस नदी पर स्थित है?

A. सतलज B. घग्गर C. रावी D. चेनाब

Q.82 उत्तर प्रदेश की मुख्य फसल ____ है।
A. मक्का
B. चावल
C. गेहूँ
D. इनमें से कोई नहीं

Q.83 हॉर्नबिल त्यौहार ________ में मनाए जाने वाले महत्वपूर्ण त्यौहारों में से एक है।
A. अरुणाचल प्रदेश
B. नागालैंड
C. मिजोरम
D. मेघालय

Q.84 'ओटूंथुल्लल' एक नृत्य है जो किस राज्य से सम्बंधित है?
A. केरल
B. तमिलनाडु
C. आंध्र प्रदेश
D. मणिपुर

Q.85 ____ लिपि में लिखी हिंदी भारत की राजभाषा है।
A. पाली
B. संस्कृत
C. डोगरी
D. देवनागरी

Q.86 ________ दक्षिण अफ्रीका की राजधानी है।
A. लंदन
B. न्यूयॉर्क
C. मास्को
D. केप टाउन

Q.87 मनात किस देश की मुद्रा है?
A. अज़रबैजान
B. आर्मीनिया
C. अल्बानिया
D. अंडोरा

Q.88 बराक ओबामा द्वारा निम्नलिखित पुस्तकों में से कौन-सी पुस्तक लिखी गई थी?
A. व्हाट हैपेंड
B. द ऑडेसिटी ऑफ होप
C. हार्ड च्वाइस
D. लिविंग हिस्ट्री

Q.89 पुस्तक 'विंग्स ऑफ फायर' ______ द्वारा लिखित है।
A. सलमान रुश्दी
B. ए. पी. जे. अब्दुल कलाम
C. आर. के. नारायण
D. विक्रम सेठ

Q.90 शुगी बैन के लिए बुकर पुरस्कार 2020 किसने जीता है?
A. डगलस स्टुअर्ट
B. मागरिट बसबी
C. मागरिट एटवुड
D. बर्नार्डिन एवरिस्टो

Q.91 निम्नलिखित में से किसने विद्युतचुम्बकीय प्रेरण की खोज की थी?
A. जूल
B. फैराडे
C. ओम
D. केप्लर

Q.92 किस वैज्ञानिक ने रेडियोधर्मी तत्व, रेडियम की खोज की?

[UPTET Science and Maths, 2018]

A. अल्बर्ट आइंस्टीन
B. बेंजामिन फ्रैंकलिन
C. आइजैक न्यूटन
D. मैरी क्यूरी

Q.93 निर्देश: नीचे दी गई तालिका में X के स्थान पर कौन सी संख्या आएगी?

7	3	6
5	4	7
8	X	2

A. 9
B. 6
C. 5
D. 3

Q.94 निर्देश: नीचे दी गई तालिका में प्रश्न चिह्न के स्थान पर कौन सा शब्द आएगा?

A	D	G
D	?	N
I	P	W

A. I
B. H
C. J
D. O

Q.95 एक विशिष्ट कूट भाषा में, ROUTINE को TLYOOGM लिखते हैं, तब उसी कूट भाषा में "TICKET" को किस प्रकार लिखा जायेगा?
A. VFGFKM
B. VGFFKM
C. VFGKFM
D. VFGFKN

Q.96 यदि किसी सांकेतिक भाषा में 'SUBHAM' को 'TVCIBN' लिखा जाता है, तो 'SATYAM' को उसी भाषा में कैसे लिखा जाएगा?
A. TBVZBN
B. TBUBZN
C. TBUZBM
D. TBUZBN

Q.97 निर्देश: निम्नलिखित विकल्पों में से वह शब्द चुनिए, जिसे दिए गए शब्द के अक्षरों का प्रयोग करके नहीं बनाया जा सकता है।

FORENSIC
A. SENIOR
B. FERNS
C. SINCE
D. CROWN

Q.98 अंतर्राष्ट्रीय क्रिकेट परिषद का मुख्यालय कहाँ स्थित है?
A. मेलबोर्न
B. दुबई
C. नई दिल्ली
D. लंदन

Q.99 मनिका बत्रा निम्नलिखित में से किस खेल से संबंधित हैं?
A. क्रिकेट
B. टेबल टेनिस
C. बैडमिंटन
D. जिम्नास्टिक

Q.100 "PSLV" का पूर्ण रूप क्या है?
A. Polarised Source Laser Viewing
B. Polar Survey Landing Vehicle
C. Polar Satellite Launch Vehicle
D. Precise Source Locating Vision

// स्मार्ट उत्तर पुस्तिका //

सही उत्तर उन छात्रों का प्रतिशत जिन्होंने प्रश्नों का सही उत्तर दिया था। **छोड़ दिया** उन छात्रों का प्रतिशत जिन्होंने प्रश्नों को छोड़ दिया था।

प्रश्न संख्या	उत्तर	सही उत्तर / छोड़ दिया	प्रश्न संख्या	उत्तर	सही उत्तर / छोड़ दिया	प्रश्न संख्या	उत्तर	सही उत्तर / छोड़ दिया	प्रश्न संख्या	उत्तर	सही उत्तर / छोड़ दिया	प्रश्न संख्या	उत्तर	सही उत्तर / छोड़ दिया	प्रश्न संख्या	उत्तर	सही उत्तर / छोड़ दिया	प्रश्न संख्या	उत्तर	सही उत्तर / छोड़ दिया
1	B	81.33 % / 11.22 %	18	D	77.03 % / 19.19 %	35	C	55.06 % / 32.32 %	52	B	46.49 % / 45.92 %	69	B	65.66 % / 31.74 %	86	D	76.46 % / 20.98 %			
2	A	76.82 % / 11.0 %	19	A	77.86 % / 17.3 %	36	A	82.53 % / 13.9 %	53	C	89.18 % / 10.32 %	70	A	58.3 % / 30.53 %	87	A	68.05 % / 30.22 %			
3	D	84.28 % / 11.17 %	20	B	84.8 % / 11.71 %	37	B	50.58 % / 37.84 %	54	B	86.86 % / 12.25 %	71	C	88.93 % / 10.21 %	88	B	83.66 % / 13.27 %			
4	D	85.84 % / 12.68 %	21	A	83.37 % / 11.3 %	38	D	78.66 % / 18.79 %	55	B	77.18 % / 20.02 %	72	B	89.16 % / 10.68 %	89	B	54.13 % / 32.21 %			
5	A	89.51 % / 10.19 %	22	A	62.78 % / 31.29 %	39	C	79.0 % / 13.69 %	56	D	53.04 % / 35.4 %	73	C	81.28 % / 11.47 %	90	A	46.15 % / 43.75 %			
6	B	88.26 % / 11.6 %	23	D	76.82 % / 11.77 %	40	A	50.97 % / 32.44 %	57	B	83.32 % / 14.92 %	74	B	66.34 % / 32.36 %	91	B	40.15 % / 43.43 %			
7	A	76.64 % / 21.24 %	24	C	56.89 % / 41.85 %	41	C	59.79 % / 32.85 %	58	D	49.57 % / 39.14 %	75	D	89.71 % / 10.18 %	92	D	85.55 % / 12.96 %			
8	A	86.42 % / 12.14 %	25	A	78.85 % / 19.91 %	42	D	40.22 % / 36.5 %	59	D	84.96 % / 12.96 %	76	A	81.68 % / 10.16 %	93	B	76.33 % / 18.05 %			
9	C	83.19 % / 10.51 %	26	D	84.14 % / 15.75 %	43	B	79.66 % / 15.93 %	60	A	46.59 % / 36.69 %	77	B	81.15 % / 10.57 %	94	A	54.14 % / 36.89 %			
10	D	87.71 % / 10.86 %	27	D	87.3 % / 10.27 %	44	B	64.98 % / 34.11 %	61	C	80.96 % / 14.66 %	78	B	78.17 % / 12.03 %	95	A	83.82 % / 11.76 %			
11	A	85.59 % / 12.02 %	28	A	50.05 % / 44.84 %	45	A	83.21 % / 14.62 %	62	C	79.08 % / 14.71 %	79	B	85.12 % / 10.83 %	96	D	88.31 % / 10.01 %			
12	B	81.21 % / 11.9 %	29	B	84.9 % / 15.01 %	46	D	80.59 % / 16.31 %	63	B	88.47 % / 10.49 %	80	A	78.83 % / 17.94 %	97	D	89.85 % / 10.11 %			
13	B	85.28 % / 14.39 %	30	B	79.85 % / 15.2 %	47	C	85.44 % / 12.27 %	64	D	83.59 % / 11.0 %	81	A	79.23 % / 16.81 %	98	B	81.74 % / 14.5 %			
14	B	83.52 % / 10.16 %	31	B	84.2 % / 15.74 %	48	D	84.14 % / 11.31 %	65	D	82.76 % / 16.71 %	82	B	59.43 % / 30.68 %	99	B	57.04 % / 39.98 %			
15	D	85.64 % / 12.51 %	32	A	77.31 % / 10.9 %	49	C	81.32 % / 12.36 %	66	A	63.13 % / 34.81 %	83	B	76.36 % / 22.79 %	100	C	78.82 % / 10.67 %			
16	D	79.37 % / 14.71 %	33	D	77.25 % / 20.94 %	50	C	85.19 % / 13.09 %	67	D	81.13 % / 12.75 %	84	A	62.74 % / 31.08 %						
17	A	82.26 % / 12.12 %	34	A	49.58 % / 40.06 %	51	B	85.01 % / 13.39 %	68	C	86.85 % / 10.88 %	85	D	89.21 % / 10.02 %						

//संकेत और समाधान//

1. According to the passage, "This is most evident when oppressed social groups get politically mobilized and demand their rights." Here 'this' means the concept of a 'creative society'.

Hence, the correct option is (B).

2. According to the passage, "The concept of 'creative society' refers to a phase of development of a society in which a large number of potential contradictions become articulate and active."

Hence, the correct option is (A).

3. According to the passage, "The upsurge of the peasants and tribals, the movements for regional autonomy and self-determination, the environmental movements, and the women's movements in the developing countries are signs of the emergence of a creative society in contemporary times."

Hence, the correct option is (D).

4. According to the passage, "The forms of social movements and their intensity may vary from country to country and place to place within a country. But the very presence of movements for social transformation in various spheres of a society indicates the emergence of a creative society in a country." There is no mention of government organizations.

Hence, the correct option is (D).

5. Contemporary means belonging to the present.

For example - There are so many problems in our contemporary society.

Autonomy means the right or condition of self-government.

Potential means having or showing the capacity to develop into something in the future.

Upsurge means an upward surge in the strength or quantity of something; an increase.

Hence, the correct option is (A).

6. The farmers were demanding an amendment in the bill.

While changing a sentence from passive form to active form we need to follow these instructions:

- Find the subject and object of the sentence and exchange their places; make changes in their cases as well if subject and object are pronouns.
- Use of 'was + being' indicates that the active form will be in the past continuous tense.
- Use 'was/were + V1+ing' according to the subject of the sentence.
- At last line up the remaining part.

Hence, the correct option is (B).

7. An order for a piano has been placed by John.

- In an active voice, a sentence emphasizes the subject, performing an action.
- In passive voice, a sentence emphasizes the action or the object of the sentence.
- The given sentence is in the active voice with present perfect tense and John is the subject and an order for a piano is the object.
- When we convert this sentence into passive voice, the subject 'John' becomes the object, and the object 'an order for piano' becomes the subject.
- The preposition 'by' is used before the subject 'John'.
- Always 3rd form of the main verb is used.
- Structure of passive present perfect: Object+ has/have+been+V3+by+Subject.

Hence, the correct option is (A).

8. She said to me, "How much did you pay for the mangoes?"

The given sentence is in Indirect Speech. As per the question we have to change it into Direct Speech.

The process of transformation is as follows:

- 'asked' will be changed into 'said to'.
- Comma and inverted commas will be added.
- The given sentence is an example of an interrogative sentence with a question word.
- 'How' will be used as a conjunction because we know that in an interrogative sentence with a question word the question word itself is used as a conjunction.
- 'I' will be changed into 'you'.
- 'Had paid' will be changed into 'did pay'. (indirect to direct speech)

Hence, the correct option is (A).

9. The traveler inquired if there would be a shelter for strangers.

The given sentence is a direct speech.

The basic rules for changing or converting direct speech into indirect speech:

- The commas and inverted commas are removed and the 'question mark' is replaced by 'full stop' and 'if' is included.
- The present simple tense format 'Subject + V1 (will) + Object' will be changed into the past simple tense format 'Subject + V2 (would) + Object'.

Hence, the correct option is (C).

10. The words, "The Prohibited Area", made me return from there.

- This sentence shows the importance of a written instruction which is very important to abide by.
- To show the importance of a particular thing, we put that inside double inverted comma if it contains more than one word.
- Here in the given sentence, we have an important instruction to follow.

- Therefore, we need to put that under an inverted comma.

Hence, the correct option is (D).

11. Lady Sri Ram college is affiliated to the Delhi University.

When we talk about a University or Board, we use affiliated to.

For example - They are national associations affiliated to larger organizations.

When you join a cause, you become affiliated with it and what it represents.

For example - I was not, however, affiliated with Outside Online in any capacity.

Considering the meaning of the sentence, as a University (Delhi University) is mentioned, we can use 'to' with 'affiliated.'

Hence, the correct option is (A).

12. You are requested to fill the form in black ink.

The preposition 'in' is used to show the language, material, etc., used.

For example - The student was writing in pencil.

For example - Please speak in English.

On the other hand, if we want to refer to the instrument used, we use the preposition 'with'.

For example - You should sign the papers with a blue pen.

In the given sentence, 'black ink' is a material, so, 'in' should be used.

Hence, the correct option is (B).

13. The man whose book you are reading is my father.

- The pronoun 'whose' is used to indicate that the following noun belongs to or is associated with the person or thing mentioned in the previous clause.

- The pronoun 'who' is used to introduce a clause giving further information about a person or people previously mentioned.

- The pronoun 'whom' is used to refer to the object of a verb or preposition.

- The pronoun 'that' is used to identify a specific person or thing observed or heard by the speaker.

Hence, the correct option is (B).

14. "My son and my daughter are very fond of each other."

- Since two people are being talked about in the sentence, option (A) and option (D) aren't correct.

- The pronoun 'each other' is used for two people whereas 'themselves' is used for more than two people.

Hence, the correct option is (B).

15. Raman saw that the clock had stopped.

If two actions take place in the past in succession, the structure is given below:

1st action - Past perfect tense i.e. Sub + had + V3 + Obj.

2nd action - Simple past tense i.e. Sub+ V2 + Obj.

For example - The patient had passed away before the surgeon arrived.

In the blank part of the given question, 'had stopped.' will be used as it is the 1st action in the given sentence.

Hence, the correct option is (D).

16. Man does not know how to reach the most distant planets.

Here, 'Man' is a singular noun so 'does' must be used. So, 'does not know' is the correct answer. The sentence is in the present tense because it talks about a fact that still applies. Perhaps in the future, we will be able to reach distant planets, and it will not be a fact anymore.

'hasn't knew' is wrong because 'knew' is the past tense of the verb 'know'. With 'has/have/had' we use the past perfect tense of the verb. So, 'known' would be correct.

'do not know' is in the present tense. 'Do' is used with plural nouns or with 'you/we/they'.

'didn't knew' is in the past tense but 'knew' is wrong because with 'did', verbs must in their base forms.

Hence, the correct option is (D).

17. She generally takes her breakfast at 7 a.m.

- The word 'generally' is used in the sentence. It shows that the sentence is in the Present Indefinite Tense.

- Structure of sentence with Present Indefinite Tense: Subject + V1+s/es + Object

- So takes is the correct verb that will be used in the sentence.

Hence, the correct option is (A).

18. I saw him in the park last Monday.

- The given sentence says that somebody was seen in the park last Monday.

- When we use phrases beginning with this, that, next and last, we do not use any preposition before such phrases.

- On last Monday, at last Monday, and on the last Monday are grammatically incorrect because all these have the phrase last Monday which cannot be preceded with a preposition.

- But, in these expressions, the prepositions on and at are used which is inappropriate.

Hence, the correct option is (D).

19. Deference means respect and politeness.

For example - He treats her with such deference.

Compliance means the act of obeying an order, rule, or request.

For example - It is the job of the inspectors to enforce compliance with the regulations.

The most appropriate synonym of the given word 'Deference' is 'Compliance'.

Dishonor means a feeling of embarrassment and loss of people's respect or a situation in which you experience this.

Disregard means the fact of showing no care or respect for something.

Complication means something that makes a situation more difficult or the act of doing this.

Hence, the correct option is (A).

20. Repulsive means arousing intense distaste or disgust.

Attractive means pleasing or appealing to the senses.

Abhorrent means inspiring disgust and loathing; repugnant.

Intolerant means not tolerant of views, beliefs, or behavior that differ from one's own.

Offensive means causing someone to feel resentful, upset, or annoyed.

From the given options, we can say that the word 'Attractive' is the opposite in meaning.

Hence, the correct option is (B).

21. Altruist means a person who cares about others and helps them despite not gaining anything by doing this, altruists have a strong desire to help other people.

For example - She was an altruist and idealist.

Philanthropist means a person who seeks to promote the welfare of others, especially by the generous donation of money to good causes.

Therefore from the given meanings, we find that Altruist and Philanthropist are synonyms.

Impressionist means a painter, writer, or composer who is an exponent of impressionism

Nutritionist means a person who studies or is an expert in nutrition

Individualist means a person who is independent and self-reliant

Hence, the correct option is (A).

22. Have you ever watched a film in English?

The sentence is in 'Present Perfect Tense'.

Present Perfect Tense is used to express an event that started in the past and the impact of the event is now continuing (or a long-running event that started in the past and is still going on).

This tense is used to express actions completed in the recent past.

The present perfect tense in interrogative form has this structure: Have + Subject (I, You, We, You, They) + V3 (third form of main verb – past participle)

For example: Have they known about you?

The structure of the sentence in the first option is proper.

Hence, the correct option is (A).

23. No article is used before plural countable nouns used in a general sense as 'dogs' in the given sentence.

So, "I'm afraid of dogs" is the correct sentence.

Hence, the correct option is (D).

24. The context refers to assuming the role that the father played after his retirement. "To take over" in option (C) means to gain control of something. Here, it refers to gaining control of the father's position in the business. Thus, this is correct.

"To take up" is to start a new hobby.

"To take along" is to bring someone or something on location.

"To take in" is to give shelter to someone.

Hence, the correct option is (C).

25. He is cutting down the trees with an electric saw.

'Cutting down' means 'to reduce the amount/level of something'. In the given sentence, the context is that the trees are being cut with an electric saw. Therefore, the suitable phrasal verb is - 'cutting down'.

'Carrying on' means 'to continue doing something'.

'Bringing up' means 'to take care of the growth of something'.

'Putting down' means 'to criticize something'.

None of these are suitable as per the meaning of the given sentence.

Hence, the correct option is (A).

26. जैसा कि हम जानते हैं,

एक समानांतर प्लेट संधारित्र की धारिता $C = \dfrac{kA\epsilon_0}{d}$ है।

दिया हुआ,

प्लेट क्षेत्रफल $= A$

पृथक्करण दूरी $= d$

नई पृथक्करण दूरी, $d' = \dfrac{d}{3}$

पहले: $C = \dfrac{kA\epsilon_0}{d}$

बाद में: $C' = \dfrac{kA\epsilon_0}{d'} = \dfrac{kA\epsilon_0}{\frac{d}{3}} = 3\dfrac{kA\epsilon_0}{d} = 3C$

अनुपात $= \dfrac{C}{C'} = \dfrac{C}{3C} = \dfrac{1}{3}$

अतः विकल्प (D) सही है।

27. जैसा कि हम जानते हैं,

$$E = \dfrac{V}{r}$$

जहाँ,

$E = $ विद्युत क्षेत्र

V = विद्युत विभव

r = दूरी

E की S.I. इकाई $=$ V की S.I. इकाई / r की S.I. इकाई

इसलिए, विद्युत क्षेत्र (E) की S.I. इकाई $\frac{V}{m}$ है।

अत: विकल्प (D) सही है।

28. घरेलू बिजली आपूर्ति के लिए भारतीय मानक के अनुसार, AC धारा का उपयोग होता है, जिसे प्रत्यावर्ती धारा के रूप में भी जाना जाता है क्योंकि वे समय के एक निश्चित अंतराल पर अपनी ध्रुवता को परिवर्तित करते हैं। AC विद्युत ऊर्जा आपूर्ति के दो प्रमुख गुणधर्म वोल्टेज और आवृत्ति हैं और सामान्य घरेलू उपयोग के लिए 220 V और 50 Hz विद्युत आपूर्ति का उपयोग होता है। जहां 220 V विभवांतर है और 50 Hz इसकी आवृत्ति है।

अत: विकल्प (A) सही है।

29. गेंद पकड़ने के लिए गेंद के वेग को अचानक शून्य तक कम किया जाता है और यह गति करना बंद कर देती है। संवेग के कारण फील्डर के हाथों पर पड़ने वाला प्रभाव बहुत उच्च होगा और उसके हाथों को चोट पंहुचा सकता है। उसके हाथों को पीछे की ओर मोड़ने पर वह उस समय को बढ़ाता है जिसमें गेंद का वेग शून्य हो जायेगा। यह संवेग के परिवर्तन की दर को कम करता है और इस प्रकार फील्डर के हाथ पर कार्य करने वाले बल को कम करता है। यह हाथों को चोट पहुंचाने की संभावना को रोकता है। संवेग और लागू बल के परिवर्तन की दर के बीच के संबंध को न्यूटन के गति के दूसरे नियम द्वारा वर्णित किया गया है।

अत: विकल्प (B) सही है।

30. दिया हुआ,

लेंस 1 की फोकल लंबाई $= f_1$

इसलिए, लेंस 1 की शक्ति $(P_1) = \dfrac{1}{f_1}$

लेंस 2 की फोकल लंबाई $= f_2$

इसलिए, लेंस 2 की शक्ति $(P_2) = \dfrac{1}{f_2}$

लेंस के संयोजन की शक्ति $= P_1 + P_2 = \dfrac{1}{f_1} + \dfrac{1}{f_2} = \dfrac{f_1+f_2}{f_1 f_2}$

इसलिए, लेंस का संयोजन की शक्ति $\dfrac{f_1+f_2}{f_1 f_2}$ है।

अत: विकल्प (B) सही है।

31. विद्युत ऊर्जा की वाणिज्यिक इकाई एक किलोवाट घंटा (किलोवाट) है। विद्युत ऊर्जा की वाणिज्यिक इकाई किलोवाट या बोर्ड ऑफ ट्रेड (B.O.T) इकाई है। एक किलोवाट घंटे को, एक घंटे में 1 किलोवाट के उपकरण द्वारा खपत होने वाली विद्युत ऊर्जा के रूप में परिभाषित किया जाता है और इसे ऊर्जा की एक इकाई भी कहा जाता है।

अत: विकल्प (B) सही है।

32. प्रकाश की तीव्रता प्रति इकाई क्षेत्रफल में फोटॉन ऊर्जा की मात्रा को संदर्भित करती है। इसलिए, प्रकाश की तीव्रता जितनी अधिक होगी, फोटॉनों की संख्या अधिक होगी, और परिणामस्वरूप, बाहर निकाले गए इलेक्ट्रॉनों की संख्या अधिक होगी। अधिक इलेक्ट्रॉन अधिक प्रकाशीय धारा का निर्माण करते हैं। अगर इसकी तीव्रता दो गुना बढ़ जाती है तो प्रकाशीय धारा भी दो गुना बढ़ जाती है। प्रकाशीय धारा आपतन प्रकाश की आवृत्ति से स्वतंत्र है।

इसलिए अगर आपतन प्रकाश की तीव्रता और आवृत्ति दो गुना बढ़ जाती है तो प्रकाश विद्युत धारा दो गुना बढ़ जायेगी।

अत: विकल्प (A) सही है।

33. दिया हुआ,

$f = 20 cm = 0.2 m$

लेंस की शक्ति को लिखा जाता है,

$$P = \frac{1}{f(m)}$$

$$\Rightarrow P = \frac{1}{0.2}$$

$$\Rightarrow P = 5 \text{ डायोप्टर}$$

अत: विकल्प (D) सही है।

34. दिया हुआ,

$$\frac{r_1}{r_2} = \frac{3}{2}$$

सांतत्यता समीकरण द्वारा:

$$Q = A_1 v_1 = A_2 v_2$$

जहाँ v_1 = प्रवेश पर वेग और v_2 = निर्गत पर वेग

$$\Rightarrow \frac{v_1}{v_2} = \frac{A_2}{A_1}$$

$$\Rightarrow \frac{v_1}{v_2} = \frac{\pi r_2^2}{\pi r_1^2}$$

$$\Rightarrow \frac{v_1}{v_2} = \frac{2^2}{3^2}$$

$$\Rightarrow \frac{v_1}{v_2} = \frac{4}{9}$$

अत: विकल्प (A) सही है।

35. बर्नौली के सिद्धांत के अनुसार एक धारा-रेखीय अघूर्णी प्रवाह में एक असंपीड़ित, गैर-श्यान तरल पदार्थ की प्रति इकाई आयतन में दबाव ऊर्जा, गतिज ऊर्जा और स्थितिज ऊर्जा का योग एक धारा रेखा के साथ स्थिर रहता है। इसका अर्थ यह है कि स्थिर प्रवाह में एक प्रवाह के साथ तरल पदार्थ में यांत्रिक ऊर्जा के सभी रूपों का योग उस धारा रेखा पर सभी बिंदुओं पर समान है।

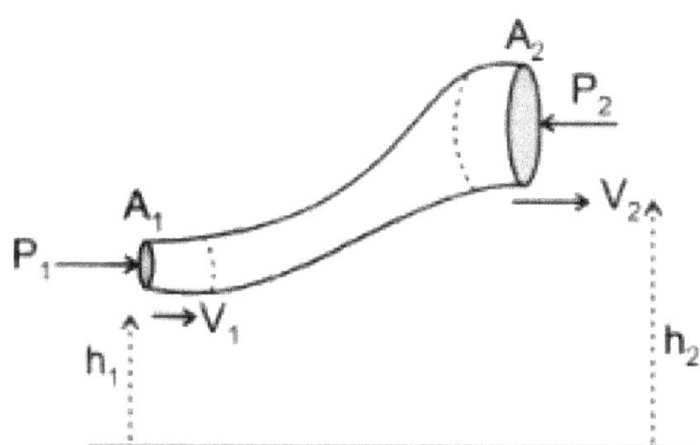

$$P + \frac{1}{2}\rho V^2 + \rho g h = A \text{ स्थिरांक}$$

ऊपर से यह स्पष्ट होता है कि, बर्नौली प्रमेय के लागू होने की शर्त यह है कि तरल पदार्थ असंपीड़ित होना चाहिए।

अत: विकल्प (C) सही है।

36. एक पूर्ण दोलन में एक साधारण पेंडुलम द्वारा किया गया कार्य शून्य होगा।

इनमें से एक बल गुरुत्वाकर्षण है। गुरुत्वाकर्षण का बल नीचे की दिशा में कार्य करता है और पेंडुलम गोलक पर काम करता है। पेंडुलम गोलक के प्रक्षेप पथ में सभी बिंदुओं पर, तनाव बल और गति की दिशा के बीच कोण 90° है। इस प्रकार, तनाव बल गोलक पर काम नहीं करता है।

अत: विकल्प (A) सही है।

37. संपीडन और विरलीकरण वाली तरंग को "अनुदैर्ध्य तरंग" के रूप में जाना जाता है ।

अनुदैर्ध्य तरंग गति वह तरंग गति होती है जिसमें माध्यम के एकल कण समान दिशा के साथ अपनी माध्य स्थिति के अनुरूप में सरल आवर्त गति को निष्पादित करते हैं, जिसमें तरंग का प्रसार होता है।

अत: विकल्प (B) सही है।

38. चूंकि ऊष्मा स्थानांतरण दर रॉड की लंबाई के विपरीत आनुपातिक है रॉड की लंबाई घटाकर, ऊष्मा स्थानांतरण दर में वृद्धि होगी।

अत: विकल्प (D) सही है।

39. दिया गया है,

ΔW = - 200 Cal और ΔU = + 20 Cal

ऊष्मागतिकी के पहले नियम के अनुसार:

विनिमयित ऊष्मा (ΔQ) = ΔW + ΔU = - 200 + 20 = - 180 Cal

अत: विकल्प (C) सही है।

40. गॉस के नियम से
$$\phi = \frac{q}{\epsilon_o}$$
$$\Rightarrow \phi = \int_s E \times ds$$
$$\Rightarrow \phi = E \times 4\pi r^2$$
चूंकि गोलाकार खोल की सतह एकसमान रूप से आवेशित होती है, इसलिए गोलाकार खोल के अंदर का आवेश शून्य होता है, गॉसियन सतह किसी आवेश को संलग्न नहीं करती है।
गॉस का प्रमेय देता है,
$$E \times 4\pi r^2 = \frac{q}{\epsilon_o} = 0$$
$$\therefore r < R \text{ के लिए } E = 0$$
अत: विकल्प (A) सही है।

41. दिया हुआ,
$$N_p = 500, N_s = 200 \text{ और } i_p = 48\ A$$
प्राथमिक और द्वितीयक कुंडली में धारा का अनुपात
$$\frac{i_p}{i_s} = \frac{N_s}{N_p}$$
$$\Rightarrow i_s = i_p \left(\frac{N_p}{N_s}\right)$$
$$= 48 \times \left(\frac{500}{200}\right)$$
$$= 120\ A$$
अत: विकल्प (C) सही है।

42.

- चुंबकीय क्षेत्र रेखा एक परिनालिका के अंदर एक सरल रेखा है। इसलिए, यह अपनी लंबाई के साथ एक समान रहती है।

- एक परिनालिका के अंदर चुंबकीय क्षेत्र सभी छोरों के कारण चुंबकीय क्षेत्र का योगफल है। इसलिए पाश की संख्या बढ़ाने पर धारा निर्मित करने वाले इलेक्ट्रॉनों की संख्या बढ़ जाती है। इस प्रकार चुंबकीय क्षेत्र की शक्ति बढ़ती है।

- धारा ले जाने वाले चालक और चुंबकीय क्षेत्र से दूरी विलोम आनुपातिक हैं । इस प्रकार, परिनालिका के सिरों की ओर, चुंबकीय क्षेत्र की प्रबलता कम हो जाती है क्योंकि वे फैल जाते हैं।

- परिनालिका के बाहर चुंबकीय क्षेत्र शून्य है।

अत: विकल्प (D) सही है।

43. सूर्य से आने वाली प्रकाश किरण में मौजूद अवरक्त तरंगें ऊष्मा ऊर्जा के लिए जिम्मेदार होती हैं। इस प्रकार अवरक्त तरंगों को ऊष्मा ऊर्जा की तरंगें कहा जाता है।

अत: विकल्प (B) सही है।

44. दिया हुआ,

हवा में प्रकाश की तरंग दैर्ध्य $= 6000 A = 6000 \times 10^{-10}\ m$
अपवर्तक सूचकांक, $\mu = 1.5$
$$\mu = \frac{c}{v} \text{ द्वारा}$$
$$\Rightarrow 1.5 = \frac{3 \times 10^8}{v}$$
$$\Rightarrow \text{कांच में प्रकाश की गति, } v = 2 \times 10^8\ m/s$$
$$v = \lambda \times f \text{ द्वारा}$$
हवा में प्रकाश की आवृत्ति, $f = \frac{c}{\lambda} = \frac{3 \times 10^8}{6000 \times 10^{-10}} =$
$5 \times 10^{14}\ Hz$
जब प्रकाश एक माध्यम से दूसरे माध्यम में प्रवेश करता है तो आवृत्ति नहीं बदलती है।

कांच में समान प्रकाश की तरंगदैर्ध्य, $\lambda_{कांच} = \frac{v}{f} = \frac{2 \times 10^8}{5 \times 10^{14}} =$

$4 \times 10^{-7}\ m = 4000 A$
अत: विकल्प (B) सही है।

45. तटस्थ परमाणु के लिए,

- एक परमाणु में प्रोटॉन की संख्या = Z

- एक परमाणु में इलेक्ट्रॉनों की संख्या = Z

- परमाणु में न्युक्लियोन की संख्या = A

- एक परमाणु में न्यूट्रॉन की संख्या = N = A – Z

ऊपर से यह स्पष्ट होता है कि न्यूट्रॉन की संख्या एक द्रव्यमान संख्या और परमाणु संख्या के अंतर के बराबर है।

अत: विकल्प (A) सही है।

46. अल्केन संतृप्त हाइड्रोकार्बन होते हैं। इनमें केवल कार्बन-कार्बन एक बन्ध पाया जाता हैं। अल्केन, ऐलिफैटिक हाइड्रोकार्बन के समूह का है। इसका सामान्य अणु सूत्र C_nH_{2n+2} है, जहाँ n, कार्बन परमाणुओं की संख्या है और 2n+2 हाइड्रोजन परमाणुओं की संख्या है। अल्केन परिवार का प्रथम सदस्य मिथेन है।

अत: विकल्प (D) सही है।

47. प्रोपेन का आणविक सूत्र C_3H_8 है।

अल्केन्स एसाइक्लिक हाइड्रोकार्बन होते हैं जिसमें कार्बन-कार्बन परमाणुओं के बीच एक एकल बंध होता है, यानी वे संतृप्त हाइड्रोकार्बन होते हैं। एल्केन्स का सामान्य सूत्र C_nH_{2n+2} है, जहां 'n' कार्बन परमाणुओं की संख्या है। प्रोपेन 3 कार्बन परमाणु के साथ अल्केन परिवार का तीसरा सदस्य है। उपर्युक्त सूत्र में प्रोपेन में मौजूद कार्बन और हाइड्रोजन परमाणुओं की संख्या रखने पर प्रोपेन का आणविक सूत्र C_3H_8 प्राप्त होता है।

अत: विकल्प (C) सही है।

48. दिया हुआ,
h ऊँचाई पर गुरुत्वाकर्षण के कारण त्वरण $(g') = \frac{g}{4}$
जैसा कि हम जानते हैं,
ऊँचाई पर गुरुत्वाकर्षण के कारण त्वरण $(g') = \frac{g}{\left(1 + \frac{h}{R}\right)^2}$

प्रश्न के अनुसार,

$$\frac{g}{\left(1+\frac{h}{R}\right)^2} = \frac{g}{4}$$

$$\Rightarrow \left(1+\frac{h}{R}\right)^2 = 4$$

$$\Rightarrow 1 + \frac{h}{R} = 2$$

$$\Rightarrow \frac{h}{R} = 1$$

$$\Rightarrow h = R$$

अत: विकल्प (D) सही है।

49. दिया हुआ,

$V_e = 12\ km/s = 12 \times 10^3\ m/s$, और त्रिज्या $(R) =$ $6000\ km = 6 \times 10^6\ m$

पृथ्वी पर पलायन वेग दिया गया है:

$$V_e = \sqrt{\frac{2GM}{R}}$$

जैसा कि हम जानते हैं, $GM = gR^2$

$$V_e = \sqrt{2gR}$$

दोनों पक्षों का वर्ग करके हमें मिलता है

$$(V_e)^2 = 2\ gR$$

$$\Rightarrow g = \frac{V_e^2}{2R}$$

$$\Rightarrow g = \frac{(12 \times 10^3)^2}{2 \times 6 \times 10^6} = 12\ m/s^2$$

अत: विकल्प (C) सही है।

50. एक ऑपरेटिंग सिस्टम सिस्टम सॉफ्टवेयर है जो सॉफ्टवेयर और हार्डवेयर संसाधनों को संभालता है और कंप्यूटर प्रोग्राम के लिए सेवाएं प्रदान करता है। एक ऑपरेटिंग सिस्टम के बिना, एक कंप्यूटर "बूट" नहीं कर सकता है।

अत: विकल्प (C) सही है।

51. जैसा कि हम जानते हैं,

अधिकतम मान $= \sqrt{(m^2 + n^2)}$

न्यूनतम मान $= -\sqrt{(m^2 + n^2)}$

प्रश्न के अनुसार,

$17\sin\theta + 5\cos\theta$ का अधिकतम मान $= \sqrt{(m^2 + n^2)} =$ $\sqrt{(17^2 + 5^2)}$

$$= \sqrt{(289 + 25)}$$

$$= \sqrt{314}$$

$17\sin\theta + 5\cos\theta$ का न्यूनतम मान $= -\sqrt{(m^2 + n^2)} =$ $-\sqrt{(17^2 + 5^2)}$

$$= -\sqrt{(289 + 25)}$$

$$= -\sqrt{314}$$

अत: विकल्प (B) सही है।

52. $\sec^4 \theta - \sec^2 \theta$

$= \sec^2 \theta\ (\sec^2 \theta - 1)$

$= \sec^2 \theta\ \tan^2 \theta\quad [\because \tan^2\theta = \sec^2\theta - 1]$

$= (1 + \tan^2 \theta)\ \tan^2 \theta$

$= \tan^2 \theta + \tan^4 \theta$

अत: विकल्प (B) सही है।

53. दिया गया,

एक बैग में 5 लाल, 8 काली गेंदें और 7 नीली गेंदें हैं।

जैसा कि हम जानते हैं,

$P(E) =$ परिणाम प्राप्त करने की संख्या/सभी संभावित परिणामों की संख्या

कुल परिणाम $= 5 + 8 + 7 = 20$

परिणाम प्राप्त करने की संख्या $=$ काले गेंदों की संख्या $+$ नीले गेंदों की संख्या $= 8 + 7 = 15$

$$P(E) = \frac{15}{20} = \frac{3}{4}$$

$\therefore$ लाल गेंद के नहीं निकलने की प्रायिकता $= \frac{3}{4}$

अत: विकल्प (C) सही है।

54. दिया हुआ,

$$\frac{^{56}P_{r+6}}{^{56}P_{r+3}} = 30800$$

$$\Rightarrow \frac{\frac{56!}{(56-r-6)!}}{\frac{54!}{(54-r-3)!}} = 30800$$

$$\Rightarrow \frac{56 \times 55 \times 54!}{(56-r-6)!} \times \frac{(54-r-3)!}{54!} = 30800$$

$$\Rightarrow \frac{(51-r)!}{(50-r)!} = \frac{30800}{56 \times 55}$$

$$\Rightarrow 51 - r = 10$$

$$\therefore r = 41$$

अत: विकल्प (B) सही है।

55. दिया हुआ,

n (A) = 50, n (B) = 20 और n (A∩B) = 10

जैसा कि हम जानते हैं,

n (A Δ B) = n [(A - B) ∪ (B - A)] = n (A ∪ B) - n (A ∩ B)

अब,

n [(A - B) ∪ (B - A)] = n (A ∪ B) - n (A ∩ B)

= n (A) + n(B) - n (A∩B) - n (A∩B) [∵ n (A ∪ B) = n (A) + n(B) - n (A∩B)]

= n (A) + n(B) - 2n (A∩B)

= 50 + 20 - 2(10) = 50

अत: विकल्प (B) सही है।

56. जैसा कि हम जानते हैं,

$$(a^m \times a^n) = a^{m+n}$$

$$(a^m)^n = a^{mn}$$

दिया हुआ,

$$\left[(i)^{25} + \left(\frac{1}{i}\right)^{27}\right]^2$$

$$= \left[(i)^{25} + \left(\frac{1}{i}\right)^{27}\right]^2 \ldots (\because \sqrt{-1} = i)$$

$$= \left[(i)^{24}i + \left(\frac{1}{i}\right)^{24}\left(\frac{1}{i}\right)^3\right]^2 \ldots (\because (a^m \times a^n) = a^{m+n})$$

$$= \left[((i)^6)^4 i + \left(\left(\frac{1}{i}\right)^6\right)^4 \left(\frac{1}{i}\right)^3\right]^2 \quad \ldots (\because (a^m)^n = a^{mn})$$

$$= \left[i + \left(\frac{1}{i}\right)^3\right]^2 \quad \ldots (\because i^4 = 1)$$

$$= \left[i - \frac{1}{i}\right]^2 \quad \ldots (\because i^3 = -i)$$

$$= \left(\frac{i^2-1}{i}\right)^2 \quad \ldots (\because i^2 = -1)$$

$$= \left(\frac{-1-1}{i}\right)^2$$

$$= \frac{(-2)^2}{i^2}$$

$$= -4$$

अत: विकल्प (D) सही है ।

57. जैसा कि हम जानते हैं,

मूलों का योग $= -\frac{b}{a}$

मूलों का गुणनफल $= \frac{c}{a}$

दिया हुआ,

$$x^2 + 6x + 4 = 0$$

माना α और β मूल हैं, तो

$$\alpha + \beta = -6, \alpha\beta = 4$$

अब,

$$\frac{\alpha^4+\beta^4}{\alpha^{-4}+\beta^{-4}} = \frac{\alpha^4+\beta^4}{\frac{1}{\alpha^4}+\frac{1}{\beta^4}}$$

$$= \frac{\alpha^4+\beta^4}{\frac{(\alpha^4+\beta^4)}{\alpha^4\beta^4}}$$

$$= (\alpha\beta)^4$$

$$= (4)^4$$

$$= 256$$

अत: विकल्प (B) सही है ।

58. दिया हुआ,

श्रृंखला $4, 8, 16, \ldots$ है।

$$a = 4, r = 2$$

n संख्याओं का योग $= s_n = 2044$

चूँकि हम जानते हैं कि,

ज्यामितीय श्रेणी के n पदों का योग $= s_n = \frac{a(r^n-1)}{r-1}$ (जहाँ $r > 1$)

$$\therefore 2044 = \frac{4(2^n-1)}{2-1}$$

$$\Rightarrow 2044 = 4 \times (2^n - 1)$$

$$\Rightarrow 511 = (2^n - 1)$$

$$\Rightarrow 2^n = 512$$

$$\Rightarrow 2^n = 2^9$$

$$\therefore n = 9$$

अत: विकल्प (D) सही है ।

59. जैसा कि हम जानते हैं,

$$\log m^n = n\log m$$

माना x, y, z तीन क्रमागत धनात्मक पूर्णांक हैं।

$$\therefore y = x + 1 \text{ और } z = y + 1$$

$$\Rightarrow z = x + 2$$

$$\log(1 + xz)$$

$$= \log[1 + x(x + 2)]$$

$$= \log[1 + x^2 + 2x]$$

$$= \log(1 + x)^2$$

$$= 2\log(1 + x)$$

$$= 2\log y$$

यदि x, y, z तीन क्रमागत धनात्मक पूर्णांक हैं, तो $\log(1 + xz)$ का मान $2\log y$ है।

अत: विकल्प (D) सही है ।

60. $\log_6 \sqrt{2} + \log_6 \sqrt{3}$

$$= \log_6 \left(\sqrt{2} \times \sqrt{3}\right) \quad (\because \log m + \log n = \log mn)$$

$$= \log_6 \left(\sqrt{6}\right)$$

$$= \log_6 6^{\frac{1}{2}}$$

$$= \frac{1}{2}\log_6 6 \quad (\because \log m^n = n\log m)$$

जैसा कि हम जानते हैं,

$$\log_m n = \frac{\log_a n}{\log_a m}$$

If $m = n$,

$$\log_m m = \frac{\log_a m}{\log_n m} = 1$$

$$\therefore \log_6 \sqrt{2} + \log_6 \sqrt{3} = \frac{1}{2}\log_6 6 = \frac{1}{2} \times 1 = \frac{1}{2}$$

अत: विकल्प (A) सही है ।

61. दिया हुआ,

$2\hat{i} - 5\hat{j} - \hat{k}$ और $-\hat{i} + 4\hat{j} + \lambda\hat{k}$ लंबवत हैं।

माना $\vec{a} = 2\hat{i} - 5\hat{j} - \hat{k}$ और $\vec{b} = -\hat{i} + 4\hat{j} + \lambda\hat{k}$ हैं।

हम जानते हैं कि,

यदि सदिश $\vec{a}$ और $\vec{b}$ लंबवत हैं तो $\vec{a} \cdot \vec{b} = 0$

$$\vec{a} \cdot \vec{b} = \left(2\hat{i} - 5\hat{j} - \hat{k}\right) \cdot \left(-\hat{i} + 4\hat{j} + \lambda\hat{k}\right) = 0$$

$$\Rightarrow -2 - 20 - \lambda = 0$$

$\Rightarrow -22 - \lambda = 0$

$\therefore \lambda = -22$

अत: विकल्प (C) सही है।

62. माना $\vec{a} = a_1 \vec{i} + b_1 \vec{j} + c_1 \vec{k}, \vec{b} = a_2 \vec{i} + b_2 \vec{j} + c_2 \vec{k}$ और $\vec{c} = a_3 \vec{i} + b_3 \vec{j} + c_3 \vec{k}$ तीन सदिश है।

समतलीय के लिए शर्त $= \vec{a} \cdot \left(\vec{b} \times \vec{c}\right) = \begin{vmatrix} a_1 & b_1 & c_1 \\ a_2 & b_2 & c_2 \\ a_3 & b_3 & c_3 \end{vmatrix} = 0$

$2\hat{i} - \hat{j} + \hat{k}, \hat{i} + 2\hat{j} - 3\hat{k}$ और $3\hat{i} + m\hat{j} + 5\hat{k}$ समतलीय हैं।

$\therefore \begin{vmatrix} 2 & -1 & 1 \\ 1 & 2 & -3 \\ 3 & m & 5 \end{vmatrix} = 0$

$\Rightarrow 2(10 + 3m) + 1(5 + 9) + 1(m - 6) = 0$

$\Rightarrow 20 + 6m + 14 + m - 6 = 0$

$\Rightarrow 7m + 28 = 0$

$\Rightarrow m = -4$

अत: विकल्प (C) सही है।

63. दिया गया है,

$A = \begin{bmatrix} -1 & 4 \\ 5 & 8 \end{bmatrix}$

आव्यूह का ट्रेस = मुख्य विकर्ण पर तत्वों का योग

$= -1 + 8$

$= 7$

अत: विकल्प (B) सही है।

64. दिया हुआ,

सारणिक $\begin{vmatrix} i & i^2 & i^3 \\ i^4 & i^6 & i^8 \\ i^9 & i^{12} & i^{15} \end{vmatrix}$ है।

चूंकि हमारे पास है,

$i = \sqrt{-1}$

$\therefore i^2 = -1, i^3 = -i, i^4 = 1, i^6 = -1, i^8 = 1, i^9 = i, i^{12} = 1,$

और $i^{15} = -i$

$= \begin{vmatrix} i & -1 & -i \\ 1 & -1 & 1 \\ i & 1 & -i \end{vmatrix}$

$= i(i - 1) + 1(-i - i) - i(1 + i)$

$= i^2 - i - 2i - i - i^2$

$= -4i$

अत: विकल्प (D) सही है।

65. दिया हुआ,

रेखा की दिशा कोसाइन $\left(\frac{1}{k}, \frac{2}{k}, \frac{-2}{k}\right)$ हैं।

इसलिए, $l = \frac{1}{k}, m = \frac{2}{k}$ और $n = \frac{-2}{k}$

हम जानते हैं कि,

एक रेखा के दिशा कोसाइन के वर्गों का योग एक के बराबर है।

$l^2 + m^2 + n^2 = 1$

$\Rightarrow \frac{1}{k^2} + \frac{4}{k^2} + \frac{4}{k^2} = 1$

$\Rightarrow \frac{9}{k^2} = 1$

$\Rightarrow k^2 = 9$

$\therefore k = \pm 3$

अत: विकल्प (D) सही है।

66. दो बिंदु (x_1, y_1) और (x_2, y_2) के बीच की दूरी,

$d = \sqrt{(x_2 - x_1)^2 + (y_2 - y_1)^2}$

केंद्र रेखा $y - 3x + 2 = 0$ पर है।

माना $x = h$ है।

$y = 3h - 2$

इसलिए, केंद्र रूप $(h, 3h - 2)$ का है।

$(1,2)$ और $(3,4)$ से केंद्र की दूरी बराबर होगी।

$\Rightarrow (h - 1)^2 + (3h - 2 - 2)^2 = (h - 3)^2 + (3h - 2 - 4)^2$

$\Rightarrow h^2 - 2h + 1 + 9h^2 - 24h + 16 = h^2 - 6h + 9 + 9h^2 - 36h + 36$

$\Rightarrow -26h + 17 = -42h + 45$

$\Rightarrow 16h = 28$

$\Rightarrow h = \frac{7}{4}$

$\therefore y = \frac{21}{4} - 2 = \frac{13}{4}$

इसलिए, केंद्र $\left(\frac{7}{4}, \frac{13}{4}\right)$ है।

अब, त्रिज्या वृत्त के केंद्र $\left(\frac{7}{4}, \frac{13}{4}\right)$ के लिए किसी बिंदु अर्थात् $(1,2)$ से दूरी होगी।

$\therefore r^2 = \left(1 - \frac{7}{4}\right)^2 + \left(2 - \frac{13}{4}\right)^2$

$= \left(\frac{-3}{4}\right)^2 + \left(\frac{-5}{4}\right)^2$

$= \frac{9}{4} + \frac{25}{4}$

$= \frac{36}{4}$

$= 9$

$\therefore r = \sqrt{9} = 3$

अत: विकल्प (A) सही है।

67. दिया हुआ,

$\lim_{x \to 0} \frac{\sqrt{\left(\frac{1}{2}(1 - \cos 2x)\right)}}{x}$

$\lim_{x \to 0} \frac{\sqrt{\left(\frac{1}{2}(1 - \cos 2x)\right)}}{x} = \lim_{x \to 0} \frac{\sqrt{\left(\frac{1}{2}(2\sin^2 x)\right)}}{x}$

$= \lim_{x \to 0} \frac{\sqrt{(\sin^2 x)}}{x}$

$= \lim_{x \to 0} \frac{|\sin x|}{x} \quad \left(\because \left(\sqrt{x}^2\right) = |x|\right)$

अब, $LHL = \lim_{x \to 0^-} \frac{|\sin x|}{x} = \lim_{x \to 0^-} \frac{-\sin x}{x} = -1$

$RHL = \lim_{x \to 0^+} \frac{|\sin x|}{x} = \lim_{x \to 0^-} \frac{\sin x}{x} = 1$

यहाँ $LHL \neq RHL$, है, इसलिए सीमा मौजूद नहीं है।

अत: विकल्प (D) सही है।

68. दिया हुआ,

यहाँ, मान $1, 2, 3, \ldots, 16$ हैं और पहली प्राकृतिक संख्याएँ $1, 2, 3, \ldots, 16$ हैं।

इसलिए, अवलोकनों का योग $= (1 \times 1) + (2 \times 2) + (3 \times 3) + \cdots + (16 \times 16)$

$= 1^2 + 2^2 + \cdots + 16^2$

$= \dfrac{16(16+1)((2\times16)+1)}{6}$

$= \dfrac{16 \times 17 \times 33}{6}$

अवलोकन की संख्या $= 1 + 2 + 3 + \cdots + 16$

$= \dfrac{16(16+1)}{2}$

$= \dfrac{16 \times 17}{2}$

अब, माध्य $=$ अवलोकन के योग / अवलोकन की संख्या

$= \dfrac{\frac{16 \times 17 \times 33}{6}}{\frac{16 \times 17}{2}}$

$= \dfrac{33}{3}$

$= 11$

अत: विकल्प (C) सही है।

69. जैसा कि हम जानते हैं,

रेखा $y = mx + c_1$ और $y = mx + c_2$ के बीच की दूरी $\dfrac{|c_1 - c_2|}{\sqrt{1 + m^2}}$ है।

रेखा $ax + by + c_1 = 0$ और $ax + by + c_2 = 0$ के बीच की दूरी $\dfrac{|c_1 - c_2|}{\sqrt{a^2 + b^2}}$ है।

दिया हुआ,

रेखाएं $6x + 8y + 15 = 0$ और $3x + 4y + 9 = 0$ है।

$\Rightarrow 6x + 8y + 15 = 0$

उपरोक्त समीकरण से 2 उभयनिष्ठ लेने पर, हमें प्राप्त होता है,

$\Rightarrow 3x + 4y + \dfrac{15}{2} = 0 \ldots (1)$

और $3x + 4y + 9 = 0 \ldots (2)$

समीकरण (1) और (2) एक-दूसरे के समानांतर हैं।

$\therefore$ रेखाओं के बीच की दूरी $= \dfrac{\left|\frac{15}{2} - 9\right|}{\sqrt{3^2 + 4^2}} = \dfrac{\left(\frac{3}{2}\right)}{5} = \dfrac{3}{10}$

अत: विकल्प (B) सही है।

70. जैसा कि हम जानते हैं,

$\int e^x dx = e^x + c$

$I = \int_0^1 \dfrac{e^{\tan^{-1}x} dx}{1 + x^2} \ldots (1)$

माना $\tan^{-1} x = t$ है।

दोनों पक्षों का अवकलन करने पर, हमें प्राप्त होता है

$\dfrac{dx}{1 + x^2} = dt$

$\dfrac{dx}{1 + x^2} = dt$ का मान समीकरण (1) में रखने पर,

$I = \int_0^{\frac{\pi}{4}} e^t \, dt$

$\Rightarrow I = \left[e^t\right]_0^{\frac{\pi}{4}}$

$\Rightarrow I = e^{\frac{\pi}{4}} - e^0$

$\Rightarrow I = e^{\frac{\pi}{4}} - 1$

अत: विकल्प (A) सही है।

71. जैसा कि हम जानते हैं,

$\int x^n dx = \dfrac{x^{n+1}}{n+1} + c$

$I = \int \dfrac{(\log x)^2}{x} dx$

माना $\log x = t$ है।

x के संबंध में अवकलन करने पर, हमें निम्न प्राप्त होता है

$\dfrac{1}{x} dx = dt$

अब,

$I = \int t^2 dt$

$= \dfrac{t^3}{3} + c$

$= \dfrac{(\log x)^3}{3} + c$

अत: विकल्प (C) सही है।

72. जैसा कि हम जानते हैं,

एक दीर्घवृत के मानक समीकरण को $\dfrac{x^2}{a^2} + \dfrac{y^2}{b^2} = 1$ द्वारा ज्ञात किया गया है।

दिया हुआ,

दीर्घवृत का समीकरण $\dfrac{x^2}{4} + \dfrac{y^2}{9} = 1$ है।

यहाँ $a^2 = 4$ और $b^2 = 9$ है।

$\therefore a = 2$ और $b = 3$

$b > a$ इसलिए, प्रमुख अक्ष लम्बाई $2b$ वाले y-अक्ष पर है।

अब, केंद्रबिंदु की दूरी का योग $= 2b = 2 \times 3 = 6$ इकाई

अत: विकल्प (B) सही है।

73. दीर्घवृत का मानक समीकरण $= \dfrac{x^2}{a^2} + \dfrac{y^2}{b^2} = 1$

लैटस रेक्टम की लम्बाई $= \dfrac{2b^2}{a}$ जब $a > b$, तो और $\dfrac{2a^2}{b}$, जब $a < b$

$3x^2 + y^2 - 12x + 2y + 1 = 0$

$\Rightarrow 3(x^2 - 4x + 4) - 12 + (y^2 + 2y + 1) = 0$

$\Rightarrow 3(x - 2)^2 - 12 + (y + 1)^2 = 0$

$\Rightarrow 3(x - 2)^2 + (y + 1)^2 = 12$

$\Rightarrow \dfrac{3(x-2)^2}{12} + \dfrac{(y+1)^2}{12} = 1$ (12 से विभाजित करने पर)

$\Rightarrow \dfrac{(x-2)^2}{4} + \dfrac{(y+1)^2}{12} = 1$

$\Rightarrow \dfrac{(x-2)^2}{2^2} + \dfrac{(y+1)^2}{(2\sqrt{3})^2} = 1$

$\therefore a^2 = 2^2$ और $b^2 = \left(2\sqrt{3}\right)^2$

यहाँ $a < b$

इसलिए, लैटस रेक्टम की लम्बाई $= \dfrac{2a^2}{b}$

$= \dfrac{2(4)}{2\sqrt{3}}$

$= \dfrac{4}{\sqrt{3}}$ इकाई

अत: विकल्प (C) सही है।

74. दिया गया समीकरण,

$y^2 - 8x + 6y + 1 = 0$

$\Rightarrow y^2 + 6y + 9 - 9 - 8x + 1 = 0$

$\Rightarrow (y+3)^2 - 8x - 8 = 0$

$\Rightarrow (y+3)^2 = 8x + 8$

$\Rightarrow (y+3)^2 = 8(x+1)$

माना कि नए निर्देशांक X और Y हैं।

यहाँ $X = x + 1$ और $Y = y + 3$

$\Rightarrow Y^2 = 4aX$

अब उपरोक्त समीकरण के साथ तुलना करते हुए,

$\therefore 4a = 8$

तो, परवलय के नाभिलंब की लंबाई $= 4a = 8$

अत: विकल्प (B) सही है।

75. माना कि x_1 और x_2 क्रमशः n_1 और n_2 वस्तुओं वाले डेटा के पहले और दूसरे समूह के माध्य हैं।

तो संयुक्त माध्य $= \dfrac{n_1 \overline{x_1} + n_2 \overline{x_2}}{n_1 + n_2}$

दिया हुआ,

9 अवलोकनों का अंकगणितीय माध्य 100 है और वह 6 का 80 है।

$n_1 = 9$ and $\overline{x_1} = 100$

$n_2 = 6$ and $\overline{x_2} = 80$

जैसा कि हम जानते हैं,

संयुक्त माध्य $= \dfrac{n_1 \overline{x_1} + n_2 \overline{x_2}}{n_1 + n_2}$

$= \dfrac{9 \times 100 + 6 \times 80}{9 + 6}$

$= \dfrac{1380}{15} = 92$

अत: विकल्प (D) सही है।

76. इंटरनेशनल गर्ल्स इन आईसीटी डे 2022 का विषय पहुंच और सुरक्षा था। यह हर साल अप्रैल में चौथे गुरुवार को मनाया जाता है। इंटरनेशनल गर्ल्स इन आईसीटी डे का उद्देश्य प्रौद्योगिकी में लड़कियों और महिलाओं के प्रतिनिधित्व को बढ़ाने के लिए एक वैश्विक आंदोलन को प्रेरित करना है।

अत: विकल्प (A) सही है।

77. भारतीय भाला फेंक खिलाड़ी, देवेंद्र झाझरिया ने मोरक्को में विश्व पैरा एथलेटिक्स ग्रां प्री 2022 में रजत पदक जीता है।

पैरालिंपिक के स्वर्ण पदक विजेता देवेंद्र झाझरिया ने रजत पर कब्जा करने के लिए 60.97 मीटर की दूरी तक भाला फेंका। वह तीन बार के पैरालिंपिक पदक विजेता हैं।

अत: विकल्प (B) सही है।

78. अशोक का अंतिम युद्ध कलिंग का युद्ध था। कलिंग युद्ध (समाप्त शताब्दी 261 ईसा पूर्व) प्राचीन भारत में अशोक के तहत मौर्य साम्राज्य और कलिंग राज्य के बीच लड़ा गया था, जो पूर्वी तट पर स्थित एक स्वतंत्र सामंती राज्य था, जो वर्तमान में ओडिशा और आंध्र प्रदेश के उत्तर भागों में स्थित था। उसने कलिंग पर विजय के बाद युद्ध लड़ना छोड़ देने का फैसला किया क्योंकि वह

हिंसा से और उसमें हुए खून-खराबे से भयभीत था। वह विश्व के इतिहास में एकमात्र राजा है जिसने युद्ध जीतने के बाद विजय को छोड़ दिया।

अत: विकल्प (B) सही है।

79. हड़प्पा एक सिंधु सभ्यता का शहरी केंद्र था। यह पाकिस्तान के पंजाब प्रांत में है, जो रावी नदी के पुराने तट पर स्थित है। 1921 में खुदाई की जाने वाली सभ्यता का पहला स्थल हड़प्पा था। खुदाई टीम का नेतृत्व दया राम साहनी ने किया था।

अत: विकल्प (B) सही है।

80. पिन घाटी राष्ट्रीय उद्यान भारत का एक राष्ट्रीय उद्यान है जो उत्तर भारत में हिमाचल प्रदेश राज्य के लाहौल और स्पीति जिले में स्थित है। बर्फ से भरी हुई उच्च खण्ड और ढलानों के साथ, उद्यान कई प्रकार के लुप्तप्राय जानवरों के लिए एक प्राकृतिक निवास स्थान बनाता है जिसमें हिम तेंदुआ और साइबेरियाई इबेक्स शामिल हैं।

अत: विकल्प (A) सही है।

81. भाखड़ा नांगल बांध उत्तरी भारत के हिमाचल प्रदेश के बिलासपुर में सतलज नदी पर एक ठोस गुरुत्वाकर्षण वाला बांध है। यह बांध गोविंद सागर जलाशय बनाती है। भाखड़ा नांगल बांध के जनक सर चौधरी छोटू राम हैं। उन्होंने भाखड़ा नांगल बांध की कल्पना 1923 में की थी, ताकि तत्कालीन पंजाब राज्य के तथाकथित आर्थिक महामारी-स्थानों से किसानों को छुटकारा दिलाया जा सके।

अत: विकल्प (A) सही है।

82. उत्तर प्रदेश की मुख्य फसल चावल है। यह खेती मुख्य रूप से नदी घाटियों, डेल्टाओं और निचले इलाकों में केंद्रित है। चावल उत्पादक राज्यों में पश्चिम बंगाल, उत्तर प्रदेश, आंध्र प्रदेश, पंजाब, तमिलनाडु, ओडिशा और बिहार शामिल हैं। शाहजहाँपुर जिला भारत में चावल उत्पादन के क्षेत्र में अव्वल है। 2014 तक, शाहजहाँपुर जिले में चावल का उत्पादन 545,993 टन था, जो भारत के चावल उत्पादन का 10.48% था।

अत: विकल्प (B) सही है।

83. हॉर्नबिल त्यौहार नागालैंड के सबसे महत्वपूर्ण त्यौहारों में से एक है। यह त्यौहार हर साल 1 से 7 दिसंबर तक मनाया जाता है। यह नागा सैन्यदल द्वारा किया जाता है।

अत: विकल्प (B) सही है।

84. ओट्टंथुल्लल केवल केरल में किया जाने वाला एक कला रूप है। ओट्टं थुल्लल का अर्थ 'गरीब आदमी की कथकली' है। कुंचन नांबियार ने इस नृत्य रूप को चक्यार कुथु के विकल्प के रूप में बनाया था। समाज की प्रचलित सामाजिक-राजनीतिक संरचना और पूर्वग्रहों के खिलाफ विरोध करने के लिए, कुंचन नांबियार ने इसे एक माध्यम के रूप में इस्तेमाल किया था। अब यह केरल के मंदिरों में प्रस्तुत किया जाने वाली एक प्रसिद्ध लोक कला है।

अत: विकल्प (A) सही है।

85. 1950 के संविधान ने चौदह भारतीय भाषाओं को मान्यता दी, जिनमें से हिंदी पहली राष्ट्रीय भाषा थी। 1965 तक अंग्रेजी एक संक्रमणकालीन भाषा थी। 14 सितंबर 1949 को, हिंदी को भारतीय संघ की राजभाषा के रूप में अपनाया गया। बाद में 1950 में, भारत के संविधान ने देवनागरी लिपि में हिंदी को भारत की राजभाषा घोषित किया।

अत: विकल्प (D) सही है।

86. केप टाउन दक्षिण अफ्रीका की विधायी राजधानी है। यह देश की विधायी संसद का घर है, जिसमें राष्ट्रीय सभा और प्रांत की राष्ट्रीय परिषद शामिल हैं।

अत: विकल्प (D) सही है।

87. अज़रबैजानी मनात अज़रबैजान की मुद्रा है। अज़रबैजान यूरोप और एशिया की सीमाओं में एक यूरोपीय देश है, बाकू इसकी राजधानी है।

अधिकांश जनसंख्या अर्थात 95% से अधिक नागरिक इस्लाम का पालन करते हैं। इल्हाम अलियेव राष्ट्रपति और अली असदोव देश के प्रधानमंत्री हैं।

अत: विकल्प (A) सही है।

88. द ऑडेसिटी ऑफ होप संयुक्त राज्य अमेरिका के पूर्व राष्ट्रपति बराक ओबामा द्वारा लिखी गई है। यह किताब 2006 में प्रकाशित हुई थी। उन्होंने 2009 से 2017 तक संयुक्त राज्य अमेरिका के 44वें राष्ट्रपति के रूप में कार्य किया था। वह पहले अफ्रीकी अमेरिकी थे जिन्हें राष्ट्रपति पद के लिए चुना गया था। व्हाट हैपेंड, हार्ड च्वाइस, लिविंग हिस्ट्री, इट टेक्स अ विलेज हिलेरी क्लिंटन द्वारा लिखी गई हैं।

अत: विकल्प (B) सही है।

89. विंग्स ऑफ फायर ए. पी. जे. अब्दुल कलाम की एक आत्मकथा है। यह उनके प्रारंभिक जीवन और भारतीय अंतरिक्ष अनुसंधान और मिसाइल कार्यक्रमों में उनके काम को शामिल करता है। डॉ ए. पी. जे. अब्दुल कलाम की जयंती मनाने के लिए 15 अक्टूबर को विश्व छात्र दिवस मनाया जाता है।

अत: विकल्प (B) सही है।

90. डगलस स्टुअर्ट ने शुगी बैन के लिए बुकर पुरस्कार 2020 जीता। डगलस स्टुअर्ट ने 1980 के दशक में एक लड़के की कहानी के लिए अपना पहला बुकर पुरस्कार जीता है, जो ग्लासगो में अपनी माँ की सहायता करने की कोशिश करता है क्योंकि वह नशे की लत और गरीबी से जूझती हैं।

अत: विकल्प (A) सही है।

91. फैराडे ने विद्युतचुम्बकीय प्रेरण की खोज की थी। 29 अगस्त 1831 को, माइकल फैराडे ने अपने प्रसिद्ध प्रेरण रिंग प्रयोग में भौतिकी के हर छात्र के लिए विद्युतचुम्बकीय प्रेरण की खोज की।

अत: विकल्प (B) सही है।

92. रेडियम जिसे रेडियम क्लोराइड के रूप में जाना जाता है, की खोज मैरी क्यूरी और पियरे क्यूरी ने 1898 में की थी। उन्होंने यूरेनिनाइट से रेडियम यौगिक प्राप्त किया। प्रकृति में रेडियम यूरेनियम अयस्कों में पाया जाता है। एक टन यूरेनिनाइट में रेडियम की मात्रा बहुत कम लगभग एक ग्राम.के. सातवें भाग के बराबर होती है।

अत: विकल्प (D) सही है।

93. यहाँ अनुसरण किया गया स्वरूप निम्न प्रकार है:

पंक्ति के संख्याओं का योग 16 है।

पंक्ति 1:

7 + 3 + 6 = 16

पंक्ति 2:

5 + 4 + 7 = 16

इसी प्रकार,

पंक्ति 3:

8 + X + 2 = 16

∴ X = 6

अत: विकल्प (B) सही है।

94. यहाँ अनुसरण किया गया स्वरूप निम्न प्रकार है:

पंक्ति 1: A + 3 = D, D + 3 = G

पंक्ति 2: D + 5 = I, I + 5 = N

पंक्ति 3: I + 7 = P, P + 7 = W

अत: विकल्प (A) सही है।

95. कूट के लिए अनुसरण किया गया स्वरूप निम्न प्रकार है,

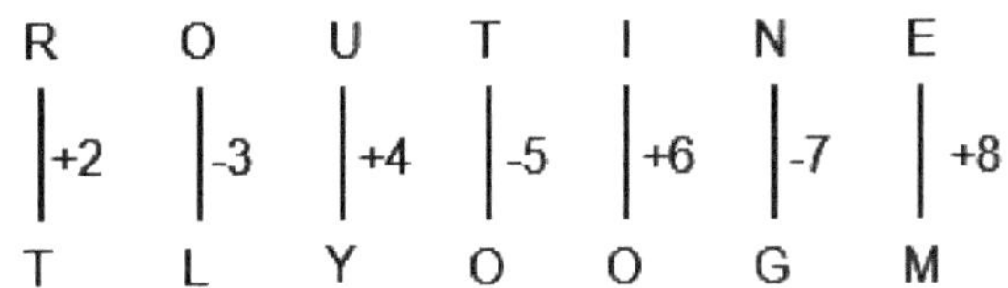

इसी प्रकार, शब्द "TICKET" के लिए,

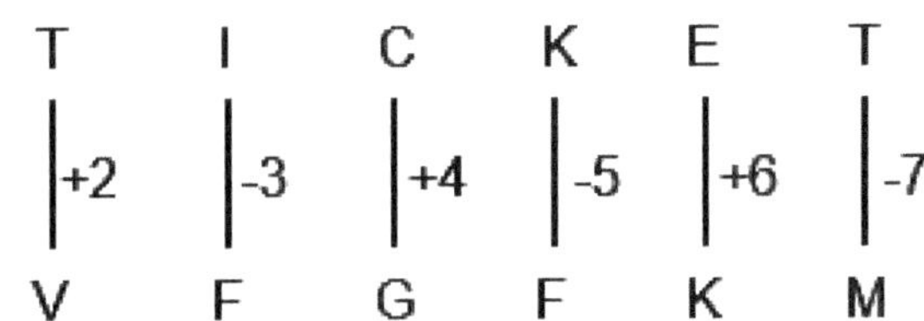

इसलिए, "TICKET" शब्द का कूट "VFGFKM" है।

अत: विकल्प (A) सही है।

96.

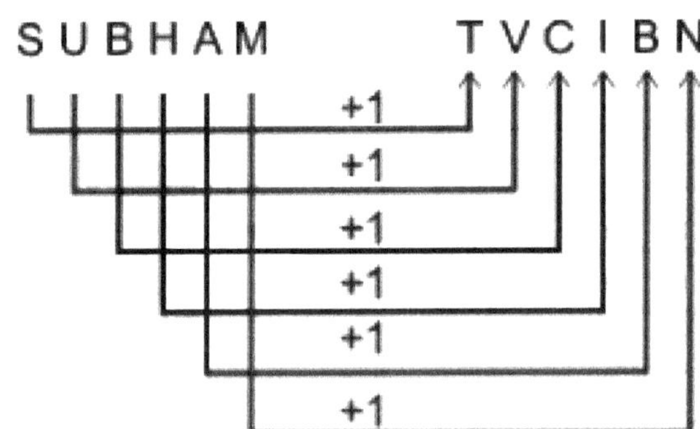

इसी प्रकार,

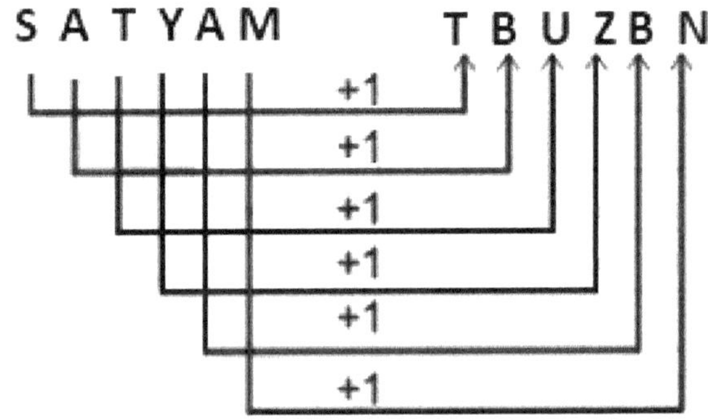

इसलिए, SATYAM को TBUZBN लिखा जाएगा।

अत: विकल्प (D) सही है।

97. (A) SENIOR – FORENSIC (बनाई जा सकती है)

(B) FERNS – FORENSIC (बनाई जा सकती है)

(C) SINCE – FORENSIC (बनाई जा सकती है)

(D) CROWN – FORENSIC (नहीं बनाई जा सकती है क्योंकि W लुप्त है)

अत: विकल्प (D) सही है।

98. अंतरराष्ट्रीय क्रिकेट परिषद (आईसीसी) का मुख्यालय दुबई, संयुक्त अरब अमीरात में है। यह क्रिकेट की अंतरराष्ट्रीय शासी निकाय है। इंग्लैंड, ऑस्ट्रेलिया और दक्षिण अफ्रीका के प्रतिनिधियों ने 1909 में इंपीरियल क्रिकेट कॉन्फ्रेंस के रूप में इसकी स्थापना की तथा 1965 में इसका नाम बदलकर अंतरराष्ट्रीय क्रिकेट सम्मेलन रख दिया गया और फिर 1989 में इसे अपना वर्तमान नाम मिला।

अत: विकल्प (B) सही है।

99. मनिका बत्रा टेबल टेनिस खेल से संबंधित हैं। उन्हें 2020 में राजीव गांधी खेल रत्न पुरस्कार से सम्मानित किया गया है। उन्होंने महिला एकल वर्ग में राष्ट्रमंडल खेल, 2018 में स्वर्ण पदक जीता था। उन्होंने 2016 के दक्षिण एशियाई खेल में तीन स्वर्ण पदक जीते।

अत: विकल्प (B) सही है।

100. "PSLV" का पूर्ण रूप Polar Satellite Launch Vehicle है।

Polar Satellite Launch Vehicle (PSLV) भारत की तीसरी पीढ़ी का लॉन्च व्हीकल है। यह तरल चरणों से सुसज्जित पहला भारतीय प्रक्षेपण यान है।

अत: विकल्प (C) सही है।

Mathematics

Q.1 $\cos^{-1}\left(-\frac{1}{\sqrt{2}}\right)$ का मूल मान मूल्य ज्ञात कीजिए।

A. $\frac{3\pi}{4}$ **B.** $\frac{3\pi}{3}$ **C.** $\frac{3\pi}{2}$ **D.** $\frac{3\pi}{1}$

Q.2 यदि $\sin^{-1}(x^2 - 7x + 12) = n\pi, \forall\, n \in I$, तब x:

A. -2 **B.** 4 **C.** -3 **D.** 5

Q.3 एक समतल में 12 बिंदु हैं जिसमें से 5 समरेख हैं। बिन्दुओं के रूप में बिंदुओं द्वारा गठित त्रिकोणों की संख्या है।

A. 185   **B.** 210   **C.** 220   **D.** 175

Q.4 चार पासे फेकते हैं। संभावित परिणामों की संख्या जिसमें कम से कम एक पासा 2 दिखाता है।

A. 1296   **B.** 671   **C.** 625   **D.** 585

Q.5 अधिकांश 2 बार 6 आने की सम्भावना का पता लगाएं, एक ही पासा को 6 बार फेंकता है।

A. $\frac{35}{18}\left(\frac{5}{6}\right)^3$ **B.** $\frac{35}{18}\left(\frac{5}{6}\right)^7$ **C.** $\frac{35}{18}\left(\frac{5}{6}\right)^2$ **D.** $\frac{35}{18}\left(\frac{5}{6}\right)^4$

Q.6 $(12x + 5) \div 18$ में भिन्न प्रकार के कितने शेषफल होंगे?

A. 1   **B.** 2   **C.** 3   **D.** 4

Q.7 अक्ष के समान एक वेक्टर समान है।

A. $\hat{i} + \hat{j} + \hat{k}$ **B.** $\hat{i} - \hat{j} + \hat{k}$
C. $\hat{i} - \hat{j} - \hat{k}$ **D.** $-\hat{i} + \hat{j} - \hat{k}$

Q.8 एक आदमी पहले दिन 3 मील की दूरी पैदल तय करता है और प्रति दिन वह अपने पिछले दिन की तुलना में एक मील अधिक दूरी तय करताहै। 15 दिन में उसके द्वारा तय की गई दूरी (मील में) ज्ञात करें (रविवार से शुरू करे)?

A. 150 मील   **B.** 60 मील   **C.** 84 मील   **D.** 88 मील

Q.9 यदि $\vec{a}$ और $\vec{b}$ यूनिट वैक्टर हैं, तो $\vec{a}$ और $\vec{b}$ के बीच का कोण क्या है जिसके लिए $\sqrt{3}\,\vec{a} - \vec{b}$ एक इकाई वेक्टर है?

A. 30°   **B.** 45°   **C.** 60°   **D.** 90°

Q.10 यदि 5(4 - x) - 4 > 5x -2 > 2x - 6 है, तो x का मान क्या है?

A. -2   **B.** 2   **C.** -1   **D.** 3

Q.11 सेट-बिल्डर फॉर्म में सेट $A = \{1,4,9,16,25,\dots\}$ लिखें।

A. $A = \{x : x = n^2\}$ **B.** $A = \{x : x = n^3\}$
C. $A = \{x : x = n^4\}$ **D.** $A = \{x : x = n^5\}$

Q.12 $x^3 + 7x^2 + 16x + 112$ के मूलों की प्रकृति ज्ञात करें।

A. 1 वास्तविक ऋणात्मक, 2 काल्पनिक
B. 2 वास्तविक ऋणात्मक, 1 काल्पनिक
C. सभी काल्पनिक
D. सभी वास्तविक

Q.13 यदि
$A = \{3, 5, 7, 9, 11\}, B = \{7, 9, 11, 13\}, C = \{11, 13, 15\}$
$A \cap (B \cup C)$ ज्ञात करे।

A. {7,9,11}   **B.** {7,9,13}
C. {5,9,13}   **D.** {5,7,13}

Q.14 x के लिए हल यदि $\log(x - 1) + \log(x + 1) = \log_2 1$:

A. $\sqrt{2}$ **B.** $\sqrt{3}$ **C.** $\sqrt{5}$ **D.** $\sqrt{7}$

Q.15 एक बिंदु का बिंदु पथ, जिसका भुजांक और समन्वय हमेशा समान होता है:

A. $x + y + 1 = 0$ **B.** $x - y = 0$
C. $x + y = 1$ **D.** इनमें से कोई नहीं

Q.16 एक रेखा अगर उसकी ढलान नकारात्मक है, तो इसके बारे में क्या कहा जा सकता है।

A. θ एक न्यून कोण है
B. θ एक अधिक कोण है
C. या तो लाइन x-एक्सिस है या यह x-एक्सिस के समानांतर है।
D. इनमें से कोई नहीं

Q.17 ढलान $(2,3)$ के साथ बिंदु 2 से गुजरने वाली रेखा का समीकरण है।

A. $2x + y - 1 = 0$ **B.** $2x - y + 1 = 0$
C. $2x - y - 1 = 0$ **D.** $2x + y + 1 = 0$

Q.18 एक मर्तबान में 10 लाल गोलियाँ और 30 हरी गोलियाँ हैं मर्तबान में और कितनी लाल गोलियाँ डाली जाएँ जिससे मर्तबान की 60% गोलियाँ लाल हो जाएँ?

A. 25   **B.** 30   **C.** 35   **D.** 40

Q.19 फलन का स्थानीय अधिकतम और न्यूनतम के सभी बिंदुओं का पता लगाएं $f(x) = (x - 1)^3(x + 1)^2$:

A. $1, -1, \frac{-1}{5}$ **B.** $1, -1$
C. $1, \frac{-1}{5}$ **D.** $-1, \frac{-1}{5}$

Q.20 फ़ंक्शन f, $f(x) = x^3 - 6x^2 + 36x + 7$ द्वारा परिभाषित है :

A. $x > 6,\ x > -2$ **B.** $x > 6,\ x > 2$
C. $x > -6,\ x > -2$ **D.** $x > -6,\ x > 2$

Q.21 $f(x) = e^{3x}$ पहले सिद्धांतों से अवकलन करे।

A. $3e^{2x}$ **B.** $2e^{3x}$ **C.** $2e^{2x}$ **D.** $3e^{3x}$

Q.22 $f(x) = e^{ax+b}$ पहले सिद्धांतों से अवकलन करे।

A. ae^{ax-b} **B.** axe^{ae+b} **C.** ae^{ax+b} **D.** ae^{ax-b}

Q.23 मूल्यांकन करें $\int \frac{dx}{1+\cos x}$:

A. $\tan\frac{x}{3} + C$ **B.** $\tan x + C$
C. $\tan\frac{x}{4} + C$ **D.** $\tan\frac{x}{2} + C$

Q.24 यदि A एक वर्ग मैट्रिक्स है तो $A - A'$ है।

A. विकर्ण मैट्रिक्स

B. तिरछा सममित मैट्रिक्स

C. सममित मैट्रिक्स

D. इनमें से कोई नहीं

Q.25 बिंदु का वह स्थान जहाँ से वृत्त $x^2 + y^2 - 4 = 0$ और $x^2 + y^2 - 8x + 15 = 0$ की स्पर्शरेखा बराबर है, समीकरण द्वारा दिया जाता हैं।

A. $8x + 19 = 0$

B. $8x - 19 = 0$

C. $4x - 19 = 0$

D. $4x + 19 = 0$

English

Q.26 Direction : In the following questions, choose the word opposite in meaning to the given word.

COUNTERFEIT

A. Fake

B. dual

C. Genuine

D. Transient

Q.27 Direction : In the following questions, choose the word opposite in meaning to the given word.

CURB

A. Encourage

B. Endure

C. abstain

D. Purge

Q.28 Direction : Read the following passage and answer the question that follow the passage. Your answers to these items should be based on the passage only.

The object underlying the rules of natural justice "is to prevent miscarriage of justice" and secure "fair play in action". As pointed out earlier the requirement about recording of reasons for its decision by an administrative authority exercising quasi-judicial functions achieves his object by excluding changes of arbitrariness and ensuring a degree of fairness in the process of decision making. Keeping in view the expanding horizon of the principle of natural justice which governs exercise of power by administrative authorities. The rules of natural justice are not embodied rules. The particularly statutory framework where under jurisdiction has been conferred on the administrative authority. With regard to the exercise of particular power by an administrative authority including exercise of judicial or quasi-judicial functions the legislature, while conferring the said power, may feel that it would not be in the larger public interest that the reasons for the order passed by the administrative authority be recorded in the order and be communicated to the aggrieved party and it may dispense with such a requirement.

"The rules of the natural justice are not embodied rule" means that these rules.

A. are left deliberately vague

B. cannot be satisfactorily interpreted

C. are flexible

D. cannot be visualised

Q.29 Direction : Read the following passage and answer the question that follow the passage. Your answers to these items should be based on the passage only.

The object underlying the rules of natural justice "is to prevent miscarriage of justice" and secure "fair play in action". As pointed out earlier the requirement about recording of reasons for its decision by an administrative authority exercising quasi-judicial functions achieves his object by excluding changes of arbitrariness and ensuring a degree of fairness in the process of decision making. Keeping in view the expanding horizon of the principle of natural justice which governs exercise of power by administrative authorities. The rules of natural justice are not embodied rules. The particularly statutory framework where under jurisdiction has been conferred on the administrative authority. With regard to the exercise of particular power by an administrative authority including exercise of judicial or quasi-judicial functions the legislature, while conferring the said power, may feel that it would not be in the larger public interest that the reasons for the order passed by the administrative authority be recorded in the order and be communicated to the aggrieved party and it may dispense with such a requirement.

From the passage it is clear that it is the legislature that-

A. invests the administrative authority with enormous powers

B. embodies rules

C. has the larger interests of public welfare

D. leaves administrative authority enough discretion to interpret rules.

Q.30 Direction : Read the following passage and answer the question that follow the passage. Your answers to these items should be based on the passage only.

The object underlying the rules of natural justice "is to prevent miscarriage of justice" and secure "fair play in action". As pointed out earlier the requirement about recording of reasons for its decision by an administrative authority exercising quasi-judicial functions achieves his object by excluding changes of arbitrariness and ensuring a degree of fairness in the process of decision making. Keeping in view the expanding horizon of the principle of natural justice which governs exercise of power by administrative authorities. The rules of natural justice are not embodied rules. The particularly statutory framework where under jurisdiction has been conferred on the administrative authority. With regard to the exercise of particular power by an administrative authority including exercise of judicial or quasi-judicial functions the legislature, while conferring the said power, may feel that it would not be in the larger public interest that the reasons for the order passed by the administrative authority be recorded in the order and be communicated to the aggrieved party and it may dispense with such a requirement.

According to the passage, there is always a gap between-

A. Rules of natural justice and their application

B. Conception of a rule and its concretisation

C. Demand for natural justice and its realisation

D. Intention and execution

Q.31 Direction : Read the following passage and answer the question that follow the passage. Your answers to these items should be based on the passage only.

The object underlying the rules of natural justice "is to prevent miscarriage of justice" and secure "fair play in action". As pointed out earlier the requirement about recording of reasons for its decision by an administrative authority exercising quasi-judicial functions achieves his object by excluding changes of arbitrariness and ensuring a degree of fairness in the process of decision making. Keeping in view the expanding horizon of the principle of natural justice which governs exercise of power by administrative authorities. The rules of natural justice are not embodied rules. The particularly statutory framework where under jurisdiction has been conferred on the administrative authority. With regard to the exercise of particular power by an administrative authority including exercise of judicial or quasi-judicial functions the legislature, while conferring the said power, may feel that it would not be in the larger public interest that the reasons for the order passed by the administrative authority be recorded in the order and be communicated to the aggrieved party and it may dispense with such a requirement.

"To dispense with a requirement" means -

A. to do without the demand

B. to drop the charge

C. to cancel all formal procedure

D. to alter the provisions of the case

Q.32 Direction : In the following question a part of sentence is bold. Below are given alternatives to the bold part at (A), (B) and (C) and (D) which may improve the sentence. Choose the correct alternative. In case no improvement , your answer is (E).

He has not and can never be in the good books of his employer because he lacks honesty.

A. has not and cannot be

B. has not and can never been

C. has not been and can never be

D. No Improvement

Q.33 Direction: In the following question a part of the sentence is bold. Below are given alternatives to the bold part at (A), (B) and (C), and (D) which may improve the sentence. Choose the correct alternative. In case No correction required, your answer is (E).

When the examinations were over **Anil and me** went to our native town.

A. me and Anil

B. Anil and I

C. I and Anil

D. No correction required

Q.34 Direction: In the following question a part of the sentence is bold. Below are given alternatives to the bold part at (A), (B), and (C) which may improve the sentence. Choose the correct alternative. In case No correction is required, your answer is (D).

Our office clock is not so **correct** as it should be it is usually five minutes fast.

A. right

B. regular

C. accurate

D. No correction required

Q.35 Direction: In the following question a part of the sentence is bold. Below are given alternatives to the bold part at (A), (B), and (C) which may improve the sentence. Choose the

correct alternative. In case No correction is required, your answer is (D).

I shall be grateful to you if you **are of** help to me now.

A. help

B. would help

C. helped

D. No correction required

Q.36 Direction : In the following question, a sentence is given with a blank to be filled in with appropriate word(s). Some alternatives are suggested for each question. Choose the correct alternative from the given alternatives.

Many leading members of the opposition party___to justify the party's decision.

A. having tried

B. has tried

C. have been trying

D. tries

Q.37 Direction : In the following question, a sentence is given with a blank to be filled in with appropriate word(s). Some alternatives are suggested for each question. Choose the correct alternative from the given alternatives.

The state-of-the art school is_____with a medical clinic and fitness centre.

A. establish

B. illustrative

C. having

D. equipped

Q.38 Direction : Each sentence below has two blanks, each blank indicating that something has been omitted. Choose the set of words for each blank which best fits the meaning of the sentence as a whole.

The Bhagawad Gita is a part of the Mahabharata, but it stands_____and is_____in itself.

A. dependent, incomplete

B. together, justified

C. separate, diginified

D. apart, complete

Q.39 Direction : In the following question, four/five alternatives are given for the meaning of the given Idiom/Phrase. Choose the alternative which best express the meaning of the Idiom/Phrase.

To be under someone's thumb.

A. To be found in a difficult or embarrassing

B. To be a part of one's experience

C. To be the result of someone's actions

D. To be under someone's control

Q.40 Direction : In the following question, four/five alternatives are given for the meaning of the given Idiom/Phrase. Choose the alternative which best express the meaning of the Idiom/Phrase.

To be under arms.

A. To allow somebody to tell you what to do.

B. To learn to use various arms and ammunitions.

C. To be ready to fight in a war.

D. To manage to win

Q.41 Direction : In the following question, four/five alternatives are given for the meaning of the given

Idiom/Phrase. Choose the alternative which best express the meaning of the Idiom/Phrase.

To think on your feet

A. To be able to react quickly and effectively without preparation
B. To think carefully before dooing anything
C. To form your own opinion about somebody
D. To try to solve a problem without anybody's help

Q.42 Direction : In the following question, out of the given alternatives, choose the one which can be substituted for the given words/sentence.

A fixed orbit in space in relation to earth.

A. Geological
B. Geo-synchronous
C. Geo-centric
D. Geo-stationary

Q.43 Direction : In the following question, out of the given alternatives, choose the one which can be substituted for the given words/sentence.

To issue a thunderous verbal attack.

A. Languish
B. Animate
C. Fulminate
D. Invigorate

Q.44 Direction : In the following question, out of the given alternatives, choose the one which can be substituted for the given words/sentence.

Very pleasing to eat.

A. Appetizing
B. Palatable
C. Tantalizing
D. Sumptuous

Q.45 Find the correctly spelt word.

A. Entrepreneur
B. Entrapreneur
C. Entrepraneur
D. Enterprenuer

Q.46 Direction : In the following question out of the four/five alternatives, choose the one which is best express the meaning of the given word.

NIMBLE

A. weary
B. agile
C. inactive
D. clumsy

Q.47 Direction : In the following question out of the four/five alternatives, choose the one which is best express the meaning of the given word.

MAROONED

A. knotted
B. smooth
C. stranded
D. mended

Q.48 Direction : In the following question, some of the sentences have errors and some have none. Find out which part of the sentence has an error. The number of that part is your answer. If there is no error, the answer would be (D).

It is unfortunate that(A)/ many youngsters get(B)/ addicted to gamble(C)./No error(D)

A. A
B. B
C. C
D. D

Q.49 Direction : In the following question, some of the sentences have errors and some have none. Find out which part of the sentence has an error. The number of that part is your answer. If there is no error, the answer would be (D).

Kamala's fountain-pen(A)/ is as expensive(B)/ as Shyama(C).No error(D)

A. A
B. B
C. C
D. D

Q.50 Direction : In the following question, some of the sentences have errors and some have none. Find out which part of the sentence has an error. The number of that part is your answer. If there is no error, the answer would be (D).

When we consider all the factors, which are many,(A)/ the number of school dropouts(B)/ are quite disturbing.(C)/No error(D)

A. A
B. B
C. C
D. D

Science

Q.51 ग्लूकोज इकाइयों की अत्यधिक शाखित श्रृंखला का परिणाम क्या होता है?

A. स्टार्च
B. ग्लाइकोजन
C. सेलूलोज़
D. गैलेक्टोज

Q.52 दो वस्तुओं के बीच गुरुत्वाकर्षण बल F है। यदि दोनों वस्तुओं के द्रव्यमान को उनके बीच की दूरी को बदले बिना आधा कर दिया जाए, तो गुरुत्वाकर्षण बल बन जाएगा

A. $\frac{F}{4}$
B. $\frac{F}{2}$
C. F
D. $2F$

Q.53 एक निश्चित माध्यम में प्रकाश की गति एक निर्वात में अपनी गति का 50% है। इस सामग्री का अपवर्तनांक क्या है?

A. 1
B. 2
C. 3
D. 4

Q.54 $2s$ में SHM को निष्पादित करने वाले एक कण द्वारा यात्रा की गई सबसे छोटी दूरी $\frac{\sqrt{3}}{2}$ के बराबर है, इसका आयाम, इसकी समय अवधि निर्धारित करता है।

A. 11 सेकंड
B. 15 सेकंड
C. 16 सेकंड
D. 12 सेकंड

Q.55 2 किलोवाट बिजली रेटिंग का एक इलेक्ट्रिक ओवन एक घरेलू इलेक्ट्रिक सर्किट 220 V में संचालित होता है जिसकी वर्तमान रेटिंग 5 A है। आप क्या परिणाम की उम्मीद करते हैं? स्पष्ट कीजिए।

A. आग पकड़ सकता है।
B. सामान्य रूप से चलेगा
C. बंद हो जायेगा
D. उपरोक्त में से कोई नहीं

Q.56 एक माध्यम से प्रसार के दौरान एक सिग्नल की शक्ति का क्षरण __________ है।

A. शोर
B. रेंज
C. क्षीणन
D. मॉड्युलेशन

Q.57 वस्तु का शुद्ध बल शून्य है अर्थात वस्तु पर बल बिल्कुल नहीं लगाया जा रहा है और इसलिए वस्तु संतुलन में है।

A. कथन का पहला भाग गलत है और दूसरा भाग सत्य है
B. कथन का पहला भाग गलत है और दूसरा भाग भी गलत है
C. कथन का पहला भाग सत्य है और दूसरा भाग गलत है
D. कथन का पहला भाग सत्य है और दूसरा भाग भी सत्य है

Q.58 तीन प्रतिरोधों 5 Ω, 4.5 Ω और 3 Ω को इस तरह से मिलाएं कि इस संयोजन का कुल प्रतिरोध अधिकतम हो :

A. 12.5 Ω
B. 13.5 Ω
C. 14.5 Ω
D. 16.5 Ω

Q.59 जब कोई कण एक समान वेग के साथ एक गोलाकार रास्ते से चलता है, तो कण में होता है।

A. केवल स्पर्शीय त्वरण
B. केवल केन्द्राभिमुख त्वरण
C. दोनों स्पर्शरेखा और केन्द्राभिमुख त्वरण
D. उल्लेखित कोई नहीं

Q.60 अधिकांश पशु वसा हैं:
A. संतृप्त वसा
B. असंतृप्त वसा
C. मोनोअनसैचुरेटेड वसा
D. मोनोसैचुरेटेड वसा

Q.61 निम्नलिखित में से लोहे का कौन सा ऑक्साइड लंबे समय तक भाप के साथ प्रतिक्रिया करता है?
A. FeO
B. Fe_2O_3
C. Fe_3O_4
D. Fe_2O_3 और Fe_3O_4

Q.62 पॉज़िट्रॉन पर आवेश, _______ पर आवेश के बराबर है।
A. प्रोटोन
B. इलेक्ट्रान
C. α- कण
D. न्यूट्रॉन

Q.63 भारत में AC मेन्स की आवृत्ति है:
A. 30 Hz
B. 50 Hz
C. 60 Hz
D. 120 Hz

Q.64 किसी दिए गए परमाणु में, किसी भी दो इलेक्ट्रॉनों में सभी चार क्वांटम संख्या के लिए समान मूल्य नहीं हो सकता है. इसे क्या कहा जाता है?
A. हुंड का नियम
B. पाउली का अपवर्जन का नियम
C. अनिश्चितता का सिद्धांत
D. आफबाऊ का सिद्धांत

Q.65 कोलोस्ट्रम में मौजूद एंटीबॉडीज जो कुछ बीमारियों से नवजात शिशु की रक्षा करते हैं।
A. IgG प्रकार
B. IgA प्रकार
C. IgD प्रकार
D. IgE प्रकार

Q.66 एक कम्पास की सुई को किसका पता लगाने के लिए इस्तेमाल नहीं किया जा सकता है?
A. चुंबकीय उत्तर-दक्षिण दिशा
B. एक चुंबक की ध्रुवीयता
C. एक चुंबक की शक्ति
D. चुंबकीय क्षेत्र की दिशा

Q.67 एक तार के प्रतिरोध के बारे में गलत कथन को इंगित करें।
A. यह तार के पदार्थ पर निर्भर करता है।
B. यह तार की लंबाई के लिए आनुपातिक है।
C. यह तार के अनुप्रस्थ काट क्षेत्रफल के लिए समानुपातिक है।
D. तापमान में वृद्धि के साथ धातु के तार का प्रतिरोध बढ़ता है।

Q.68 निम्नलिखित पदार्थों में से किसके तापमान में वृद्धि के साथ प्रतिरोध कम हो जाता है?
A. शुद्ध सिलिकॉन
B. तांबा
C. निक्रोम
D. प्लैटिनम

Q.69 चुंबकत्व की तीव्रता का चुंबकत्व बल से अनुपात को किस रूप में जाना जाता है?
A. फ्लक्स घनत्व
B. संवेदनशीलता
C. तुलनात्मक भेद्यता
D. इनमें से कोई नहीं

Q.70
धातु विकिरण से उत्सर्जित सबसे ऊर्जावान इलेक्ट्रॉनों का वेग दोगुना हो जाता है जब आपतित विकिरण की आवृत्ति (ν) दोहरी हो जाती है। इस धातु का कार्य फलन क्या है?
A. शून्य
B. $\frac{h\nu}{3}$
C. $\frac{h\nu}{2}$
D. $\frac{2h\nu}{3}$

Q.71 एक फर्मी किस के बराबर होता है?
A. 10^{-9} m
B. 10^{-15} m
C. 10^{-18} m
D. 10^{-12} m

Q.72 प्रकाशमान तीव्रता की SI इकाई क्या है?
A. लुमेन
B. लक्स
C. कैन्डेला
D. वाट

Q.73 N r.p.m पर घूमने वाले किसी पिंड का कोणीय वेग (रेड / सेक्ड में) है।
A. $\frac{\pi N}{60}$
B. $\frac{2\pi N}{60}$
C. $\frac{\pi N}{120}$
D. $\frac{\pi N}{180}$

Q.74 यंग मॉडुलस की लोच की SI इकाई क्या है?
A. डाइन /सेंटीमीटर
B. न्यूटन/मीटर
C. न्यूटन/मीटर²
D. मीटर ²/सेकेंड

Q.75 जब दूध को जोर से मथ लिया जाता है तो उसमें से क्रीम किस कारण अलग हो जाती है?
A. घर्षण बल
B. अपकेन्द्रीय बल
C. केन्द्राभिमुख शक्ति
D. गुरुत्वाकर्षण बल

General Awareness

Q.76 एल एंड टी ने ग्रीन हाइड्रोजन प्रौद्योगिकी विकसित करने के लिए ____ के साथ सहयोग किया।
A. आईआईटी बॉम्बे
B. आईआईटी दिल्ली
C. आईआईटी कानपुर
D. आईआईटी मद्रास

Q.77 किस राज्य में, भारत का पहला शुद्ध हरित हाइड्रोजन संयंत्र अप्रैल 2022 में चालू हुआ?
A. असम
B. कर्नाटक
C. गुजरात
D. पंजाब

Q.78 प्रधानमंत्री ने किस व्यक्तित्व को सम्मानित करने के लिए 100 रुपये का स्मारक सिक्का जारी किया?
A. विजया राजे सिंधिया
B. श्यामा प्रसाद मुखर्जी
C. दीनदयाल उपाध्याय
D. एम. एस. गोलवलकरी

Q.79 निम्नलिखित देशों में से किसमें प्रधानमंत्री नरेंद्र मोदी ने 11 मई, 2018 को 'रामायण सर्किट' की शुरुआत की?

[Super TET Paper - I, 2019]

A. नेपाल
B. इंडोनेशिया
C. श्रीलंका
D. म्यांमार

Q.80 'नेहरू युग की याद' पुस्तक किसने लिखी है?
A. सी. डी. देशमुख
B. डॉ. पी.सी. एलेग्जेंडर
C. एम. ओ. मथाई
D. एस. सी. राजगोपालाचारी

Q.81 यदि LIGHT को GILTH के रूप में कोडित किया गया है, तो RAINY के लिए कोड खोजें।
A. IARYN
B. ARINY
C. NAIRY
D. RINAY

Q.82 "COBOL" का पूर्ण रूप क्या है?

[UPPCL Technician Electrical, 2021]

A. कंप्यूटर और व्यवसाय की भाषा
B. कंप्यूटर और बुनियादी संचालन भाषा
C. सामान्य व्यवसाय उन्मुख भाषा
D. सामान्य व्यवसाय संगठित भाषा

Q.83 जैमिनी रॉय एक प्रसिद्ध __________ थे।
A. चित्रकार
B. नर्तकी
C. निर्माता
D. अभिनेता

Q.84 भारत के सांस्कृतिक इतिहास के अनुसार 'पंचायतन' है:
A. गाँव के बुजुर्गों की एक सभा
B. एक धार्मिक संप्रदाय
C. मंदिर निर्माण शैली

D. एक प्रशासन का कार्य

Q.85 प्रश्न चिह्न के स्थान पर क्या आएगा?

8,28,116,584, ?

A. 1752   **B.** 3504   **C.** 3508   **D.** 3502

Q.86 एक निश्चित कोड में FIRE को DGPC के रूप में कोडित किया गया है! SHOT के लिए कोड शब्द का अंतिम अक्षर क्या होगा?

A. Q   **B.** R   **C.** S   **D.** P

Q.87 11 दिसम्बर 1946 को संविधान सभा में ------ को स्थायी अध्यक्ष चुना गया।

A. जवाहर लाल नेहरू   **B.** राजेन्द्र प्रसाद
C. भीमराव अम्बेड़कर   **D.** के.एम.मुंशी

Q.88 जयदेव उनादकट किस क्षेत्रीय क्रिकेट टीम के कप्तान हैं जिसने अपनी पहली रणजी ट्रॉफी जीती थी?

A. बंगाल क्रिकेट टीम   **B.** सौराष्ट्र क्रिकेट टीम
C. मुंबई क्रिकेट टीम   **D.** कर्नाटक क्रिकेट टीम

Q.89 इलाहाबाद का स्तंभ आलेख निम्न में से किससे संबंधित है?

A. महापद्म नंदा   **B.** चन्द्रगुप्त मौर्य
C. अशोक   **D.** बिम्बसार

Q.90 गीत गोविन्द के लेखक कौन है?

A. जयदेव   **B.** मिहिर भोज
C. कालिदास   **D.** माघ

Q.91 अमृतसर की नींव निम्न में से किसने रखी थी?

A. गुरू अमर दास   **B.** गुरू रामदास
C. गुरू अर्जुन देव   **D.** गुरू हर गोविन्द

Q.92 निम्नलिखित में से किसने 1938 में इंडिपेंडेट लेबर पार्टी की स्थापना की थी?

A. भीमराव अम्बेड़कर   **B.** एम.सी. राजा
C. जगजीवन राम   **D.** जयप्रकाश नारायण

Q.93 भारतीय ओलंपिक संघ द्वारा गठित 11-सदस्यीय वार्षिक अनुदान और संबद्धता समिति का प्रमुख कौन है?

A. अदिले सुमरीवाला   **B.** डी आर सैनी
C. वागीश पाठक   **D.** अबू मेहता

Q.94 बरमूदा त्रिकोण ------ में स्थित है।

A. उत्तरी अटलांटिक महासागर
B. दक्षिणी अटलांटिक महासागर
C. उत्तरी प्रशांत महासागर
D. दक्षिणी प्रशांत महासागर

Q.95 निम्नलिखित में से कौन सी जोड़ी सही ढंग से मेल खाती है?

A. कुचिपुड़ी - मध्य प्रदेश
B. कथकली - केरल
C. भरतनाट्यम - आंध्र प्रदेश
D. कथक - तमिलनाडु

Q.96 कनेसेट ________ की संसद है।

A. डेनमार्क   **B.** पोलैंड   **C.** इजराइल   **D.** टर्की

Q.97 गुट निरपेक्ष आंदोलन की पहली शिखर वार्ता ------ में हुई।

A. कैरो   **B.** लुसाका   **C.** बेलग्रेड   **D.** नई दिल्ली

Q.98 निम्नलिखित विकल्पों में, शब्दों के दिए गए समूह में से, एक उचित रूप से वर्तनी का चयन करें।

A. Acquatance   **B.** Acquaintence
C. Acquaintance   **D.** Acquantance

Q.99 भारत में निम्नलिखित में से कौन सी नदी बड़ी संख्या में राज्यों द्वारा साझा की जाती है?

A. महानदी   **B.** कृष्णा   **C.** कावेरी   **D.** गोदावरी

Q.100 हमारा राष्ट्रगान पहली बार कब और कहाँ गाया गया था?

A. कलकत्ता में 24 जनवरी 1950
B. 24 जनवरी 1950 को इलाहाबाद में
C. 24 जनवरी 1950 को दिल्ली में
D. 27 दिसंबर 1911 को कलकत्ता में

// स्मार्ट उत्तर पुस्तिका //

सही उत्तर — उन छात्रों का प्रतिशत जिन्होंने प्रश्नों का सही उत्तर दिया था।　　**छोड़ दिया** — उन छात्रों का प्रतिशत जिन्होंने प्रश्नों को छोड़ दिया था।

प्रश्न संख्या	उत्तर	सही उत्तर / छोड़ दिया	प्रश्न संख्या	उत्तर	सही उत्तर / छोड़ दिया	प्रश्न संख्या	उत्तर	सही उत्तर / छोड़ दिया	प्रश्न संख्या	उत्तर	सही उत्तर / छोड़ दिया	प्रश्न संख्या	उत्तर	सही उत्तर / छोड़ दिया	प्रश्न संख्या	उत्तर	सही उत्तर / छोड़ दिया
1	A	83.22 % / 13.99 %	18	C	85.62 % / 10.32 %	35	B	67.04 % / 30.61 %	52	A	41.46 % / 49.96 %	69	B	40.23 % / 45.95 %	86	B	60.28 % / 30.47 %
2	B	50.85 % / 31.24 %	19	A	59.41 % / 31.58 %	36	C	45.32 % / 34.35 %	53	B	82.91 % / 15.64 %	70	D	44.51 % / 40.82 %	87	B	65.9 % / 32.7 %
3	B	49.3 % / 50.57 %	20	A	62.05 % / 35.19 %	37	D	79.9 % / 11.03 %	54	D	61.25 % / 38.21 %	71	B	67.47 % / 31.68 %	88	B	51.61 % / 43.96 %
4	B	51.75 % / 34.02 %	21	D	64.14 % / 33.25 %	38	D	85.93 % / 10.02 %	55	A	53.57 % / 36.27 %	72	C	40.11 % / 30.56 %	89	C	81.21 % / 15.94 %
5	D	31.5 % / 67.89 %	22	C	40.43 % / 31.04 %	39	D	76.96 % / 13.84 %	56	C	66.57 % / 33.28 %	73	B	62.16 % / 34.82 %	90	A	68.32 % / 30.23 %
6	C	78.09 % / 14.52 %	23	D	47.11 % / 41.8 %	40	C	89.08 % / 10.28 %	57	C	78.45 % / 16.94 %	74	C	79.65 % / 12.63 %	91	B	63.33 % / 33.65 %
7	A	56.53 % / 39.96 %	24	B	45.92 % / 47.17 %	41	A	85.15 % / 12.64 %	58	A	51.96 % / 45.61 %	75	B	51.03 % / 42.07 %	92	A	55.58 % / 37.71 %
8	A	43.46 % / 32.55 %	25	B	59.49 % / 38.25 %	42	D	57.5 % / 35.13 %	59	B	69.9 % / 30.05 %	76	A	46.57 % / 38.18 %	93	A	15.3 % / 76.53 %
9	A	60.39 % / 33.64 %	26	C	76.78 % / 12.75 %	43	C	89.03 % / 10.61 %	60	A	43.84 % / 33.49 %	77	A	63.8 % / 36.16 %	94	A	68.1 % / 30.29 %
10	C	66.33 % / 30.67 %	27	A	78.31 % / 13.58 %	44	B	76.78 % / 15.09 %	61	B	61.98 % / 37.21 %	78	A	57.74 % / 35.25 %	95	B	44.01 % / 55.75 %
11	A	67.9 % / 30.01 %	28	C	45.59 % / 39.82 %	45	A	80.14 % / 17.22 %	62	A	47.25 % / 50.46 %	79	A	58.3 % / 35.3 %	96	C	14.86 % / 74.13 %
12	A	17.66 % / 70.34 %	29	A	55.4 % / 40.87 %	46	B	88.63 % / 10.86 %	63	B	31.01 % / 68.27 %	80	C	10.57 % / 80.64 %	97	C	44.01 % / 55.3 %
13	A	56.08 % / 39.87 %	30	A	48.95 % / 47.21 %	47	C	81.08 % / 11.46 %	64	B	64.42 % / 35.24 %	81	A	68.13 % / 30.35 %	98	C	48.65 % / 46.16 %
14	A	64.87 % / 31.22 %	31	A	58.51 % / 31.84 %	48	C	63.49 % / 32.59 %	65	B	31.2 % / 67.72 %	82	C	13.46 % / 73.09 %	99	D	16.7 % / 69.41 %
15	B	66.29 % / 31.54 %	32	C	82.81 % / 11.14 %	49	C	89.1 % / 10.76 %	66	C	80.72 % / 12.61 %	83	A	13.9 % / 72.14 %	100	D	17.0 % / 68.55 %
16	B	60.25 % / 37.06 %	33	B	80.89 % / 12.73 %	50	C	81.87 % / 13.91 %	67	C	78.84 % / 16.35 %	84	C	21.93 % / 74.06 %			
17	C	80.12 % / 10.92 %	34	C	57.79 % / 30.32 %	51	B	55.62 % / 32.99 %	68	A	48.55 % / 40.02 %	85	C	42.39 % / 39.35 %			

//संकेत और समाधान//

1. हमारे पास है,

$\cos^{-1}\left(-\frac{1}{\sqrt{2}}\right)$

$\cos^{-1}\left(-\cos\frac{\pi}{4}\right) \quad \because \frac{-1}{\sqrt{2}} = -\cos\frac{\pi}{4}$

हम जानते हैं कि,

$\cos(\pi - \theta) = -\cos\theta$

इसलिए,

$= \cos^{-1}\left(\cos\left(\pi - \frac{\pi}{4}\right)\right)$

$= \pi - \frac{\pi}{4}$

$= \frac{3\pi}{4}$

अतः विकल्प (A) सही है।

2. दिया हुआ:

$\sin^{-1}(x^2 - 7x + 12) = n\pi$

$\Rightarrow x^2 - 7x + 12 = \sin n\pi$

$\Rightarrow x^2 - 7x + 12 = 0 \quad (\because \sin n\pi = 0 \,\forall\, n \in I)$

$\Rightarrow (x - 4)(x - 3) = 0$

$\Rightarrow x = 4, 3$

अतः विकल्प (B) सही है।

3. त्रिकोणों की कुल संख्या जो कि 12 बिन्दुओं के साथ बनाई जा सकती है यदि उनमें से कोई भी समरेख नहीं है।

$= {}^{12}C_3$

इसका कारण यह है कि हम किसी भी तीन बिंदुओं का चयन कर सकते हैं और त्रिकोण का निर्माण कर सकते हैं यदि वे समरेख नहीं हैं।

समरेख बिंदुओं के साथ, हम कोई भी त्रिभुज नहीं बना सकते हैं क्योंकि वे सीधी रेखा में हैं। यहाँ 5 बिंदु समरेख हैं। इसलिए हमें उपरोक्त गणना से ${}^5C_3$ त्रिकोणों को घटाना होगा।

इसलिए, त्रिकोणों की आवश्यक संख्या, $= {}^{12}C_3 - {}^5C_3 =$

$\frac{12!}{(12-3)!3!} - \frac{5!}{(5-3)!\times 3!} = \frac{9!\times 10 \times 11 \times 12}{1\times 2\times 3\times 9!} - \frac{5\times 4\times 3!}{1\times 2\times 3!} =$

$220 - 10 = 210$

अतः विकल्प (B) सही है।

4. दिया हुआ:

उन तरीकों की संख्या जिनमें किसी एक पासा में प्रदर्शित होने वाली संख्या $= 6$

उन तरीकों की संख्या जिसमें 2 एक बार पासा में दिखाई देता है $= 1$

उन तरीकों की संख्या जिसमें 2 एक पासा में नहीं दिखाई देता है $= 5$

कुल 4 पासा हैं।

कम से कम एक पासा में 2 प्राप्त करना $=$ सभी 4 पासा में कोई संख्या प्राप्त करना $-$ किसी भी 4 पासा 2 में प्राप्त करना।

$= (6 \times 6 \times 6 \times 6) - (5 \times 5 \times 5 \times 5)$

$= 1296 - 625$

$= 671$

अतः विकल्प (B) सही है।

5. माना:

X: वह संख्या है जो 5 फेंक में 6 आने की सम्भावना को दर्शाता है।

पासा की एक जोड़ी फेंकना एक बर्नौली परीक्षण है।

इसलिये, X द्विपद वितरण है।

$P(X = x) = {}^nC_x\, q^{n-x} p^x$

जहाँ,

$n = $ कुल बार पास फेका गया $= 6$

$p = 6$ आने की संभावना $= \frac{1}{6}$

$q = 1 - \frac{1}{6} = \frac{5}{6}$

इसलिये,

$P(X = x) = {}^6C_x \left(\frac{1}{6}\right)^x \left(\frac{5}{6}\right)^{6-x}$

हमें सबसे ज्यादा 2 एक ही पासे के 6 फेक में पाना होगा,

$P(X \leq 2) = P(X = 0) + P(X = 1) + P(X = 2)$

$= {}^6C_0 \left(\frac{1}{6}\right)^0 \left(\frac{5}{6}\right)^6 + {}^6C_1 \left(\frac{1}{6}\right)^1 \left(\frac{5}{6}\right)^5 + {}^6C_2 \left(\frac{1}{6}\right)^2 \left(\frac{5}{6}\right)^4$

$= 1 \times 1 \times \left(\frac{5}{6}\right)^6 + 6 \times \frac{1}{6} \times \left(\frac{5}{6}\right)^5 + 15 \times \left(\frac{1}{6}\right)^2 \left(\frac{5}{6}\right)^4$

$= \left(\frac{5}{6}\right)^6 + \left(\frac{5}{6}\right)^5 + 15 \times \frac{1}{36} \times \left(\frac{5}{6}\right)^4$

$= \left(\frac{5}{6}\right)^6 + \left(\frac{5}{6}\right)^5 + \frac{5}{12} \times \left(\frac{5}{6}\right)^4$

$= \left(\frac{5}{6}\right)^4 \left(\left(\frac{5}{6}\right)^2 + \frac{5}{6} + \frac{5}{12}\right)$

$= \left(\frac{5}{6}\right)^4 \left(\frac{25}{36} + \frac{5}{6} + \frac{5}{12}\right)$

$= \left(\frac{5}{6}\right)^4 \left(\frac{25+30+15}{36}\right)$

$= \left(\frac{5}{6}\right)^4 \left(\frac{70}{36}\right)$

$= \frac{35}{18}\left(\frac{5}{6}\right)^4$

तो, आवश्यक संभावना $\frac{35}{18}\left(\frac{5}{6}\right)^4$ है।

अतः विकल्प (D) सही है।

6. (माना x = 0, 1, 2, 3)

x=0, शेष= 5

x=1, शेष= 17

x=2, शेष= 11

x=3, शेष= 5

केवल 3 प्रकार के शेष है।

अतः विकल्प (C) सही है।

7. दिया हुआ:

दिशा अनुपात के रूप में 1,1,1 और दिशा कोसाइन $\frac{1}{\sqrt{3}}, \frac{1}{\sqrt{3}}, \frac{1}{\sqrt{3}}$ हैं।

$\Rightarrow \cos\alpha = \cos\beta = \cos\gamma$

$\Rightarrow a = \beta = \gamma$

इसलिए,

$\Rightarrow \hat{\imath} + \hat{\jmath} + \hat{k}$

अतः विकल्प (A) सही है।

8. दिया हुआ:

यह देखते हुए कि आदमी रविवार को 3 मील चलता है

प्रश्न के अनुसार

इसलिए वह सोमवार को 4 मील पैदल चलेंगे

इसलिए वह मंगलवार को 5 मील पैदल चलेंगे

इसलिए वह बुधवार को 6 मील पैदल चलेंगे

इसलिए वह गुरुवार को 7 मील पैदल चलेंगे

इसलिए वह शुक्रवार को 8 मील पैदल चलेंगे

इसलिए वह शनिवार को 9 मील पैदल चलेंगे

और इसी तरह....

⇒ इसलिए वह 15 दिनों में कुल मील चलता है = 3 + 4 + 5 + 6 + 7 + 8 + 9 + 10 + 11 + 12 + 13 + 14 + 15 + 15 + 16 + 17 = 150 मील

शॉर्ट ट्रिक: -

3 , 4 , ...

$$l = a + (n - 1)d$$

l = 3 + 14

l = 17

A.P का योग = $\frac{n}{2}(a + l) = \frac{15}{2} \times (20)$ =150 मील

अतः विकल्प (A) सही है।

9. दिया हुआ:

$$1^2 = \left(\sqrt{3}\ \vec{a} - \vec{b}\right)^2$$
$$1 = 3\vec{a}^2 + \vec{b}^2 - 2\sqrt{3}\vec{a} \cdot \vec{b} \qquad \left(\vec{a}^2 = 1, \vec{b}^2 = 1\right)$$
$$1 = 3 + 1 - 2\sqrt{3}\vec{a} \cdot \vec{b}$$
$$\Rightarrow \vec{a} \cdot \vec{b} = \frac{\sqrt{3}}{2}$$
$$\therefore \cos\theta = \frac{\vec{a} \cdot \vec{b}}{|\vec{a}||\vec{b}|} = \frac{\sqrt{3}}{2}$$
$$\Rightarrow \theta = 30°$$

अतः विकल्प (A) सही है।

10. दिया हुआ:

पहली असमानता का समाधान, हमें मिलता है,

5(4 − x) − 4 > 5x − 2

⇒20 − 5x − 4 > 5x − 2

⇒x > -1.8

अब, दूसरी असमानता को हल करना,

5x − 2 > 2x − 6

⇒x > -1.33

इस प्रकार, दिए गए विकल्पों में से x = -1 ले सकता है।

अतः विकल्प (C) सही है।

11. दिया हुआ:

यदि हम यहां पैटर्न देखते हैं, तो संख्याएं प्राकृतिक संख्याओं के वर्ग हैं, जैसे:

$$1^2 = 1$$
$$2^2 = 4$$
$$3^2 = 9$$
$$4^2 = 16$$

और इसी तरह।

$$A = \{x : x \text{ एक प्राकृतिक संख्या का वर्ग है }\}$$

या हम लिख सकते हैं;

$$A = \{x : x = n^2, \text{जहाँ } n \in N\}$$

अतः विकल्प (A) सही है।

12. इस प्रकार के प्रश्नों में, हम मूल्य डालकर जड़ों की प्रकृति का पता लगाते हैं।

माना $x = -7$

मान को समीकरण में रखें

$$(-7)^3 + 7(-7)^2 + 16(-7) + 112$$
$$= -343 + 343 - 112 + 112$$
$$= 0$$

इसलिए, $x = -7$ समीकरण का हल होगा।

इसलिए, $(x + 7)$ इस समीकरण का एक हल है।

तो, हम एक और हल का पता लगा सकते हैं-

$$
\begin{array}{r}
x^2 + 16 \\
x + 7\,\overline{\big)\ x^3 + 7x^2 + 16x + 112} \\
\underline{x^3 + 7x^2\phantom{{}+16x+112}} \\
0 \qquad 16x + 112 \\
\underline{16x + 112} \\
0
\end{array}
$$

इसलिए $(x^2 + 16)$ एक और हल है

$x^2 + 16 = 0 \Rightarrow x^2 = \pm 4i$

तो, समीकरण में 1 वास्तविक नकारात्मक और 2 काल्पनिक मान हैं।

अतः विकल्प (A) सही है।

13. दिया हुआ:

A = {3, 5, 7, 9, 11}, B = {7, 9, 11, 13}, C = {11, 13, 15}

हमें $A \cap (B \cup C)$ का मान ज्ञात करना होगा,

$A \cap (B \cup C) = (A \cap B) \cup (A \cap C)$

$(A \cap B) = \{7, 9, 11\}, \quad (A \cap C) = \{11\}$

$A \cap (B \cup C) = \{7, 9, 11\} \cup \{11\}$

$= \{7, 9, 11\}$

अत: विकल्प (A) सही है।

14. दिया हुआ:

$$\log(x - 1) + \log(x + 1) = \log_2 1$$

तुलना करने पर,

$$(x - 1)(x + 1) = 1$$
$$x^2 - 1 = 1$$
$$x^2 = 2$$
$$x = \pm\sqrt{2}$$

चूंकि, ऋणात्मक संख्या का लॉग परिभाषित नहीं है।

इसलिए, $x = \sqrt{2}$

अतः विकल्प (A) सही है।

15. दिया हुआ:

चर बिंदु P is (x, y) का निर्देशांक है।

अब, इस बिंदु का भुजांक $= x$

और इसके निर्देशांक $= y$

दिया, भुजांक = निर्देशांक

$$\Rightarrow x = y$$
$$\Rightarrow x - y = 0$$

तो, बिंदु का स्थान $x - y = 0$ है।

अतः विकल्प (B) सही है।

16. दिया हुआ:

माना θ एंटीक्लॉकवाइज दिशा में अक्ष x-की सकारात्मक दिशा के साथ दी गई रेखा के झुकाव का कोण हो।

फिर इसका ढलान $m = \tan\theta$ द्वारा दिया जाता है

दिया ढलान सकारात्मक है।

$$\Rightarrow \tan\theta < 0$$

$$\Rightarrow \theta, 0 \text{ और } 180 \text{ डिग्री के बीच स्थित है।}$$

$$\Rightarrow \theta \text{ एक अधिक कोण है।}$$

अतः विकल्प (B) सही है।

17. दिया हुआ:

दिया, बिंदु (2,3) और रेखा का ढलान 2 है।

ढलान-अवरोधन सूत्र द्वारा,

$$y - 3 = 2(x - 2)$$
$$\Rightarrow y - 3 = 2x - 4$$
$$\Rightarrow 2x - 4 - y + 3 = 0$$
$$\Rightarrow 2x - y - 1 = 0$$

अतः विकल्प (C) सही है।

18. दिया हुआ:

मान लेते है, x लाल गोलियाँ जोड़े जाएंगे,

$$\therefore \frac{10+x}{40+x} \times 100 = 60$$

$$\Rightarrow \frac{(10+x) \times 5}{40+x} = 3$$
$$\Rightarrow 50 + 5x = 120 + 3x$$
$$\Rightarrow 5x - 3x = 120 - 50$$
$$\Rightarrow 2x = 70$$
$$\Rightarrow x = \frac{70}{2} = 35$$

अतः विकल्प (C) सही है।

19. दिया हुआ:

माना $y = f(x) = (x - 1)^3(x + 1)^2$. फिर,

$$\frac{dy}{dx} = 3(x - 1)^2(x + 1)^2 + 2(x + 1)(x - 1)^3$$

$$\Rightarrow \frac{dy}{dx} = (x - 1)^2(x + 1)\{3(x + 1) + 2(x - 1)\}$$

$$\Rightarrow \frac{dy}{dx} = (x - 1)^2(x + 1)(5x + 1)$$

स्थानीय अधिकतम या स्थानीय न्यूनतम के लिए, हमारे पास है,

$$\frac{dy}{dx} = 0 \Rightarrow (x - 1)^2(x + 1)(5x + 1) = 0$$

$$\Rightarrow x = 1 \text{ or, } x = -1 \text{ or,}$$

$$x = -\frac{1}{5}$$

अतः विकल्प (A) सही है।

20. दिया हुआ:

$$f(x) = x^3 - 6x^2 + 36x + 7$$
$$f'(x) = 3x^2 - 12x + 36$$

बढ़ते फ़ंक्शन के लिए,

$$f'(x) = 3x^2 - 12x + 36 > 0$$
$$3x^2 - 12x + 36 > 0$$
$$x(x - 6) + 2(x - 6) > 0$$
$$(x + 2)(x - 6) > 0$$
$$x > 6, \ x > -2$$

अतः विकल्प (A) सही है।

21. दिया हुआ:

$$f(x) = e^{3x}$$

$$\Rightarrow \quad f(x + h) = e^{3(x+h)}$$

$$\frac{d}{dx}(f(x)) = \lim_{h \to 0} \frac{f(x+h) - f(x)}{h}$$

$$= \lim_{h \to 0} \frac{e^{3(x+h)} - e^{3x}}{h}$$

$$= \lim_{h \to 0} \frac{e^{3x} e^{3h} - e^{3x}}{h}$$

$$= \lim_{h \to 0} e^{3x} \left\{ \frac{(e^{3h} - 1)}{3h} \right\} \times 3$$

$$= 3e^{3x} \qquad \left[\text{चुकी, } \lim_{x \to 0} \frac{e^x - 1}{x} = 1 \right]$$

इसलिये,

$$\frac{d}{dx}(e^{3x}) = 3e^{3x}$$

अतः विकल्प (D) सही है।

22. दिया हुआ:

$$f(x) = e^{3x+b}$$

$$\Rightarrow f(x+h) = e^{a(x+h)+b}$$

$$\frac{d}{dx}\big(f(x)\big) = \lim_{h \to 0} \frac{f(x+h)-f(x)}{h}$$

$$= \lim_{h \to 0} \frac{e^{3(x+h)+b}-e^{(2x+b)}}{h}$$

$$= \lim_{h \to 0} \frac{e^{ax+b}e^{ax}-e^{ax+b}}{h}$$

$$= \lim_{h \to 0} e^{ax+b} \left\{ \frac{(e^{ah}-1)}{ah} \right\} \times a$$

$$= ae^{ax+b} \qquad \left[\text{चूकि, } \lim_{x \to 0} \frac{e^{x}-1}{x} = 1 \right]$$

इसलिये,

$$\frac{d}{dx}\big(e^{ax+b}\big) = ae^{ax+b}$$

अतः विकल्प (C) सही है।

23. दिया हुआ:

समाकलित करे $\int \frac{dx}{1+\cos x}$

$$I = \int \frac{dx}{1+\cos x}$$

$$= \int \frac{1}{2\cos^2\frac{x}{2}}dx$$

$$= \frac{1}{2}\int \sec^2 \frac{x}{2}dx = \frac{1}{2}\cdot\frac{1}{1/2}\tan\frac{x}{2} + C$$

$$= \tan\frac{x}{2} + C$$

अतः विकल्प (D) सही है।

24. विचार करें,

$$(A-A')' = A' - (A')'$$

$$= A' - A$$

$$= -(A - A')$$

$$\Rightarrow (A-A')' = -(A-A')$$

इसलिये, $A - A'$ तिरछा सममित मैट्रिक्स है।

अतः विकल्प (B) सही है।

25. दिए गए व्रत के समीकरण $x^2 + y^2 - 4 = 0$ and $x^2 + y^2 - 8x + 15 = 0$

अब, आवश्यक रेखा दो वृत्तों की मूल धुरी है।

$$(x^2 + y^2 - 4) - (x^2 + y^2 - 8x + 15) = 0$$

$$\Rightarrow x^2 + y^2 - 4 - x^2 - y^2 + 8x - 15 = 0$$

$$\Rightarrow 8x - 19 = 0$$

अतः विकल्प (B) सही है।

26. Counterfeit: made in exact imitation of something valuable with the intention to deceive or defraud.

Transient is to last for short time.

Genuine: truly what something is said to be; authentic.

Hence, the correct option is (C).

27. Curb is a check or restraint on something. Therefore, encourage is the opposite.

Endure is to remain in existence.

Purge is to get rid of unwanted feeling or condition.

Hence, the correct option is (A).

28. Embody means "be an expression of or give a tangible or visible form to (an idea, quality, or feeling)." Therefore, the rules are flexible as they are not embodied.

Hence, the correct option is (C).

29. These lines from the last part of the passage answer the question- "With regard to the exercise of particular power by an administrative authority including exercise of judicial or quasi-judicial functions the legislature, while conferring the said power".

Hence, the correct option is (A).

30. the answer is in the first few lines of the passage- "The object underlying the rules of natural justice "is to prevent miscarriage of justice" and secure "fair play in action". As pointed out earlier the requirement about recording of reasons for its decision by an administrative authority exercising quasi-judicial functions achieves his object by excluding changes of arbitrariness and ensuring a degree of fairness in the process of decision making."

Hence, the correct option is (A).

31. It can be concluded from the given lines of the passage "while conferring the said power, may feel that it would not be in the larger public interest that the reasons for the order passed by the administrative authority be recorded in the order and be communicated to the aggrieved party and it may dispense with such a requirement."

Hence, the correct option is (A).

32. Has/have/had + past participle

Here, past participle is missing, therefore "been" is to be used as third form of verb.

Hence, the correct option is (C).

33. "Anil and I" is the appropriate answer as a reference is made to the subject. When used as a subject 'Anil and I' will be correct and when used as an object 'Anil and me' will be correct.

Hence, the correct option is (B).

34. Accurate is correct in all details or precise. This is a better word as per the context.

Hence, the correct option is (C).

35. As per the context "would help" is appropriate as some sort of request is being made.

Hence, the correct option is (B).

36. The sentence demands for perfect continuous tense as the action started in past and is still in process, therefore, "have been trying".

Hence, the correct option is (C).

37. Equipped means supply with the necessary items for a particular purpose.

Illustrative: serving as an example or explanation.

Hence, the correct option is (D).

38. Apart means isolate or distant. And as the sentence says that Gita stands apart and is complete in itself.

Hence, the correct option is (D).

39. Example : They seem happy when they're out and about, but I hear that Johnny is under his husband's thumb at home.

Hence, the correct option is (D).

40. Example : The rebels now have thousands of people under arms.

Hence, the correct option is (C).

41. Example : I'd never heard about the company before, so I had to think on my feet.

Hence, the correct option is (A).

42. Geological is relating to the study of the earth's physical structure and substance.

Geo-synchronous is another term for synchronous(existing or occurring at the same time).

Geo-centric is having or representing the earth as the centre.

Hence, the correct option is (D).

43. Languish is weaken or deteriorate or grow weak.

Animate is to give appearance.

Invigorate is to give strength or energy to.

Hence, the correct option is (C).

44. Appetizing is tempting or inviting.

Tantalizing is to excite the senses of .

Sumptuous is lavish or grande or splendid.

Hence, the correct option is (B).

45. An Entrepreneur is a person who sets up a business or businesses, taking on financial risks in the hope of profit.

Hence, the correct option is (A).

46. Nimble is quick and light; agile.

Weary is exhausted or tired. Inactive is not working; inoperative. Clumsy is done awkwardly or without skill.

Hence, the correct option is (B).

47. Marooned is to leave trapped and alone and stranded also refers to same.

Mended is repaired.

Hence, the correct option is (C).

48. A preposition is followed by a "noun". It is never followed by a verb. If we want to follow a preposition by a verb, we must use the "-ing" form which is really a gerund or verb in noun form.

'Gambling' (used as a noun here) is the correct word. 'Gambling' can be used as a verb as well but 'gamble' is always a verb.

Hence, the correct option is (C).

49. It should be "as expensive as that of Shyama's".

Hence, the correct option is (C).

50. Instead of "are" it will be " is".

"The number of" follow singular verb whereas "A number of" takes plural verb.

Hence, the correct option is (C).

51. ग्लूकोज इकाइयों की अत्यधिक शाखित श्रृंखला का परिणाम ग्लाइकोजन होता है।

ग्लाइकोजन ग्लूकोज का एक मल्टीब्रांडेड पॉलीसेकेराइड है जो मनुष्यों, जानवरों, कवक और बैक्टीरिया में ऊर्जा भंडारण के रूप में कार्य करता है। पॉलीसेकेराइड संरचना शरीर में ग्लूकोज के मुख्य भंडारण रूप का प्रतिनिधित्व करती है।
अतः विकल्प (B) सही है।

52. दो वस्तुओं के बीच गुरुत्वाकर्षण बल सीधे उनके द्रव्यमान और उनके बीच की दूरी के वर्ग के व्युत्क्रमानुपाती होता है। इसलिए, जब दोनों वस्तुओं के द्रव्यमान को दूरी को बदले बिना आधा किया जाता है, तो उनके बीच गुरुत्वाकर्षण बल मूल्य का एक-चौथाई हो जाएगा।

अतः विकल्प (A) सही है।

53. दिया हुआ:

v= 50% c (निर्वात में प्रकाश की गति c)

अपवर्तनांक (n) की परिभाषा से

$$n = \frac{c}{v}$$

$$\Rightarrow n = \frac{c}{50\%c}$$

$$\Rightarrow n = 2.0$$

अतः विकल्प (B) सही है।

54. दिया हुआ,
$2s$ में माध्य स्थिति से SHM को निष्पादित करने वाले कण द्वारा यात्रा की गई सबसे छोटी दूरी $\frac{\sqrt{3}}{2}$ के बराबर है, इसका आयाम, इसकी समय अवधि निर्धारित करता है।
SHM करने वाले एक कण का विस्थापन दिया जाता है।
$$x = a\sin(\omega t + a)$$
$$\frac{a\sqrt{3}}{2} = a\sin(\omega t + 0)$$

$\frac{\sqrt{3}}{2} = \sin\omega t$

$\omega t = \sin^{-1}\left(\frac{-\sqrt{3}}{2}\right) = \frac{\pi}{3}$

$\left(\frac{2\pi}{T}\right)t = \frac{\pi}{3}$

$T = 2 \times 2 \times 3 = 12$ सेकंड

अत: विकल्प (D) सही है।

55. दिया हुआ:

P = 2 kW ⇒ 2000 W

V = 220 V , P = VI

I = 5A

2000 W ≠ 220 × 5 = 1100

यहां शक्ति और VI की मूल्य समान नहीं हैं, जिसका अर्थ है कि ओवन के लिए आवश्यक धारा 5 से अधिक है जो सर्किट आपूर्ति कर सकता है। इसलिए, ओवरलोडिंग के कारण, सर्किट आग पकड़ सकता है।

अत: विकल्प (A) सही है।

56. क्षीणन एक सामान्य शब्द है जो सिग्नल की ताकत में किसी भी कमी को संदर्भित करता है। किसी भी प्रकार के सिग्नल के साथ क्षीणन होता है, चाहे डिजिटल हो या एनालॉग। कभी-कभी नुकसान कहा जाता है, क्षीणन लंबी दूरी पर संकेत संचरण का एक स्वाभाविक परिणाम है।

अत: विकल्प (C) सही है।

57. वस्तु का शुद्ध बल शून्य है जिसका अर्थ यह नहीं है कि बल वस्तु पर बिल्कुल भी लागू नहीं हो रहा है और इसलिए वस्तु संतुलन में है। संतुलन तभी मिलता है जब वस्तु पर शुद्ध बल शून्य के बराबर हो। इस प्रकार सभी बल रद्द हो जाती है। यदि ऐसा होता है, तो किसी भी दिशा के साथ वस्तु की कोई गति नहीं होती है और इसलिए वस्तु को संतुलन में कहा जाता है।

अत: विकल्प (C) सही है।

58. दिया हुआ:

अधिकतम प्रतिरोध श्रृंखला व्यवस्था में होगा,

$R = R_1 + R_2 + R_3$

इस प्रकार, **R** $= 5\Omega + 4.5\Omega + 3\Omega = 12.5\Omega$

अत: विकल्प (A) सही है।

59. वृत्तीय ति से एक कण का त्वरण उस दिशा में स्पशरिखा की ओर सामान्य दिशा में एक वृत्ताकार पथ के साथ घूमता है और परिपत्र पथ के केंद्र की ओर निर्देशित होता है जिसे त्वरण या सामान्य त्वरण के सामान्य घटक के रूप में जाना जाता है। इसे रेडियल या सेंट्रिपेटल त्वरण भी कहा जाता है।

अत: विकल्प (B) सही है।

60. अधिकांश पशु वसा संतृप्त वसा होते हैं, एक संतृप्त वसा एक प्रकार का वसा है जिसमें फैटी एसिड श्रृंखलाओं में सभी या मुख्य रूप से एकल बंध होते हैं। संतृप्त वसा मुख्य रूप से पशु खाद्य पदार्थों में पाया जाता है, लेकिन कुछ पौधों के खाद्य पदार्थ भी संतृप्त वसा में अधिक होते हैं, जैसे नारियल, नारियल का तेल, ताड़ का तेल और पाम कर्नेल तेल।

अत: विकल्प (A) सही है।

61. लोहा एक ऐसा धातु है जो सीधे ठंडे पानी या गर्म पानी के साथ प्रतिक्रिया नहीं करता है लेकिन भाप के ऊपर से गुजरने पर एक धातु ऑक्साइड बनाता है। जब लाल गर्म लोहा भाप के साथ प्रतिक्रिया करता है तो इससे लोहा (II, III) ऑक्साइड और हाइड्रोजन बनाता है, और प्रतिक्रिया प्रतिवर्ती होती है।

$3Fe(s) + 4H_2O(g) \rightarrow Fe_3O_4(s) + 4H_2(g)$

अत: विकल्प (B) सही है।

62. पॉज़िट्रॉन पर आवेश प्रोटॉन पर चार्ज के बराबर है। पॉज़िट्रॉन या एंटीइलेक्ट्रॉन एंटीपार्टिकल या इलेक्ट्रॉन का एंटीमैटर समकक्ष है। पॉज़िट्रॉन में + 1e का एक इलेक्ट्रिक आवेश होता है, जो एक स्पिन है, और एक इलेक्ट्रॉन के समान द्रव्यमान। जब एक कम-ऊर्जा पॉज़िट्रॉन एक कम-ऊर्जा इलेक्ट्रॉन के साथ टकराता है, तो विनाश होता है, जिसके परिणामस्वरूप दो या अधिक गामा किरण फोटॉनों का उत्पादन होता है।

अत: विकल्प (A) सही है।

63. भारत में AC मेन्स की आवृत्ति ज्यादातर यूरोपीय देशों की तरह $50\ Hz$ है। जबकि अमेरिका $60\ Hz$ का उपयोग करता है। इस प्रत्यावर्ती धारा की आवृत्ति एक देश से दूसरे देश में भिन्न होती है।

अत: विकल्प (B) सही है।

64. पाउली अपवर्जन सिद्धांत बताता है कि, एक परमाणु या अणु में, किसी भी दो इलेक्ट्रॉनों में समान चार इलेक्ट्रॉनिक क्वांटम संख्या नहीं हो सकती है। एक कक्षीय के रूप में अधिकतम दो इलेक्ट्रॉनों को शामिल किया जा सकता है, दो इलेक्ट्रॉनों के पास विरोधाभास होना

अत: विकल्प (B) सही है।

65. कोलोस्ट्रम में मौजूद एंटीबॉडीज IgA हैं जिन्हें सेक्रेटरी इम्मुनोग्लोबिन के रूप में भी जाना जाता है। यह जठरांत्र संबंधी मार्ग, श्वसन प्रणाली और मूत्रजननांगी पथ के श्लैष्मिक अस्तर में मौजूद है। इसकी भूमिका इन प्रणालियों में रोगजनक संक्रमण को रोकने के लिए है।

अत: विकल्प (B) सही है।

66. एक चुंबक की ताकत का पता लगाने के लिए कम्पास सुई का उपयोग नहीं किया जा सकता है। एक चुंबक का अधिकतम ऊर्जा उत्पाद मेगा गॉस ओरेस्टेड्स (MGOe) में मापा जाता है। यह एक मैग्नेट 'ताकत' का प्राथमिक संकेतक है। सामान्य तौर पर, उच्च ऊर्जा उत्पाद मूल्य जितना अधिक होगा, किसी विशेष अनुप्रयोग में चुंबकीय क्षेत्र उतना अधिक होगा।

अत: विकल्प (C) सही है।

67. एक धारा ले जाने वाले कंडक्टर का प्रतिरोध कंडक्टर के क्रॉस सेक्शन के क्षेत्र के विपरीत आनुपातिक है। इसका कारण यह है कि प्रतिरोध इलेक्ट्रॉनों / आवेशित कणों के टकराने के कारण होता है। तो प्रतिरोध कंडक्टर के क्रॉस सेक्शन के क्षेत्र के व्युत्क्रमानुपाती होता है।

अत: विकल्प (C) सही है।

68. कमरे के तापमान पर शुद्ध सिलिकॉन में शायद हर 10^{13} (दस ट्रिलियन) परमाणुओं के लिए एक चालन इलेक्ट्रॉन है। आंतरिक अर्धचालकों के तापमान में वृद्धि इलेक्ट्रॉनों को अवशोषित करने के लिए अधिक थर्मल ऊर्जा प्रदान करती है, और इस प्रकार चालन इलेक्ट्रॉनों की संख्या में वृद्धि होगी। वोइला - प्रतिरोध कम हो जाता है।

अत: विकल्प (A) सही है।

69. विद्युत चुंबकत्व, चुंबकीय संवेदनशीलता एक सामग्री के चुंबकीय गुणों का एक माप है। संवेदनशीलता यह इंगित करती है कि क्या कोई पदार्थ चुंबकीय क्षेत्र से आकर्षित होता है या बाहर निकलता है।

अत: विकल्प (B) सही है।

70. आइंस्टीन के फोटोइलेक्ट्रिक समीकरण से,

$\frac{1}{2}mv^2 = h\nu - \phi_0 ..... (i)$

प्रश्न के अनुसार, वेग (v) और आवृत्ति (ν) दोगुनी हो जाती हैं

$\Rightarrow \frac{1}{2}m(2v)^2 = h2\nu - \phi_0$

$\Rightarrow 4\left(\frac{1}{2}mv^2\right) = 2h\nu - \phi_0$

$\Rightarrow 4(h\nu - \phi_0) = 2h\nu - \phi_0$

$$\Rightarrow 2h\nu = 3\phi_0 \quad \text{या} \quad \phi_0 = \frac{2h\nu}{3} \text{ (समीकरण (i) से)}$$

अतः विकल्प (D) सही है।

71. एक फर्मी एक बहुत छोटी लंबाई है। यह एक मीटर के 10^{-15} के बराबर है। लंबाई की इतनी छोटी इकाई होने के कारण, फर्मी का उपयोग परमाणु विज्ञान में वास्तव में छोटी दूरी की माप में किया जाता है।

अतः विकल्प (B) सही है।

72. प्रकाशमान तीव्रता की SI इकाई कैंडेला है। कैंडेला अंतर्राष्ट्रीय प्रणाली इकाइयों में प्रकाशमान तीव्रता का आधार इकाई है; वह एक विशेष दिशा में एक बिंदु प्रकाश स्रोत द्वारा उत्सर्जित प्रति इकाई ठोस कोण की प्रकाशमान शक्ति है।

अतः विकल्प (C) सही है।

73. कोणीय वेग को समय के संबंध में कोणीय विस्थापन के परिवर्तन की दर के रूप में परिभाषित किया गया है। यह आमतौर पर ग्रीक अक्षर ω द्वारा व्यक्त किया जाता है।

गणितीय रूप से, कोणीय वेग,

$$\omega = \frac{d\theta}{dt}$$

यदि कोई निकाय N r.p.m की दर से घूम रहा है। फिर इसका कोणीय वेग,

$$\omega = \frac{2\pi N}{60} \text{ रेड / सेकंड}$$

अतः विकल्प (B) सही है।

74. यंग का मापांक = स्ट्रेस / स्ट्रेन । यह हुक के लोच के नियम का एक विशिष्ट रूप है। अंग्रेजी प्रणाली में यंग के मापांक की इकाइयाँ पाउंड प्रति वर्ग इंच हैं, और मीट्रिक प्रणाली में न्यूटन प्रति वर्ग मीटर (न्यूटन/मीटर²) हैं।

अतः विकल्प (C) सही है।

75. एक विभाजक एक अपकेंद्री उपकरण है जो दूध को क्रीम और स्किम्ड दूध में अलग करता है। न्यूटोनियन यांत्रिकी में, अपकेंद्रीबल एक जड़ता बल है जो संदर्भ के घूर्णन फ्रेम में देखे जाने पर सभी वस्तुओं पर कार्य करता है।

अतः विकल्प (B) सही है।

76. लार्सन एंड टुब्रो (एलएंडटी) ने हरित हाइड्रोजन प्रौद्योगिकी के सह-शोध और विकास के लिए बॉम्बे, महाराष्ट्र में भारतीय प्रौद्योगिकी संस्थान के साथ एक समझौते पर हस्ताक्षर किए। इस साझेदारी के तहत, एलएंडटी अपनी इंजीनियरिंग विशेषज्ञता, उत्पाद स्केल-अप और व्यावसायीकरण की जानकारी का उपयोग करेगा, जबकि आईआईटी बॉम्बे स्वदेशी वैश्विक-प्रतिस्पर्धी प्रौद्योगिकियों को विकसित करने के लिए हाइड्रोजन प्रौद्योगिकियों और विश्व स्तरीय प्रौद्योगिकीविदों में अपने अत्याधुनिक अनुसंधान का उपयोग करेगा।

अतः विकल्प (A) सही है।

77. ऑयल इंडिया लिमिटेड ने 20 अप्रैल 2022 को असम में अपने जोरहाट पंप स्टेशन पर भारत का पहला 99.999% शुद्ध हरित हाइड्रोजन पायलट संयंत्र चालू किया। इसकी प्रति दिन 10 किलोग्राम की स्थापित क्षमता है और इसे 3 महीने के रिकॉर्ड समय में चालू किया गया था। संयंत्र मौजूदा 500kW सौर संयंत्र द्वारा 100 kW आयन एक्सचेंज मेम्ब्रेन (AEM) इलेक्ट्रोलाइज़र ऐरे का उपयोग करके उत्पन्न बिजली से हरित हाइड्रोजन का उत्पादन करता है।

भारत में पहली बार AEM तकनीक का इस्तेमाल किया जा रहा है। इस संयंत्र से भविष्य में हरित हाइड्रोजन का उत्पादन 10 किलो प्रति दिन से बढ़ाकर 30 किलो प्रतिदिन करने की उम्मीद है। कंपनी ने प्राकृतिक गैस के साथ हरित हाइड्रोजन के सम्मिश्रण और OIL के मौजूदा बुनियादी ढांचे पर इसके प्रभाव पर IIT गुवाहाटी के सहयोग से एक विस्तृत अध्ययन शुरू किया है। कंपनी मिश्रित ईंधन के वाणिज्यिक अनुप्रयोगों के लिए उपयोग के मामलों का अध्ययन करने की भी योजना बना रही है।

अतः विकल्प (A) सही है।

78. भारतीय प्रधानमंत्री नरेंद्र मोदी ने विजया राजे सिंधिया के जन्म शताब्दी समारोह के अंत के हिस्से के रूप में 100 रुपये का स्मारक सिक्का जारी किया।

उन्हें ग्वालियर की राजमाता भी कहा जाता था और उनका जन्म वर्ष 1919 में हुआ था। विजया राजे सिंधिया ने अपने राजनीतिक जीवन की शुरुआत कांग्रेस से की और बाद में भाजपा की मूल पार्टी जनसंघ की सदस्य बनने से पहले स्वतंत्र पार्टी में शामिल हुई थी।

अतः विकल्प (A) सही है।

79. 11 मई, 2018 को, प्रधानमंत्री नरेंद्र मोदी और नेपाली प्रधानमंत्री केपी शर्मा ओली ने संयुक्त रूप से रामायण सर्किट के हिस्से के रूप में दो पवित्र शहरों जनकपुर और अयोध्या के बीच एक सीधी बस सेवा को हरी झंडी दिखाई।

बस सेवा धार्मिक पर्यटन को बढ़ावा देना चाहती है और दोनों देशों के बीच लोगों के बीच संपर्क के लिए एक मज़बूत आधार बनाया है। पौराणिक कथा 'रामायण' के अनुसार, अयोध्या भगवान राम की जन्मभूमि है, जबकि, जनकपुर देवी सीता की जन्मभूमि है।

अतः विकल्प (A) सही है।

80. एम. ओ. मथाई ने 'नेहरू युग की याद' पुस्तक लिखी। मथाई ने जवाहरलाल नेहरू के निजी सचिव के रूप में अपने अनुभवों के बारे में पुस्तक संक्षिप्त समय में लिखी जब जनता गठबंधन ने इंदिरा गांधी को केंद्र सरकार से बाहर कर दिया।

अतः विकल्प (C) सही है।

81. दो समूह LIG और HTहैं, जिनमें से प्रत्येक को उलटा किया जा रहा है

LIG HT, GIL TH

इसी प्रकार,

RAI NY, IAR YN

अतः विकल्प (A) सही है।

82. COBOL (सामान्य व्यवसाय-उन्मुख भाषा) एक संकलित अंग्रेजी जैसी कंप्यूटर प्रोग्रामिंग भाषा है जिसे व्यावसायिक उपयोग के लिए डिज़ाइन किया गया है। 2002 के बाद से, यह एक वस्तु-उन्मुख भाषा है। COBOL का उपयोग मुख्य रूप से कंपनियों और सरकारों के लिए व्यवसाय, वित्त और प्रशासनिक प्रणालियों में किया जाता है। COBOL अभी भी बड़े पैमाने पर बैच और लेनदेन प्रसंस्करण नौकरियों जैसे मेनफ्रेम कंप्यूटर पर तैनात अनुप्रयोगों में व्यापक रूप से उपयोग किया जाता है। हालांकि, इसकी घटती लोकप्रियता और अनुभवी COBOL प्रोग्रामर्स की सेवानिवृत्ति के कारण, कार्यक्रमों को नए प्लेटफार्मों पर माइग्रेट किया जा रहा है, आधुनिक भाषाओं में फिर से लिखा गया है, या सॉफ्टवेयर पैकेजों के साथ बदल दिया गया है। COBOL में अधिकांश प्रोग्रामिंग अब विशुद्ध रूप से मौजूदा अनुप्रयोगों को बनाए रखने के लिए है; हालाँकि, कई बड़े वित्तीय संस्थान मेनफ्रेम प्रोसेसिंग स्पीड के कारण COBOL में 2006 से नए सिस्टम विकसित कर रहे थे।

अतः विकल्प (C) सही है।

83. जैमिनी रॉय (11 अप्रैल 1887 - 24 अप्रैल 1972) एक भारतीय चित्रकार थे। उन्हें 1955 में पद्म भूषण के राज्य पुरस्कार से सम्मानित किया गया था। वह अबनिंद्रनाथ टैगोर के सबसे प्रसिद्ध विद्यार्थियों में से एक थे, जिनकी कलात्मक मौलिकता और भारत में कला के उभरने में योगदान निर्विवाद है।

अतः विकल्प (A) सही है।

84. हिंदू मंदिर पंचायतन लेआउट में निर्मित हैं: मुख्य मंदिर चार सहायक मंदिरों से घिरा हुआ है। नाम की उत्पत्ति संस्कृत के शब्द पंच (पाँच) और अयन (युक्त) है।आमतौर पर, हिंदू मंदिरों को पश्चिम-पूर्व की धुरी के साथ बनाया जाता है। तो चार सहायक मंदिर उत्तर-पूर्व, दक्षिण-पूर्व, दक्षिण-पश्चिम, उत्तर-पश्चिम में हैं।

अतः विकल्प (C) सही है।

85. $8 \times 3 + 4 = 28$

$28 \times 4 + 4 = 116$

$116 \times 5 + 4 = 584$

$584 \times 6 + 4 = 3508$

अतः विकल्प (C) सही है।

86. दिया गया:

F	I	R	E
$-2\downarrow$	$-2\downarrow$	$-2\downarrow$	$-2\downarrow$
D	G	P	C

इसलिए,

S	H	O	T
$-2\downarrow$	$-2\downarrow$	$-2\downarrow$	$-2\downarrow$
Q	F	M	R

इसलिए, अंतिम अक्षर R होगा।

अत: विकल्प (B) सही है।

87. 11 दिसंबर 1946 को डॉ सच्चिदानंद सिन्हा की अस्थायी अध्यक्षता में प्रसाद को सर्वसम्मति से संविधान सभा का स्थायी अध्यक्ष चुना गया।
अतः विकल्प (B) सही है।

88. सौराष्ट्र क्रिकेट टीम ने एक प्रेरक कप्तान जयदेव उनादकट के नेतृत्व में हाल ही में टीम की पहली रणजी ट्रॉफी जीती।

सौराष्ट्र क्रिकेट एसोसिएशन स्टेडियम, राजकोट में 5th और अंतिम दिन पर अंतिम संघर्ष में, टीम ने बंगाल क्रिकेट टीम को ट्रॉफी पर रोक लगा दी। टूर्नामेंट में अर्पिता वासवदा सहित कई उत्कृष्ट कलाकार थे, जिन्होंने सेमीफाइनल और फाइनल, ऑलराउंडर चिराग जानी और शेल्डन जैक्सन दोनों के शतक बनाए, जिन्होंने लगातार दूसरे सत्र में 800 से अधिक रन बनाए।

अत: विकल्प (B) सही है।

89. इलाहाबाद स्तंभ एक अशोक स्तम्भ है, जो अशोक के स्तंभों में से एक है, जो मौर्य वंश के एक सम्राट थे जिन्होंने 3 शताब्दी ईसा पूर्व में शासन किया था।

अत: विकल्प (C) सही है

90. गीता गोविंदा (गीत गोविंदा) 12th शताब्दी के भारतीय कवि, जयदेव द्वारा रचित एक रचना है। गीता गोविंदा (संस्कृत: गीत गोविंदम्) (गोविंदा का गीत) 12th सदी के हिंदू कवि, जयदेव द्वारा रचित एक रचना है। इसमें वृंदावन की कृष्ण और गोपियों (मादा गाय के झुंड) और विशेष रूप से राधा नामक एक गोपी के बीच संबंधों का वर्णन किया गया है।
अत: विकल्प (A) सही है।

91. सिखों के चौथे गुरु रामदास जी ने इसकी नींव रखी थी। कुछ स्रोतों में यह कहा गया है कि गुरुजी ने लाहौर के एक सूफी सन्त मियां मीर से दिसम्बर, 1588 में इस गुरुद्वारे की नींव रखवाई थी।स्वर्ण मंदिर को कई बार नष्ट किया जा चुका है। लेकिन भक्ति और आस्था के कारण सिक्खों ने इसे दोबारा बना दिया। इसे दोबारा १७वीं सदी में भी महाराज सरदार जस्सा सिंह अहलुवालिया द्वारा बनाया गया था। जितनी बार भी यह नष्ट किया गया है और जितनी बार भी यह बनाया गया है उसकी हर घटना को मंदिर में दर्शाया गया है। अफगान हमलावरों ने १९वीं शताब्दी में इसे पूरी तरह नष्ट कर दिया था। तब महाराजा रणजीत सिंह ने इसे दोबारा बनवाया था और इसे सोने की परत से सजाया था।हैदराबाद के सातवें निज़ाम - मीर उसमान अली खान इस मंदिर की ओर सालाना दान दिया करते थे।

अत: विकल्प (B) सही है।

92. इंडिपेंडेंट लेबर पार्टी (ILP) 15 अगस्त 1936 को भीमराव अम्बेडकर के नेतृत्व में गठित एक राजनीतिक संगठन था। इसने भारत में ब्राह्मणवादी और पूंजीवादी संरचनाओं का विरोध किया, भारतीय मजदूर वर्ग का समर्थन किया और जाति व्यवस्था को खत्म करने की मांग की।
अत: विकल्प (A) सही है।

93. भारतीय ओलंपिक संघ ने एथलेटिक्स फेडरेशन ऑफ इंडिया के अध्यक्ष आदिल सुमरीवाला के नेतृत्व में 11 सदस्यीय समिति का गठन किया है।

भारतीय ओलंपिक संघ ने एथलेटिक्स फेडरेशन ऑफ इंडिया के अध्यक्ष आदिल सुमरीवाला के नेतृत्व में 11 सदस्यीय समिति का गठन किया है।

अत: विकल्प (A) सही है।

94. बरमूडा ट्रायंगल उत्तरी अटलांटिक महासागर के एक हिस्से में स्थित है, जहाँ कई विमान और जहाज रहस्यमय परिस्थितियों में गायब हो गए हैं।

अत: विकल्प (A) सही है।

95. कथकली शास्त्रीय भारतीय नृत्य का एक प्रमुख रूप है। यह कला की एक "कहानी का खेल" शैली है, लेकिन पारंपरिक रूप से पुरुष अभिनेता-नर्तकियों द्वारा पहने जाने वाले विस्तृत रंगीन मेकअप, वेशभूषा और चेहरे के मुखौटे से अलग है। कथकली केरल के मलयालम भाषी दक्षिण-पश्चिमी क्षेत्र में एक हिंदू प्रदर्शन कला है।

अत: विकल्प (B) सही है।

96. केसेट इजरायल का एकतरफा राष्ट्रीय विधायिका है। इजरायल सरकार की विधायी शाखा के रूप में, केसेट सभी कानूनों को पारित करता है, राष्ट्रपति और प्रधान मंत्री का चुनाव करता है, कैबिनेट की मंजूरी देता है, और सरकार के काम का पर्यवेक्षण करता है। इसके अलावा, केसेट स्टेट कॉम्प्ट्रोलर का चुनाव करते हैं।

अत: विकल्प (C) सही है।

97. फर्स्ट NAM(नॉन-अलाइन्ड मूवमेंट) शिखर सम्मेलन सम्मेलन सितंबर 1961 में बेलग्रेड, यूगोस्लाविया में हुआ।

अत: विकल्प (C) सही है।

98. Acquaintance का अर्थ होता है, जो जाना जाता है, लेकिन जो करीबी दोस्त नहीं है। किसी व्यक्ति या किसी वस्तु से परिचित या आकस्मिक रूप से परिचित होने की अवस्था।

अत: विकल्प (B) सही है।

99. भारत में गोदावरी नदी अधिकतम राज्यों से होकर गुजरती है। गोदावरी नदी महाराष्ट्र, छत्तीसगढ़, तेलंगाना, आंध्र प्रदेश, ओडिशा और मध्य प्रदेश से होकर गुजरती है। गोदावरी नदी महाराष्ट्र के 'नासिक जिले' में शुरू होती है।

अत: विकल्प (D) सही है।

100. मूल रूप से रवींद्रनाथ टैगोर द्वारा बंगाली में रचित गीत जन-गण-मन को 24 जनवरी 1950 को भारत के राष्ट्रगान के रूप में संविधान सभा ने अपने हिंदी संस्करण में अपनाया था। कलकत्ता अधिवेशन में इसे पहली बार 27 दिसंबर 1911 को गाया गया था। भारतीय राष्ट्रीय कांग्रेस।

अत: विकल्प (D) सही है।

Mathematics

Q.1 यदि $\sin\alpha + \cos\alpha = p$ तो $\cos^2(2\alpha)$ किसके बराबर है?

[*UPSC NDA, 2019*]

A. p^2　　**B.** $p^2 - 1$　　**C.** $p^2(2 - p^2)$　　**D.** $p^2 + 1$

Q.2 $\cos^{-1}\left(\dfrac{1-x^2}{1+x^2}\right)$ बराबर है:

A. $\sin^{-1}x$　　　　　　**B.** $2\cot^{-1}x$

C. $2\tan^{-1}x$　　　　　　**D.** $\tan^{-1}x$

Q.3 यदि $\left|\vec{a}\right| = 3$, $\left|\vec{b}\right| = 4$ और $\vec{a} \cdot \vec{b} = 6$ है, तो $\left|\vec{a} \times \vec{b}\right|$ का मान ज्ञात करें।

A. $\sqrt{3}$　　**B.** $8\sqrt{3}$　　**C.** $6\sqrt{3}$　　**D.** $4\sqrt{3}$

Q.4 यदि समीकरण $ax^2 + bx + c = 0$ के मूल एक दूसरे के लिए पारस्परिक हैं तो:

A. $a + c = 0$　　　　　　**B.** $b = 0$

C. $a - c = 0$　　　　　　**D.** इनमें से कोई नहीं

Q.5 एक बैग में 6 लाल, 5 नीली गेंदें और दूसरे बैग में 5 लाल और 8 नीली गेंदें हैं। पहले बैग से एक गेंद बिना रंग को ध्यान में रखे निकाली जाती है और दूसरे बैग में डाल दी जाती है। एक गेंद दूसरे बैग से निकाली जाती है। नीली गेंद के निकाले जाने की प्रायिकता ज्ञात कीजिए।

A. $\dfrac{4}{7}$　　**B.** $\dfrac{9}{14}$　　**C.** $\dfrac{93}{154}$　　**D.** $\dfrac{91}{154}$

Q.6 आव्यूह $A = \begin{bmatrix} 3 & 1 & 2 \\ 4 & 2 & 1 \\ 2 & a & 1 \end{bmatrix}$ का व्युत्क्रम मौजूद नहीं है तो $'a'$ का मान ज्ञात करें।

A. $\dfrac{8}{7}$　　**B.** $\dfrac{4}{5}$　　**C.** $\dfrac{7}{9}$　　**D.** $\dfrac{5}{7}$

Q.7 यदि $5, x, y, z, 80$ ज्यामितीय श्रेणी में हैं तो x, y और z के मान ज्ञात कीजिए।

A. $x = 10, y = 20, z = 30$

B. $x = 10, y = 20, z = 40$

C. $x = 20, y = 30, z = 40$

D. $x = 5, y = 20, z = 30$

Q.8 $\dfrac{i+3}{2i+1}$ का संयुग्म ज्ञात कीजिए।

A. $1 - i$　　**B.** $-i - 1$　　**C.** $-i + 1$　　**D.** $1 + i$

Q.9 दो समुच्चय A = {1, 2, 7, 9, 12} और B = {x : x² - 10x + 16 = 0} का संश्रय क्या है?

A. {}　　　　　　　**B.** {2, 7}

C. {1, 2, 7, 8, 9, 12}　　**D.** {1, 8, 9, 12}

Q.10 यदि $(0, -3)$ पर $y^2 + x^2 + 3x + 5 = 0$ है, तो $\dfrac{dy}{dx}$ का मान ज्ञात कीजिए।

A. 1　　**B.** 1.5　　**C.** 2　　**D.** 0.5

Q.11 $\cos^2 15° - \cos^2 75°$ का मान ज्ञात कीजिए।

A. 1　　**B.** $\dfrac{1}{2}$　　**C.** $\dfrac{\sqrt{3}}{2}$　　**D.** $\sqrt{3}$

Q.12 $\begin{vmatrix} \sec^2 x & \tan^2 x & 1 \\ 2 & 1 & 1 \\ 10 & 8 & 2 \end{vmatrix}$ का मान ज्ञात कीजिए।

A. $-2\sec^2 x - 6\tan^2 x$

B. $2\sec^2 x - 6\tan^2 x + 2$

C. 0

D. इनमें से कोई नहीं

Q.13 यदि A = {x, y, z} और B = {1, 2} तो A से B तक के संबंधों की संख्या ज्ञात कीजिये।

A. 2^4　　　　　　**B.** 2^6

C. 2^5　　　　　　**D.** इनमें से कोई नहीं

Q.14 $(1, -1)$ पर वक्र $y^2 - 3x^3 + 2 = 0$ के स्पर्श रेखा का ढलान ज्ञात कीजिए।

A. -1.5　　**B.** 2.5　　**C.** 3.5　　**D.** -4.5

Q.15 8 अवलोकनों का माध्य 25 है। 7 अवलोकन 30, 24, 27, 22, 18, 26, 32 हैं। तो आठवां अवलोकन ज्ञात कीजिए।

A. 20　　**B.** 21　　**C.** 22　　**D.** 23

Q.16 $\lim\limits_{x\to 1}\dfrac{1-\sqrt{x}}{\cos^{-1}x}$ बराबर है:

[*UPSESSB TGT Mathematics, 2019*]

A. 0　　**B.** $\dfrac{1}{2}$　　**C.** $\dfrac{1}{4}$　　**D.** 1

Q.17 यदि समांतर माध्यम 27 है और ज्यामितीय मध्य 9 है, तो हरात्मक माध्य ज्ञात कीजिए।

A. $9\sqrt{3}$　　**B.** 9　　**C.** 3　　**D.** 27

Q.18 यदि $(1 + x)^m$ के द्विपद प्रसरण में तीसरा पद $\left(\dfrac{-1}{8}\right)x^2$ है, तो m का परिमेय मान क्या है?

A. 2　　　　　　　**B.** $\dfrac{1}{2}$

C. 3　　　　　　　**D.** इनमें से कोई नहीं

Q.19 λ का मान क्या है जिसके लिए सदिश $\hat{i} - \hat{j} + \hat{k}, 2\hat{i} + \hat{j} - \hat{k}, \hat{i}\lambda - \hat{j} + \hat{k}\lambda$ समतलीय हैं?

A. 5　　**B.** 4　　**C.** 2　　**D.** 1

Q.20 $\int_0^1 x(1-x)^9 dx$ बराबर है:

A. $\dfrac{1}{110}$　　**B.** $\dfrac{1}{132}$　　**C.** $\dfrac{1}{148}$　　**D.** $\dfrac{1}{140}$

Q.21 $\int \dfrac{x}{3x^2+4} dx$ का मूल्यांकन कीजिए।

A. $\dfrac{1}{3}\log(3x^2 + 4) + c$

B. $\dfrac{1}{6}\log(3x^2 + 4) + c$

C. $\dfrac{1}{6}\log(3x^2 + 4) + \tan^{-1}x + c$

D. उपरोक्त में से कोई नहीं

Q.22 तल $x + 2y + z = 7$ और $2x - y + z = 13$ के बीच का कोण ज्ञात कीजिए।

A. $\theta = \cos^{-1}\left(\frac{1}{6}\right)$

B. $\theta = \cos^{-1}\left(\frac{1}{3}\right)$

C. $\theta = \cos^{-1}\left(\frac{2}{3}\right)$

D. $\theta = \cos^{-1}\left(\frac{3}{4}\right)$

Q.23 अतिपरवलय का समीकरण ज्ञात कीजिए जिसकी नाभिलंब की लंबाई 4 है और उत्केंद्रता 3 है।

A. $2x^2 - y^2 = 1$

B. $16x^2 - 2y^2 = 1$

C. $6x^2 - 2y^2 = 1$

D. इनमें से कोई नहीं

Q.24 दीर्घवृत्त $\frac{x^2}{16} + \frac{y^2}{25} = 1$ की उत्केंद्रता ज्ञात करें।

A. 1

B. $\frac{2}{3}$

C. $\frac{3}{5}$

D. $\frac{4}{5}$

Q.25 ढलान 3 और रेखा पर बिंदु (3, 2) वाले एक रेखा का समीकरण ज्ञात कीजिए।

A. 3y - x - 3 = 0

B. y - 3x + 7 = 0

C. y + 3x - 11 = 0

D. 3y + x - 9 = 0

English

Ques (26-30):Direction: Read the following passage to answer the given question based on it.

Primitive man was probably more concerned with fire as a source of warmth and as a means of cooking food than as a source of light. Before he discovered less laborious ways of making fire, he had to preserve it, and whenever he went on a journey he carried a firebrand with him. His discovery that the firebrand, from which the torch may very well have developed, could be used for illumination was probably incidental to the primary purpose of preserving a flame.

Lamps, too, probably developed by accident. Early man may have had his first conception of a lamp while watching a twig or fibre burning in the molten fat dropped from a roasting carcass. All he had to do was to fashion a vessel to contain fat and float a lighted reed in it. Such lamps, which were made of hollowed stones or seashells, have persisted in identical form up to quite recent times.

Q.26 The firebrand was used to:

A. Prevent accidents

B. Provide light

C. Scare animals

D. Save labour

Q.27 Early lamps were made by:

A. Using a reed as a wick in the fat

B. Letting a reed soak the fat

C. Putting the fat in a shell and lighting it

D. Floating a reed in the seashell

Q.28 Lamps were probably developed through mere:

A. Hazard

B. Fate

C. Chance

D. Planning

Q.29 Primitive man's most important use for the fire was:

A. To provide warmth

B. To cook food

C. To provide light

D. Both (A) and (B)

Q.30 By 'primary' the author means:

A. Primitive

B. Fundamental

C. Elemental

D. Essential

Q.31 Direction: In the following question, a sentence is given in Active Voice. Out of the four options, select the one which best expresses the sentence in Passive Voice.

The little girl showed the visitor her drawing.

A. The little girl was shown her drawing by the visitor.

B. The visitor is being shown her drawing by the little girl.

C. The visitor was shown her drawing by the little girl.

D. The visitor is shown her drawing by the little girl.

Q.32 Direction: In the following question, a sentence is given in Active Voice. Out of the four options, select the one which best expresses the sentence in Passive Voice.

He bought a new car for the journey.

A. For the journey a new car bought by him.

B. A new car was bought for the journey by him.

C. His new car was bought for the journey.

D. He has bought a new car for the journey.

Q.33 Direction: Select the correct indirect form of the given sentence.

Kavya said, "I have made a new painting."

[SSC Selection Post Phase IX, 2020]

A. Kavya says that I make a new painting.

B. Kavya said that she have made a new painting.

C. Kavya said that she had made a new painting.

D. Kavya said that I have made a new painting.

Q.34 Direction: Select the option that is the direct form of the given sentence.

Brinda told her doctor that she was leaving for Boston the next day.

A. Brinda told to her doctor, "I will be leaving for Boston the next day".

B. Brinda told her doctor, "I was leaving for Boston tomorrow".

C. Brinda said to her doctor, "I am leaving for Boston tomorrow."

D. Brinda had told her doctor, "She was leaving for Boston the next day".

Q.35 Direction: Choose the word that is closest in meaning to the given word.

Erudite

A. Naive

B. Equivocate

C. Tireless

D. Scholarly

Q.36 Direction: Select the most appropriate antonym of the given word.

Worsen

A. Disappear

B. Leave

C. Command

D. Improve

Q.37 Direction: Select the most appropriate antonym of the given word.

Placate

A. Propitiate

B. Enrage

C. Appease   **D.** Conciliate

Q.38 Direction: Select the most appropriate synonym of the given word.

Gaudy

A. Simple   **B.** Plain   **C.** Proper   **D.** Flashy

Q.39 Direction: Choose the adjective in the given sentence.

No other team is _______ our team.

A. stronger   **B.** strongest than

C. as strong as   **D.** None of the above

Q.40 Direction: Choose the adjective in the given sentence.

I like _______ pop music but not all.

A. little   **B.** less   **C.** some   **D.** any

Q.41 Direction: Choose the preposition in the given sentence.

We've got this jumper _____ red.

A. in   **B.** to   **C.** with   **D.** at

Q.42 Direction: Choose the preposition in the given sentence.

Tell us _______ your holiday.

A. with   **B.** of

C. about   **D.** None of these

Q.43 Direction: Selecting the appropriate phrasal verb from the given options.

He looks for his grandfather with wide eyes and a quiet disposition.

A. brings up   **B.** takes after

C. backs out   **D.** No improvement

Q.44 Direction: Selecting the appropriate phrasal verb from the given options.

Marie asked me to look into for a while as she was caught up in a task.

A. hold on   **B.** light on

C. look up to   **D.** No improvement

Q.45 Direction: In the following question, some part of the sentence is underlined. Which of the options given below the sentence should replace the part underlined to make the sentence grammatically correct? If the sentence is correct as it is given then choose option (D) 'No Correction required' as the answer.

Considering the high demand for flights to Gulf countries airlines, can risen prices.

A. should rise

B. could raised

C. may raise

D. No correction required

Q.46 Direction: In the following question, some part of the sentence is underlined. Which of the options given below the sentence should replace the part underlined to make the sentence grammatically correct? If the sentence is correct as it is given then choose option (D) 'No Correction required' as the answer.

Without both issue is clarified the board will keep all other matters before it pending.

A. Unless both issues are

B. Until each issue were

C. Without the issue being

D. No correction required

Q.47 Direction: Fill in the blank with the suitable pronoun.

The teacher asked us to hurry up since ______ of the questions is compulsory and must be completed.

A. either   **B.** neither   **C.** each   **D.** both

Q.48 Direction: Fill in the blank with the suitable pronoun.

______ participant of the tournament was asked to submit a registration form.

A. Each   **B.** Either   **C.** Neither   **D.** Either of

Q.49 Direction: Fill in the blank with the most appropriate word.

______ Penguins live in the South Pole.

A. A   **B.** An

C. No article   **D.** The

Q.50 Direction: Insert appropriate articles where necessary.

Do you collect _____ stamps?

A. a   **B.** an

C. the   **D.** No article

Science

Q.51 निम्नलिखित में से किसमें गतिज ऊर्जा नहीं होती है?

A. चलाई गयी गोली   **B.** बहता पानी

C. क्रियाशील हथौड़ा   **D.** खींची हुई कमान

Q.52 गुरुत्वाकर्षण बल द्वारा किए गए कार्य की गणना किजिए, जब 10 kg की वस्तु 10 m की ऊंचाई से गिरती है। (g का मान= 10 m/s² लें)

A. 500 J   **B.** 1000 J   **C.** 100 J   **D.** 50 J

Q.53 तरंग तीव्रता के आयाम हैं:

A. $[ML^2\,T^{-3}]$ **B.** $[ML^0\,T^{-3}]$

C. $[ML^{-2}\,T^{-3}]$ **D.** $[M^1\,L^2\,T^3]$

Q.54 भौतिक मात्रा का आयामी सूत्र $[M^1 L^1 T^{-2}]$ है। इसकी SI इकाई ज्ञात किजिए।

A. $kgs^{-2}\,m^{-1}$ **B.** $kg\,ms^{-2}$

C. $kg^2\,s^2\,m^2$ **D.** $kg\,ms^2$

Q.55 बड़े पैमाने पर 0.1g की बारिश की बूंद 10cm / s की समान गति के साथ गिर रही है। बूंद का शुद्ध बल ज्ञात किजिए।

A. 10^{-2} N   **B.** 10^{-3} N

C. 2×10^{-3} N   **D.** शून्य

Q.56 यदि एक माध्यम से निर्वात तक कुल आंतरिक परावर्तन के लिए क्रांतिक कोण $30°$, है तो माध्यम में प्रकाश की गति का मान ज्ञात किजिए।

A. $6 \times 10^8\,m/s$ **B.** $3 \times 10^8\,m/s$

C. $2 \times 10^8\,m/s$ **D.** $1.5 \times 10^8\,m/s$

Q.57 एक चिकित्सक द्वारा एंडोस्कोप का उपयोग शरीर के अंगों के आन्तरिक भाग को देखने के लिए किया जाता है। यह किसके सिद्धांत पर आधारित है?

A. प्रकाश का अपवर्तन

B. प्रकाश का परावर्तन

C. प्रकाश का कुल आंतरिक परावर्तन

D. प्रकाश का विक्षेपण

Q.58 बायो-सेवर्ट के नियम का सदिश रूप क्या है?

A. $\vec{dB} = \frac{\mu_0}{4\pi} i \left(\frac{\vec{dl} \times \vec{r}}{r}\right)$ **B.** $\vec{dB} = \frac{\mu_0}{4\pi} i^2 \left(\frac{\vec{dl} \times \vec{r}}{r}\right)$

C. $\vec{dB} = \frac{\mu_0}{4\pi} i^2 \left(\frac{\vec{dl} \times \vec{r}}{r^2}\right)$ **D.** $\vec{dB} = \frac{\mu_0}{4\pi} i \left(\frac{\vec{dl} \times \vec{r}}{r^3}\right)$

Q.59 त्रिज्या R की एक गोलाकार कुंडली जिसमें घुमावों की संख्या N, में एक स्थिर धारा I प्रवाहित हो रही है। कुंडली के केंद्र में चुंबकीय प्रेरण 0.1 टेस्ला है। यदि घुमावों की संख्या दोगुनी कर दी जाए और त्रिज्या आधी, तो निम्नलिखित में से कौन सा कुंडली के केंद्र में चुंबकीय प्रेरण के लिए सही मान होगा?

A. 0.05 टेस्ला   **B.** 0.2 टेस्ला

C. 0.4 टेस्ला   **D.** 0.8 टेस्ला

Q.60 एक LCR परिपथ में प्रेरकत्व के टर्मिनलों के बीच विभवान्तर $60V$ है, संधारित्र के टर्मिनलों के बीच $30V$ है और प्रतिरोध के टर्मिनलों के बीच $40V$ है। आपूर्ति वोल्टेज _____ होगा।

A. $50V$ **B.** $70V$ **C.** $130V$ **D.** $10V$

Q.61 स्व-प्रेरण L_1 और L_2 के दो कुंडलियों को एक दूसरे के निकट रखा जाता है ताकि एक कुंडली में कुल प्रवाह पूरी तरह से एक-दूसरे के साथ जुड़ जाए। यदि M इनके बीच का अन्योन्य प्रेरण है, तो-

A. $M = L_1 L_2$ **B.** $\frac{ML_1}{L_2}$

C. $M = \sqrt{L_1 L_2}$ **D.** $M = (L_1 L_2)^2$

Q.62 गतिमापक किस सिद्धांत पर कार्य करता है?

A. लेंज़ का नियम   **B.** भंवर धारा

C. विद्युत चुंबकीय प्रेरण   **D.** अन्योन्य प्रेरकत्व

Q.63 एक स्प्रिंग खंड प्रणाली है जिसमें स्प्रिंग नियंत्रांक K और खंड का द्रव्यमान M है। अगर हमें SHM की समयावधि को 3 गुना कम करना है तो नया स्प्रिंग स्थिरांक ज्ञात कीजिए।

A. $3K$ **B.** $9K$ **C.** $27K$ **D.** K

Q.64 पराश्रव्य तरंगों के बारे में निम्नलिखित में से कौन सा कथन गलत है?

A. पराश्रव्य तरंगों की ध्वनि आवृत्ति 20,000Hz से ऊपर है।

B. धातु खंडों में दरारें और दोषों का पता लगाने के लिए अल्ट्रासाउंड का उपयोग किया जा सकता है।

C. पराश्रव्य तरंगों की आवृत्ति रेंज 20Hz से कम है।

D. आमतौर पर पराश्रव्य का उपयोग पहुँचने में दुर्गम स्थानों में स्थित भागों को साफ करने के लिए किया जाता है।

Q.65 प्रणाली और प्रतिवेश के बीच ताप का आदान-प्रदान + 60 J है और आंतरिक ऊर्जा परिवर्तन – 180 J है। प्रणाली द्वारा/पर किए गए कार्य ज्ञात कीजिए।

A. 150 J   **B.** 200 J   **C.** 220 J   **D.** 240 J

Q.66 एक बंद निकाय का उत्क्रम-माप परिवर्तित होता है क्योंकि:

A. चूंकि निकाय के द्रव्यमान में परिवर्तन होता है।

B. निकाय के द्रव्यमान में कोई परिवर्तन नही होता है।

C. वातावरण के साथ निकाय की ऊष्मा का आदान-प्रदान होता है।

D. निकाय के आयतन में वृद्धि होती है।

Q.67 एक विद्युत चुंबकीय तरंग में विद्युत और चुंबकीय क्षेत्र _____ हैं।

A. सदैव एक कला में

B. सदैव विरोधी कला

C. सदैव 90 डिग्री कला अंतर पर

D. सदैव 45 डिग्री के कला अंतर पर

Q.68 विद्युत चुम्बकीय तरंगों के बारे में निम्नलिखित में से कौन सा कथन गलत है?

A. विद्युत चुम्बकीय तरंगों को एक विद्युत क्षेत्र और चुंबकीय क्षेत्र द्वारा विक्षेपित किया जाता है।

B. ये निर्वात मे भी गति कर सकती हैं।

C. उनके पास विद्युत और चुंबकीय घटक हैं जो आपस मे लंबवत हैं।

D. ये 3×10^8 m/s की गति से चलती हैं।

Q.69 प्वासों का अनुपात क्या है?

A. यह अनुदैर्ध्य विकृति और पार्श्व विकृति का अनुपात है।

B. यह क्षेत्रफल और बल का अनुपात है।

C. यह त्रिज्या या व्यास में परिवर्तन और मूल त्रिज्या या व्यास का अनुपात है।

D. यह लंबाई में परिवर्तन और मूल लंबाई का अनुपात है।

Q.70 आयतन प्रत्यास्थता मापांक के व्युक्रम को क्या कहा जाता है?

A. प्रत्यास्थता   **B.** संपीड्यता

C. प्रत्यास्थ सीमा   **D.** दृढ़ता का मापांक

Q.71 किसी तत्व को एक कार्बनिक यौगिक के रूप में वर्गीकृत करने के लिए उसमें निम्नलिखित में से किस तत्व का मौजूद होना जरूरी होता है?

A. आयरन   **B.** अमोनिया   **C.** ज़िंक   **D.** कार्बन

Q.72 गैसोहॉल एक मिश्रण है-

A. गैसोलिन और मेथेनॉल   **B.** गैसोलिन और ऐथेनॉल

C. गैसोलिन और प्रोपेनॉल   **D.** मेथेनॉल और एथेनॉल

Q.73 क्रमशः लंबाई l और $2l$ की दो तांबे की तारों A और B के अनुप्रस्थ-काट का क्षेत्रफल समान है। तार B के प्रतिरोध के लिए तार A के प्रतिरोध का अनुपात क्या है?

A. 4   **B.** 2   **C.** 1   **D.** $\frac{1}{2}$

Q.74 तीन प्रतिरोधक 80Ω, 120Ω और 240Ω समांतर में जुड़े हैं। एक $12V$ बैटरी प्रतिरोधकों के संयोजन से जुड़ी है। बैटरी से खींची गई धारा ज्ञात कीजिए।

A. 0.3A   **B.** 0.09A   **C.** 0.9A   **D.** 3A

Q.75 माइक्रोसॉफ्ट ऑफिस उदाहरण है:

A. बंद स्रोत सॉफ्टवेयर

B. खुला स्रोत सॉफ्टवेयर

C. क्षैतिज बाजार सॉफ्टवेयर

D. वर्टिकल मार्केट सॉफ्टवेयर

General Awareness

Q.76 केंद्र सरकार ने जुलाई 2022 के 1–10 से अपनी 29 अधिकृत शाखाओं के माध्यम से चुनावी बांड जारी करने और भुनाने के लिए किस बैंक को अधिकृत किया है?

A. भारतीय स्टेट बैंक   **B.** ऐक्सिस बैंक

C. आईसीआईसीआई बैंक   **D.** एचडीएफसी बैंक

Q.77 निर्देश: नीचे दिये गये प्रश्न में, विकल्पों में से वह शब्द चुनिए, जो दिये गये शब्द के अक्षरों से नहीं बन सकता।

HALLUCINATION

A. LION   **B.** LOAN

C. NATION   **D.** LOTION

Q.78 निर्देश: निम्नलिखित प्रश्न में दिए गए विकल्पों में से संबंधित शब्द का चयन कीजिये।

ग्रैमी : संगीत :: पुलित्जर:?

A. फिल्म   **B.** साहित्य   **C.** वृत्तचित्र   **D.** पत्रकार

Q.79 एक विशेष कोड में, MISTAKEN को SRHLOFLB लिखा जाता है। उसी कोड में GROUNDED को क्या लिखा जाएगा?

A. CDCMTNQF   **B.** TNQFCDCM
C. EFEOTNQF   **D.** TNQFEFEO

Q.80 यदि FLOWER को EMNXDS के रूप में कोडित किया जाता है, तो SHOWER को उस कोड में कैसे कोडित किया जा सकता है?

A. RGNXDS   **B.** TINXDS
C. RINXDS   **D.** SINXDS

Q.81 निम्नलिखित में से कौन पत्रकारिता के लिए प्रथम गौरी लंकेश स्मारक पुरस्कार का प्राप्तकर्ता था?

A. रविश कुमार   **B.** सागरिका घोष
C. अर्नब गोस्वामी   **D.** रजत शर्मा

Q.82 अंगकोर वाट का मंदिर कहां स्थित है?

A. थाईलैंड   **B.** मलेशिया   **C.** कंबोडिया   **D.** म्यांमार

Q.83 चिली की राजधानी क्या है?

A. तेहरान   **B.** सैंटियागो   **C.** बिश्केक   **D.** फ्नोम पेन्ह

Q.84 निम्नलिखित में से किस राज्य में फसल-त्योहार 'नुआखाई 'पारंपरिक रूप से जुड़ा हुआ है?

[SSC Selection Post Phase IX, 2020]

A. नगालैंड   **B.** केरल
C. ओडिशा   **D.** हिमाचल प्रदेश

Q.85 निम्नलिखित में से चंडीगढ़ का लोक नृत्य कौन-सा है?

A. लूर नृत्य   **B.** गिद्दा नृत्य
C. लावणी नृत्य   **D.** मोनीयो एशो नृत्य

Q.86 ऋग्वेद के कई प्रसंगों में वर्णित 'अघन्या' नाम का उल्लेख किसके लिए है?

A. पुजारी   **B.** महिलाओं   **C.** गायों   **D.** ब्राह्मण

Q.87 सम्राट अशोक निम्नलिखित मौर्य शासकों में से किसका पुत्र था?

A. समुद्रगुप्त   **B.** बिन्दुसार   **C.** चंद्रगुप्त   **D.** कनिष्क

Q.88 किस शहर को 'पूर्व का वेनिस' के रूप में जाना जाता है?

A. नागौर   **B.** जयपुर   **C.** नागपुर   **D.** उदयपुर

Q.89 ओखला पक्षी अभयारण्य कहाँ स्थित है?

A. हिमाचल प्रदेश   **B.** NCR क्षेत्र
C. हरियाणा   **D.** पंजाब

Q.90 पूजा रानी किस खेल से जुड़ी हैं?

A. हॉकी   **B.** मुक्केबाज़ी
C. भारोत्तोलन   **D.** शूटिंग

Q.91 कौन-सी रेखा भारत और पाकिस्तान को विभाजित करती है?

A. हेनरी मैकमोहन
B. सुगौली रेखा
C. रेडक्लिफ रेखा
D. उपरोक्त में से कोई भी नहीं

Q.92 गंगा नदी निम्नलिखित में से किस राज्य से होकर नहीं गुजरती है?

A. झारखंड   **B.** उत्तर प्रदेश
C. बिहार   **D.** आंध्र प्रदेश

Q.93 H1N1 विषाणु निम्नलिखित में से किस बीमारी का कारण हैं?

A. एबोला   **B.** स्वाइन फ्लू
C. पोलियो   **D.** (A) और (B) दोनों

Q.94 "हाउ इंडिया सीज़ द वर्ल्ड: कौटिल्य टू द 21 सेंचुरी" पुस्तक निम्नलिखित में से किसने लिखी है?

A. साजी मैथ्यू   **B.** अपर्णा पांडे
C. सत्य नडेला   **D.** श्याम सरन

Q.95 निम्नलिखित में किसे कैटालिसिस की खोज के लिए जाना जाता है?

A. रैले   **B.** बर्ज़ीलियस   **C.** के. शेहले   **D.** रदरफोर्ड

Q.96 निर्देश: एक श्रृंखला दी गई है, जिसमें से एक पद लुप्त है। दिए गये विकल्पों में से वह सही विकल्प चुनिए, जो श्रृंखला को पूरा करेगा।

A4X, D9U, ?, J25O

A. F14R   **B.** F16S   **C.** G16R   **D.** E12T

Q.97 निम्नलिखित में से कौन प्रतिष्ठित पद्म विभूषण पुरस्कार 2020 के प्राप्तकर्ता नहीं हैं?

A. अरुण जेटली   **B.** पी वी सिंधु
C. सुषमा स्वराज   **D.** एम.सी. मैरी कॉम

Q.98 अंडमान और निकोबार में सैडल पर्वत क्षेत्र निम्नलिखित में से किस भाग में स्थित है?

A. छोटा अंडमान   **B.** उत्तरी अंडमान
C. ग्रेट निकोबार   **D.** दक्षिणी निकोबार

Q.99 "IT" का पूर्ण रूप क्या है?

A. Intelligence Technology
B. Inter Technology
C. Interesting Technology
D. Information Technology

Q.100 निम्नलिखित में से कौन सी भाषा नागालैंड की है?

(i) अंग्रेजी

(ii) नागमीसे

(iii) अंगामी ए.ओ.

A. केवल (iii)   **B.** (i) और (ii) दोनों
C. (i) और (iii) दोनों   **D.** इनमे से कोई भी नहीं

// स्मार्ट उत्तर पुस्तिका //

सही उत्तर — उन छात्रों का प्रतिशत जिन्होंने प्रश्नों का सही उत्तर दिया था। **छोड़ दिया** — उन छात्रों का प्रतिशत जिन्होंने प्रश्नों को छोड़ दिया था।

प्रश्न संख्या	उत्तर	सही उत्तर / छोड़ दिया
1	C	78.97 % / 15.67 %
2	C	65.63 % / 33.83 %
3	C	61.53 % / 33.81 %
4	C	86.01 % / 11.24 %
5	C	53.38 % / 32.31 %
6	B	81.52 % / 13.7 %
7	B	55.65 % / 32.47 %
8	D	88.97 % / 10.05 %
9	C	87.51 % / 11.53 %
10	D	69.05 % / 30.25 %
11	C	82.3 % / 16.3 %
12	C	66.22 % / 33.58 %
13	B	60.06 % / 32.66 %
14	D	77.89 % / 18.59 %
15	B	68.58 % / 30.78 %
16	A	59.1 % / 40.63 %
17	C	87.21 % / 10.65 %

प्रश्न संख्या	उत्तर	सही उत्तर / छोड़ दिया
18	B	63.73 % / 33.69 %
19	D	80.02 % / 17.5 %
20	A	67.69 % / 32.28 %
21	B	83.84 % / 10.68 %
22	A	77.28 % / 12.11 %
23	B	42.18 % / 35.76 %
24	C	49.44 % / 44.27 %
25	B	65.72 % / 32.32 %
26	B	79.89 % / 19.72 %
27	A	54.92 % / 32.85 %
28	C	86.93 % / 10.95 %
29	D	79.96 % / 13.04 %
30	D	82.77 % / 11.68 %
31	C	84.6 % / 12.96 %
32	B	84.04 % / 11.83 %
33	C	77.09 % / 15.33 %
34	C	88.25 % / 10.97 %

प्रश्न संख्या	उत्तर	सही उत्तर / छोड़ दिया
35	D	66.9 % / 31.73 %
36	D	43.17 % / 40.03 %
37	B	63.68 % / 32.4 %
38	D	86.85 % / 12.32 %
39	C	78.05 % / 12.28 %
40	C	44.98 % / 39.1 %
41	A	65.35 % / 30.18 %
42	C	83.66 % / 13.58 %
43	B	87.25 % / 10.7 %
44	A	48.61 % / 44.41 %
45	C	48.18 % / 45.78 %
46	A	44.85 % / 34.92 %
47	C	87.58 % / 12.2 %
48	A	79.81 % / 16.41 %
49	C	60.36 % / 30.59 %
50	D	57.42 % / 40.33 %
51	D	84.64 % / 11.24 %

प्रश्न संख्या	उत्तर	सही उत्तर / छोड़ दिया
52	B	63.55 % / 32.92 %
53	B	84.94 % / 14.18 %
54	B	89.54 % / 10.21 %
55	D	78.39 % / 11.23 %
56	D	83.98 % / 15.52 %
57	C	85.03 % / 13.82 %
58	D	78.45 % / 16.0 %
59	C	56.05 % / 34.48 %
60	A	80.83 % / 16.82 %
61	C	80.55 % / 12.62 %
62	B	81.43 % / 17.93 %
63	B	77.37 % / 22.39 %
64	C	61.76 % / 30.34 %
65	D	76.99 % / 10.2 %
66	C	86.7 % / 12.36 %
67	A	87.57 % / 10.32 %
68	A	88.31 % / 11.48 %

प्रश्न संख्या	उत्तर	सही उत्तर / छोड़ दिया
69	A	78.26 % / 14.37 %
70	B	50.38 % / 49.02 %
71	D	50.93 % / 36.51 %
72	B	60.73 % / 35.37 %
73	D	88.47 % / 10.2 %
74	A	81.28 % / 11.47 %
75	C	76.1 % / 16.18 %
76	A	80.98 % / 14.12 %
77	D	88.73 % / 11.09 %
78	D	78.0 % / 11.89 %
79	D	84.22 % / 13.02 %
80	C	83.76 % / 14.37 %
81	A	54.69 % / 40.91 %
82	C	48.68 % / 40.35 %
83	B	81.51 % / 11.32 %
84	C	84.68 % / 14.33 %
85	B	45.33 % / 36.01 %

प्रश्न संख्या	उत्तर	सही उत्तर / छोड़ दिया
86	C	53.98 % / 34.06 %
87	B	85.41 % / 13.61 %
88	D	64.7 % / 30.77 %
89	B	69.15 % / 30.37 %
90	B	68.2 % / 30.63 %
91	C	54.47 % / 43.55 %
92	D	88.78 % / 10.83 %
93	B	49.3 % / 31.56 %
94	D	78.43 % / 10.21 %
95	B	77.54 % / 14.62 %
96	C	81.79 % / 11.62 %
97	B	77.6 % / 10.56 %
98	B	88.87 % / 10.66 %
99	D	84.47 % / 12.39 %
100	B	76.26 % / 17.53 %

//संकेत और समाधान//

1. दिया हुआ,

$\sin\alpha + \cos\alpha = p$

दोनों पक्षों का वर्ग करके प्राप्त करते हैं,

$\sin^2\alpha + \cos^2\alpha + 2\sin\alpha\cos\alpha = p^2$

जैसा कि हम जानते हैं,

$\sin^2 x + \cos^2 x = 1$ and $\sin 2x = 2\sin x\cos x$

$\Rightarrow 1 + \sin 2\alpha = p^2$

$\Rightarrow \sin 2\alpha = p^2 - 1$

$\therefore \cos^2 2\alpha = 1 - \sin^2 2\alpha = 1 - (p^2 - 1)^2$

$= p^2(2 - p^2)$

अत: विकल्प (C) सही है।

2. दिया हुआ,

$\cos^{-1}\left(\frac{1-x^2}{1+x^2}\right)$

$x = \tan\theta$ रखने पर

$= \cos^{-1}\left(\frac{1-\tan^2\theta}{1+\tan^2\theta}\right)$

$= \cos^{-1}\left(\frac{1-\tan^2\theta}{\sec^2\theta}\right)$

$= \cos^{-1}(\cos^2\theta - \sin^2\theta)$

$= \cos^{-1}(\cos 2\theta) \ (\because \cos 2\theta = \cos^2\theta - \sin^2\theta)$

$= 2\theta \ (\because \cos^{-1}\cos x = x)$

$= 2\tan^{-1}x \ (\because x = \tan\theta)$

अत: विकल्प (C) सही है।

3. दिया हुआ,

$\left|\vec{a}\right| = 3, \left|\vec{b}\right| = 4$ और $\vec{a}\cdot\vec{b} = 6$

जैसा कि हम जानते हैं,

$\vec{a}\cdot\vec{b} = \left|\vec{a}\right| \times \left|\vec{b}\right| \times \cos\theta$

$\Rightarrow 6 = 3 \times 4 \times \cos\theta$

$\Rightarrow \cos\theta = \frac{6}{12} = \frac{1}{2}$

$\therefore \theta = 60°$

जैसा कि हम जानते हैं,

यदि $\vec{a}$ और $\vec{b}$ दो सदिश हैं तो

$\vec{a}\times\vec{b} = \left|\vec{a}\right| \times \left|\vec{b}\right| \times \sin\theta \times \hat{n}$

$\left|\vec{a}\times\vec{b}\right| = \left|\vec{a}\right| \times \left|\vec{b}\right| \times |\sin\theta| \times |\hat{n}| = \left|\vec{a}\right| \times \left|\vec{b}\right| \times$

$\sin\theta$ ($\because$ एक इकाई सदिश का परिमाण एक है)

$\left|\vec{a}\times\vec{b}\right| = 3 \times 4 \times \sin 60°$

$\therefore \left|\vec{a}\times\vec{b}\right| = 3 \times 4 \times \frac{\sqrt{3}}{2} = 6\sqrt{3}$

अत: विकल्प (C) सही है।

4. जैसा कि हम जानते हैं,

एक द्विघात समीकरण के मूलों का योग,

$\alpha + \beta = -\frac{b}{a} = -\ x$ का गुणांक$/\ x^2$ का गुणांक

मूलों का गुणनफल,

$\alpha\beta = \frac{c}{a} = $ स्थिर पद $/\ x^2$ का गुणांक

दिया हुआ,

समीकरण मूलों α, β के साथ $ax^2 + bx + c = 0$ है।

समीकरण $ax^2 + bx + c = 0$ के मूल एक दूसरे के लिए पारस्परिक हैं।

तो, $\beta = \frac{1}{\alpha}$

यदि α, β द्विघात समीकरण $ax^2 + bx + c = 0$ के मूल हैं तो

$\alpha\beta = \frac{c}{a}$

मूलों का गुणनफल $= \frac{c}{a}$

$\Rightarrow \alpha \cdot \frac{1}{\alpha} = \frac{c}{a}$

$\Rightarrow 1 = \frac{c}{a}$

$\Rightarrow a = c$

$\therefore a - c = 0$

अत: विकल्प (C) सही है।

5. माना

$P(A) = $ दूसरे बैग से नीले रंग की गेंद निकाले जाने की प्रायिकता

$P(E_1) = $ पहले बैग से लाल रंग की गेंद निकाले जाने की प्रायिकता

$P(E_2) = $ पहले बैग से नीले रंग की गेंद निकाले जाने की प्रायिकता

$P(E_1) = \frac{6}{11}$

$P(E_2) = \frac{5}{11}$

$P\left(\frac{A}{E_1}\right) = \frac{8}{14}$

$P\left(\frac{A}{E_2}\right) = \frac{9}{14}$

$P(A) = P(A \cap E_1) + (A \cap E_2)$

$= P(E_1)P\left(\frac{A}{E_1}\right) + P(E_2)P\left(\frac{A}{E_2}\right)$

$= \frac{6}{11} \times \frac{8}{14} + \frac{5}{11} \times \frac{9}{14}$

$= \frac{93}{154}$

अत: विकल्प (C) सही है।

6. दिया हुआ,

$A = \begin{bmatrix} 3 & 1 & 2 \\ 4 & 2 & 1 \\ 2 & a & 1 \end{bmatrix}$

A^{-1} मौजूद नहीं है, तो $|A| = 0$,

$|A| = \begin{vmatrix} 3 & 1 & 2 \\ 4 & 2 & 1 \\ 2 & a & 1 \end{vmatrix} = 0$

$\Rightarrow |A| = 3(2 - a) - 1(4 - 2) + 2(4a - 4)$

$\Rightarrow |A| = 6 - 3a - 2 + 8a - 8$

$\Rightarrow |A| = 5a - 4$

$\Rightarrow |A| = 0$

$\Rightarrow 5a - 4 = 0$

$$\therefore a = \frac{4}{5}$$

अत: विकल्प (B) सही है।

7. जैसा कि हम जानते हैं,

ज्यामितीय श्रेणी का nवां पद $a_n = ar^{n-1}$

दिया हुआ,

श्रृंखला: 5, x, y, z, 80

हमारे पास पहला पद, a = 5 और 5वां पद, a_5 = 80

$\therefore a_5 = 5 (r)^{5-1}$

$\Rightarrow 80 = 5r^4$

$\Rightarrow r^4 = 16$

$\Rightarrow r = 2$

$\therefore x = 5(2)^{2-1} = 10$

और, $y = 5(2)^{3-1} = 5 \times 4 = 20$

साथ ही, $z = 5(2)^{4-1} = 5 \times 8 = 40$

अत: विकल्प (B) सही है।

8. किसी सम्मिश्र संख्या $z = x + iy$ के लिए संयुग्म $\overline{z}$ को $\overline{z} = x - iy$ द्वारा ज्ञात किया गया है।

$z = \frac{i+3}{2i+1}$

$z = \frac{i+3}{2i+1} \times \frac{-2i+1}{-2i+1}$

अंश और हर को $-2i + 1$ के साथ गुणा करने पर हम प्राप्त करते है,

$\Rightarrow z = \frac{-2i^2 - 6i + i + 3}{1 - (2i)^2}$

$\Rightarrow z = \frac{5 - 5i}{1 + 4}$

$\Rightarrow z = \frac{5(1-i)}{5}$

$\Rightarrow z = 1 - i$

z का संयुग्म $= \overline{z} = 1 + i$

अत: विकल्प (D) सही है।

9. जैसा कि हम जानते हैं,

A ∪ B = {x : x ∈ A या x ∈ B}

समुच्चय A = {1, 2, 7, 9, 12}

x^2 - 10x + 16 = 0

$\Rightarrow x^2$ - 2x - 8x + 16 = 0

$\Rightarrow$ (x - 2)(x - 8) = 0

$\Rightarrow$ x = 2, 8

समुच्चय B = {2, 8}

$\therefore$ समुच्चय (A ∪ B) = {1, 2, 7, 8, 9, 12}

अत: विकल्प (C) सही है।

10. श्रृंखला नियम (प्रतिस्थापन द्वारा अवकलन): यदि y, u का फलन है और u, x का फलन है।

$$\frac{dy}{dx} = \frac{dy}{du} \times \frac{du}{dx}$$

दिया हुआ,

$$y^2 + x^2 + 3x + 5 = 0$$

x के संबंध में अवकलन करने पर, हमें निम्न प्राप्त होता है

$$2y\frac{dy}{dx} + 2x + 3(1) + 0 = 0$$

$$\Rightarrow 2y\frac{dy}{dx} + 2x + 3 = 0$$

$$\Rightarrow 2y\frac{dy}{dx} = -(2x + 3)$$

$$\Rightarrow \frac{dy}{dx} = -\frac{2x+3}{2y}$$

अब $(0, -3)$ पर

$$\Rightarrow \frac{dy}{dx} = -\frac{2(0)+3}{2(-3)}$$

$$\Rightarrow \frac{dy}{dx} = -\frac{3}{(-6)}$$

$$\therefore \frac{dy}{dx} = \frac{1}{2} = 0.5$$

अत: विकल्प (D) सही है।

11. $\cos^2 15° - \cos^2 75°$

$= \cos^2 15° - \cos^2(90° - 15°)$

$= \cos^2 15° - \sin^2 15°$

$= \cos(2 \times 15°) \ (\because \cos^2\theta - \sin^2\theta = \cos2\theta)$

$= \cos 30°$

$= \frac{\sqrt{3}}{2}$

अत: विकल्प (C) सही है।

12. माना $\Delta = \begin{vmatrix} \sec^2 x & \tan^2 x & 1 \\ 2 & 1 & 1 \\ 10 & 8 & 2 \end{vmatrix}$

$C_1 \rightarrow C_1 - C_2$ को लागू करने पर

$\Delta = \begin{vmatrix} \sec^2 x - \tan^2 x & \tan^2 x & 1 \\ 2 - 1 & 1 & 1 \\ 10 - 8 & 8 & 2 \end{vmatrix}$

$\Delta = \begin{vmatrix} 1 & \tan^2 x & 1 \\ 1 & 1 & 1 \\ 2 & 8 & 2 \end{vmatrix} \ (\because \sec^2 x - \tan^2 x = 1)$

जैसा कि हम जानते हैं,

यदि एक सारणिक की दो पंक्तियां या दो स्तंभ समरूप हैं, तो सारणिक का मान शून्य है।

यहाँ C_1 और C_3 समरूप हैं।

इसलिए, $\Delta = 0$

अत: विकल्प (C) सही है।

13. दिया हुआ,

A = {x, y, z} और B = {1, 2}

$\Rightarrow$ n(A) = 3 और n(B) = 2

जैसा कि हम जानते हैं,

जैसा कि हम जानते हैं कि यदि A और B दो गैर-रिक्त समुच्चय हैं जैसे कि n(A) = p और n(B) = q तो संबंधों की संख्या जो A से B तक परिभाषित की जा सकती है = 2^{pq}

यहां, p = 3 और q = 2

तो, A से B तक संबंधों की संख्या = 2^6

अत: विकल्प (B) सही है।

14. जैसा कि हम जानते हैं

वक्र $y = f(x)$ के लिए स्पर्श रेखा का ढलान $m = \frac{dy}{dx}$ है।

दिया हुआ,

वक्र $= y^2 - 3x^3 + 2 = 0$

x के संबंध में समीकरण का अवकलन करने पर,

$2y\frac{dy}{dx} - 9x^2 + 0 = 0$

$\Rightarrow 2y\frac{dy}{dx} = 9x^2$

$(1, -1)$ पर ढलान

$2(-1)\frac{dy}{dx} = 9(1)$

$\Rightarrow -2\frac{dy}{dx} = 9$

$\Rightarrow \frac{dy}{dx} = -4.5$

स्पर्श रेखा का ढलान $(m) = \frac{dy}{dx}$

$\therefore m = -4.5$

अत: विकल्प (D) सही है।

15. जैसा कि हम जानते हैं,

n तत्वों का माध्य $=$ सभी n अवलोकनों के योग / अवलोकनों की कुल संख्या (n)

माना आठवां अवलोकन x है।

दिया गया है,

माध्य $= 25$,

कुल अवलोकन $= 8$

$\therefore \frac{30+24+27+22+18+26+32+x}{8} = 25$

$\Rightarrow 179 + x = 200$

$\Rightarrow x = 21$

अत: विकल्प (B) सही है।

16. जैसा कि हम जानते हैं,

$\lim\limits_{x \to a} \frac{f(x)}{g(x)} = \lim\limits_{x \to a} \frac{f'(x)}{g'(x)}$

दिया हुआ,

$\lim\limits_{x \to 1} \frac{1 - \sqrt{x}}{\cos^{-1} x}$

L - हॉस्पिटल नियम को लागू करने पर,

$= \lim\limits_{x \to 1} \frac{0 - \frac{1}{2\sqrt{x}}}{-\frac{1}{\sqrt{1-x^2}}}$

$= \lim\limits_{x \to 1} \frac{\sqrt{1-x^2}}{2\sqrt{x}} = 0$

अत: विकल्प (A) सही है।

17. समांतर माध्य, ज्यामितीय माध्य और हरात्मक माध्य के बीच संबंध:

(ज्यामितीय माध्य) $^2 =$ (समांतर माध्य) $\times$ (हरात्मक माध्य)

दिया गया है,

समांतर माध्य $= 27$ और ज्यामितीय माध्य $= 9$

चूँकि हम जानते हैं कि (ज्यामितीय माध्य) $^2 =$ (समांतर माध्य) $\times$ (हरात्मक माध्य)

$\Rightarrow (9)2 = 27 \times$ हरात्मक माध्य

$\Rightarrow$ हरात्मक माध्य $= \frac{81}{27} = 3$

अत: विकल्प (C) सही है।

18. दिया हुआ,

$(1 + x)^m$ के द्विपद प्रसरण में तीसरा पद $\left(\frac{-1}{8}\right) x^2$ है।

$(1 + x)^m = 1 + mx + \frac{m(m-1)}{2!} x^2 + \frac{m(m-1)(m-2)}{3!} x^3 + \cdots$

इसलिए, $(1 + x)^m$ के द्विपद प्रसरण में तीसरा पद $\frac{m(m-1)}{2!} x^2$ है।

$\frac{m(m-1)}{2!} x^2 = \left(\frac{-1}{8}\right) x^2$

$\Rightarrow \frac{m(m-1)}{2} = \frac{-1}{8}$

$\Rightarrow 4m^2 - 4m + 1 = 0$

$\Rightarrow (2m - 1)^2 = 0$

$\Rightarrow 2m - 1 = 0$

$\therefore m = \frac{1}{2}$

अत: विकल्प (B) सही है।

19. माना $\vec{a} = a_1 \vec{i} + b_1 \vec{j} + c_1 \vec{k}, \vec{b} = a_2 \vec{i} + b_2 \vec{j} + c_2 \vec{k}$ और $\vec{c} = a_3 \vec{i} + b_3 \vec{j} + c_3 \vec{k}$ तीन सदिश हैं।

समतलता के लिए स्थिति, $\vec{a} \cdot \left(\vec{b} \times \vec{c}\right) = \begin{vmatrix} a_1 & b_1 & c_1 \\ a_2 & b_2 & c_2 \\ a_3 & b_3 & c_3 \end{vmatrix} = 0$

दिया हुआ,

$\hat{i} - \hat{j} + \hat{k}, 2\hat{i} + \hat{j} - \hat{k}, \hat{i}\lambda - \hat{j} + \hat{k}\lambda$ समतलीय हैं।

$\begin{vmatrix} 1 & -1 & 1 \\ 2 & 1 & -1 \\ \lambda & -1 & \lambda \end{vmatrix} = 0$

$\Rightarrow 1(\lambda - 1) + 1(2\lambda + \lambda) + 1(-2 - \lambda) = 0$

$\Rightarrow 3\lambda = 3$

$\Rightarrow \lambda = 1$

अत: विकल्प (D) सही है।

20. माना $f(x) = x(1 - x)^9$

अब गुणधर्म का प्रयोग करने पर, $\int_a^b f(x)dx = \int_a^b f(a + b - x)dx$

$\int_0^1 x(1 - x)^9 dx = \int_0^1 (1 - x)\{1 - (1 - x)\}^9 dx$

$= \int_0^1 (1 - x) x^9 dx$

$= \int_0^1 (x^9 - x^{10}) dx$

$$= \left[\frac{x^{10}}{10} - \frac{x^{11}}{11}\right]_0^1$$

$$= \frac{1}{10} - \frac{1}{11}$$

$$= \frac{1}{110}$$

अत: विकल्प (A) सही है।

21. $I = \int \frac{x}{3x^2+4} dx$

माना $3x^2 + 4 = t$

x के संबंध में अवकलन करने पर, हमें प्राप्त होता है

$6x dx = dt$

$\Rightarrow x dx = \frac{dt}{6}$

अब,

$$I = \frac{1}{6} \int \frac{1}{t} dt$$

$$= \frac{1}{6} \log t + c \quad \left(\because \int \frac{1}{x} dx = \log x + c\right)$$

$$= \frac{1}{6} \log(3x^2 + 4) + c$$

अत: विकल्प (B) सही है।

22. माना $A_1 x + B_1 y + C_1 z + D_1 = 0$ और $A_2 x + B_2 y + C_2 z + D_2 = 0$ एक कोण θ पर सरेखीय दो तलों के समीकरण हैं जहाँ A_1, B_1, C_1 और A_2, B_2, C_2 तल के लंब के दिशा अनुपात हैं, तो दो तलों के बीच के कोण का कोसाइन निम्न द्वारा ज्ञात किया गया है:

$$\cos\theta = \left| \frac{A_1 A_2 + B_1 B_2 + C_1 C_2}{\sqrt{A_1^2 + B_1^2 + C_1^2} \sqrt{A_2^2 + B_2^2 + C_2^2}} \right|$$

दिया हुआ,

तल $x + 2y + z = 7$ और $2x - y + z = 13$ हैं।

$$\cos\theta = \left| \frac{1 \times 2 - 2 \times 1 + 1 \times 1}{\sqrt{1^2 + 2^2 + 1^2} \sqrt{2^2 + (-1)^2 + 1^2}} \right| = \frac{1}{6}$$

$$\therefore \theta = \cos^{-1}\left(\frac{1}{6}\right)$$

अत: विकल्प (A) सही है।

23. जैसा कि हम जानते हैं,

एक आयताकार अतिपरवलय $\frac{x^2}{a^2} - \frac{y^2}{b^2} = 1$ होता है।

क्षैतिज अतिपरवलय का नाभिलंब $\frac{2b^2}{a}$ द्वारा दिया जाता है।

$$\Rightarrow \frac{2b^2}{a} = 4$$

$$\Rightarrow b^2 = 2a$$

जैसा कि हम जानते हैं,

एक अतिपरवलय की उत्केंद्रता दी गई है $e = \frac{\sqrt{a^2+b^2}}{a}$.

$$\Rightarrow a^2 e^2 = a^2 + b^2$$

$$\Rightarrow 9a^2 = a^2 + 2a$$

$$\Rightarrow a = \frac{1}{4}$$

$$\because b^2 = 2a$$

$$\Rightarrow b^2 = \frac{1}{2}$$

$$\therefore \text{आवश्यक अतिपरवलय} = \frac{x^2}{\left(\frac{1}{4}\right)^2} - \frac{y^2}{\frac{1}{2}} = 1$$

$$\Rightarrow \frac{x^2}{\frac{1}{16}} - \frac{y^2}{\frac{1}{2}} = 1$$

$$\Rightarrow 16x^2 - 2y^2 = 1$$

तो, आवश्यक अतिपरवलय का समीकरण $16x^2 - 2y^2 = 1$ है।

अत: विकल्प (B) सही है।

24. दिया हुआ,

$$\frac{x^2}{16} + \frac{y^2}{25} = 1$$

मानक समीकरण $\frac{x^2}{a^2} + \frac{y^2}{b^2} = 1$ के साथ तुलना करने पर

तो, $a^2 = 16$ और $b^2 = 25$

$\therefore a = 4$ और $b = 5 (b > a)$

तो, उत्केंद्रता $= \sqrt{1 - \frac{a^2}{b^2}}$

$$= \sqrt{1 - \frac{16}{25}}$$

$$= \frac{3}{5}$$

अत: विकल्प (C) सही है।

25. जैसा कि हम जानते हैं,

ढलान m और (x₁, y₁) से होकर गुजरने वाले रेखा का समीकरण (y - y₁) = m (x - x₁) है।

दिया हुआ,

दी गयी रेखा में ढलान 3 है और यह (3, 2) से होकर गुजरता है।

∴ रेखा का समीकरण = (y - y₁) = m (x - x₁)

$\Rightarrow$ y - 2 = 3 (x - 3)

$\Rightarrow$ y - 3x + 7 = 0

अत: विकल्प (B) सही है।

26. According to the passage, we can infer that it is about 'The role of fire in primitive man's life'.

The first paragraph of the passage states that the firebrand was used to provide light (illumination).

This can be inferred from the lines of the passage 'His discovery that the firebrand, from which the torch may very well have developed, could be used for illumination'.

Hence, the correct option is (B).

27. According to the second paragraph of the passage, early lamps were made by just floating a lighted reed in a vessel containing fat. This can be inferred from the line of the passage 'All he had to do was to fashion a vessel to contain fat and float a lighted reed in it'.

'Floating a reed in the seashell' could be a potential answer but it is incorrect because just this won't help, we need to float a reed in the fat contained by a seashell, then, it would be an early lamp.

Hence, the correct option is (A).

28. According to the second paragraph of the passage, lamps were developed just by chance (by accident) as the primary purpose of primitive man was to preserve fire and not to develop lamps. This can be inferred from the line of the passage 'Lamps, too, probably developed by accident'.

'Fate' could be a potential answer but it is incorrect because 'fate' gives the context of something which was anyway destined to happen' and 'chance' gives the context of something that comes up unexpectedly.

Hence, the correct option is (C).

29. According to the first paragraph of the passage, the most important uses of fire for primitive man were to provide warmth and to cook food. This can be inferred from the lines of the passage 'Primitive man was probably more concerned with fire as a source of warmth and as a means of cooking food than as a source of light'.

'To provide light' could be a potential answer but it's not correct because it is clearly mentioned in the passage that primitive man was not much concerned with fire providing light.

Hence, the correct option is (D).

30. The word is taken from the line 'could be used for illumination was probably incidental to the primary purpose of preserving a flame.' in the above passage.

According to the passage, we can guess the meaning of 'primary' that it is something related to 'main/essential' because the context stated earlier is that the primitive man wanted to preserve fire, so, it was the essential reason behind the discovery of 'firebrand'.

'Fundamental' which means 'foundation/basic' could be a potential answer but it is not correct according to the context of the passage because the purpose here cannot be fundamental.

'Elemental' means 'the lowest level of something' which is not apt according to the context.

Hence, the correct option is (D).

31. The visitor was shown her drawing by the little girl.

In the given question the sentence 'The little girl showed the visitor her drawing' is in 'Active voice' which is in the past indefinite and we know that after converted this sentence into 'Passive voice' the tense will same which also should in the past indefinite i.e 'The visitor was shown her drawing by the little girl'.

Past indefinite structure:

Subject + V2 + object (Active)

Object + was/were + V3 + by + subject (Passive)

Hence, the correct option is (C).

32. The sentence has been given in active voice, it has to be converted into passive voice:

While Changing the voice, the subject and the object change their places:

'A new car' becomes the subject and 'Him' (objective case for the pronoun 'he') becomes the object.

'V2' in active voice changes to 'was/were + V3' in the passive voice.

The conjunction 'by' is used before the object.

Lining up the remaining part of the sentence: for the journey.

Hence, the correct option is (B).

33. The given sentence is a direct speech.

The basic rules for changing or converting direct speech into indirect speech:

The commas and inverted commas are removed, and "that" is added.

The first-person pronoun 'I' is converted into the third-person pronoun 'she'.

The present perfect tense format 'Subject + have + V3 (made) + Object' will be changed into the past simple tense format 'Subject + had + V3 (made) + Object'.

Hence, the correct option is (C).

34. The given sentence is in indirect form.

To change it to direct form, we need to do the following -

Change in pronoun - In direct speech, the pronoun changes to the first person. So, 'she' will become 'I'.

Change in statement sentence - In direct speech, the 'told' is converted either to 'said' or remains the same. So, it either remains 'told' or becomes 'said'.

Change in tense - The past continuous tense (was leaving) in the indirect speech changes to present continuous tense (am leaving) in direct speech.

Hence, the correct option is (C).

35. Erudite- having or showing great knowledge that is based on careful study.

Scholarly- spending a lot of time studying and having a lot of knowledge about an academic subject

Naive- without enough experience of life and too ready to believe or trust other people.

Equivocate- use ambiguous language so as to conceal the truth or avoid committing oneself.

Tireless- putting a lot of hard work and energy into something over a long period of time without stopping or losing interest.

We can see that 'Erudite' and 'Scholarly' has a similar meaning.

Hence, the correct option is (D).

36. Worsen: to make something inferior in quality or character, deteriorate

Improve: to make or become better or to enhance in value or quality

Disappear: to pass from view or to cease to be visible.

Leave: to go away from.

Command: to direct with authority, to order

Thus, the word 'improve' is the most appropriate antonym of 'worsen'.

Hence, the correct option is (D).

37. The word 'Placate' means to lessen the anger or agitation of someone.

The antonyms of the word 'Placate' are "enrage, anger, infuriate".

From the antonym of the given word, we can say that the word 'Enrage' is the opposite in meaning.

The word 'Enrage' means to make someone very angry.

Hence, the correct option is (B).

38. Gaudy- extravagantly bright or showy, typically so as to be tasteless

Flashy- ostentatiously attractive or impressive

Simple- easily understood or done; presenting no difficulty

Plain- not decorated or elaborate; simple or ordinary in character

Proper- truly what something is said or regarded to be, genuine

We can see that 'Gaudy' and 'Flashy' have a similar meaning.

Hence, the correct option is (D).

39. The given sentence is in the positive degree of comparison because they begin with the words 'No other'. As we have studied, sentences that begin with 'no other' are usually positive degree sentences, 'sentences with more than any other' are comparative, and 'those with the best/most of all' are superlative.

Option (C): 'As strong as' is in the positive degree. It agrees with the sentence, that 'no other team is as strong as our team'.

Hence, the correct option is (C).

40. Adjectives are words that modify nouns or pronouns to make them more specific. There are 3 degrees of adjectives: Positive, comparative and superlative. In the sentence given, the narrator says 'I like pop music" but 'not all'. This means that the narrator likes an unspecified number of songs in pop music and so the correct word to use is 'some'.

Option (A) little is used in cases when the noun is uncountable but singular.

Option (B) less is used in comparative cases where the noun is uncountable but plural.

Option (D) any is used in a negative sentence.

Hence, the correct option is (C).

41. A preposition is a word that comes before a noun or a pronoun and establishes a relationship between the elements of a clause or words. In is correct as it indicates a colour. The other options are wrong as to, with, and at indicate a direction, inclusion, and a specific location respectively. These uses don't fit in the given question.

Complete sentence: We've got this jumper in red.

Hence, the correct option is (A).

42. A preposition is a word that comes before a noun or a pronoun and establishes a relationship between the elements of a clause or words. About is correct as it indicates a piece of information. The other options are wrong as with and of indicating inclusion and possession respectively. These uses don't fit in the given question.

Hence, the correct option is (C).

43. Take after - to resemble

Look for - to search for something

Bring up - to raise or rear

Back out - to choose not to do something

According to the context of the given sentence, the subject looks like his grandfather.

So, from the given meanings, we find that takes after is the correct choice here.

Hence, the correct option is (B).

44. Hold on- wait a short while

Look into- to investigate

Light on- to explain

Look up to- to respect

According to the context of the given sentence, Marie asked the subject to wait for a short while.

So, from the given meanings, we find that hold on is the correct choice here.

Hence, the correct option is (A).

45. As the context in the sentence suggests a possibility, use of the modal 'may' would be appropriate and as it is followed by the base form of a verb, 'rise' instead of of 'risen' will be used here.

The underlined part 'can risen', therefore, must be replaced with 'may rise' to make it a grammatically correct sentence.

Hence, the correct option is (C).

46. As the sentence is a type 1 conditional sentence, use of 'Unless' which means 'Except on the condition that' instead of 'Without' will be more appropriate.

Second, as 'both' suggests 'two', the noun that is followed by it must be in plural form.

The correct formation will be- "Unless both issues are clarified, the board will keep all other matters before it pending."

Hence, the correct option is (A).

47. Option (C) is correct as the statement is about every question. Option (A) is wrong as 'either' means there are only two questions. Option (B) is wrong as 'neither' means none and Option (D) is wrong as the statement does not specify that there are two questions.

Hence, the correct option is (C).

48. Each, either, either of and neither are distributive pronouns. 'Each' is used to present the members of a group as individuals. Whereas 'either', 'either of' and 'neither' are used when there is a comparison or choice between two things. Since the given sentence is speaking about a number of participants in a tournament, 'either', 'either of' and 'neither' cannot be used. The focus is on the fact that each individual participant is asked to submit a form; not just two.

Hence, the correct option is (A).

49. There are two types of articles:

Definite article (The): Article 'the' is used to refer to a DEFINITE thing or person.

Indefinite article (A/An): Article 'a/an' is used to refer to a thing or person in general. For instance: man, door etc.

Article 'a' is used with consonant sounds whereas article 'an' is used with vowel sounds.

In the first blank, "no article" or "zero article" will be used. 'No article' is used to refer to general things. (the speaker is making a general statement)

Hence, the correct option is (C).

50. No article is used before countable plural nouns used in a general sense. Here 'stamps' is a countable plural noun used in a general sense.

Hence, the correct option is (D).

51. खींची हुई कमान में गतिज ऊर्जा नहीं होती है। इसमें स्थितिज ऊर्जा होती है क्योंकि यह एक स्थिर स्थिति में है। चूंकि चलाई गई गोली, बहता पानी और क्रियाशील हथौड़े गति में हैं, उनमें गतिज ऊर्जा हैं ।

अत: विकल्प (D) सही है ।

52. दिया हुआ,

द्रव्यमान (m) = 10 kg

ऊंचाई (h) = 10 m

इस मामले में किया गया कार्य उस ऊंचाई पर स्थित पत्थर की स्थितिज ऊर्जा के बराबर होगा।

इस प्रकार, किगा गया कार्य (W) = m $\times$ g $\times$ h

$\Rightarrow$ W = 10 $\times$ 10 $\times$ 10

$\Rightarrow$ W = 1000 kgm²/s² = 1000 J

अत: विकल्प (B) सही है ।

53. तरंग तीव्रता I = शक्ति /क्षेत्रफल = ऊर्जा /क्षेत्रफल $\times$ समयशक्ति
$= [ML^2 T^{-3}]$ क्षेत्रफल $= [L^2]$
$I = \dfrac{[ML^2 T^{-3}]}{[L^2]}$
$I = [ML^0 T^{-3}]$

अत: विकल्प (B) सही है ।

54. विभिन्न आयाम विभिन्न भौतिक मात्रा को दर्शति हैं। M^1, kg को दर्शता, L^1, m को दर्शता और T^{-2}, s^{-2} को दर्शता है ।

इस प्रकार भौतिक मात्रा की SI इकाई $kg\ ms^{-2}$ है ।

अत: विकल्प (B) सही है ।

55. एकसमान गति का मतलब है कि एक पिंड एक सीधी रेखा के साथ निरंतर गति से यात्रा कर रहा है। तो, इसमें कोई त्वरण नहीं है। इस प्रकार शुद्ध बल = ma = 0 है।

अत: विकल्प (D) सही है ।

56. दिया हुआ
क्रांतिक कोण $(C) = 30°$

अपवर्तक सूचकांक और क्रांतिक कोण के बीच संबंध $\mu = \dfrac{1}{\sin C}$ है ।

$\Rightarrow \mu = \dfrac{1}{\sin 30°} = 2$
जैसा कि हम जानते हैं,
अपवर्तक सूचकांक $\mu = \dfrac{c}{v}$ रूप में लिखा जाता है ।

$\Rightarrow v = \dfrac{3 \times 10^8}{2} = 1.5 \times 10^8\ m/s$

अत: विकल्प (D) सही है ।

57. एंडोस्कोप के एक ग्लास फाइबर के माध्यम से प्रकाश का संचरण कुल आंतरिक परावर्तन की घटना पर निर्भर करता है। यदि एंडोस्कोप का एक फाइबर सीधा या घुमावदार है, तो एक छोर में प्रवेश करने वाला प्रकाश एक ज़िगज़ैग पथ में यात्रा करता है और फाइबर की आंतरिक सतह से बार-बार परावर्तित होता है, जब तक कि यह दूसरे छोर से बाहर नहीं निकलता।

अत: विकल्प (C) सही है ।

58.

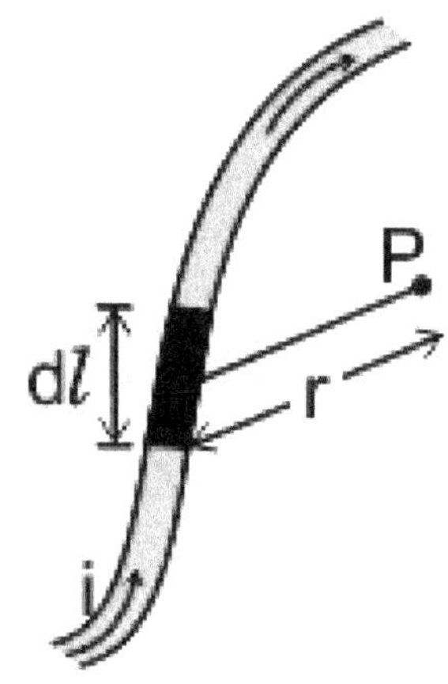

बायो-सेवर्ट के नियम के अनुसार,

धारा तत्व $\vec{idl}$ के कारण बिंदु $'P'$ पर चुंबकीय क्षेत्र निम्न समीकरण द्वारा ज्ञात किया जाता है,

$$\vec{dB} = \dfrac{\mu_0}{4\pi} i\left(\dfrac{\vec{dl} \times \vec{r}}{r^3}\right)$$

जहाँ, μ_0 = वायु या निर्वात में निरपेक्ष पारगम्यता, $\vec{idl}$ = धारा तत्व और r = दूरी है ।

अत: विकल्प (D) सही है ।

59. दिया गया है,

$B = 0.1$ टेस्ला

एक वृत्ताकार कुंडली के केंद्र पर चुंबकीय क्षेत्र $B = \frac{\mu_0 NI}{2R} = 0.1$ टेस्ला

यदि घुमावों की संख्या दोगुनी और त्रिज्या आधी हो जाए यानी,

अब घुमावों की संख्या, $N' = 2N$ और त्रिज्या $R' = \frac{R}{2}$

तब नया चुंबकीय प्रेरण,

$$B' = \frac{\mu_o N'I}{2R'}$$

$$= \frac{\mu_o 2NI}{2\left(\frac{R}{2}\right)}$$

$$= \frac{4\mu_o NI}{2R}$$

$$\because B = \frac{\mu_o NI}{2R} = 0.1$$

$$= 4 \times 0.1 = 0.4T$$

अत: विकल्प (C) सही है।

60. दिया हुआ,

$$V_R = 40\,V,\ V_L = 60\,V,\ V_C = 30\,V$$

एक श्रृंखला LCR परिपथ के लिए परिपथ का कुल विभवान्तर दिया जाता है,

$$V = \sqrt{V_R^2 + (V_L - V_C)^2}$$

$$\Rightarrow V = \sqrt{(40)^2 + (60-30)^2} = \sqrt{2500} = 50V$$

आपूर्ति वोल्टेज $50\,V$ है।

अत: विकल्प (A) सही है।

61. दो कुंडलियों जिनका क्षेत्रफल A, घुमावों की संख्या N_1 और N_2 एवं द्वितीयक या प्राथमिक कुंडली की लंबाई l हो, का अन्योन्य प्रेरण इस प्रकार होगा-

$$M = -\frac{e_2}{\frac{dI_1}{dt}} = -\frac{e_1}{\frac{dI_2}{dt}}$$

पहली कुंडली में प्रेरित emf $= e_1 = -L_1 \frac{dI_1}{dt}$

दूसरी कुंडली में प्रेरित emf $= e_2 = -L_2 \frac{dI_2}{dt}$

यदि दूसरी कुंडली के सभी प्रवाह पहली कुंडली से जुड़े हुए और विलोमत: भी, तो

$$M^2 = \frac{e_1 e_2}{\left(\frac{d_i}{dt}\right)\left(\frac{d_{i2}}{dt}\right)}$$

$$\Rightarrow M^2 = L_1 L_2$$

$$\Rightarrow M = \sqrt{L_1 L_2}$$

अत: विकल्प (C) सही है।

62. गतिमापक भंवर धारा सिद्धांत पर कार्य करता है।

एक गतिमापक में, एक चुंबक वाहन की गति के साथ घूमता है। चुंबक को एक एल्यूमीनियम ड्रम के अंदर रखा जाता है जिसे ध्यान से किलक द्वारा गाड़ा जाता है और एक बालकमानी द्वारा इसकी स्थिति को समायोजित किया जाता है। जैसे ही चुंबक घूमता है, भंवर धारायें ड्रम में उत्पन्न होती है जो चुंबक की गति का विरोध करती है। ड्रम पर विपरीत दिशा में एक बल आघूर्ण लगता है जो वाहन की गति के अनुसार से एक कोण पर ड्रम को विक्षेपित करता है।

अत: विकल्प (B) सही है।

63. दिया हुआ,

नई प्रणाली की समयावधि (T_2) दी गई समयावधि (T) का $\frac{1}{3}$ गुना है।

$$T_2 = \frac{T}{3}$$

जैसा कि हम जानते हैं, $T\,\alpha\,\frac{1}{\sqrt{k}}$

$$\Rightarrow \frac{T_2}{T} = \sqrt{\frac{k}{k_2}}$$

जहाँ $k = $ पहले स्प्रिंग का स्प्रिंग नियतांक और $k_2 = $ दूसरे स्प्रिंग का स्प्रिंग नियतांक

$$\Rightarrow \sqrt{k_2} = \left(\frac{T}{T_2}\right)\sqrt{k}$$

दोनों तरफ वर्ग करने पर

$$k_2 = \left(\frac{T}{T_2}\right)^2 k$$

$$\Rightarrow k_2 = \left(\frac{T}{\left(\frac{T}{3}\right)}\right)^2 k$$

$$\Rightarrow k_2 = (3)^2 K$$

$$\Rightarrow k_2 = 9K$$

अत: विकल्प (B) सही है।

64.

- ध्वनि तरंगों का प्रकार जिनकी आवृत्ति मानव श्रवण की ऊपरी श्रव्य सीमा से अधिक होती है, उन्हें पराश्रव्य कहा जाता है। पराध्वनिक तरंगों की ध्वनि आवृत्ति 20,000Hz से ऊपर है।

- धातु खंडों में दरारें और दोषों का पता लगाने के लिए पराश्रव्य का उपयोग किया जा सकता है।

- अवरक्त तरंगों की आवृत्ति रेंज 20Hz से कम है।

- आमतौर पर पराश्रव्य का उपयोग पहुँचने मे दुर्गम स्थानों में स्थित भागों को साफ करने के लिए किया जाता है।

अत: विकल्प (C) सही है।

65. दिया हुआ,

ΔQ = + 60 J और ΔU = - 180 Cal

ऊष्मागतिकी के पहले नियम के अनुसार,

विनिमयित ऊष्मा (ΔQ) = ΔW + ΔU

ΔW = ΔQ - ΔU = + 60 - (- 180) = 240 J

अत: विकल्प (D) सही है।

66.

- चूंकि बंद निकाय के मामले में निकाय के द्रव्यमान में कोई परिवर्तन नहीं होता है।

- द्रव्यमान में परिवर्तन नही होना उक्रम-माप परिवर्तन का पर्याप्त कारण नहीं है।

- बंद निकाय की परिभाषा के अनुसार ऊष्मा का स्थानांतरण हो सकता है। तो निकाय का उक्रम-माप बदल जाएगा।

- निकाय का आयतन स्थिर रहता है।

अत: विकल्प (C) सही है।

67. विद्युत चुम्बकीय तरंगों या EM तरंगें ऐसी तरंगें होती हैं जो विद्युत क्षेत्र और चुंबकीय क्षेत्र के बीच कंपन के परिणामस्वरूप बनाई जाती हैं विद्युत चुम्बकीय तरंग के विद्युत क्षेत्र और चुंबकीय क्षेत्र एक दूसरे के लंबवत

(समकोण पर-90°) हैं। ये EM तरंग की दिशा के लंबवत भी हैं। लेकिन वे एक ही कला में हैं। इस प्रकार एक विद्युत चुम्बकीय तरंग में, विद्युत और चुंबकीय क्षेत्र हमेशा 0 डिग्री कला अंतर पर होते हैं।

अत: विकल्प (A) सही है।

68.

- जैसा कि हम जानते हैं कि EM तरंगों में कोई आवेश नहीं होता है, इस प्रकार उन्हें एक विद्युत क्षेत्र और चुंबकीय क्षेत्र द्वारा विक्षेपित नहीं किया जाता है।

- विद्युत चुम्बकीय तरंगों को किसी भी स्थान से दूसरे स्थान पर प्रचार करने की आवश्यकता नहीं होती है क्योंकि इसमें फोटॉन होते हैं। वे एक निर्वात में गति कर सकते हैं।

- विद्युत चुम्बकीय तरंग प्रकाश की गति से चलती है।

- विद्युत चुम्बकीय तरंगें या EM तरंगें वे तरंगें होती हैं जो एक विद्युत क्षेत्र और एक चुंबकीय क्षेत्र के बीच कंपन के परिणामस्वरूप बनती हैं और वे एक-दूसरे के लिए और तरंग की दिशा में लंबवत होती हैं।

अत: विकल्प (A) सही है।

69. अनुदैर्ध्य विकृति और पार्श्व विकृति के अनुपात को प्वासों का अनुपात (σ) कहा जाता है।

$\sigma =$ पार्श्व विकृति / अनुदैर्ध्य विकृति

$$\sigma = \frac{-\frac{dr}{r}}{\frac{dL}{L}} = -\frac{dr \times L}{dL \times r}$$

ऋणात्मक चिह्न इंगित करता है कि छड़ की त्रिज्या कम जाती है जब इसे खींचा जाता है। प्वासों का अनुपात एक आयामहीन और एक इकाईहीन राशि है।

अत: विकल्प (A) सही है।

70. आयतन प्रत्यास्थता मापांक की व्युत्क्रमता संपीड्यता है।

इसलिए, संपीड्यता $\propto 1/$ आयतन प्रत्यास्थता मापांक

अत: विकल्प (B) सही है।

71. कार्बनिक यौगिक जोकि रासायनिक यौगिकों का एक बड़ा वर्ग जिसमें कार्बन के एक या अधिक परमाणु सहसंयोजक होते हैं, अन्य तत्वों के परमाणुओं से जुड़े होते हैं। ऐसा सबसे अधिक हाइड्रोजन, ऑक्सीजन, या नाइट्रोजन के साथ होता है। जीवन कार्बन पर आधारित है; कार्बनिक रसायन विज्ञान द्वारा किए गए यौगिकों के अध्ययन में कार्बन एक केंद्रीय तत्व है। कार्बन में मौजूद गुण, इरो जीवित पदार्थ निर्मित करने वाले कार्बनिक अणुओं का मुख्य आधार बनाते हैं। कार्बन एक ऐसा बहुमुखी तत्व है जो चार सहसंयोजक बंधन बना सकता है।

अत: विकल्प (D) सही है।

72. गैसहोल गैसोलीन और इथेनॉल का मिश्रण है जिसमें एक भाग इथेनॉल और नौ भागों में सीसा रहित गैसोलीन होता है। कई देशों में कारों और अन्य वाहनों के लिए वैकल्पिक ईंधन के रूप में पेट्रोल (गैसोलीन) और अल्कोहल (10%, या 3% पर मेथनॉल) का मिश्रण होता है। इथेनॉल को कृषि फसलों या फसल अवशेषों के किण्वन द्वारा जैव ईंधन के रूप में प्राप्त किया जाता है, उदाहरण के लिए, गन्ना अपशिष्ट।

अत: विकल्प (B) सही है।

73. तार A की लंबाई $(l_A) = l$
तार B की लंबाई $(l_B) = 2l$

प्रतिरोधक $(R) = \dfrac{\rho l}{A}$

तार A की प्रतिरोधकता $(R_A) = \dfrac{\rho l_A}{A} = \dfrac{\rho l}{A} = R$

तार B की प्रतिरोधकता $(R_B) = \dfrac{\rho l_B}{A} = \dfrac{\rho 2 \times l}{A} = 2 \times \dfrac{\rho l}{A} = 2R$

अनुपात $= \dfrac{R_A}{R_B} = \dfrac{R}{2R} = \dfrac{1}{2}$

अत: विकल्प (D) सही है।

74. दिया हुआ,
विभव $(V) = 12\ V$
$R_1 = 80\Omega, R_2 = 120\Omega$ और $R_3 = 240\Omega$
जैसा कि हम जानते हैं,
समकक्ष प्रतिरोध (R) के द्वारा दर्शाया जाता है।

$$\frac{1}{R} = \frac{1}{R_1} + \frac{1}{R_2} + \frac{1}{R_3}$$
$$= \frac{1}{80} + \frac{1}{120} + \frac{1}{240} = \frac{6}{240} = \frac{1}{40}$$
$$R = 40\Omega$$

ओम के नियम के अनुसार

$$I = \frac{V}{R}$$

खींची गई विद्युत धारा $(I) = \dfrac{12}{40} = 0.3\ A$

अत: विकल्प (A) सही है।

75. माइक्रोसॉफ्ट ऑफिस एक क्षैतिज बाज़ार सॉफ्टवेयर का एक उदाहरण है।

कंप्यूटर में, सॉफ्टवेयर, प्रोग्राम का एक संग्रह है जो कार्य करता है। क्षैतिज बाजार सॉफ्टवेयर अनुप्रयोग सॉफ्टवेयर है जो उद्योगों की एक विस्तृत श्रृंखला में उपयोगी है। क्षैतिज बाज़ार सॉफ्टवेयर को "उत्पादकता सॉफ्टवेयर" के रूप में भी जाना जाता है।

अत: विकल्प (C) सही है।

76. केंद्र सरकार ने भारतीय स्टेट बैंक को जुलाई के 1–10 से अपनी 29 अधिकृत शाखाओं के माध्यम से चुनावी बांड जारी करने और भुनाने के लिए अधिकृत किया है।

चुनावी बांड जारी होने की तारीख से पंद्रह कैलेंडर दिनों के लिए वैध होंगे और वैधता अवधि की समाप्ति के बाद चुनावी बांड जमा किए जाने पर किसी भी राजनीतिक दल को कोई भुगतान नहीं किया जाएगा।

अत: विकल्प (A) सही है।

77.

अक्षर	H	A	L	U	C	I	N	T	O
बारंबारता	1	2	2	1	1	2	2	1	1

(A) LION - HALLUCINATION शब्द से बन सकता है
(B) LOAN - HALLUCINATION शब्द से बन सकता है
(C) NATION - HALLUCINATION शब्द से बन सकता है
(D) LOTION - HALLUCINATION शब्द से नहीं बन सकता क्योंकि इस शब्द में 'O' केवल एक बार आया है।

अत: विकल्प (D) सही है।

78. 'ग्रैमी पुरस्कार' संगीतकारों को दिया जाता है।

उसी प्रकार,

'पुलित्जर पुरस्कार' पत्रकारों को दिया जाता है।

अत: विकल्प (D) सही है।

79. MISTAKEN में अपनाया गया तरीका,

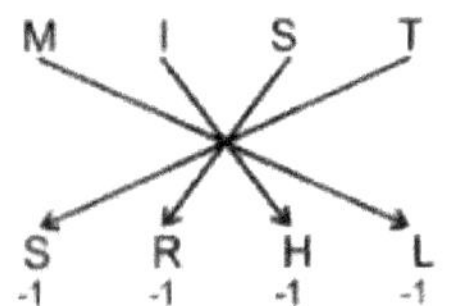

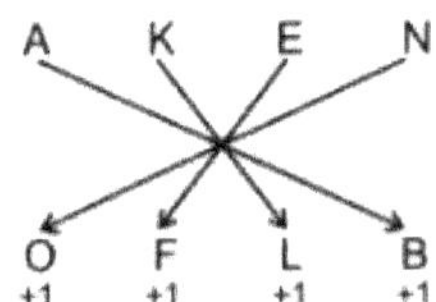

इसी प्रकार, GROUNDED का कोड होगा:

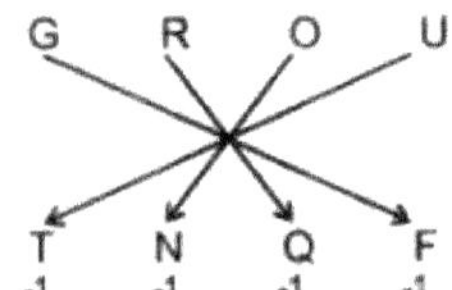

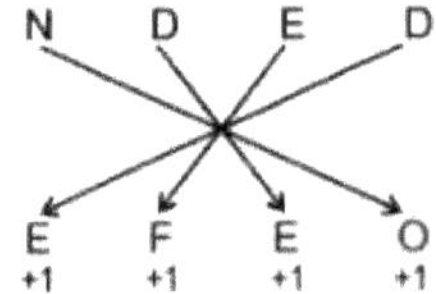

इसलिए, उसी कोड में GROUNDED को TNQFEFEO लिखा जाएगा।

अत: विकल्प (D) सही है।

80. FLOWER के लिए अनुसरण किया गया स्वरूप है:

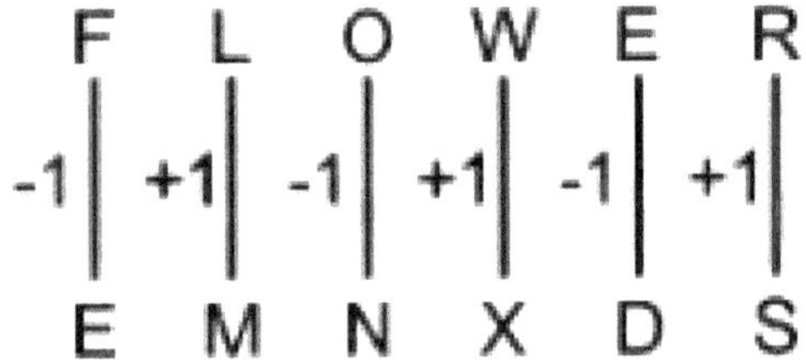

इसी प्रकार, SHOWER के लिए,

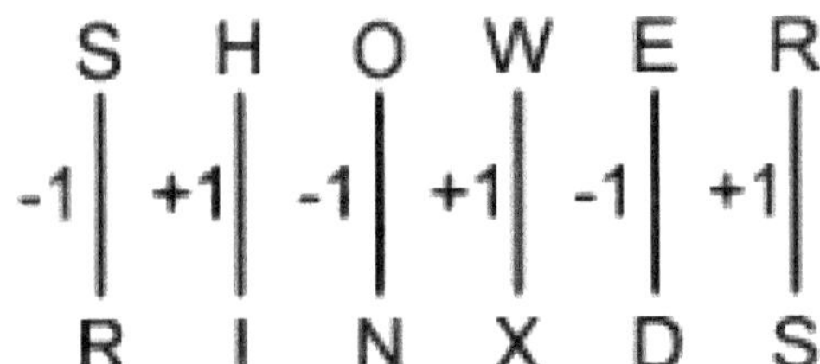

SHOWER को उस कोड में RINXDS कोडित किया जा सकता है।

अत: विकल्प (C) सही है।

81. पत्रकारिता के लिए पहला गौरी लंकेश स्मारक पुरस्कार रविश कुमार को दिया गया था। उन्हें 22 सितंबर 2019 को यह पुरस्कार मिला। जागरूक समाचार विश्लेषण के लिए, गौरी लंकेश पुरस्कार उन्हें दिया गया था। गौरी लंकेश स्मारक ट्रस्ट ने इस पुरस्कार की स्थापना की है। 'न्याया पाठ' नाम का अखबार भी कार्यक्रम में विमोचित किया गया था।

अत: विकल्प (A) सही है।

82. अंगकोर वाट कंबोडिया में स्थित एक बौद्ध मंदिर परिसर है। इसका निर्माण 12 वीं शताब्दी में खमेर साम्राज्य के राजा सूर्यवर्मन द्वितीय द्वारा हिंदू भगवान विष्णु को समर्पित अंगकोर वाट शैली में किया गया था। बाद में इसे धीरे-धीरे 12 वीं शताब्दी के अंत में एक बौद्ध मंदिर में बदल दिया गया। इसे यूनेस्को द्वारा विश्व धरोहर स्थल के रूप में नामित किया गया है।

अत: विकल्प (C) सही है।

83. सैंटियागो डे चिली या सैंटियागो चिली की राजधानी और सबसे बड़ा शहर है। यह चिली की सबसे बड़ी और सबसे घनी आबादी का केंद्र है। चिली दक्षिण अमेरिकी महाद्वीप में स्थित है। यह देश बोलीविया, पेरू और अर्जेंटीना के साथ अपनी सीमाओं को साझा करता है। चिली की राष्ट्रीय भाषा स्पेनिश है।

अत: विकल्प (B) सही है।

84. नुआखाई या नवाखाई मुख्य रूप से भारत में पश्चिमी ओडिशा और दक्षिणी छत्तीसगढ़ के लोगों द्वारा मनाया जाने वाला एक कृषि त्योहार है। नुआखाई अद्वितीय सामाजिक त्योहारों में से एक है, जिसका नाम नू शब्द से आया है जिसका अर्थ नया और खई का अर्थ भोजन है।

अत: विकल्प (C) सही है।

85. गिद्दा चंडीगढ़ क्षेत्र की महिलाओं का एक लोकप्रिय लोक नृत्य है। ऐसा माना जाता है कि यह किसी प्राचीन रिंग नृत्य से निकलकर आया है और यह भांगड़ा तरह ही उर्जवान होता है, इसी के साथ यह स्त्री अनुग्रह, लालित्य और लचीलेपन को प्रदर्शित करता है।

अत: विकल्प (B) सही है।

86. "अघन्या" ऋग्वेद में गायों को संदर्भित करता है। ऋग्वेद 4 वेदों में से एक है। इसमें संस्कृत रचनाएँ शामिल हैं। यह चार पवित्र वेदों में सबसे पुराना है। इसमें 10 मंडल (अध्याय) और 10,552 सूक्त हैं।

अत: विकल्प (C) सही है।

87. बिन्दुसार को "एक महान पिता का पुत्र और एक महान पुत्र का पिता" के रूप में जाना जाता है क्योंकि वह एक महान पिता चंद्रगुप्त मौर्य के पुत्र और महान पुत्र अशोक के पिता थे। उन्होंने 298 ईसा पूर्व से 273 ईसा पूर्व तक मौर्य वंश पर शासन किया। बिन्दुसार ने मौर्य साम्राज्य के तहत सोलह राज्यों को शामिल किया और इस तरह लगभग पूरे भारतीय प्रायद्वीप पर विजय प्राप्त की।

अत: विकल्प (B) सही है।

88. उदयपुर को झीलों के शहर के रूप में जाना जाता है। यह शहर मेवाड़ की ऐतिहासिक राजधानी था और भारत के पश्चिमी भाग में राजस्थान के दक्षिणी क्षेत्र में पड़ता है। उदयपुर अपने इतिहास, संस्कृति और प्राकृतिक सुंदरता के लिए प्रसिद्ध है और इसे 'पूर्व का वेनिस' कहा जाता है।

अत: विकल्प (D) सही है।

89. ओखला पक्षी अभयारण्य NCR क्षेत्र में स्थित है। ओखला पक्षी अभयारण्य को आधिकारिक रूप से शहीद चंद्रशेखर आज़ाद अभयारण्य के नाम से जाना जाता है। यह राज्य के 15 पक्षी अभयारण्यों में से एक है। इसे वर्ष 1990 में पक्षी अभयारण्य के रूप में अधिसूचित किया गया था। यह यमुना नदी के किनारे स्थित है। वर्तमान में, यह भारत में 466 IBA (महत्वपूर्ण पक्षी क्षेत्र) में से एक है। ओखला पक्षी अभयारण्य पक्षियों की लगभग 300 विभिन्न प्रजातियों का घर है।

अत: विकल्प (B) सही है।

90. पूजा रानी मुक्केबाज़ी खेल से जुड़ी हैं।

पूजा रानी बोहरा का जन्म 17 फरवरी 1991 को हुआ था। उन्होंने 2014 के एशियाई खेलों में 75 किलोग्राम वर्ग में कांस्य पदक जीता। उसने दक्षिण एशियाई खेलों 2016 में स्वर्ण पदक जीता। उसने एशियाई चैम्पियनशिप 75 किलोग्राम भार वर्ग में रजत (2012) और कांस्य (2015) भी जीता। उन्होंने 75 किलोग्राम वर्ग में ग्लासगो कॉमनवेल्थ गेम्स 2014 में भारत का प्रतिनिधित्व किया। 2020 में, वह 2020 के ग्रीष्मकालीन ओलंपिक के लिए क्वालीफाई करने वाली पहली भारतीय बन गई। पूजा रानी भिवानी जिला, हरियाणा की रहने वाली है।

अत: विकल्प (B) सही है।

91. रेडक्लिफ रेखा भारत और पाकिस्तान के बीच भारत के विभाजन के दौरान अंतर्राष्ट्रीय सीमा बन गई। सर सिरिल रेडक्लिफ ने रेडक्लिफ रेखा को खींचा जो भारत और पाकिस्तान को विभाजित करती है।

अत: विकल्प (C) सही है।

92. गंगा नदी आंध्र प्रदेश राज्य से होकर नहीं गुजरती है।

गंगा नदी उत्तराखंड के गंगोत्री ग्लेशियर से निकलती है। अलकनंदा नदी भागीरथी से देवप्रयाग में मिलती है और वहाँ से नदी को गंगा कहा जाता है।

यमुना (गंगा की सबसे बड़ी दाहिनी सहायक नदी), दामोदर (बंगाल का सोरो), घाघरा, गोमती, गंडक, रामगंगा, कोसी (बिहार का सोरो), सोन, महानंदा गंगा नदी की प्रमुख सहायक नदियाँ हैं। यह उत्तराखंड, उत्तर प्रदेश, बिहार, झारखंड और पश्चिम बंगाल राज्यों से होकर बहती है।

अत: विकल्प (D) सही है।

93. H1N1 वायरस सूअरों, पक्षियों और मनुष्यों के वायरस का एक संयोजन है जो मनुष्यों में बीमारी का कारण बनता है। 2009-10 के फ्लू के मौसम के दौरान, H1N1 मनुष्य में श्वसन संक्रमण का कारण बना जिसे आमतौर पर स्वाइन फ्लू कहा जाता था।

अत: विकल्प (B) सही है।

94. 2017 में श्याम सरन ने "हाउ इंडिया सीज़ द वर्ल्ड: कौटिल्य टू द 21 सेंचुरी" पुस्तक लिखी। पुस्तक, स्वतंत्रता के बाद से भारत के अंतर्राष्ट्रीय संबंधों पर आंशिक संस्मरण और आंशिक प्रसंग को दर्शाती है। 4 सितंबर, 1946 को पैदा हुए श्याम सरन पेशे से राजनयिक थे। वह म्यांमार, इंडोनेशिया और नेपाल में भारत के राजदूत एवं मॉरीशस के उच्चायुक्त रहे हैं।

अत: विकल्प (D) सही है।

95. कैटालिसिस की खोज बर्ज़ीलियस ने की थी। यह प्रतिक्रियाओं के लिए उपयोग किया जाने वाला एक शब्द है जो कुछ पदार्थों की उपस्थिति में होता है जो बिना खपत किए प्रतिक्रिया की दर को बढ़ाते हैं।

अत: विकल्प (B) सही है।

96. यहाँ दिया गया स्वरूप है:

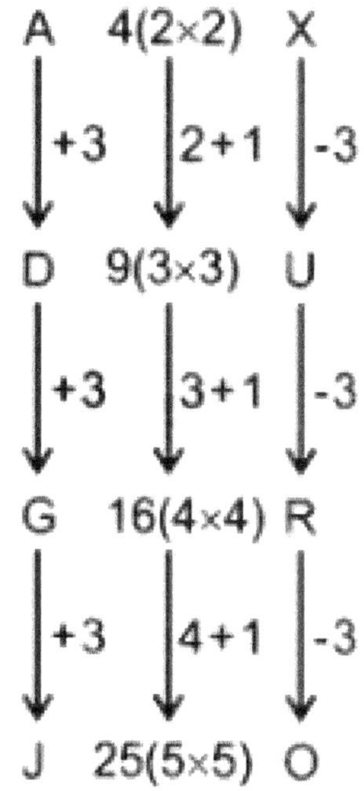

अत: विकल्प (C) सही है।

97.

- पी वी सिंधु पद्म विभूषण पुरस्कार विजेताओं की सूची में नहीं थीं। उन्हें पद्म भूषण पुरस्कार से सम्मानित किया गया था।
- अरुण जेटली और सुषमा स्वराज को मरणोपरांत सार्वजनिक मामलों के क्षेत्र में उनके योगदान के लिए प्रतिष्ठित पद्म विभूषण पुरस्कार से सम्मानित किया गया।

- एम. सी. मैरी कॉम को खेल (मुक्केबाजी) के क्षेत्र में उत्कृष्ट प्रदर्शन के लिए पद्म विभूषण पुरस्कार दिया गया।

अत: विकल्प (B) सही है।

98. सैडल पर्वत उत्तरी अंडमान में स्थित है। यह अंडमान और निकोबार द्वीपों की सबसे ऊँची चोटी है, जिसकी ऊँचाई 731 मी है। यह उत्तर अंडमान द्वीप के एक शहर दिगलीपुर के पास स्थित है।

अत: विकल्प (B) सही है।

99. IT का पूर्ण रूप Information Technology है। कंप्यूटर के संदर्भ में IT का उपयोग किया जाता है। सूचना को संभालने के लिए IT-सेक्टर सॉफ्टवेयर और कंप्यूटर का उपयोग करता है। कंप्यूटर सॉफ्टवेयर और इलेक्ट्रॉनिक कंप्यूटर का उपयोग यहां सूचना और डेटा को बदलने, सुरक्षित करने और संग्रहीत करने के लिए किया जाता है।

अत: विकल्प (D) सही है।

100. नागालैंड विधानसभा ने 1967 में अंग्रेजी को नागालैंड की आधिकारिक भाषा के रूप में घोषित किया। हर जनजाति की अपनी मातृभाषा है, लेकिन हर जनजाति नागमीसे या अंग्रेजी में अन्य जनजातियों के साथ संचार करते है। नागालैंड में अंग्रेजी प्रचलित बोली और लिखित भाषा है।

अत: विकल्प (B) सही है।

English

Q.1 Direction: Read the given passage carefully and answer the question that follows.

Marie Curie was one of the most accomplished scientists in history. Together with her husband, Pierre, she discovered radium, an element widely used for treating cancer and studied uranium and other radioactive substances. Pierre and Marie's amicable collaboration later helped to unlock the secrets of the atom.

Marie was born in 1867 in Warsaw, Poland, where her father was a professor of physics. At an early age, she displayed a brilliant mind and a casual personality. Her great exuberance for learning prompted her to continue with her studies after high school. She became disgruntled, however, when she learned that the university in Warsaw was closed to women. Determined to receive a higher education, she defiantly left Poland in 1891 entered the Sorbonne, a French university, where she earned her master's degree and a doctorate in physics.

What kind of collaboration helped Curie's to unlock the secrets of the atom?

A. Friendly

B. Competitive

C. Courteous

D. Industrious

Ques (2-5):Direction: Read the given passage carefully and answer the question that follows.

Marie Curie was one of the most accomplished scientists in history. Together with her husband, Pierre, she discovered radium, an element widely used for treating cancer, and studied uranium and other radioactive substances. Pierre and Marie's amicable collaboration later helped to unlock the secrets of the atom.

Marie was born in 1867 in Warsaw, Poland, where her father was a professor of physics. At an early age, she displayed a brilliant mind and a casual personality. Her great exuberance for learning prompted her to continue with her studies after high school. She became disgruntled, however, when she learned that the university in Warsaw was closed to women. Determined to receive a higher education, she defiantly left Poland in 1891 entered the Sorbonne, a French university, where she earned her master's degree and doctorate in physics.

Q.2 What will best describe Marie Curie's personality?

A. Determined

B. Lighthearted

C. Humorous

D. Envious

Q.3 When she learned that she could not attend the university in Warsaw, Marie felt ______.

A. hopeless

B. annoyed

C. happy

D. perversely excited

Q.4 Marie ______ left Poland and travelled to France to enter the Sorbonne.

A. boldly

B. intelligently

C. curiously

D. strangely

Q.5 Marie Curie's doctorate was in which academic discipline?

A. Medicine

B. Cancer studies

C. Radiation Chemistry

D. Physics

Q.6 Direction: Choose the antonym of the given word:

Meandering

A. Sliding

B. Sloping

C. Strained

D. Straight

Q.7 Direction: Choose the synonym of the given word:

Venial

A. Corrupt

B. Superficial

C. Respected

D. Pardonable

Q.8 Direction: Choose the correct sentence from the following:

A. When I was young, I used to visit my grandparents every winter.

B. When I were young, I used to visit my grandparents every winter.

C. When I was young, I used visit my grandparents every winter.

D. When I was young, I shall visit my grandparents every winter.

Q.9 Direction: Choose the correct spelling :

A. Preposessing

B. Prepossessing

C. Preprossesing

D. Preposesing

Q.10 Direction: Choose the correctly punctuated sentence:

A. He always enjoyed sweets? chocolates and cakes:

B. He always enjoyed sweets; chocolates and cakes!

C. He always enjoyed sweets, chocolates and cakes.

D. He always enjoyed sweets, chocolates and cakes?

Q.11 Direction: Pick out the meaning of the given word:

Edify

A. Speech

B. Oration

C. Sermonize

D. Elocution

Q.12 Direction: Change active to passive or vice versa as the case may be:

I wrote the letter and posted it.

A. The letter was written and posted by me.

B. The letter was wrote and posted by me.

C. The letter had been written and posted by me.

D. The letter was written and had been posted by me.

Q.13 Direction: Change active to passive or vice versa as the case may be:

A massive search operation has been launched to nab the suspects.

A. The police had launched a massive search operation to nab the suspects.

B. The police have launched a massive search operation to nab the suspects.

C. The police launched a massive search operation to nab the suspects.

D. The police had been launched a massive search operation to nab the suspects.

Q.14 Direction: Change Direct to Indirect speech or vice versa as the case may be:

I said, "Water is essential for life."

A. Water is essential for life was said by me.

B. I exclaimed that water was essential for life.

C. I said that water is essential for life.

D. I told that water was essential for life.

Q.15 Direction: Change Direct to Indirect speech or vice versa as the case may be:

The lady asked me how my uncle was.

A. The lady said to me, "How is your uncle?"

B. The lady asked me, "How is your uncle doing?"

C. The lady asked me, "How has your uncle been?"

D. The lady said to me, "How was your uncle?"

Q.16 Direction: Choose the most appropriate alternative to complete the sentence:

The manager was _____ an explanation of his conduct.

A. called for

B. called off

C. called to

D. called up

Q.17 Direction: Choose the most appropriate to complete the sentence:

All of us are devoted _________ one another.

A. of

B. at

C. for

D. to

Q.18 Direction: Choose the most appropriate to complete the sentence:

Raj _________ English before he moved to England.

A. has been studying

B. has studied

C. is studying

D. had studied

Q.19 Direction: Choose the most appropriate to complete the sentence:

All civilized nations now believe in _________ treatment of prisoners.

A. human

B. humane

C. humanitarian

D. humiliating

Q.20 Direction: Choose the most appropriate to complete the sentence.

All she wanted was _______ moments on her own.

A. few

B. little

C. the few

D. a few

Q.21 Direction: Choose the most appropriate to complete the sentence:

Tarun would you have abandoned you at the station if you _______ the train.

A. have missed

B. had missed

C. missed

D. missing

Q.22 Direction: Choose the most appropriate to complete the sentence:

Even though Rishi had made a fortune, he _____ working as a assistant.

A. went on

B. was going on

C. will go on

D. had gone

Q.23 The teacher set some homework _______the end of the lesson.

A. about

B. in

C. at

D. of

Q.24 Direction: Choose the most appropriate to complete the sentence:

The train is expected to arrive between 11 pm to 12 pm.

A. The train is expecting to between by 11pm to 12pm.

B. The train is expected to arrive between 11pm and 12pm

C. The train is expected to arrive between 11pm or 12pm.

D. The train is expected for arrival between 11pm to 12pm.

Q.25 He came along_________his sister to meet us.

A. with

B. by

C. at

D. of

Science

Q.26 धातु का एक टुकड़ा $10^5 Nm^{-2}$ वायुमण्डलीय दाब का अनुभव कर रहा है, जब इसी टुकड़े को निर्वातित कोष्ठ में रखा जाता है, तो उसके आयतन में आंशिक परिवर्तन ज्ञात कीजिए : (धातु के टुकड़े का आयतन प्रत्यास्था गुणांक $1.25 \times 10^{11} Nm^{-2}$ है)

A. 4×10^{-7}

B. 2×10^{-7}

C. 8×10^{-7}

D. 1×10^{-7}

Q.27 आदर्श द्रवों की मापांक कठोरता होती है :

A. अनंत

B. शून्य

C. इकाई

D. कुछ निश्चित ऋणता अशून्य निगतगान

Q.28 पृथ्वी की सतह से 5km नीचे गुरुत्वाकर्षण त्वरण का मान क्या होगा? $(R_E = 6400km, g_E = 9.8ms^{-2})$

A. $9.6 \ ms^{-2}$

B. $9.79 \ ms^{-2}$

C. $9.89 \ ms^{-2}$

D. $10 \ ms^{-2}$

Q.29 10 kg और 4 kg द्रव्यमान वाले दो ब्लॉक को एक परिवर्तनीय द्रव्यमान वाली एक स्प्रिंग से जोड़ा गया है और इस निकाय को एक घर्षणरहित क्षैतिज सतह पर रखा गया है। एक आवेग हल्के ब्लॉक से भारी ब्लॉक की दिशा में 14ms⁻¹की गति प्रदान करता है। द्रव्यमान केंद्र की गति है:

A. 30 ms⁻¹

B. 20 ms⁻¹

C. 10 ms⁻¹

D. 5 ms⁻¹

Q.30 2 kg द्रव्यमान वाले एक पत्थर को 98J गतिज ऊर्जा से ऊपर फेंका जाता है। वह ऊंचाई जहाँ पर पत्थर की गतिज ऊर्जा अपने प्रारंभिक मान की आधी हो जाएगी, ज्ञात कीजिए : (g = 9.8 ms⁻²)

A. 5 m

B. 2.5 m

C. 1.5 m

D. 0.5 m

Q.31 यदि एक माध्यम से निर्वात तक कुल आंतरिक परावर्तन के लिए क्रांतिक कोण 30° है, तो माध्यम में प्रकाश का वेग है:

A. 3 X 10^8 m/s **B.** 1.5 X 10^8 m/s
C. 0.5 X 10^8 m/s **D.** 0.2 X 10^8 m/s

Q.32 दो भार w_1 और w_2 को एक चरखी से जुड़ी एक हल्की डोर से लटकाया गया है। यदि चरखी को g त्वरण से ऊपर उठाया जाए, तो डोर में उत्पन्न तनाव होगा :

A. $\frac{4w_1w_2}{w_1+w_2}$ **B.** $\frac{2w_1w_2}{w_1+w_2}$ **C.** $\frac{w_1-w_2}{w_1+w_2}$ **D.** $\frac{4w_1w_2}{2(w_1+w_2)}$

Q.33 एक गेंद को 100 मीटर ऊंची इमारत से गिराया गया। इसी समय, एक दूसरी गेंद को इमारत के आधार से ऊपर की तरफ 40 ms⁻¹ की गति से फेंका गया। दोनों गेंदें एकदूसरे से कितने समय बाद मिलेंगी ?

A. 5 s **B.** 2.5 s **C.** 2 s **D.** 3 s

Q.34 निम्नलिखित में से कौन सा बल सबसे मजबूत है?

A. गुरुत्वाकर्षण बल **B.** परमाणु बल
C. चुंबकीय बल **D.** विद्युत बल

Q.35 फ्लोरीन की परमाणु संख्या क्या है?

A. 15 **B.** 9 **C.** 10 **D.** 14

Q.36 निम्न में से कौन सा कथन एस्टर्स के संदर्भ में सही है?

A. एस्टर्स मीठी- सुगंध वाले पदार्थ होते हैं
B. एस्टर्स एक कार्बोक्सिलिक अम्ल और एक शराब से व्युत्पन्न होते हैं
C. इनका उपयोग इत्र बनाने में किया जाता है
D. उपरोक्त सभी

Q.37 S-ब्लॉक एलिमेंट्स किस समूह से संबंधित हैं ?

A. 13-18 समूह **B.** 3-12 समूह
C. 1-2 समूह **D.** इनमें से कोई नहीं

Q.38 द्रव्यमान $10kg$ के एक वस्तु को 2 मीटर की दूरी के लिए, किसी न किसी क्षैतिज सतह पर समान गति के साथ स्थानांतरित किया जाता है। किया गया कार्य $150\,J$ है। सतह $30°$ पर क्षैतिज में झुकी हुई है। उसी द्रव्यमान को 2 मीटर की दूरी के लिए झुकाव वाले समतल के ऊपर ले जाया जाता है। घर्षण के विरुद्ध किया जाने वाला कार्य होगा : ($g = 10\,ms^{-2}$)

A. $250\,J$ **B.** $50\,J$ **C.** $150\,J$ **D.** $75\sqrt{3}\,J$

Q.39 निम्न में से कौन ऊष्मा का सबसे अच्छा प्राकृतिक संवाहक है?

A. ग्रेफाइट **B.** अभ्रक **C.** ग्लास **D.** हीरा

Q.40 एक कण समय अवधि T के एक सरल हार्मोनिक गति को निष्पादित करता है। कण द्वारा सीधे अपनी औसत स्थिति से आधे आयाम तक जाने के लिए लिया गया समय ज्ञात करे :

A. $\frac{T}{2}$ **B.** $\frac{T}{4}$ **C.** $\frac{T}{8}$ **D.** $\frac{T}{12}$

Q.41 सेल के आंतरिक प्रतिरोध का क्या अर्थ है?

A. सेल में प्रयुक्त सामग्री का प्रतिरोध
B. सेल का पोत
C. सेल के इलेक्ट्रोड
D. सेल में प्रयुक्त इलेक्ट्रोलाइट

Q.42 _______ का उपयोग करके ठोस पदार्थों की संरचना की जांच की जाती है।

A. γ - किरणें **B.** X - किरणें
C. ब्रह्मांडीय किरणें **D.** अवरक्त विकिरण

Q.43 चुंबकीय क्षेत्र की रेखाओं के बारे में निम्नलिखित में से गलत कथन चुनें।

A. एक बिंदु पर चुंबकीय क्षेत्र की दिशा को एक चुंबकीय कम्पास सुई बिंदु के उत्तरी ध्रुव की दिशा में ले जाया जाता है।
B. चुंबकीय क्षेत्र लाइनें बंद वक्र हैं।
C. यदि चुंबकीय क्षेत्र रेखाएं समानांतर और समान हैं, तो वे शून्य क्षेत्र शक्ति का प्रतिनिधित्व करती हैं।
D. चुंबकीय क्षेत्र की सापेक्ष शक्ति को क्षेत्र लाइनों की निकटता की डिग्री द्वारा दिखाया गया है।

Q.44 प्रेरण प्रकार एकल चरण ऊर्जा मीटर में विद्युत ऊर्जा को मापते हैं :

A. kW **B.** Wh **C.** kWh **D.** VAR

Q.45 एक आवेश $Q\,\mu C$ एक घन के केंद्र में रखा गया है। किसी सतह से निकलने वाला प्रवाह होगा :

A. $\frac{Q}{6\varepsilon_0} \times 10^{-6}$ **B.** $\frac{Q}{6\varepsilon_0} \times 10^{-3}$
C. $\frac{Q}{4\varepsilon_0}$ **D.** $\frac{Q}{8\varepsilon_0}$

Q.46 एक p-प्रकार सेमीकंडक्टर है:

A. सकारात्मक आवेशित
B. नकारात्मक आवेशित
C. तटस्थ
D. 0 °K पर अन-आवेशित लेकिन उच्च तापमान पर आवेशित

Q.47 प्रसार के किस मोड के माध्यम से, रेडियो तरंगों को एक स्थान से दूसरे स्थान पर भेजा जा सकता है?

A. अंतरिक्ष तरंग का प्रसार **B.** आकाश तरंग प्रसार
C. ग्राउंड तरंग प्रसार **D.** ऊपर के सभी

Q.48 C ++ में प्रत्येक स्टेटमेंट के साथ समाप्त होता है:

A. कोलोन (:) **B.** अल्पविराम (,)
C. डॉट (.) **D.** अर्धविराम (;)

Q.49 श्रेणी क्रम में LCR सर्किट में रेजोनेन्स का क्वालिटी फैक्टर परिभाषित करें, इसकी SI इकाई क्या है?

A. $\frac{1}{R}\sqrt{\frac{L}{C}}$ **B.** $\frac{3}{R}\sqrt{\frac{L}{C}}$ **C.** $\frac{4}{R}\sqrt{\frac{L}{C}}$ **D.** $\frac{2}{R}\sqrt{\frac{L}{C}}$

Q.50 जब कोई वस्तु हवाई जहाज से गिरता है, तो उसमें वृद्धि होती है:

A. गतिज ऊर्जा **B.** द्रव्यमान
C. त्वरण **D.** संभावित ऊर्जा

Mathematics

Q.51 यदि $\cos^{-1}x - \sin^{-1}x = 0$ तो, x बराबर क्या होगा?

A. $\pm\frac{1}{\sqrt{2}}$ **B.** 1 **C.** $\pm\frac{1}{\sqrt{3}}$ **D.** $\frac{1}{\sqrt{2}}$

Q.52 यदि $\log 2 = 0.3010$, $\log_5 512$ का मान है:

A. 2.870 **B.** 2.967 **C.** 3.876 **D.** 3.912

Q.53 A.P के 12 पदों का योग ज्ञात कीजिए जिसका n^{th} पद $a_n = 3n + 4$ द्वारा दिया गया है।

A. 262 **B.** 272 **C.** 282 **D.** 292

Q.54 डेटा की माध्यिका है:
155 160 145 149 150 147 152 144 148 :

A. 149 **B.** 150 **C.** 147 **D.** 144

Q.55 निम्न में से कौन सा x में द्विघात समीकरण है।

A. $x^2 - 3x - \sqrt{x} + 4$

B. $\frac{x-6}{x} = 3$

C. $x^2 - \frac{1}{x^2} = 5$

D. $(2x + 3)(3x + 2) = 6(x - 1)(x - 2)$

Q.56 निम्नलिखित में से किस समीकरण में $y = c_1 e^x + c_2 e^{-x}$ सामान्य हल के रूप में है?

A. $\frac{d^2y}{dx^2} + y = 0$

B. $\frac{d^2y}{dx^2} - y = 0$

C. $\frac{d^2y}{dx^2} + 1 = 0$

D. $\frac{d^2y}{dx^2} - 1 = 0$

Q.57 यदि $f : R \rightarrow R$ एक फ़ंक्शन है जिसे $f(x) = 4x^3 - 7$ द्वारा परिभाषित किया गया है। फिर:

A. f one-one -into है

B. f many-one -into है

C. f many-one onto है

D. f bijective है

Q.58 x का मान ज्ञात कीजिए जिसके लिए $y = [x(x - 2)]^2$ एक बढ़ता हुआ फलन है।

A. 0<x<1

B. x>2

C. A और B दोनों

D. A और B दोनों नहीं

Q.59 AD और AC त्रिज्या r वाले वृत्त के दो व्यास हैं और वे परस्पर लंबवत हैं। वृत्त और त्रिभुज ACD क्षेत्रफलों का अनुपात कितना होगा?

A. $\frac{\pi}{2}$　　**B.** π　　**C.** $\frac{\pi}{4}$　　**D.** 2π

Q.60 चार अंक $A(6,3), B(-3,5), C(4,-2)$ और $D(x, 3x)$ इस तरह से दिए गए हैं कि $\frac{\Delta DBC}{\Delta ABC} = \frac{1}{2}$, x का मान ज्ञात करे।

A. 1.374　　**B.** 1.378　　**C.** 1.375　　**D.** 1.376

Q.61 यदि x समीकरण $\sqrt{2x + 1} - \sqrt{2x - 1} = 1, \left(x \geq \frac{1}{2}\right)$ का एक हल है, तो $\sqrt{4x^2 - 1}$ बराबर क्या होगा?

A. 2　　**B.** $\frac{3}{4}$　　**C.** $2\sqrt{2}$　　**D.** $\frac{4}{7}$

Q.62 $\int_0^1 \frac{e^{\tan^{-1}} dx}{1+x^2}$ किसके तुल्य हैं?

A. $e^{\frac{\pi}{4}} - 1$　　**B.** $e^{\frac{\pi}{4}} + 1$　　**C.** $e - 1$　　**D.** e

Q.63 मान लीजिए, $|\vec{a}| = 7, |\vec{b}| = 11, |\vec{a} + \vec{h}| = 10\sqrt{3}$ $(\vec{a} + \vec{b})$ और $\vec{a} - \vec{b})$ के बीच कोण क्या है?

A. $\frac{\pi}{2}$

B. $\frac{\pi}{3}$

C. $\frac{\pi}{6}$

D. उपर्युक्त में से कोई नहीं

Q.64 एक सरल रेखा (1, -2, 3) से गुजरती है और समतल 2x + 3y- z = 7 पर लंब है।

बिंदु (1, -2, 3) का समतल में प्रतिबिंब क्या है?

A. (2, -1, 5)

B. (-1, 2, -3)

C. (5, 4, 1)

D. उपर्युक्त में से कोई नहीं

Q.65 यदि $f(x) = \frac{\sin(e^{x-2}-1)}{\log(x-1)}, x \neq 2$ तथा $f(x) = k$ के लिये $x = 2$, फिर मूल्य k जिसके लिए f निरंतर है:

A. -2　　**B.** -1　　**C.** 0　　**D.** 1

Q.66 उस दीर्घवृत्त की, जिसकी उत्केंद्रता $\frac{4}{5}$ है और नाभिलंब की लंबाई 14.4 इकाई है, दीर्घ और लघु अक्षों का योग क्या है?

A. 32 इकाई

B. 48 इकाई

C. 64 इकाई

D. उपर्युक्त में से कोई नहीं

Q.67 3x – 4y + 12 = 0 और 3x – 4y = 6 रेखाओं के मध्य की रेखा का समीकरण क्या है?

A. $3x - 4y - 9 = 0$

B. $3x - 4y + 9 = 0$

C. $3x - 4y - 3 = 0$

D. $3x - 4y + 3 = 0$

Q.68 $\int_0^2 (x^2 + 1) \, dx$ राशि की सीमा के रूप में खोजें।

A. $\frac{4}{3}$

B. $\frac{14}{3}$

C. $\frac{14}{5}$

D. इनमें से कोई नहीं

Q.69 यदि किसी डिटर्मिनेन्ट की दो समीपवर्ती पंक्तियाँ या स्तंभ स्थिति में परस्पर बदल जाती हैं, तो डिटर्मिनेन्ट का मान:

A. शून्य हो जाता है

B. वही बना रहता है

C. अपना चिन्ह बदल देता है

D. दोगुना हो जाता है

Q.70 $\begin{vmatrix} x + a & b & c \\ a & x + b & c \\ a & b & x + c \end{vmatrix} = 0$ के मूलों में से कौन-सा एक मूल है?

A. abc

B. a+ b + c

C. -(a + b + c)

D. -abc

Q.71 यदि A और B एक खेल 12 बार खेलते हैं, तो यह पाया जाता है कि A, 6 बार जीतता है, B, 4 बार जीतता है और वे दो बार अनिर्णीत रहते हैं | A और B, 3 खेलों की श्रृंखला में हिस्सा लेते हैं | उनके बारी-बारी से जीतने की प्रायिकता क्या है?

A. $\frac{5}{12}$　　**B.** $\frac{5}{36}$　　**C.** $\frac{19}{27}$　　**D.** $\frac{5}{27}$

Q.72 एक बक्से में 3 सफ़ेद और 2 काली गेंदें है | दो गेंदें याद्रच्छिक्या एक के बाद एक निकाली जाती हैं | यदि गेंदों को पुन: बक्से में नहीं डाला जाता, तो दोनों गेंदों के काली होने की प्रायिकता क्या है?

A. $\frac{2}{5}$

B. $\frac{1}{5}$

C. $\frac{1}{10}$

D. उपर्युक्त में से कोई नहीं

Q.73 A से B में निम्नलिखित संबंधों पर विचार कीजिए, जहाँ A= {u, v, w, x, y, z} और B = {p, q, r, s}.

1) {(u, p),(v, p),(w, p),(x, q),(y, q),(z,q)}

2) {(u, p), (v, q), (w, r), (z, s)}

3) {(u, s),(v, r),(w, q),(u, p),(v, q),(z, q)}

4) {(u, q),(v, p),(w, s),(x, r),(y, q),(z, s)}

उपर्युक्त में से कौनसे संबंध फलन नहीं हैं?

A. 1 और 2　　**B.** 1 और 4　　**C.** 2 और 3　　**D.** 3 और 4

Q.74 मान लीजिए कि भारत के सभी नागरिकों का समुच्चय X है। X में अवयव x, y संबंधित कहे जाते हैं यदि उनकी आयु का अंतर 5 वर्ष है। निम्नलिखित में से कौन सा एक सही है?

A. यह संबंध, X पर एक तुल्य संबंध है।

B. यह संबंध सममित है किन्तु न तो स्वतुल्य है और न ही सकर्मक है।

C. यह संबंध स्वतुल्य है किन्तु न तो सममित है और न ही सकर्मक है।

D. उपर्युक्त में से कोई नहीं

Q.75 सिद्ध करें कि $\left(x + \dfrac{1}{x}\right)^{2n}$ के विस्तार में x से स्वतंत्र पद है:

A. $\dfrac{1\cdot3\cdot5\ldots(2n-1)}{\lfloor n}2^n$

B. $\dfrac{1\cdot3\cdot5\ldots(2n-2)}{\lfloor n}2^n$

C. $\dfrac{1\cdot4\cdot5\ldots(2n-3)}{\lfloor n}2^n$

D. $\dfrac{1\cdot2\cdot5\ldots(2n-4)}{\lfloor n}2^n$

General Knowledge

Q.76 मई 2022 में जारी 'द स्ट्रगल फॉर पुलिस रिफॉर्म्स इन इंडिया' पुस्तक के लेखक कौन हैं?

A. राकेश अस्थाना

B. किंजल सिंह

C. सत्य नारायण प्रधान

D. प्रकाश सिंह

Q.77 यदि RIVER = 72 तो LAND=?

A. 30 **B.** 29 **C.** 31 **D.** 28

Q.78 एक निश्चित कोड में 37 का अर्थ है 'which class' और 583 का अर्थ 'caste and class' है, 'caste' का कोड क्या है?

A. 3 **B.** 7 **C.** 8 **D.** 5 या 8

Q.79 कितने तरीकों से अक्षर 'SOLVING' को 7 अक्षर शब्द बनाने के लिए फिर से व्यवस्थित किया जा सकता है जैसे कि कोई भी अक्षर दोहराता नहीं है?

A. 1060 **B.** 7020 **C.** 5040 **D.** 3080

Q.80 सही वर्तनी का पता लगाएं :

A. Abbreviate

B. Abreviate

C. Abrrviate

D. Abbreviat

Q.81 इस श्रृंखला को देखें: $36,34,30,28,24,\ldots$ आगे क्या नंबर आना चाहिए?

A. 20 **B.** 22 **C.** 23 **D.** 26

Q.82

इस श्रृंखला को देखें: $5.2,4.8,4.4,4\ldots\ldots$ आगे कौन सी संख्या आनी चाहिए?

A. 3 **B.** 3.3 **C.** 3.5 **D.** 3.6

Q.83 भौतिकी में रॉबर्ट एंड्रयूज मिलिकन ने किसका अविष्कार अथवा मापन किया था?

A. विद्युत आवेश

B. न्यूट्रिनो

C. A & B दोनों

D. ऊपर के सभी

Q.84 कमी वाले रोगों को __________ द्वारा रोका जा सकता है।

A. लंबे समय तक खाना पकाने

B. केवल फल खाना

C. केवल सब्जियां खाना

D. अच्छे पोषण मूल्य के साथ भोजन करना

Q.85 एलोरा की गुफाओं की देखभाल कौन करता है?

A. महाराष्ट्र सरकार

B. भारतीय पुरातत्व सर्वेक्षण

C. संस्कृति मंत्रालय

D. पर्यटन मंत्रालय

Q.86 'यक्षगान' नृत्य है, जो __________ राज्य से संबंधित है।

A. हिमाचल प्रदेश

B. मध्य प्रदेश

C. आंध्र प्रदेश

D. कर्नाटक

Q.87 दक्षिण अफ्रीका की राष्ट्रीय मुद्रा क्या है?

A. रेंड **B.** पौंड **C.** फ्रैंक **D.** दीनार

Q.88 भारत का राष्ट्रीय सरीसृप कौन सा है।

A. मगरमच्छ

B. अर्थवर्म

C. छिपकली

D. किंग कोबरा

Q.89 भारत में कितने लघु बंदरगाह हैं?

A. 189 **B.** 200 **C.** 178 **D.** 169

Q.90 D.V.D. का मतलब क्या है?

A. Dynamic Video Disc

B. Dynamic Versatile Disc

C. Digital Versatile Disc

D. इनमें से कोई नहीं

Q.91 उच्चतम बोली जाने वाली भाषा के बढ़ते क्रम में भाषाओं की व्यवस्था करें :

A. अरबी, स्पेनिश, चीनी, अंग्रेजी

B. अरबी, अंग्रेजी, स्पेनिश, चीनी

C. बंगाली, फ्रेंच, अंग्रेजी, चीनी

D. स्पेनिश, अंग्रेजी, रूसी, चीनी

Q.92 यदि अंग्रेजी वर्णमाला में, B अक्षर से एक को छोड़कर दूसरा अक्षर छोटे अक्षरों में लिखा जाता है, जबकि अन्य बड़े में लिखे जाते हैं, तो मंगलवार से तीसरा दिन कैसे कोडित किया जाएगा?

A. W e D N e S d A Y

B. W E d n E S d A Y

C. T H U R S d A Y

D. f r I d A Y

Q.93 निम्नलिखित में से कौन मैच में फिट नहीं है?

A. फ्रेंच ओपन

B. यूएस ओपन

C. ऑस्ट्रेलियन ओपन

D. सिनसिनाटी मास्टर्स

Q.94 निम्नलिखित में से किस क्षेत्र ने रणजी ट्रॉफी टूर्नामेंट 2019 जीता है?

A. सौराष्ट्र **B.** मुंबई **C.** विदर्भ **D.** राजस्थान

Q.95 निम्नलिखित में से कौन सी ट्रॉफी भारत में क्रिकेट से संबंधित नहीं है?

A. सैयद मुश्ताक अली ट्रॉफी

B. देवधर ट्रॉफी

C. संतोष ट्रॉफी

D. दलीप ट्रॉफी

Q.96 किस अनुच्छेद के तहत सर्वोच्च न्यायालय ने राष्ट्रीय ध्वज को मौलिक अधिकार के रूप में फहराने का अधिकार घोषित किया?

A. अनुच्छेद 19 (i)

B. अनुच्छेद 14

C. अनुच्छेद 18

D. अनुच्छेद 21

Q.97 'WEF' का पूर्ण रूप क्या है :

A. विश्व बैंक

B. अंतर्राष्ट्रीय मुद्रा कोष

C. विश्व व्यापार संगठन

D. विश्व आर्थिक मंच

Q.98 वन नाइट @ द कॉल सेंटर के लेखक कौन हैं?

A. अनुराग माथुर

B. चेतन भगत

C. रॉबिन शर्मा

D. विक्रम सेठ

Q.99 1613 ई. में सूरत में एक कारखाना स्थापित करने के लिए निम्नलिखित में से किसने जहाँगीर को एक फार्मान जारी करने के लिए प्रभावित किया?

A. अंग्रेजी और पुर्तगाली के बीच सामंजस्य

B. पुर्तगालियों को बेदखल करने के लिए मुगल सम्राट को नौसैनिकों की एक गुप्त पेशकश

C. नूरजहाँ को रिश्वत की भारी खुराक

D. अंग्रेजो द्वारा पुर्तगाली नौसैनिक स्काड्रिन की हार

Q.100 नलगोंडा तकनीक के लिए प्रयोग किया जाता है:

A. पानी का क्लोरीनीकरण

B. पानी की कमी

C. नमक का आयोडिकेशन

D. दूषित सरसों के तेल का विषहरण

// स्मार्ट उत्तर पुस्तिका //

| सही उत्तर | उन छात्रों का प्रतिशत जिन्होंने प्रश्नों का सही उत्तर दिया था। | छोड़ दिया | उन छात्रों का प्रतिशत जिन्होंने प्रश्नों को छोड़ दिया था। |

प्रश्न संख्या	उत्तर	सही उत्तर / छोड़ दिया	प्रश्न संख्या	उत्तर	सही उत्तर / छोड़ दिया	प्रश्न संख्या	उत्तर	सही उत्तर / छोड़ दिया	प्रश्न संख्या	उत्तर	सही उत्तर / छोड़ दिया	प्रश्न संख्या	उत्तर	सही उत्तर / छोड़ दिया	प्रश्न संख्या	उत्तर	सही उत्तर / छोड़ दिया
1	A	56.18% / 30.49%	18	D	54.21% / 45.03%	35	B	79.61% / 17.7%	52	C	46.77% / 46.17%	69	C	54.19% / 37.94%	86	D	54.86% / 33.22%
2	A	61.08% / 32.34%	19	B	46.39% / 40.19%	36	D	48.91% / 44.35%	53	C	82.66% / 12.1%	70	C	14.68% / 67.97%	87	A	45.81% / 35.78%
3	B	69.75% / 30.17%	20	D	68.96% / 30.08%	37	C	85.78% / 11.84%	54	A	52.02% / 31.04%	71	B	67.2% / 30.54%	88	D	53.45% / 31.09%
4	A	58.85% / 33.0%	21	B	43.98% / 54.18%	38	D	32.8% / 67.04%	55	B	84.64% / 12.66%	72	B	47.29% / 44.57%	89	B	13.11% / 81.2%
5	D	65.37% / 30.91%	22	A	57.98% / 38.18%	39	D	81.32% / 16.87%	56	B	54.26% / 34.88%	73	C	44.1% / 37.23%	90	C	82.3% / 14.63%
6	D	28.7% / 70.8%	23	C	56.69% / 35.06%	40	D	68.57% / 31.0%	57	D	27.65% / 68.64%	74	B	48.39% / 42.88%	91	A	45.2% / 33.86%
7	D	53.21% / 36.27%	24	B	63.02% / 31.53%	41	D	81.34% / 14.79%	58	C	24.29% / 74.51%	75	A	49.76% / 34.89%	92	D	42.29% / 49.88%
8	A	87.98% / 11.96%	25	A	44.5% / 50.99%	42	B	64.15% / 31.66%	59	B	55.36% / 41.47%	76	D	62.12% / 36.3%	93	D	55.55% / 38.23%
9	B	65.84% / 33.22%	26	C	50.83% / 38.09%	43	C	60.56% / 37.62%	60	C	20.58% / 70.81%	77	C	87.64% / 10.91%	94	C	47.12% / 49.84%
10	C	56.09% / 42.03%	27	B	51.15% / 31.77%	44	C	86.75% / 12.68%	61	B	23.6% / 75.26%	78	D	68.79% / 31.1%	95	C	59.15% / 40.7%
11	C	52.9% / 39.64%	28	B	67.84% / 31.41%	45	A	15.39% / 77.27%	62	A	47.42% / 39.03%	79	C	54.46% / 36.09%	96	A	18.85% / 73.52%
12	A	79.11% / 20.3%	29	C	63.95% / 30.79%	46	C	81.45% / 13.12%	63	D	49.21% / 46.54%	80	A	59.16% / 40.12%	97	D	56.93% / 31.87%
13	B	47.7% / 49.32%	30	B	61.09% / 34.89%	47	D	49.59% / 43.58%	64	C	85.64% / 11.25%	81	B	48.84% / 38.31%	98	B	48.6% / 35.85%
14	C	50.8% / 32.5%	31	B	42.91% / 45.46%	48	D	81.55% / 15.03%	65	D	46.89% / 43.71%	82	D	40.72% / 30.68%	99	D	12.93% / 69.19%
15	A	65.86% / 33.98%	32	A	50.51% / 30.87%	49	A	46.81% / 44.52%	66	C	48.04% / 40.56%	83	A	26.99% / 68.74%	100	B	48.91% / 30.07%
16	A	58.69% / 33.92%	33	B	88.16% / 10.6%	50	C	55.97% / 42.94%	67	D	49.32% / 42.45%	84	D	50.45% / 47.23%			
17	D	49.77% / 35.26%	34	B	68.26% / 30.65%	51	D	80.93% / 16.15%	68	C	28.15% / 68.13%	85	B	60.11% / 34.15%			

//संकेत और समाधान//

1. It is mentioned in the passage 'Pierre and Marie's amicable collaboration later helped to unlock the secrets of the atom.' The word 'amicable' means 'friendly'.
Hence, the correct option is (A).

2. Marie Curie was determined in her actions. When she learned that the university in Warsaw was closed for women, she decided to receive higher education and left Poland in 1891 to enter the Sorbonne, a French university.
Hence, the correct option is (A).

3. The word 'disgruntled' means 'annoyed or displeased.' It is mentioned in the passage that she became disgruntled.
Hence, the correct option is (B).

4. The word 'boldly' fits here as Marie showed courage and determination in pursuing her higher studies.
Hence, the correct option is (A).

5. It is mentioned in the passage that she earned her master's degree and doctorate in physics.
Hence, the correct option is (D).

6. Let's first learn the meanings of the words:
Meandering = following a route which is not straight or direct
Sliding = move smoothly along a surface
Sloping = inclined from a horizontal or vertical line
Strained = showing signs of nervousness, tension or tiredness
So, the antonym of "meandering" is "straight".
Hence, the correct option is (D).

7. Venial = an evil act which can be forgiven; pardonableSuperficial = lacking in depth or solidity, not seriousPardonable = able to be forgivenCorrupt = having or showing a willingness to act dishonestly in return for money or personal gain.
Hence, the correct option is (D).

8. We use 'used to' to talk about past events which we no longer do. We only use it to talk about the past. The only option with the correct sentence structure is option A.
Hence, the correct option is (A).

9. The correct spelling is 'Prepossessing'.
Prepossession is defined as the state or condition of being prepossessed by someone.
Ex- (1)- He wasn't a very prepossessing sort of person.
(2)- The box didn't look very prepossessing, but the necklace inside was beautiful.
Hence, the correct option is (B).

10. Out of the given alternatives, option C is the correctly punctuated sentence.
Hence, the correct option is (C).

11. Edify = to enlighten, to educate.Sermonize = to deliver an opinionated and dogmatic talk to someone.Oration = a formal speech, especially one given on a ceremonial occasion.Elocution = a particular style of speaking.
Hence, the correct option is (C).

12. The given sentence is inactive form of simple past tense. The structures for active/passive voices are: Active: Subject + verb (IInd form) + object... Passive: Object + was/were + verb (IIIrd form) + by + subject... So, with the help of the above structures, we can convert the given sentence into passive voice: The letter was written and posted by me.
Hence, the correct option is (A).

13. The given sentence is of present perfect tense and it is in passive form. The structures for active/passive voices are: Active: Subject + has/have + verb (IIIrd form) + object...Passive: Object + has/have + been + verb (IIIrd form) + by + subject...So, the active voice of the given sentence would be: The police have launched a massive search operation to nab the suspects.
Hence, the correct option is (B).

14. The given sentence is of direct narration. To convert it into an indirect narration, remove inverted commas and add conjunction "that" to join the reporting verb with the reported speech. If there is any universal truth or habitual fact in the reporting speech, no changes are made to the reported verb's tense. So, the direct speech of the given sentence would be: I said that water is essential for life.
Hence, the correct option is (C).

15. The given sentence is of indirect narration. Since "asked" is followed by an object, so it'll change to "said to" in the direct speech. It is an interrogative sentence and is in simple past, so, it will change into simple present in the interrogative sentence format. The question mark will be used in place of full stop and inverted commas will be placed before and after the reported speech.
Hence, the correct option is (A).

16. Let's understand the meaning of each phrasal verb in order to find out which one fits best in the sentence:
Call for means to summon.
Call off means to cancel something.
Call to means to speak loudly, as to attract attention.
Call up means to bring forward for consideration.
The manager is being summoned for an explanation.
Hence, the correct option is (A).

17. The verb "devote" is followed by the preposition "to".

He was entirely **devoted** to the affairs of his regimen.
Hence, the correct option is (D).

18. When we use past perfect and simple past in a sentence, it shows that an action happened before something else in the past. The phrase in the past perfect tense is used to show that something happened before another action in the past (for the action that happened first). And the phrase in the simple past is used for the action that happened later.
Hence, the correct option is (D).

19. The word humane (Adjective) means to show kindness towards people and animals by making them sure that they do not suffer. A civilized nation believes in the proper treatment of all its people and animals.
Hence, the correct option is (B).

20. We use little with singular uncountable nouns. We use "few" for countable nouns.

We use "few, a few, and the few" in the following contexts:

Few: means a small amount, but the amount is almost nothing.

A few: mean a small amount, but it's enough.

The few: mean a small specific amount.

Here, a few fit the blank perfectly as the woman in the sentence wants some quality time for herself.

So, the complete sentence is: All she wanted was a few moments on her own.

Hence, the correct option is (D).

21. The third conditional sentence is used to explain that present circumstances would be different if something different had happened in the past. We use the past perfect (had + past participle) in the if-clause. The modal auxiliary (would, could, shoud, etc.) + have + past participle in the main clause expresses the theoretical situation that could have happened.
Hence, the correct option is (B).

22. When we use past perfect and simple past in a sentence, it shows that an action happened before something else in the past. The phrase in the past perfect tense is used to show that something happened before another action in the past (for the action that happened first). And the phrase in the simple past is used for the action that happened later.
Hence, the correct option is (A).

23. The teacher set some homework 'at' the end of the lesson.
Hence, the correct option is (C).

24. The train is expected to arrive between 11pm and 12pm.
Hence, the correct option is (B).

25. He came along 'with' his sister to meet us.
Hence, the correct option is (A).

26. दिया हुआ:

$p = 0$ (निर्वात के लिए)

$\Delta p = 1 \times 10^{-5} Nm^{-2}$ और $B = 1.25 \times 10^{11} Nm^{-2}$

बल्क मापांक (B) $\dfrac{\Delta v}{v} = \dfrac{\Delta p}{B}$

$\therefore \dfrac{\Delta v}{v} = \dfrac{\Delta p}{B} = \dfrac{10^5}{1.25 \times 10^{11}}$

$= 8 \times 10^{-7}$

अत: विकल्प (C) सही है।

27. स्पशरिखीय तनाव और कर्तन तनाव के बीच के अनुपात को पदार्थ की मापांक कठोरता कहा जाता है। इसमें पदार्थ का आकार बदल जाता है लेकिन आयतन अपरिवर्तित रहता है।

आदर्श तरल मापांक कठोरता के साथ शून्य है क्योंकि इस मामले में घर्षण बल मौजूद नहीं होता है। तो, कर्तन तनाव और स्पशरिखीय बल शून्य हैं।

अतः विकल्प (B) सही है।

28. दिया हुआ:
$R_E = 6400km,\ g_E = 9.8ms^{-2}\ d = 5km$
पृथ्वी की सतह से गहराई h पर g का मान,

$g = g_E\left(1 - \dfrac{d}{R}\right)$........(i)

जहां, पृथ्वी की सतह पर गुरुत्वाकर्षण के कारण भू त्वरण g_E
(i) में मानो को रखने पर

$g = 9.8\left(1 - \dfrac{5}{6400}\right)$

$= 9.8\left(\dfrac{6395}{6400}\right)$

$= 9.79\ ms^{-2}$

इसलिए, गुरुत्वाकर्षण के कारण त्वरण का मान पृथ्वी की सतह से $5\ km$ नीचे $9.79 ms^{-2}$ है।
अत: विकल्प (B) सही है।

29. दिया हुआ:
$V_1 = 14ms^{-1},\ V_2 = 0,\ M_1 = 10kg,\ M_2 = 4kg$
द्रव्यमान के केंद्र का वेग,

$V_{CM} = \dfrac{V_1 M_1 + V_2 M_2}{M_1 + M_2}$.........(i)

(i) में मानो को रखने पर,

$V_{CM} = \dfrac{10(14) + 4(0)}{10 + 4}$

$= 10ms^{-1}$

अत: विकल्प (C) सही है।

30. ऊर्जा संरक्षण का नियम लागू करके
कुल ऊर्जा $= K.E + P.E.$
इस ऊंचाई पर $P.E., K.E.$ का आधा है
फिर,

$mgh = \dfrac{98}{2}$

$2 \times 9.8 \times h = 49$

$h = 2.5\ m$

इसलिए, 2.5 मीटर की ऊंचाई पर $K.E.$ आधा हो गया।
अत: विकल्प (B) सही है।

31. दिया गय:,

क्रांतिक कोण $= C = 30°$

किसी माध्यम का अपवर्तनांक $= \mu$

$= \dfrac{1}{(\sin C)}$

$= \dfrac{1}{(\sin 30°)}$

$= 2$

अपवर्तक सूचकांक $=$ निर्वात में प्रकाश की गति/माध्यम में प्रकाश की गति

$= \dfrac{3 \times 10^8}{v}$

$\Rightarrow 2 = \dfrac{3 \times 10^8}{v}$

$\Rightarrow v = \dfrac{3 \times 10^8}{2}$

$= 1.5 \times 10^8\ m/s$

अत: विकल्प (B) सही है।

32. यदि चरखी ऊपर की ओर जाती है, तो एक वजन नीचे जाता है, और दूसरा ऊपर की ओर जाएगा।
w_1 को ऊपर की ओर जाने दें और w_2 नीचे की ओर जाने दें।
फिर,
चरखी के सापेक्ष त्वरण, $w_1 - T = \dfrac{w_1}{g}(a_r - g)$........(i)

ग्राउंड के सापेक्ष त्वरण, $T - w_2 = \frac{w_2}{q}(a_r + g)$ ....(ii)

समीकरण (i) और (ii) को हल करते हुए, हम प्राप्त करते हैं,

$T = \frac{4w_1 w_2}{w_1 + w_2}$

अत: विकल्प (A) सही है।

33. उन गेंदों के बीच सापेक्ष त्वरण $= 0$ क्योंकि दोनों गुरुत्वाकर्षण के कारण नीचे मुक्त रूप से गिर रही है, और सापेक्ष वेग $40\ ms^{-1}$ है, और सापेक्ष दूरी 100 मीटर है।

तब,

$\therefore$ समय $= \frac{100}{40} = 2.5s$

अत: विकल्प (B) सही है।

34. परमाणु बल प्रकृति की 4 मूलभूत शक्तियों में से एक है।

स्ट्रॉन्ग परमाणु बल सबसे मजबूत बल है और इसकी रेंज बहुत कम है। साथ ही 0.7 फर्मी और उससे कम की दूरी पर यह बल प्रतिकारक बन जाता है।

यह प्रोटॉन और न्यूट्रॉन को बांधने के लिए जिम्मेदार परमाणु के अंदर मौजूद है और क्वार्क को बांधने में प्रोटॉन और न्यूट्रॉन के अंदर भी मौजूद है।

अत: विकल्प (B) सही है।

35. फ्लोरीन एक रासायनिक तत्व है जिसका प्रतीक F और परमाणु संख्या 9 है।

यह सबसे हल्का हलोजन है और मानक स्थितियों में अत्यधिक जहरीले हल्के पीले डायटोमिक गैस के रूप में मौजूद है।

यह सबसे अधिक विद्युतीय तत्व है।

अत: विकल्प (B) सही है।

36.

- एस्टर्स एक एसिड और एक अल्कोहल की प्रतिक्रिया से आमतौर पर बनते हैं।
- एस्टर्स मीठी-महक वाले पदार्थ हैं।
- इनका उपयोग इत्र बनाने और स्वाद बढ़ाने वाले एजेंट के रूप में किया जाता है।
- एस्टर्स शराब और कार्बोक्जिलिक एसिड को वापस देने के लिए एक एसिड या बेस की उपस्थिति में प्रतिक्रिया करते हैं और इस प्रतिक्रिया को सैपोनिफिकेशन के रूप में जाना जाता है क्योंकि इसका उपयोग साबुन बनाने में किया जाता है।

अत: विकल्प (D) सही है।

37.

- S-ब्लॉक तत्व आवर्त सारणी पर समूह 1 और समूह 2 में पाए जाने वाले तत्व हैं।
- समूह 1 क्षार धातुएं हैं जिनमें एक वैलेंस इलेक्ट्रॉन है। उनके पास कम आयनीकरण ऊर्जा है जो उन्हें बहुत प्रतिक्रियाशील बनाती है।
- समूह 2 क्षार पृथ्वी की धातुएँ हैं, जिनमें दो वैलेंस इलेक्ट्रॉन होते हैं, जो कि अपने स्ब्लेव्स को भरते हैं।

अत: विकल्प (C) सही है।

38. दिया गया है,

द्रव्यमान $M = 10\ kg$

क्षितिज पर विस्थापन = झुकाव पर विस्थापन $= d = 2m$

क्षितिज तल पर घर्षण बल, $F_r = \mu mg$

झुकाव विमान पर घर्षण बल, $F_r' = \mu mg\cos\theta$

गति एक समान है, शुद्ध अभिनय बल घर्षण बल के बराबर है, कार्य किया गया, $W = F_r \cdot d = \mu mg \cdot d$

$\Rightarrow \mu = \frac{W}{mg \cdot d}$

$= \frac{150}{10 \times 10 \times 2}$

$= 0.75$

इनलाइन विमान पर किया गया काम, $W = F_r' d = \mu mg\cos\theta \cdot d$

$\Rightarrow W = 0.75 \times 10 \times 10 \times \cos 30° \times 2$

$\Rightarrow W = 75\sqrt{3}J$

घर्षण के विरुद्ध किया गया कार्य $75\sqrt{3}\ J$ है।

अत: विकल्प (D) सही है।

39.

- ऊष्मा का प्राकृतिक संवाहक ऐसी सामग्री है जो ऊष्मा को आसानी से अपने पास से गुजरने देती है जिसे ऊष्मा का सुचालक कहते हैं।
- हीरा बिजली का कुचालक है लेकिन ऊष्मा का सुचालक है।
- हीरा गर्मी का एक अच्छा संवाहक है क्योंकि हीरे में प्रत्येक कार्बन परमाणु को टेट्राहेड्रल व्यवस्था में व्यवस्थित किया जाता है। कंपन के कारण परमाणुओं के बीच एक मजबूत बंधन के कारण सभी इलेक्ट्रॉन एक-साथ करीब होते हैं।
- लेकिन यह बिजली का कुचालक है क्योंकि इसके पास कोई मुक्त इलेक्ट्रॉन उपलब्ध नहीं है।

अत: विकल्प (D) सही है।

40. विस्थापन समीकरण $x = A\sin\ wt$ जहां A दोलन का आयाम है। कण प्रारंभिक स्थिति में है अर्थात् शुरू में $t = 0, x = 0$

समय t पर, कण आधे आयाम यानी X की स्थिति में है।

$= \frac{A}{2}$

$\therefore \quad \frac{A}{2} = A\sin wt$

$0.5 = \sin wt$

$\Rightarrow wt = \frac{\pi}{6}$

$\frac{2\pi}{T} \times t = \frac{\pi}{6}$

$\Rightarrow t = \frac{T}{12}$

अत: विकल्प (D) सही है।

41. आंतरिक प्रतिरोध का तात्पर्य उन सेल और बैटरियों द्वारा दी जाने वाली धारा के प्रवाह के विरोध से है जिनके परिणामस्वरूप ताप उत्पन्न होता है। आंतरिक प्रतिरोध को ओम में मापा जाता है। द्वारा दिए गए सेल के आंतरिक प्रतिरोध (r) और emf (e) के बीच संबंध e = I(r+ R) है।

अत: विकल्प (D) सही है।

42. X- किरणों में ठोस क्रिस्टल के परमाणुओं के अंतर-परमाण्विक रिक्ति के क्रम का तरंगदैर्ध्य होता है। तो X- किरणों ठोस संरचना की जांच के लिए सबसे अनुकूल हैं।

अतः विकल्प (C) सही है।

43. यह कथन चुंबकीय क्षेत्र रेखाओं के बारे में गलत है कि यदि चुंबकीय क्षेत्र रेखाएं समानांतर और समान हैं तो वे शून्य क्षेत्र शक्ति का प्रतिनिधित्व करती हैं क्योंकि यदि वे समानांतर हैं और समान दूरी पर हैं तो उनके पास एक समान चुंबकीय क्षेत्र हैं और उनके पास शून्य चुंबकीय क्षेत्र शक्ति नहीं है।

अतः विकल्प (C) सही है।

44.

- घरेलू और औद्योगिक A.C सर्किट में ऊर्जा के माप के लिए ऊर्जा मीटर के प्रेरण प्रकार का उपयोग किया जाता है।
- विद्युत ऊर्जा की इकाई किलोवाट घंटा (kWh) है।
- उपयोग किए गए ऊर्जा मीटर का प्रेरण प्रकार "विद्युत चुम्बकीय प्रेरण" सिद्धांत पर आधारित है।
- उन्हें प्रेरण प्रकार के उपकरणों के रूप में जाना जाता है।
- एक प्रेरण मीटर धारा को 100 A तक संभाल सकता है।

अतः विकल्प (C) सही है।

45. कुल प्रवाह $= \dfrac{Q_{enclosed}}{E_0}$ बाहर आ रहा है

$$\int E.ds = \frac{Q \times 10^{-6}}{\epsilon_0} \;(\text{ गौस का नियम })$$

जैसा कि Q को केंद्र में रखा गया है, सभी 6 सतह से निकलने वाला प्रवाह समान होगा।

∴ एक सतह से प्रवाह

$$= \frac{Q \times 10^{-6}}{6e_0}$$

$$\frac{Q}{6\varepsilon_0} \times 10^{-6}$$

अतः विकल्प (A) सही है।

46. एक p-प्रकार अर्धचालक ग्राहक अशुद्धियों के साथ एक आंतरिक अर्धचालक डोपिंग द्वारा बनाया गया है। P-प्रकार अर्धचालक में, होल बहुसंख्यक वाहक होते हैं और इलेक्ट्रॉन अल्पसंख्यक वाहक होते हैं लेकिन यह विद्युत रूप से उदासीन होते हैं।

अतः विकल्प (C) सही है।

47. रेडियो तरंगों को एक स्थान से दूसरे स्थान पर अंतरिक्ष तरंग प्रसार, आकाश तरंग प्रसार के साथ-साथ ग्राउंड तरंग प्रसार के माध्यम से भेजा जा सकता है।

अतः विकल्प (D) सही है।

48. एक साधारण C ++ स्टेटमेंट प्रोग्राम के प्रत्येक व्यक्तिगत निर्देश है, जैसे वेरिएबल डेक्लेरेशन एक्सप्रेशन, वे हमेशा एक अर्धविराम (;) के साथ समाप्त होते हैं, और उसी क्रम में निष्पादित होते हैं जिसमें वे एक प्रोग्राम में दिखाई देते हैं।

अतः विकल्प (D) सही है।

49. रेजोनेन्स का क्वालिटी फैक्टर एक आयाम रहित पैरामीटर है जो बताता है कि कैसे एक रेजोनेन्स या अनुनादक, और इसके केंद्र आवृत्ति के सापेक्ष एक अनुनाद बैंडविड्थ की विशेषता है।

अनुनाद पर, $X_C = X_L$

$$\Rightarrow w_o = \sqrt{\frac{1}{LC}}$$

∴ श्रेणी क्रम में LCR सर्किट में क्वालिटी फैक्टर,

$$Q = \frac{w_0 L}{R}$$

$$= \frac{1}{R}\sqrt{\frac{L}{C}}$$

जैसा कि क्वालिटी फैक्टर आयामहीन है, इस प्रकार इसकी कोई SI इकाई नहीं है।

अतः विकल्प (A) सही है।

50. वस्तु द्वारा अपनी गति के आधार पर धारण की जाने वाली ऊर्जा को गतिज ऊर्जा कहा जाता है। गतिज ऊर्जा अपनी स्थिति या विन्यास के आधार पर ऊर्जा है। जब कोई वस्तु किसी हवाई जहाज से गिरता है, तो उसके त्वरण में वृद्धि होती है।

अतः विकल्प (C) सही है।

51. दिया हुआ:

$$\cos^{-1} x - \sin^{-1} x = 0$$
$$\because \cos^{-1}\theta + \sin^{-1}\theta = \frac{\pi}{2} \text{.........(i)}$$
$$\Rightarrow \cos^{-1} x - \frac{\pi}{2} + \cos^{-1} x = 0 \text{.........(ii)} \; ((i) \text{ से (ii) में } \sin^{-1}\theta$$
का मान डालें)
$$\Rightarrow 2\cos^{-1} x = \frac{\pi}{2}$$
$$\Rightarrow \cos^{-1} x = \frac{\pi}{4}$$
$$\Rightarrow x = \frac{1}{\sqrt{2}}$$

अतः विकल्प (D) सही है।

52. दिया हुआ:

$$\log 2 = 0.3010 \text{...........(i)}$$

हमें इसका मूल्य ज्ञात करना है,

$$\log_5 512 = \frac{\log 512}{\log 5}$$

$$\Rightarrow \frac{\log 2^9}{\log\left(\frac{10}{2}\right)}$$

(i) से मूल्य डालें,

$$\Rightarrow \frac{9\log 2}{\log 10 - \log 2}$$
$$\Rightarrow \frac{9 \times 0.3010}{1 - 0.3010}$$
$$\Rightarrow \frac{2.709}{0.699}$$
$$\Rightarrow \frac{2709}{699}$$
$$\Rightarrow 3.876$$

अतः विकल्प (C) सही है।

53. दिया हुआ:

$$n = 12 \text{ और } a_n = 3n + 4 \text{..........(i)}$$
(i) में $n = 1,2,3$ रखे
$$a_1 = 7, a_2 = 10, a_3 = 13$$
$$a = 7, d = 10 - 7 = 3$$
$$S_n = \frac{n}{2}[2a + (n-1) \times d] \text{.......(ii)}$$

a, n, d का मान (ii) में रखे
$$S_{12} = \frac{12}{2}[2 \times 7 + (12 - 1) \times 3]$$
$$= 6[14 + 33]$$
$$= 6 \times 47$$
$$= 282$$
अत: विकल्प (C) सही है।

54. दिया हुआ:

डेटा का माध्यिका:

155 160 145 149 150 147 152 144 148 है:

पहले आरोही क्रम में डेटा की व्यवस्था करें।

144 145 147 148 149 150 152 155 160

चूंकि, यहां डेटा की संख्या विषम है, इसलिए,

$$\text{माध्यिका,} = \frac{(n+1)^{th}}{2}$$
$$= \frac{(9+1)}{2}$$
$$= \frac{10}{2}$$
$$= 5^{\text{वीं}} \text{ संख्या}$$
$$= 149$$

अत: विकल्प (A) सही है।

55. (A) $\frac{x-6}{x} = 3$

$x^2 - 6 = 3x$

$x^2 - 3x - 6 = 0$ द्विघात बहुपद है; इसलिए, दिए गए समीकरण द्विघात है।

(B) $x^2 - 3x - \sqrt{x} + 4$ जिसमें x, अर्थात, $x^{\frac{1}{2}}$, के साथ एक पद सम्मिलित है, जहां $\frac{1}{2}$ एक पूर्णांक नहीं है इसलिए, यह है एक द्विघात बहुपद नहीं है।

(C) $x^2 - \frac{1}{x^2} = 5$

$x^4 - 1 = 5x^2$

$x^4 - 5x^2 - 1 = 0$, 4 डिग्री के साथ एक बहुपद है तो यह द्विघात समीकरण नहीं है।

(D) $(2x + 3)(3x + 2) = 6(x - 1)(x - 2)$

$6x^2 + 4x + 9x + 6 = 6(x^2 - 2x - x + 2)$

$6x^2 + 4x + 9x + 6 = 6x^2 - 18x + 12$

$31x - 6 = 0$

तो, दिया गया समीकरण द्विघात समीकरण नहीं है।
अत: विकल्प (B) सही है।

56. दिया गया:

$$y = c_1 e^x + c_2 e^{-x}$$

x के संबंध में अवकलन करने पर,

$$\frac{dy}{dx} = c_1 e^x - c_2 e^{-x}$$

फिर, x के संबंध में अवकलन करने पर,

$$\frac{d^2y}{dx^2} = c_1 e^x + c_2 e^{-x}$$
$$\frac{d^2y}{dx^2} = y$$
$$\frac{d^2y}{dx^2} - y = 0$$

यह वक्र के दिए गए समीकरण का आवश्यक अवकलक समीकरण है।

अत: विकल्प (B) सही है।

57. दिया हुआ:

$$f(x) = 4x^3 - 7, x \in R.$$

माना, $x_1, x_2 \in R$ और $f(x_1) = f(x_2)$

$\Rightarrow 4x_1^3 - 7 = 4x_2^3 - 7$

$\Rightarrow 4x_1^3 = 4x_2^3$

$\Rightarrow x_1^3 = x_2^3$

$\Rightarrow x_1^3 - x_2^3 = 0$

$\Rightarrow (x_1 - x_2)(x_1^2 + x_1 x_2 + x_2^2) = 0$

$\Rightarrow (x_1 - x_2)\left[\left(x_1 + \frac{x_2}{2}\right)^2 + \frac{3x_2^2}{4}\right] = 0$

$\Rightarrow x_1 - x_2 = 0$, क्योंकि दूसरा गुणक गैर-शून्य है।

$\Rightarrow x_1 = x_2$

$\therefore f$ one-one है f onto है

माना, $k \ \varepsilon \ R$ कोई भी वास्तविक संख्या

$$f(x) = k$$

$\Rightarrow 4x^3 - 7 = k$

$\Rightarrow x = \left[\frac{k+7}{3}\right]^{\frac{1}{3}}$

अब,

$\left[\frac{k+7}{4}\right]^{\frac{1}{3}} \varepsilon R$, क्योंकि $k \varepsilon R$ और $f\left[\left(\frac{k+7}{4}\right)^{\frac{1}{3}}\right]$

$$= 4\left[\left(\frac{k+7}{4}\right)^{\frac{1}{3}}\right]^3 - 7$$

$$= 4\left[\frac{k+7}{4}\right] - 7 = k$$

$\therefore k \ \left[\frac{k+7}{4}\right]^{\frac{1}{3}}$ की छवि है

$\therefore f$ onto है

$\therefore f$ bijective है।

अत: विकल्प (D) सही है।

58. दिया हुआ:

$$y = [x(x - 2)]^2 = [x^2 - 2x]^2$$

Diff. w.r.t. to x

$$\frac{dy}{dx} = y = 2(x^2 - 2x)(2x - 2) = 4x(x - 2)(x - 1)$$

$$\frac{dy}{dx} = 0$$

$x = 0, x = 2$ और $x = 1$

अंक $x = 0, x = 1$ और $x = 2$ वास्तविक रेखा को चार असमान अंतराल यानी $(-\infty, 0), (0,1), (1,2)(2, \infty)$ में विभाजित करते हैं,

अंतराल में $(-\infty, 0)$ और $(1,2)$ $\frac{dy}{dx} < 0$: y अंतरालों में सख्ती से

कम हो रहा है $(-\infty, 0)$ और $(1,2)$ हालांकि, अंतराल में $(0,1)$ और $(2, \infty), \frac{dy}{dx} > 0$

$\therefore$ y सख्ती से अंतराल में बढ़ रहा है $(0,1)$ और $(2, \infty)$

$\therefore$ y सख्ती से बढ़ते अंतराल है $0,2$ है।

अत: विकल्प (C) सही है।

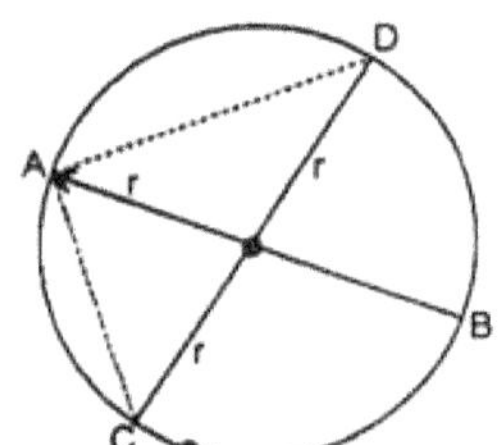

59.

वृत्त का क्षेत्रफल $= \pi r^2$

$\triangle ACD$ का क्षेत्रफल $= \frac{1}{2} \times (2r) \times r$

$= r^2$

वृत्त और त्रिभुज $\triangle ACD$ के क्षेत्रफल का अनुपात,

$= \frac{\pi r^2}{r^2}$

$= \pi$

अत: विकल्प (B) सही है।

60.

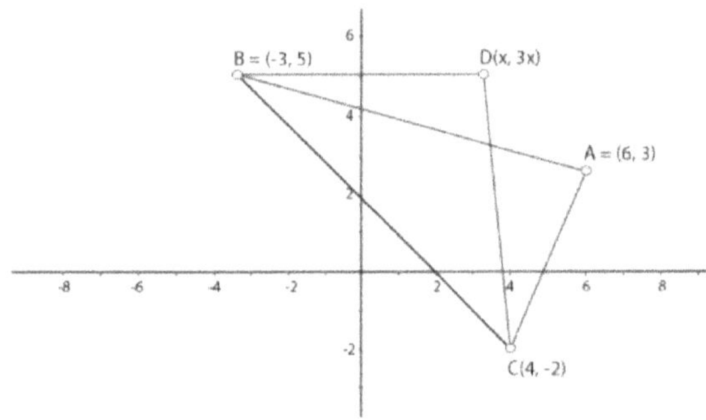

दिया हुआ:

त्रिभुज के निर्देशांक ऊपर की आकृति में दिखाए गए हैं।

इसके अलावा, $\frac{\Delta DBC}{\Delta ABC} = \frac{1}{2}$

अब, आइए ΔPQR क्षेत्रफल का विचार करें

जहां, $P(x_1, y_1), Q(x_2, y_2)$ और $R(x_3, y_3)$ ΔPQR के 3 कोने हों, इसलिए ΔPQR का क्षेत्रफल,

$= \frac{1}{2}[x_1(y_2 - y_3) + x_2(y_3 - y_1) + x_3(y_1 - y_2)]$

ΔDBC का क्षेत्रफल

$= \frac{1}{2}[x(5 - (-2)) + (-3)(-2 - 3x) + 4(3x - 5)]$

$= \frac{1}{2}[7x + 6 + 9x + 12x - 20]$

$= 14x - 7$

इसी तरह $\triangle ABC$ का क्षेत्रफल

$= \frac{1}{2}[6(5 - (-2)) + (-3)(-2 - 3) + 4(3 - 5)]$

$= \frac{1}{2}[42 + 15 - 8]$

$= \frac{49}{2}$

$= 24.5$

$\therefore \frac{\Delta DBC}{\Delta ABC}$

$= \frac{1}{2} = \frac{14x - 7}{24.5}$

$24.5 = 28x - 14$

$28x = 38.5$

$x = \frac{38.5}{28}$

$= 1.375$

अत: विकल्प (C) सही है।

61. दिया हुआ:

$\sqrt{2x + 1} - \sqrt{2x - 1} = 1$

$\Rightarrow \sqrt{2x + 1} = 1 + \sqrt{2x - 1}$

दोनों तरफ को वर्ग करने पर हम प्राप्त करते है,

$\Rightarrow 2x + 1 = 1 + 2x - 1 + 2\sqrt{2x - 1}$

$\Rightarrow 0 = -1 + 2\sqrt{2x - 1}$

$\Rightarrow 2\sqrt{2x - 1} = 1$

दोनों तरफ को वर्ग करने पर हम प्राप्त करते है,

$4\left(\sqrt{2x - 1}\right)^2 = 1$

$\Rightarrow 2x - 1 = \frac{1}{4}$

$\Rightarrow 2x = \frac{1}{4} + 1$

$\Rightarrow 2x = \frac{5}{4}$

$\Rightarrow x = \frac{5}{8}$

$\therefore \sqrt{x^2 - 1}$

$\Rightarrow \sqrt{4 \times \left(\frac{5}{8}\right)^2 - 1}$

$\Rightarrow \sqrt{4 \times \frac{25}{64} - 1}$

$\Rightarrow \sqrt{\frac{100 - 64}{64}}$

$\Rightarrow \sqrt{\frac{36}{64}}$

$\Rightarrow \frac{6}{8}$

$\Rightarrow \frac{3}{4}$

अत: विकल्प (B) सही है।

62. $I = \int_0^1 \dfrac{e^{\tan^{-1}x} dx}{1+x^2}$

माना $\tan^{-1}x = t$

$\dfrac{1}{1+x^2} dx = dt$

निचली सीमा $\rightarrow t = \tan^{-1}0 = 0$

ऊपरी सीमा $\rightarrow t = \tan^{-1}1 = \dfrac{\pi}{4}$

$\therefore \int_0^{\frac{\pi}{4}} e^t \, dt = [e^t]_0^{\frac{\pi}{4}}$

$e^{\frac{x}{4}} - e^0 = e^{\frac{x}{4}} - 1$

अतः विकल्प (A) सही है।

63. $\left(a + \overline{b}\right)$ और $\left(a - \overline{b}\right)$ के बीच में कोण α,

$\cos\alpha = \dfrac{\left(\vec{a}+\vec{b}\right)\left(\vec{a}-\vec{b}\right)}{\left|\vec{a}+\vec{b}\right|\left|\vec{a}-\vec{b}\right|}$

$= \dfrac{(7)^2 - (11)^2}{10\sqrt{3} \times 2\sqrt{10}}$

$= \dfrac{(7+11)(7-11)}{20\sqrt{3} \times \sqrt{10}}$

$= -\dfrac{18}{5\sqrt{30}}$

$= \dfrac{-6 \times 3}{5\sqrt{30}} \times \dfrac{\sqrt{30}}{\sqrt{30}}$

$= -\dfrac{3\sqrt{30}}{25}$

$\alpha = \cos^{-1}\left(-\dfrac{3}{5}\sqrt{\dfrac{6}{5}}\right)$

अतः विकल्प (D) सही है।

64. $Q(x, y, z)$ समतल में $(1, -2, 3)$ का प्रतिबिंब है,

$\dfrac{x+1}{2} = 3 = x = 5$

$\dfrac{y-2}{2} = 1 = y = 4$

$\dfrac{z+3}{2} = 2 = z = 1$

$\therefore (1, -2, 3)$ का प्रतिबिंब $(5, 4, 1)$ है।

अतः विकल्प (C) सही है।

65. $\lim\limits_{x \to 2} \dfrac{\sin(e^{x-2}-1)}{\log(x-1)}$

$= \lim\limits_{h \to 0} \dfrac{\sin(e^h-1)}{\log(1+h)}$

$h = x - 2$ प्रतिस्थापित करने पर,

$= \lim\limits_{h \to 0} \dfrac{\sin(e^h-1)}{e^h-1} \cdot \dfrac{e^h-1}{h} \cdot \dfrac{h}{\log(1+h)}$

$= 1 \cdot 1 \cdot 1$

$= 1$

अतः विकल्प (D) सही है।

66. मान ले कि, $2a$ और $2b$ क्रमशः प्रमुख और लघु अक्षों की लंबाई है।

$\sqrt{1 - \dfrac{b^2}{a^2}} = \dfrac{4}{5}$

$\dfrac{b^2}{a^2} = \dfrac{9}{25} \ldots$ (i)

$\dfrac{2b^2}{a} = 14.4$

$\dfrac{b^2}{a} = 7.2, \quad b^2 = 7.2a$

$\dfrac{b^2}{a}$ का मान समीकरण (i) में रखने पर,

$\dfrac{7.2}{a} = \dfrac{9}{25} = a = 20$

$b^2 = 7.2 \times 20 = 144$

$b = 12$

दीर्घ और लघु अक्षों का योग,

$= 2a + 2b$

$= 2(a + b) = 2(20 + 12)$

$= 64$ इकाई

अतः विकल्प (C) सही है।

67. दिया हुआ,

$3x - 4y + 12 = 0$ या $y = \dfrac{3}{4}x + 3$

$3x - 4y = 6$ या $y = \dfrac{3}{4}x - \dfrac{3}{2}$

इन दोनों रेखाओं के बीच में मध्य-रेखा का समीकरण,

$y = mx + C \ldots\ldots (i), \quad \left(m = \dfrac{3}{4}\right), \quad C = \dfrac{C_1 - C_2}{2}$

(i) में मानो को रखने पर,

$y = \dfrac{3}{4}x + \left(\dfrac{3 - \frac{3}{2}}{2}\right)$

$y = \dfrac{3}{4}x + \dfrac{3}{4}$

$4y = 3x + 3$

$3x - 4y + 3 = 0$

अतः विकल्प (D) सही है।

68. हम जानते हैं कि:

$\int_a^b f(x)dx = (b - a)\lim\limits_{n \to \infty} \dfrac{1}{n}(f(a) + f(a + h) + \ldots + f(a + (n-1)h))$

$a = 0, \ b = 2, \ h = \dfrac{b-a}{n} = \dfrac{2-0}{n} = \dfrac{2}{n}$ रखे

$\int_0^2 x^2 + 1\,dx$

$I = (2 - 0)\lim\limits_{n \to \infty} \dfrac{1}{n}(f(0) + f(n) + f(2n) + \ldots + fn - 1)h$

$f(0) = 1$

$f(h) = h^2 + 1$

$= \left(\dfrac{4}{n^2}\right) + 1$

$f((n-1)h) = (n-1)^2 \times \dfrac{4}{n^2} + 1$

$\therefore I = 2\lim\limits_{n \to \infty} \dfrac{1}{n}$

$\left((1 + 1 + \ldots n \text{ times }) + \left(0 + \dfrac{4}{n^2} + \dfrac{16}{n^2} + \ldots + \dfrac{(n-1)^2}{n^2}\right)\right)$

$= 2\lim\limits_{n \to \infty} \dfrac{1}{n}\left(n + \dfrac{4}{n} \dfrac{(n-1)n(2n-1)}{6}\right)$

$= 2\lim\limits_{n \to \infty} \left(1 + \dfrac{2}{3}\left(1 - \dfrac{1}{n}\right)\left(2 - \dfrac{1}{n}\right)\right)$

$= 2 \times \left(1 + \dfrac{4}{3}\right)$

$= \dfrac{14}{3}$

अत: विकल्प (C) सही है।

69. यदि किसी डिटर्मिनेन्ट की कोई भी दो निकटवर्ती पंक्तियाँ या स्तंभ स्थिति में परस्पर बदल जाती हैं, तो डिटर्मिनेन्ट का मान उसके संकेत को बदल देता है।

उदाहरण के लिए,

$$A = \begin{vmatrix} 1 & 2 & 3 \\ 4 & 5 & 6 \\ 2 & 1 & 2 \end{vmatrix}$$

डिटर्मिनेन्ट का मूल्य है:

$A = 1[5 \times 2 - 6 \times 1] - 2[4 \times 2 - 6 \times 2] + 3[4 \times 1 - 5 \times 2]$

$A = 1[10 - 6] - 2[8 - 12] + 3[4 - 10]$

$A = 4 + 8 - 18 = -6$

अब R_2 के साथ पंक्ति R_1 को बदलना

$$A = \begin{vmatrix} 4 & 5 & 6 \\ 1 & 2 & 3 \\ 2 & 1 & 2 \end{vmatrix}$$

डिटर्मिनेन्ट का मूल्य है:

$A = 4[2 \times 2 - 3 \times 1] - 5[1 \times 2 - 3 \times 2] + 6[1 \times 1 - 2 \times 2]$

$A = 4[4 - 3] - 5[2 - 6] + 6[1 - 4]$

$A = 4 + 20 - 18 = 6$

अब कॉलम C_1 को C_2 के साथ बदलना,

$$A = \begin{vmatrix} 2 & 1 & 3 \\ 5 & 4 & 6 \\ 1 & 2 & 2 \end{vmatrix}$$

डिटर्मिनेन्ट का मूल्य है:

$A = 2[4 \times 2 - 6 \times 2] - 1[5 \times 2 - 6 \times 1] + 3[5 \times 2 - 4 \times 1]$

$A = 2[8 - 12] - 1[10 - 6] + 3[10 - 4]$

$A = -8 - 4 + 18 = 6$

अत: विकल्प (C) सही है।

70. $\begin{vmatrix} x+a & b & c \\ a & x+b & c \\ a & b & x+c \end{vmatrix} = 0$

$C_1 \to C_1 + C_2 + C_3$ प्रयोग करने पर,

$$\begin{vmatrix} (a+b+c+x) & b & c \\ (a+b+c+x) & x+b & c \\ (a+b+c+x) & b & c+x \end{vmatrix} = 0$$

$$(a+b+c+x)\begin{vmatrix} 1 & b & c \\ 1 & x+b & c \\ 1 & b & c+x \end{vmatrix} = 0$$

$C_2 \to C_2 - C_1, C_3 \to C_3 - C_1$

$$(a+b+c+x)\begin{vmatrix} 1 & b & c \\ 0 & x & 0 \\ 0 & 0 & x \end{vmatrix} = 0$$

$(a+b+c+x)1.x^2 = 0$

$x = 0, -(a+b+c)($ चूँकि , $x \neq 0)$

अत: विकल्प (C) सही है।

71. A के खेल जीतने की संभावना $P(A)$,

$= \dfrac{6}{12}$

$= \dfrac{1}{2}$

B के खेल जीतने की संभावना $P(B)$,

$= \dfrac{4}{12}$

$= \dfrac{1}{3}$

$P(A$ तथा $B) = \dfrac{1}{3}$

आवश्यक संभावना $= \dfrac{1}{2} P(A$ तथा $B) \times P(A) + \dfrac{1}{2} P(A$ तथा $B) \times P(B)$

$= \dfrac{1}{2} \times \dfrac{1}{3} \times \dfrac{1}{2} + \dfrac{1}{2} \times \dfrac{1}{3} \times \dfrac{1}{3}$

$= \dfrac{1}{12} + \dfrac{1}{18}$

$= \dfrac{5}{36}$

अत: विकल्प (B) सही है।

72. गेंदों की कुल संख्या $= 5$

काली गेंदों की संख्या $= 2$

आवश्यक संभावना $= \dfrac{1}{2} \dfrac{n(E)}{n(s)}$

$= \dfrac{2}{5} \times \dfrac{1}{2}$

$= \dfrac{1}{5}$

अत: विकल्प (B) सही है।

73. दिया हुआ:

A = {u, v, w, x, y, z}; B = {p, q, r, s}

जैसा कि हम जानते हैं कि मैपिंग f: x $\to$ y को एक फ़ंक्शन कहा जाता है, यदि सेट x में प्रत्येक तत्व की सेट y में इसकी छवि है।

यह भी संभव है कि सेट y में कुछ तत्व हैं जो सेट x में किसी भी तत्व की छवि नहीं हैं। लेकिन सेट x में प्रत्येक तत्व के सेट y में एक या एक से अधिक छवि होनी चाहिए।

फिर वह उन दो सेटों के बीच संबंधपरक फंक्शन को दिखाएगा।

अत: विकल्प (C) सही है।

74. $X = $ भारत के सभी नागरिकों का सेट

$R = \{(x, y): x, y \in X, |x - y| = 5\}$

$|x - x| = 0 \neq 5$ (R परावर्तक नहीं है)

$xRy \Rightarrow |y - x| = 5$

$xRy \Rightarrow |x - y| = 5$ (R सममित है)

$xRy \Rightarrow |y - x| = 5$

$yRz \Rightarrow |y - z| = 5$ | लेकिन $|x - z| \neq 5$ (इसलिए R सकर्मक नहीं है)

अत: विकल्प (B) सही है।

75. विस्तार में कुल $(2n + 1)$ पद हैं।

$\therefore t_{n+1}$ मध्य पद है।

$$t_{n+1} = 2_nC_n(x)^{2n-n}\left(\frac{1}{x}\right)^n$$

$$t_{n+1} = 2_nC_n(x)^{2n-n}\left(\frac{1}{x}\right)^n$$

$$t_{n+1} = 2_nC_n x^n \frac{1}{x^n} = 2nC_n = \frac{\lfloor 2n}{\lfloor n \lfloor n}$$

$$= \frac{(2n)(2n-1)(2n-2)\ldots 4\cdot 3\cdot 2\cdot 1}{n(n-1)\ldots 2\cdot 1\lfloor n}$$

$$= \frac{(2n-1)(2n-3)\ldots 3\cdot 1\, n(n-1)(n-2)\ldots 3\cdot 2\cdot 1 2^n}{n(n-1)(n-2)\ldots 3\cdot 2\cdot 1\lfloor n}$$

$$= \frac{(2n-1)\ldots 3\cdot 1}{\lfloor n} 2^n = \frac{1\cdot 3\cdot 5\ldots(2n-1)}{\lfloor n} 2^n$$

अत: विकल्प (A) सही है।

76. उपराष्ट्रपति एम वेंकैया नायडू ने मई 2022 में एक पुस्तक, 'द स्ट्गल फॉर पुलिस रिफॉर्म्स इन इंडिया' का विमोचन किया। इसे पूर्व आईपीएस अधिकारी प्रकाश सिंह ने लिखा है। उन्होंने कुछ मुद्दों को भी हरी झंडी दिखाई, जिन्हें युद्ध स्तर पर संबोधित करने की आवश्यकता है, जिसमें पुलिस विभागों में रिक्तियों को भरना और आधुनिक युग की पुलिसिंग की आवश्यकताओं के अनुरूप पुलिस के बुनियादी ढांचे को मजबूत करना शामिल है।

अतः विकल्प (D) सही है।

77. दिया हुआ:

RIVER = 72

LAND = ?

वर्णानुक्रम से

L = 12

A = 1

N = 14

D = 4

सभी अल्फाबेट्स की संख्या का योग 31 है।

इसलिए,

LAND = 31

अतः विकल्प (C) सही है।

78. दिया हुआ,

'which class' = 37

और 'caste and class' 583

समान शब्द 'class' को '3' के रूप में कोडित किया गया है।

'caste' को '5' या '8' के रूप में कोडित किया गया है।

अतः विकल्प (D) सही है।

79. दिया हुआ:

S , O , L , V , I , N , G - कोई भी अक्षर दो बार खुद को नहीं दोहराता है।

हम पहले स्थान को भरने के लिए 7 अक्षरों में से किसी एक का उपयोग करते हैं और शेष 6 अक्षरों और 6 पदों के साथ बने रहते हैं।

दूसरे स्थान पर रखने के लिए हम शेष 6 अक्षरों का उपयोग करते हैं और शेष 5 अक्षरों और 5 पदों के साथ बने रहते हैं।

और इसी तरह, गुणन सिद्धांत द्वारा, हमें इस तरह के शब्दों की संख्या मिलती है:

$7 \times 6 \times 5 \times 4 \times 3 \times 2 \times 1 \Rightarrow 7! \Rightarrow 5040$

बस यह सुनिश्चित करने के लिए कि कोई भी शब्द खुद को दोहराता नहीं है, ध्यान दें कि स्थिति एक अद्वितीय क्रम में हुआ था।

अतः विकल्प (C) सही है।

80. 'Abbreviate' का अर्थ किसी चीज़ को छोटा बनाना है।

अतः विकल्प (A) सही है।

81. $36 - 34 = 2$

$34 - 30 = 4$

$30 - 28 = 2$

$28 - 24 = 4$

इसलिए,

$24 - x = 2$

$x = 24 - 2 = 22$

अतः विकल्प (B) सही है।

82. $5.2 - 0.4 = 4.8$

$4.8 - 0.4 = 4.4$

$4.4 - 0.4 = 4$

इसलिए,

$4 - 0.4 = 3.6$

अतः विकल्प (D) सही है।

83. रॉबर्ट एंड्रूयूज मिलिकन (22 मार्च, 1868 - 19 दिसंबर, 1953) एक अमेरिकी प्रायोगिक भौतिक विज्ञानी थे, जिन्हें प्राथमिक विद्युत आवेश के मापन और फोटोइलेक्ट्रिक प्रभाव पर उनके काम के लिए 1923 में भौतिकी के नोबेल पुरस्कार से सम्मानित किया गया था।

अतः विकल्प (A) सही है।

84. किसी व्यक्ति के अच्छे स्वास्थ्य के लिए संतुलित आहार बेहद जरूरी है। आहार में किसी भी असंतुलन से कुछ पोषक तत्वों का अधिक या अपर्याप्त सेवन हो सकता है। किसी विशेष पोषक तत्व के अपर्याप्त सेवन से कमी की बीमारी हो सकती है।

अतः विकल्प (D) सही है।

85. भारत सरकार, भारतीय पुरातत्व सर्वेक्षण, यूनेस्को (संयुक्त राष्ट्र शैक्षिक, वैज्ञानिक और सांस्कृतिक संगठन) एलोरा की गुफाओं की देखभाल करती है।

अतः विकल्प (B) सही है।

86. दक्षिण भारत के नृत्य-नाटक, यक्षगान, कर्नाटक राज्य के साथ सबसे मजबूती से जुड़ा हुआ है। विस्तृत और रंगीन वेशभूषा, श्रृंगार, और मुखौटे कला रूप की कुछ सबसे महत्वपूर्ण विशेषताएं हैं।

अतः विकल्प (D) सही है।

87. रैंड दक्षिण अफ्रीका की आधिकारिक मुद्रा है। यह 100 सेंट में विभाजित है।दक्षिण अफ्रीका, इस्वातिनी, लेसोथो और नामीबिया के बीच कॉमन मौद्रिक क्षेत्र में रैंड कानूनी निविदा है, हालांकि अंतिम तीन देशों में रैंड के बराबर अपनी मुद्राएं होती हैं। 1976 से पहले, बोत्सवाना में रैंड कानूनी निविदा थी।

अतः विकल्प (A) सही है।

88. किंग कोबरा (ओफियोफैगस हन्नाह) दक्षिण पूर्व एशिया से भारत के जंगलों के लिए एक लंबा विषैला सांप है। यह दुनिया का सबसे लंबा विषैला सांप है। वयस्क किंग कोबरा औसतन 3.18 से 4 मीटर (10.4 से 13.1 फीट) लंबे होते हैं। सबसे लंबे समय तक ज्ञात व्यक्ति की माप 5.85 मीटर (19.2 फीट) है। यह जीनस ओफियोफैगस का एकमात्र सदस्य है। यह मुख्य रूप से अन्य सांपों पर और कभी-कभी कुछ अन्य कशेरुकी जीवों पर, जैसे छिपकली और कृंतक पर शिकार करता है। यह एक अति विषैला और खतरनाक सांप है जब उत्तेजित होता है जिसकी सीमा में एक डरावनी प्रतिष्ठा होती है, हालांकि यह आमतौर पर शर्मीली होती है और जब संभव हो तो मनुष्यों के साथ टकराव से बचती है।

अतः विकल्प (D) सही है।

89. भारत के पास लगभग 200 छोटे बंदरगाह हैं, जो 4600 मील के समुद्र तट पर स्थित हैं। उदाहरण के लिए, अदानी समूह के स्वामित्व वाला मुंद्रा पोर्ट, जवाहरलाल नेहरू पोर्ट ट्रस्ट (JNPT)।

अतः विकल्प (B) सही है।

90. DVD डिजिटल वर्सेटाइल डिस्क है। DVD एक डिजिटल ऑप्टिकल डिस्क डेटा स्टोरेज प्रारूप है जिसका आविष्कार 1995 में किया गया था और इसे 1996 के अंत में जारी किया गया था।

अतः विकल्प (C) सही है।

91. मानक अरबी- 274 मिलियन कुल वक्ता।

स्पेनिश- 534 मिलियन कुल वक्ता।

चीनी- 1.117 बिलियन कुल वक्ता।

अंग्रेजी- 1.132 बिलियन कुल वक्ता।

अतः विकल्प (A) सही है।

92. छोटे अक्षर b, d, f, h, j, l, n, p, r, t, v, x, z हैं। तीसरे दिन से शुक्रवार को शुक्रवार होगा और कोड frIdAY होगा।

अतः विकल्प (D) सही है।

93. सिनसिनाटी मास्टर्स ग्रैंड स्लैम टूर्नामेंट नहीं है जबकि अन्य टूर्नामेंट ग्रैंड स्लैम हैं। सिनसिनाटी मास्टर्स अमेरिका के ओहियो में आयोजित एक वार्षिक हार्डकोर्ट टेनिस प्रतियोगिता है।

अतः विकल्प (D) सही है।

94. रणजी ट्रॉफी भारत में आयोजित एक प्रमुख प्रथम श्रेणी क्रिकेट टूर्नामेंट है। यह बीसीसीआई द्वारा प्रशासित है और इस टूर्नामेंट के 2019-20 संस्करण में 38 टीमों ने भाग लिया।

विदर्भ ने लगातार 2 रणजी ट्रॉफी खिताब जीता, फाइनल में सौराष्ट्र को हराया।

अतः विकल्प (C) सही है।

95. संतोष ट्रॉफी क्रिकेट से संबंधित नहीं है क्योंकि यह भारत में आयोजित एक फुटबॉल टूर्नामेंट है। इसकी स्थापना 1941 में हुई थी और इस टूर्नामेंट में 31 टीमें भाग लेती हैं।

अतः विकल्प (C) सही है।

96. 2002 में, सुप्रीम कोर्ट ने संविधान के अनुच्छेद 19 (i) (A) के तहत राष्ट्रीय ध्वज को मौलिक अधिकार के रूप में फहराने का अधिकार घोषित किया था।

अतः विकल्प (A) सही है।

97. 'WEF' का पूर्ण रूप 'विश्व आर्थिक मंच' है। WEF के मिशन को "वैश्विक, क्षेत्रीय और उद्योग एजेंडा को आकार देने के लिए व्यापार, राजनीतिक, शैक्षणिक और समाज के अन्य नेताओं को उलझाकर दुनिया की स्थिति में सुधार करने के लिए प्रतिबद्ध" कहा जाता है। विश्व आर्थिक मंच द्वारा वैश्विक प्रतिस्पर्धात्मक रिपोर्ट जारी की जाती है। मानव पूंजी, पर्यावरण, नवाचार और पारिस्थितिकी तंत्र को सक्षम करना इस रिपोर्ट के प्रमुख पैरामीटर हैं।

अतः विकल्प (D) सही है।

98. वन नाइट @ द कॉल सेंटर के लेखक चेतन भगत हैं।

चेतन भगत के अन्य महत्वपूर्ण उपन्यास :

* फाइव प्वाइंट समवन (2004)
* द 3 मिस्टेक्स ऑफ लाइफ (2008)
* 2 स्टेट्स (2009)

अतः विकल्प (B) सही है।

99. 12 मार्च, 1612 को, जहाँगीर ने सूरत, गोगा, अहमदाबाद और कैम्बे में ब्रिटिश कारखानों को स्थापित करने की अनुमति देते हुए एक फरमान दिया। इस प्रकार, सूरत भारत में ब्रिटिशों की पहली स्थापित बस्ती बन गई और 1612-13 में एक कारखाना वहां स्थापित किया गया। नवगठित कंपनी ने भारत के साथ व्यापार करने के लिए कैप्टन थॉमस बेस्ट के तहत चार जहाज भेजे थे। ये व्यापारिक जहाज थे लेकिन खुद का बचाव करने में सक्षम थे। उन्होंने पुर्तगालियों को हराया, जो पहले से ही कम से कम 100 वर्षों से सूरत में थे। इस हार ने जाहिरी तौर पर सम्राट जहांगीर को इतना प्रभावित किया कि उन्होंने ब्रिटिश स्काड्रन को व्यापार करने के लिए एक फरमान दिया।

अतः विकल्प (D) सही है।

100. नलगोंडा तकनीक द्वारा पानी का अपवंचन नलगोंडा (आंध्र प्रदेश, भारत) के आसपास के गाँवों में स्थानिक फ्लोरोसिस के क्षेत्रों में आमतौर पर इस्तेमाल की जाने वाली घरेलू प्रक्रिया है।

अतः विकल्प (B) सही है।

English

Ques (1-5):Direction: Read the passage given below and answer the question that follows by selecting the most appropriate option.

Gravitation is not a first principle. In this spirit, Verlinde frames gravity as an emergent phenomenon. Emergent phenomena appear when interactions on a small scale give rise to new laws, principles and structures on a larger scale. Consider the beautiful ice crystals we call snowflakes. The formation of snowflakes is driven by thermodynamics, the laws that govern the transfer of heat energy between molecules. And yet, crystals do not exist on the scale of individual molecules. They appear only on a larger scale, when many molecules exchange energy in a particular manner. Much as we can obtain snowflakes from thermodynamics, Verlinde argues that we can obtain gravitation from thermodynamics. If the Universe were a computer program, there would be no line for gravitation in the code. In this view, gravitation is less like a constitutional article and more like a side effect.

Q.1 In the above passage, gravitation is compared to:

A. Thermodynamics

B. Snowflakes

C. Transfer of heat

D. Constitutional article

Q.2 Verlinde believes that gravitation to us is:

A. Side effect

B. Thermodynamics

C. Snowflakes

D. Exchanged energy

Q.3 Why did Verlinde portray gravity as an emergent?

A. Because gravity is not the first principle.

B. It has no line of code in the universe and is more like a side-effect.

C. Gravity can be obtained through thermodynamics and appear on large scale

D. Gravity can be obtained through small interactions.

Q.4 What is the author trying to convey in the passage?

A. Gravitation is just another principle and can be obtained from thermodynamics

B. Snowflakes can be formed through the principle of thermodynamics

C. Crystals forming snowflakes go through the process of heat transfer between the molecules

D. Gravitation is a side effect and much less than a constitutional article

Q.5 What is the essential factor in the law of thermodynamics?

A. Interactions on small scale make way for new laws

B. Crystals appear on the large scale of individual molecules

C. In reference to computer code, it is nonetheless than line in the code

D. Transfer of heat energy among the molecules

Q.6 Direction: Select the word which is closest to the opposite in the meaning of the given word.

Vacillation

A. Steeliness

B. Intransigence

C. Steadfastness

D. Occupation

Q.7 Direction: In the following question, out of the four alternatives, select the one which best expresses the meaning of the given word.

Protrude

A. Lengthen

B. Uphold

C. Bulge

D. Refute

Q.8 Direction: Choose the correct sentence from the following:

I and my parents were watching television when the power go off.

A. My parents and I were watching television when the power gone.

B. My parents and I was watching television when the power gone.

C. My parents and I were watching television when the power went off.

D. I and my parents was watching television when the power go off.

Q.9 Direction: In the following question, a sentence has been given in Direct/Indirect. Out of the four alternatives suggested, select the one which best expresses the same sentence in Indirect/Direct.

Suraj said, "I am going to visit my old friend tomorrow."

A. Suraj said that he was going to visit his old friend the next day.

B. Suraj said that he would visit his old friend tomorrow.

C. Suraj said he wanted to visit his old friend tomorrow.

D. Suraj said that he might visit his old friend the next day.

Q.10 Direction: Choose the most appropriate option to change the narration (direct/indirect) of the given sentence.

David said to Anna, "Mona will leave for her native place tomorrow."

A. David told Anna that Mona will leave for her native place tomorrow.

B. David told Anna that Mona left for her native place the next day.

C. David told to Anna that Mona would be leaving for her native place tomorrow.

D. David told Anna that Mona would leave for her native place the next day.

Q.11 Direction: In the following sentence three parts labelled (a), (b), and (c). Read the sentence to find out whether there is an error in any part and indicate your response by marking the correct option. If you find no error, your response should be indicated as (d).

The Surat Municipal Corporation (SMC) has added yet another (a)/ feather in its cap by winning the first prize at the annual water (b)/ awards by the Federation of Indian Chamber of Commerce and Industry. (c)/ No Error (d)

A. (a) **B.** (b) **C.** (c) **D.** (d)

Q.12 Direction: Change active to passive or vice versa as the case may be:

They didn't give me the money.

A. I am not given the money.
B. I was not given the money.
C. I have not been given the money.
D. I will not be given the money.

Q.13 Direction: Change active to passive or vice versa as the case may be:

You will be well looked after.

A. They will look after you well.
B. They can look after you well.
C. They may look after you well.
D. They shall look after you well.

Q.14 Direction: Change Direct to Indirect speech or vice versa as the case may be:

He said to me, "Hurry up or you will miss the train."

A. He said to me that hurry up or I will miss the train.
B. He told me that hurry up or I will miss the train.
C. He told me to hurry up or I would miss the train.
D. He said to me to hurry up or he would miss the train.

Q.15 Direction: Change Direct to Indirect speech or vice versa as the case may be:

He said that he would have to go the following week.

A. He said, "I will have to go the following week".
B. He said, "I would go the next week".
C. He said, "I must have to go the next week."
D. He said, "I will have to go the next week."

Q.16 Direction: In the following sentence three parts labelled (a), (b), and (c). Read the sentence to find out whether there is an error in any part and indicate your response by marking the correct option. If you find no error, your response should be indicated as (d).

A time slot of fifteen minutes (a)/ are allowed (b)/ to each speaker. (c)/ No error (d)

A. (a) **B.** (b) **C.** (c) **D.** (d)

Q.17 Which of the following is correct among the given sentences?

A. He prides upon his patriotism.
B. He prides himself upon his patriotism.
C. He prides upon himself his patriotism.
D. No Error

Q.18 Direction: Choose the most appropriate alternative to complete the sentence:

My cousin will arrive ________ Sunday.

A. in **B.** at **C.** the **D.** on

Q.19 Direction: Choose the most appropriate alternative to complete the sentence:

Students of St. Xavier's _____ all the prizes.

A. bear of **B.** bore away
C. bore on **D.** bear on

Q.20 Direction: Choose the most appropriate alternative to complete the sentence:

My sister and ________ are pleased to accept your invitation.

A. I **B.** me **C.** mine **D.** myself

Q.21 Direction: Choose the most appropriate alternative to complete the sentence:

He was ________ angry to speak to me.

A. so **B.** too **C.** that **D.** such

Q.22 Direction: Choose the most appropriate alternative to complete the sentence:

It is due to lack of careful advance planning that your scheme has come _____ a grief.

A. to **B.** for **C.** in **D.** at

Q.23 Which of these is used to separate a series of loosely related clauses?

A. Comma **B.** Full stop
C. Semicolon **D.** Colon

Q.24 Direction: In the following sentence three parts labelled (a), (b), and (c). Read the sentence to find out whether there is an error in any part and indicate your response by marking the correct option. If you find no error, your response should be indicated as (d).

Two new French wells of a 55 million liters per day (MLD) capacity are under construction (a)/ and that tenders have been issued for the construction of six new French wells identified under (b)/ the aquifer mapping survey conducted by the National Geophysical Research Institute (NGRI). (c)/ No Error (d)

A. (a) **B.** (b) **C.** (c) **D.** (d)

Q.25 Which of these is used between sentences which are grammatically independent?

A. Colon **B.** Semicolon
C. Comma **D.** Hyphen

Science

Q.26 यांत्रिक तरंगों के प्रसार हेतु माध्यम की आवश्यक विशेषता क्या होनी चाहिए?

A. स्थिर दबाव **B.** अधिकतम घर्षण
C. सतत तापमान **D.** न्यूनतम घर्षण

Q.27 साइक्लोट्रॉन का उपयोग किसके लिए किया जाता है?

A. विद्युत प्रवाह की दिशा को बदलने या हटाने का एक उपकरण
B. परमाणुओं की टक्कर कराकर उनके गुणों का अध्ययन करना
C. दीप्तिमान ऊर्जा के उत्सर्जन को मापने का एक उपकरण
D. हवाओं की क्षमता को मापने वाला

Q.28 एक $100\,\Omega$ प्रतिरोध और $100\,\Omega$ प्रतिक्रिया का एक संधारित्र $220V$ स्रोत के पार श्रृंखला में जुड़ा हुआ है। जब संधारित्र 50% चार्ज किया जाता है, तो विस्थापन वर्तमान का शिखर मूल्य है:

A. 2.2 A　　**B.** 11 A　　**C.** 4.4 A　　**D.** $11\sqrt{2}\ A$

Q.29 निम्नलिखित में से कौन-सा कथन सही है?

A. कैंडेला दीप्त घनत्व की मूल इकाई है।

B. तापमान की मूल इकाई फ़ारेनहाइट है।

C. ऊष्मा को जूल / किग्रा में मापा जाता है।

D. पदार्थ की मात्रा किलोग्राम में मापी जाती है।

Q.30 द्रव्यमान m का शरीर एक समय T में आराम से v की गति से समान रूप से त्वरित होता है। समय के एक कार्य के रूप में शरीर को दी गई तात्कालिक शक्ति निम्न द्वारा दी जाती है:

A. $\dfrac{mv^2}{T^2}\cdot t$　　　　　　**B.** $\dfrac{mv^2}{T^2}\cdot t^2$

C. $\dfrac{1}{2}\dfrac{mv^2}{T^2}\cdot t$　　　　**D.** $\dfrac{1}{2}\dfrac{mv^2}{T^2}\cdot t^2$

Q.31 पौधों की जड़ों से लेकर पत्तियों तक के पौधे के उभार पर नज़र रखने के लिए, फॉस्फोरस का एक समस्थानिक जो उर्वरकों में जोड़ा जाता है, वो है:

A. फॉस्फोरस -31　　　　　**B.** फॉस्फोरस -32

C. फॉस्फोरस -33　　　　　**D.** फॉस्फोरस -34

Q.32 ट्रांजिस्टर क्रिया के संबंध में निम्नलिखित में से कौन सा कथन सत्य है?

A) आकार और डोपिंग की सांद्रता में आधार, उत्सर्जक और संग्राहक क्षेत्र समान होने चाहिए

B) आधार क्षेत्र में हल्की और पतली अशुद्धी मिलानी चाहिए

C) संग्राहक संधि रिवर्स बायस होता है और उत्सर्जक संधि फॉरवर्ड बायस होता है

D) उत्सर्जक और संग्राहक संधियाँ दोनों फॉरवर्ड बायस होती हैं

कौन सा कथन सत्य है?

A. A और B　　　　　　**B.** B और C

C. A और C　　　　　　**D.** A, B और C

Q.33 वायुमंडल द्वारा रेडियो तरंगों का अवशोषण ______ निर्भर करता है।

A. उनकी आवृत्ति पर

B. तरंग के ध्रुवीकरण पर

C. ट्रांसमिटर से उनकी दूरी पर

D. वायुमंडलीय के ध्रुवीयकरण पर

Q.34 घरेलू वैद्युत प्रणाली साधारण रूप से होती है:

A. श्रेणीक्रम संयोजन

B. समानांतर संयोजन

C. श्रेणीक्रम और समानांतर संयोजन दोनों

D. कमरे में समानांतर ओर श्रेणीक्रम संयोजन दोनों

Q.35 एक ही बल विभिन्न द्रव्यमानों 2 किग्रा और 4 किग्रा के दो वस्तुओं पर कार्य करता है, जो प्रारंभ में विराम अवस्था में है समान अंतिम वेग प्राप्त करने के लिए आवश्यक समय का अनुपात क्या होगा?

A. 2 : 1　　**B.** 1 : 2　　**C.** 1 : 1　　**D.** 4 : 16

Q.36 जब एक गेंद को ऊर्ध्वाधर रूप से ऊर्ध्वगामी दिशा में फेंका जाता है तो निम्नलिखित में से कौन स्थिर रहता है?

A. वेग　　**B.** गति　　**C.** त्वरण　　**D.** संवेग

Q.37 हुक्स के प्रत्यास्थता नियम के अनुसार, यदि तनाव को बढ़ाया जाता है, तो तनाव के अनुपात में खिंचाव ______।

A. शून्य हो जाता है　　　　**B.** स्थिर रहता है

C. कम हो जाती है　　　　　**D.** बढ़ता है

Q.38 ______ की कमी के कारण रतौंधी होती है।

A. विटामिन A　　　　　**B.** विटामिन B

C. विटामिन C　　　　　**D.** विटामिन E

Q.39 गैर-धातु जो कमरे के तापमान पर तरल है वो ______ है।

A. क्लोरीन　**B.** फ्लोरीन　**C.** ब्रोमीन　**D.** आयोडीन

Q.40 निम्नलिखित खाद्य घटकों में से कौन सा हमारे शरीर को ऊर्जा देता है?

A. प्रोटीन　　　　　　　**B.** विटामिन

C. खनिज पदार्थ　　　　　**D.** कार्बोहाइड्रेट

Q.41 उस स्थान का नाम बताइए जहाँ प्रोटीन का पाचन होता है?

A. अग्न्याशय　**B.** मलाशय　**C.** यकृत　**D.** शेषान्त

Q.42 एक एल्यूमीनियम रिंग B का सामना इलेक्ट्रोमैग्नेट A से होता है। यदि A के माध्यम से एक धारा। को बदल दिया जाता है तो निम्नलिखित में से कौन सा स्थिति संभव है:

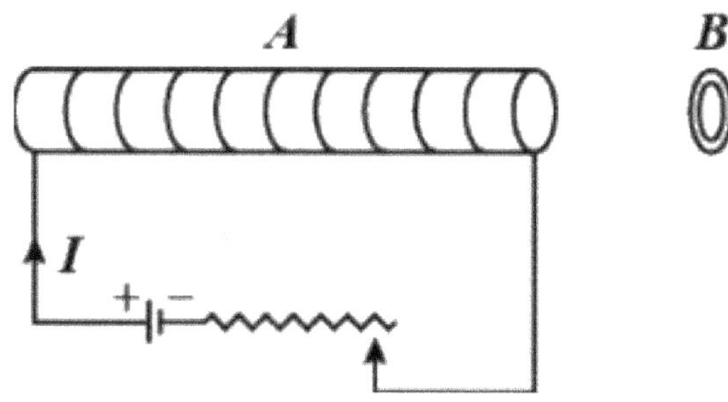

A. यदि I बढ़ेगा तो A, B को विकर्षित करेगा।

B. यदि I बढ़ेगा तो A, B को आकर्षित करेगा।

C. यदि I बढ़ेगा या घटेगा, B किसी बल का अनुभव नहीं करेगा।

D. इनमें से कोई नहीं

Q.43 एक आदर्श गैस को चार चरणों के माध्यम से चक्रीय ऊष्मागतिकी प्रक्रिया से लिया जाता है। चरणों में व्याप्त ऊष्मा की मात्रा क्रमशः $Q_1 = 5960\ J, Q_2 = -5600\ J, Q_3 = -3000\ J, Q_4 = -3600\ J$ है। आंतरिक ऊर्जा परिवर्तनों की मात्रा $\Delta U_1 = 3.760\ J, \Delta U_2 = -4800\ J, \Delta U_3 = -1800\ J, \Delta U_4 = ?$ हैं? ΔU_4 और कुल कार्य का मान ज्ञात करें:

A. 2930 J, 960 J　　　　**B.** 2830 J, 900 J

C. 2930 J, -960 J　　　**D.** -2930 J, 960 J

Q.44 यदि किसी पिंड के वेग की माप में 50% की सकारात्मक त्रुटि है, तो गतिज ऊर्जा के मापन में त्रुटि है:

A. 25%　**B.** 50%　**C.** 100%　**D.** 125%

Q.45 वक्रता 20 सेमी के त्रिज्या का उत्तल दर्पण एक छवि बनाता है जो वस्तु का आधा आकार है। दर्पण से कितनी दूर है वस्तु ज्ञात कीजिए ?

A. 5 सेमी　　　　　　**B.** 7.5 सेमी

C. -30 सेमी　　　　　**D.** 12.5 सेमी

Q.46 यदि कोई उपग्रह पृथ्वी की सतह के बहुत करीब घूम रहा है, तो उसका कक्षीय वेग किस पर निर्भर नहीं करता है?

A. उपग्रह का द्रव्यमान　　　**B.** पृथ्वी का द्रव्यमान

C. पृथ्वी की त्रिज्या　　　　**D.** कक्षीय त्रिज्या

Q.47 विद्युत धारा के उत्पादन के लिए उपयोग किए जाने वाले उपकरण को ______ कहा जाता है।

A. मोटर　　　　　　　**B.** जनरेटर

C. गैल्वेनोमीटर　　　　　**D.** अमीटर

Q.48 बॉक्साइट किसका अयस्क है?

A. लोहा　　　　　　　**B.** एल्यूमीनियम

C. पारा   **D.** तांबा

Q.49 एक गैस के रुद्धोष्म संपीड़न के दौरान, इसका तापमान में __________ होती है।

A. गिरावट   **B.** स्थिरता   **C.** वृद्धि   **D.** शून्य

Q.50 दी गई प्रतिक्रिया में, $Al_2O_3 + NaOH \rightarrow$
$\cdots \ldots X \ldots \ldots + H_2O$
तत्व X क्या है?

A. $NaAlO_2$ **B.** Na_3Al
C. Na_2O_3 **D.** $NaAl_2O_3$

Mathematics

Q.51 एक कक्षा परीक्षा में, गणित और अंग्रेजी में कमल के अंकों का योग 40 है। यदि उसे गणित में 3 अंक अधिक मिलते और अंग्रेजी में 4 अंक कम मिलते तो अंकों का गुणनफल 360 होता। दो अलग विषयों में उनके अंक ज्ञात करें।

A. 12, 28   **B.** 21, 19
C. 22, 18   **D.** दोनों A और B

Q.52 $\dfrac{1}{\log_3 e} + \dfrac{1}{\log_3 e^2} + \dfrac{1}{\log_3 e^4} + \cdots$ का मान अनंत पदों तक क्या होगा:

A. $\log_e 9$ **B.** 0 **C.** 1 **D.** $\log_e 3$

Q.53 एक लंबी मेज की दोनों भुजाओं पर प्रत्येक ओर आठ कुर्सियों के साथ 16 लोगों के लिए एक चाय पार्टी का आयोजन किया जाता है। चार विशेष पुरुष एक तरफ बैठना चाहते हैं और दो विशेष पुरुष दूसरी तरफ बैठते हैं। उनके बैठने के तरीकों की कितनी संख्या हो सकती है?

A. $\dfrac{6!8!10!}{4!6!}$ **B.** $\dfrac{8!8!10!}{4!6!}$
C. $\dfrac{8!8!6!}{6!4!}$ **D.** इनमें से कोई नहीं

Q.54 दो समांतर रेखाएं AB और CD क्रमशः M और N पर एक तिर्यक रेखा EF द्वारा प्रतिच्छेद की जाती हैं। रेखा MP और NP, अन्तः कोण $\angle BMN$ और $\angle DNM$ के द्विभाजक हैं। तब, $\angle MPN$ बराबर है:

A. $75°$ **B.** $60°$ **C.** $45°$ **D.** $90°$

Q.55 यदि $m[-3 \quad 4] + n[4 \quad -3] = [10 \quad -11]$, तो m और n का मान ज्ञात करे।

A. $m = -2, n = 1$ **B.** $m = 2, n = -1$
C. $m = -2, n = -1$ **D.** $m = 2, n = 1$

Q.56 यदि $A = \begin{bmatrix} 1 & 2 \\ 3 & 4 \end{bmatrix}$, ऐसा है कि $AX = I$, फिर X का मान ज्ञात करें।

A. $\begin{bmatrix} 1 & -2 \\ 3/2 & -1/2 \end{bmatrix}$ **B.** $\begin{bmatrix} -1 & 1 \\ 3/2 & -1/2 \end{bmatrix}$
C. $\begin{bmatrix} 1 & 1 \\ 3/2 & -1/2 \end{bmatrix}$ **D.** $\begin{bmatrix} -2 & 1 \\ 3/2 & -1/2 \end{bmatrix}$

Q.57 यदि $A = \{x \in Z : x^3 - 1 = 0\}$ और $B = \{x \in Z : x^2 + x + 1 = 0\}$, है, जहाँ Z सम्मिश्र संख्याओं का समुच्चय है, तो $A \cap B$ किसके बराबर है?

A. रिक्त समुच्चय
B. $\left\{ \dfrac{-1+\sqrt{3}i}{2}, \dfrac{-1-\sqrt{3}i}{2} \right\}$
C. $\left\{ \dfrac{-1+\sqrt{3}i}{4}, \dfrac{-1-\sqrt{3}i}{4} \right\}$
D. $\left\{ \dfrac{1+\sqrt{3}i}{2}, \dfrac{1-\sqrt{3}i}{2} \right\}$

Q.58 $\tan^{-1}\left(\dfrac{1}{2}\right) + \tan^{-1}\left(\dfrac{1}{3}\right)$ का मान ज्ञात कीजिए।

A. $\dfrac{\pi}{6}$ **B.** $\dfrac{\pi}{2}$ **C.** $\dfrac{\pi}{8}$ **D.** $\dfrac{\pi}{4}$

Q.59 यदि $y = (\cot^{-1} x)(\cot^{-1}(-x))$ के लिए श्रेणी $0 < y \leq \dfrac{\pi^a}{b}$ है। तो $a + b$ का मान ज्ञात कीजिए:

A. 2   **B.** 4   **C.** 5   **D.** 6

Q.60 $\lim_{x \to \infty} \left(\dfrac{x^2+5x+3}{x^2+x+3} \right)^x$ को हल करने के बाद व्यंजक का मान क्या होगा:

A. e^4 **B.** e^2 **C.** e^3 **D.** 1

Q.61 यदि $A = \begin{bmatrix} a & b \\ b & a \end{bmatrix}$, तो $|A + A^T|$ के बराबर होगा:

A. $4(a^2 - b^2)$ **B.** $2(a^2 - b^2)$
C. $(a^2 - b^2)$ **D.** $4ab$

Q.62 यदि E सार्वसमुच्चय और $A = B \cup C, B$ है, तो समुच्चय $E - \left(E - \left(E - \left(E(E - A) \right) \right) \right)$ निम्न में से किस समुच्चय के समान होगा?

A. $B' \cup C'$ **B.** $B \cup C$ **C.** $B' \cap C'$ **D.** $B \cap C$

Q.63 उन बिंदुओं का समूह जहाँ फ़ंक्शन $f(x) = x|x|$ भिन्न है, वह है:

A. $(-\infty, \infty)$ **B.** $(-\infty, 0) \cup (0, \infty)$
C. $(0, \infty)$ **D.** $(0, \infty)$

Q.64 $\int e^x (\sin x + \cos x) dx$ का अभिन्न अंग क्या है?

A. $e^x \cos x + c$ **B.** $e^x \sin x + c$
C. $e^x \sec x + c$ **D.** इनमें से कोई नहीं

Q.65 मान लीजिए $\dfrac{p}{q}$ प्रकार की सभी भिन्न (सिस्टिंक) संख्याओं का एक समुच्चय S है, जहाँ $p, q \in \{1,2,3,4,5,6\}$. है | समुच्चय S की प्रमुखता (कार्डिनलिटी) क्या हैं

A. 21   **B.** 23   **C.** 32   **D.** 36

Q.66 बिन्दु $(1,1)$ से गुजरने वाला वक्र, जिसकी प्रवणता $\dfrac{2y}{x}$ है, वो क्या है?

A. वृत्त   **B.** परवलय
C. दीर्घवृत्त   **D.** अतिपरवलय

Q.67 यदि $xdy = ydx + y^2 dy, y > 0$ और $y(1) = 1$, तो $y(-3)$ किसके बराबर है?

A. केवल 3   **B.** केवल -1
C. -1 और 3 दोनों   **D.** न तो -1 न ही 3

Q.68 यदि $A = \{x : x, 2 \text{ का गुणज है }\}, B = \{x : x, 5 \text{ का गुणज है }\}$ और $C = \{x : x, 10 \text{ का गुणज है }\}$, तो $A \cap (B \cap C)$ किसके बराबर होगा?

A. A
B. B
C. C

D. {x : x, 100 का गुणज है}

Q.69 यदि c एक आर्बिट्रेरी स्थिरांक है, तो विभेदक समीकरण $x^2dy - y^2dx - xy^2(x-y)dy = 0$ का हल क्या हो सकता है:

A. $\ln\left|\frac{xy}{x-y}\right| + \frac{y^2}{2} = c$

B. $\ln\left|\frac{x-y}{xy}\right| + \frac{y^2}{2} = c$

C. $(x-y)e^{\frac{y^2}{2}} = cxy$

D. B और C दोनों

Q.70 $\frac{x-5}{3} = \frac{y+4}{7} = \frac{z-6}{2}$ पंक्ति के वेक्टर समीकरण को लिखें।

A. $5\hat{\imath} + (-4)\hat{\jmath} + 6\hat{k} + \alpha(3\hat{\imath} + 7\hat{\jmath} + 2\hat{k})$

B. $5\hat{\imath} + (-4)\hat{\jmath} + 7\hat{k} + \alpha(3\hat{\imath} + 2\hat{\jmath} + 2\hat{k})$

C. $5\hat{\imath} + (-4)\hat{\jmath} + 8\hat{k} + \alpha(3\hat{\imath} + 4\hat{\jmath} + 2\hat{k})$

D. $5\hat{\imath} + (-4)\hat{\jmath} + 7\hat{k} + \alpha(3\hat{\imath} + 6\hat{\jmath} + 2\hat{k})$

Q.71 अतिपरवलय $25x^2 + 9y^2 = 225$ के केन्द्रता और फोकस के निर्देशांक का ज्ञात करे:

A. $\frac{\sqrt{34}}{3}, \left(\pm\frac{\sqrt{34}}{0}\right)$

B. $\frac{\sqrt{32}}{3}, \left(\pm\frac{\sqrt{30}}{0}\right)$

C. $\frac{\sqrt{34}}{3}, \left(\pm\frac{\sqrt{36}}{0}\right)$

D. $\frac{\sqrt{34}}{2}, \left(\pm\frac{\sqrt{34}}{0}\right)$

Q.72 $\tan^2\theta + \cot^2\theta + \sin^2\theta + \cos^2\theta + \sec^2\theta + cosec^2\theta$ का य्यूनतम मान क्या होगा?

A. 1   **B.** 3   **C.** 5   **D.** 7

Q.73 X और Y वृत्त के केन्द्र हैं, जिनकी त्रिज्या क्रमशः 9 सेमी और 2 सेमी है। $XY = 17$ सेमी है। यदि Z, r सेमी त्रिज्या वाले वृत्त का केन्द्र है जो दोनों वृत्तों को बाह्यात: स्पर्श करती है और दिया गया है $\angle XZY = 90^0$ तो r का मान है?

A. 9 सेमी   **B.** 8 सेमी   **C.** 13 सेमी   **D.** 6 सेमी

Q.74 यदि $\tan\theta + \cot\theta = x$, तो $\tan^4\theta + \cot^4\theta$ का मान क्या होगा?

A. $(x^3 - 3)^2 + 2$

B. $(x^4 - 2x) + 4$

C. $x(x-4) + 2$

D. $x^2(x^2 - 4) + 2$

Q.75 सीधी रेखा $6x + 8y + 15 = 0$ और $3x + 4y + 9 = 0$ के बीच की लंबवत दूरी क्या है?

A. $\frac{3}{2}$ इकाई

B. $\frac{3}{10}$ इकाई

C. $\frac{3}{4}$ इकाई

D. $\frac{2}{7}$ इकाई

General Knowledge

Q.76 विनेश फोगाट को हाल ही में किस राष्ट्रीय पुरस्कार से सम्मानित किया गया है ?

[HTET PGT - Computer Science, 2020]

A. द्रोणाचार्य अवार्ड

B. अर्जुन अवार्ड

C. राजीव गांधी खेल रत्न अवार्ड

D. ध्यानचन्द अवार्ड

Q.77 प्रतिष्ठित फ्रांसीसी फिल्म निर्माता __________ का सितंबर 2022 में निधन हो गया।

A. हम्बर्ट बाल्सान

B. जैक्स बार

C. क्रिस्टोफ़ बैरेटियर

D. जीन-ल्यूक गोडार्ड

Q.78 केंद्र और __________ सरकार ने 15 सितंबर 2022 को राज्य के 8 आदिवासी संगठनों के साथ त्रिपक्षीय शांति समझौते पर हस्ताक्षर किए हैं?

A. त्रिपुरा   **B.** असम   **C.** मणिपुर   **D.** नागालैंड

Q.79 28 सितम्बर, 2021 को एक ग्रांड चैलेंज प्रोग्राम, "जनCARE" किसने शुरू किया?

[Haryana Police Constable Commando Wing, 2021]

A. डॉ. जीतेन्द्र सिंह

B. ज्योतिरादित्य सिंधिया

C. निर्मला सीतारमण

D. स्मृति ईरानी

Q.80 निर्देश: अंग्रेजी वर्णमाला के क्रम के आधार पर निम्नलिखित अक्षर श्रृंखला में प्रश्न चिह्न (?) के स्थान पर क्या आना चाहिए?

YCL, MQZ, AEN,?

A. OTC   **B.** OSB   **C.** PUE   **D.** MPX

Q.81 निम्नलिखित में से कौन एक अखिल भारतीय सेवा नहीं है:

A. भारतीय प्रशासन सेवा

B. भारतीय पुलिस सेवा

C. भारतीय विदेश सेवा

D. भारतीय वन सेवा

Q.82 राष्ट्रपति का वेतन किस फंड से लिया जाता है:

A. प्रधानमंत्री फंड

B. समेकित फंड

C. आकस्मिकता फंड

D. इनमें से कोई नहीं

Q.83 निम्नलिखित में से कौन सा मंदिर भगवान सूर्य को समर्पित है?

A. कोणार्क

B. मोधेरा

C. मार्तंड

D. उपर्युक्त सभी

Q.84 यदि GLUED का कोड है 142442108, तो START का कोड क्या होगा?

A. 384023640

B. 046320483

C. 192011820

D. 028110291

Q.85 अकबरनामा किसके द्वारा लिखा गया था?

A. अकबर

B. बीरबल

C. अबुल फजल

D. भगवान दास

Q.86 निम्नलिखित कथनों पर विचार करें:

1. मधुबनी चित्रकला का केंद्र जितवारपुर गाँव है।

2. रंगों का चयन प्राकृतिक है, इसलिए चित्र आकर्षक दिखते हैं।

3. इस कला का केंद्र धार्मिक रचना पर आधारित है।

नीचे दिए गये कूटों का प्रयोग करके सही उत्तर का चयन करें:

A. केवल 1 और 2

B. केवल 2

C. 1 और 3

D. 1, 2 और 3

Q.87 बिधान चंद्र रॉय पुरस्कार किस क्षेत्र में दिया जाता है?

A. पर्यावरण   **B.** पत्रकारिता   **C.** संगीत   **D.** चिकित्सा

Q.88 उत्तर आकृतियों में कौन सी आकृति प्रश्न आकृति का सही प्रतिबिम्ब होगी जब दर्पण PQ रेखा पर रखा हो?

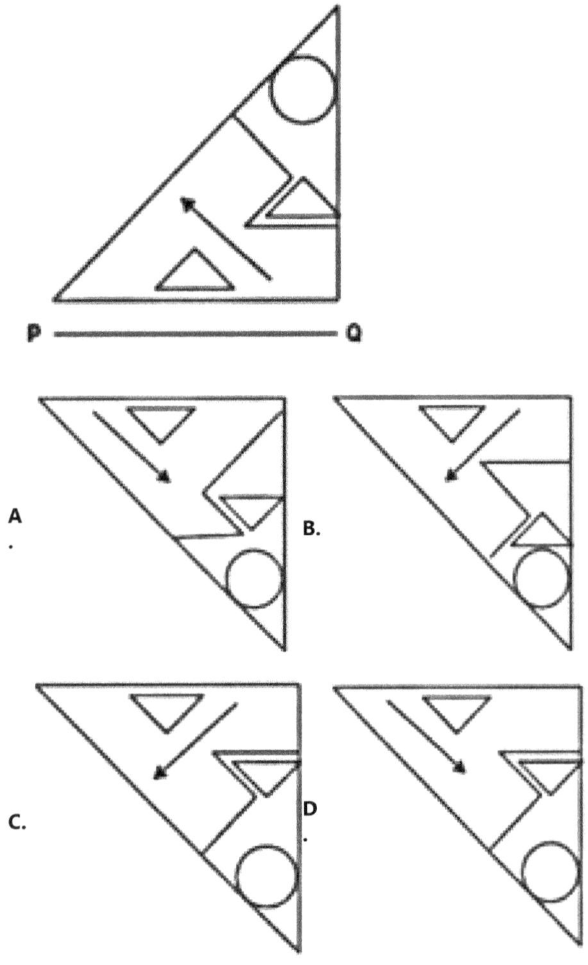

C. जितेंद्र   **D.** शत्रुघ्न सिन्हा

Q.96 पोलियो _______ के कारण होता है।

A. जीवाणु   **B.** वायरस   **C.** कवक   **D.** प्रोटोजोआ

Q.97 भारत के निम्नलिखित में से कौन सा हिस्सा गर्मी में पहला मानसून प्राप्त करता है?

A. पूर्वी घाट   **B.** पश्चिम घाट
C. हिमालय   **D.** मेघालय पठार

Q.98 "भारत का लौह पुरुष" के रूप में किसे जाना जाता है?

A. विवेकानंद   **B.** सरदार पटेल
C. डॉ राजेंद्र प्रसाद   **D.** अरबिंदो घोष

Q.99 "BRIC" का पूर्ण रूप क्या है?

A. बांग्लादेश, रोमानिया, इंडोनेशिया और कंबोडिया
B. बोस्वाना, रवांडा, आइवरी कोस्ट और क्रोएशिया
C. बांग्लादेश, रोमानिया, भारत और कंबोडिया
D. ब्राजील, रूस, भारत और चीन

Q.100 "माइंड मास्टर" नामक एक आत्मकथा किसके द्वारा लिखी गई है?

A. विश्वनाथन आनंद   **B.** गुकेष
C. सूर्य शेखर   **D.** हरिकृष्णा

Q.89 भारत में सबसे व्यापक रूप से पाई जाने वाली मिट्टी कौन सी है?

A. रेगिस्तानी मिट्टी   **B.** लैटेराइट मिट्टी
C. जलोढ़ मिट्टी   **D.** काली मिट्टी

Q.90 पृथ्वी के वायुमंडल में सबसे प्रचुर मात्रा में पाई जाने वाली गैस कौन सी है?

A. नाइट्रोजन   **B.** ऑक्सीजन
C. कार्बन-डाई-ऑक्साइड   **D.** हाइड्रोजन

Q.91 भारत की सबसे बड़ी प्रायद्वीपीय नदी कौन-सी है?

A. कृष्णा   **B.** गोदावरी   **C.** कावेरी   **D.** महानदी

Q.92 निम्नलिखित में से कौन सा उष्णकटिबंधीय घास के मैदानों में से एक है?

A. सवाना   **B.** पम्पास   **C.** स्टेपी   **D.** डाउन

Q.93 निम्नलिखित में से कौन-सी चीन की राजधानी है?

A. वुहान   **B.** बीजिंग   **C.** शंघाई   **D.** शेन्ज़ेन

Q.94 पीटर एबडन ने हाल ही में किस खेल से अपने संन्यास लेने की घोषणा की है?

A. स्नूकर   **B.** फुटबॉल   **C.** वॉलीबॉल   **D.** गोल्फ

Q.95 राज कपूर लाइफटाइम अचीवमेंट पुरस्कार के लिए निम्नलिखित दिग्गज अभिनेताओं में से किन्हें चुना गया है?

A. ऋषि कपूर   **B.** धर्मेंद्र

// स्मार्ट उत्तर पुस्तिका //

सही उत्तर उन छात्रों का प्रतिशत जिन्होंने प्रश्नों का सही उत्तर दिया था।   **छोड़ दिया** उन छात्रों का प्रतिशत जिन्होंने प्रश्नों को छोड़ दिया था।

प्रश्न संख्या	उत्तर	सही उत्तर / छोड़ दिया	प्रश्न संख्या	उत्तर	सही उत्तर / छोड़ दिया	प्रश्न संख्या	उत्तर	सही उत्तर / छोड़ दिया	प्रश्न संख्या	उत्तर	सही उत्तर / छोड़ दिया	प्रश्न संख्या	उत्तर	सही उत्तर / छोड़ दिया	प्रश्न संख्या	उत्तर	सही उत्तर / छोड़ दिया	प्रश्न संख्या	उत्तर	सही उत्तर / छोड़ दिया
1	B	84.23 % / 10.61 %	18	D	86.96 % / 10.17 %	35	B	89.91 % / 10.02 %	52	A	43.96 % / 50.75 %	69	D	41.96 % / 51.53 %	86	C	59.86 % / 40.03 %			
2	A	76.2 % / 10.67 %	19	B	79.7 % / 10.41 %	36	C	81.58 % / 15.5 %	53	B	89.92 % / 10.05 %	70	A	69.93 % / 30.05 %	87	D	12.63 % / 68.25 %			
3	C	11.04 % / 71.64 %	20	A	86.01 % / 12.92 %	37	B	88.2 % / 10.35 %	54	D	54.15 % / 37.72 %	71	A	83.6 % / 11.53 %	88	C	85.84 % / 10.17 %			
4	A	76.36 % / 13.81 %	21	B	54.83 % / 42.13 %	38	A	43.05 % / 41.48 %	55	A	66.52 % / 31.84 %	72	D	83.78 % / 10.81 %	89	C	79.26 % / 17.14 %			
5	D	76.97 % / 14.77 %	22	A	76.62 % / 23.18 %	39	C	89.3 % / 10.51 %	56	D	85.88 % / 12.01 %	73	D	22.19 % / 76.73 %	90	A	89.31 % / 10.36 %			
6	C	43.47 % / 53.47 %	23	C	85.65 % / 12.06 %	40	D	85.92 % / 12.11 %	57	B	69.52 % / 30.43 %	74	D	77.26 % / 15.78 %	91	B	89.76 % / 10.19 %			
7	C	86.63 % / 12.79 %	24	A	44.68 % / 43.79 %	41	A	40.47 % / 53.95 %	58	D	83.56 % / 10.54 %	75	B	45.66 % / 53.87 %	92	A	54.68 % / 42.76 %			
8	C	82.17 % / 17.77 %	25	A	79.91 % / 12.91 %	42	A	63.24 % / 30.39 %	59	D	43.58 % / 42.84 %	76	C	76.37 % / 22.75 %	93	B	81.03 % / 15.24 %			
9	A	54.46 % / 33.21 %	26	D	84.41 % / 13.98 %	43	A	15.34 % / 81.57 %	60	A	49.07 % / 48.14 %	77	D	46.83 % / 53.01 %	94	A	69.05 % / 30.03 %			
10	D	24.5 % / 68.35 %	27	B	55.65 % / 41.17 %	44	C	42.59 % / 48.26 %	61	A	80.0 % / 12.55 %	78	B	14.03 % / 73.84 %	95	B	76.16 % / 23.05 %			
11	B	65.16 % / 30.86 %	28	A	78.91 % / 21.02 %	45	C	17.84 % / 72.36 %	62	C	85.75 % / 13.76 %	79	A	43.7 % / 38.66 %	96	B	59.94 % / 31.94 %			
12	C	46.93 % / 34.42 %	29	A	85.96 % / 12.22 %	46	A	77.35 % / 10.47 %	63	A	67.6 % / 31.9 %	80	B	55.72 % / 42.52 %	97	B	40.26 % / 35.78 %			
13	A	58.85 % / 30.94 %	30	A	42.95 % / 53.48 %	47	B	82.53 % / 17.14 %	64	B	77.25 % / 17.92 %	81	C	54.73 % / 42.74 %	98	B	78.73 % / 19.28 %			
14	C	40.97 % / 51.44 %	31	B	68.72 % / 30.75 %	48	B	86.97 % / 10.85 %	65	B	60.28 % / 30.11 %	82	B	53.72 % / 40.02 %	99	D	83.49 % / 10.42 %			
15	D	59.65 % / 36.14 %	32	B	76.34 % / 13.96 %	49	C	79.24 % / 12.06 %	66	B	80.02 % / 13.56 %	83	D	89.5 % / 10.37 %	100	A	78.66 % / 14.44 %			
16	B	56.09 % / 41.65 %	33	A	46.46 % / 52.78 %	50	A	59.35 % / 39.62 %	67	A	11.34 % / 77.71 %	84	A	69.77 % / 30.01 %						
17	B	89.82 % / 10.02 %	34	B	83.89 % / 15.47 %	51	D	65.23 % / 32.88 %	68	C	79.67 % / 18.25 %	85	C	89.26 % / 10.68 %						

//संकेत और समाधान//

1. According to the passage, gravitation can be obtained from thermodynamics, just like snowflakes can be formed through the law of transfer of heat energy between the molecules.
Hence, the correct option is (B).

2. According to the passage it is mentioned that Verlinde believes gravitation is less like a constitutional article and more of a side effect to us.
Hence, the correct option is (A).

3. According to the passage it is mentioned that emergent phenomena appear when interactions on small scale give rise to new laws, structures, and principles on a larger scale. This is just how snowflakes can be formed through the transfer of heat energy through molecules that are driven by thermodynamics.
Hence, the correct option is (C).

4. According to the passage, the whole passage gives an idea that gravitation can be obtained from the law of thermodynamics, which doesn't make it any unique.
Hence, the correct option is (A).

5. According to the passage, it is clearly mentioned in the passage that thermodynamics is the law that governs the transfer of heat energy between the molecules.
Hence, the correct option is (D).

6. Steadfastness : sure, dependable, reliable, constant, unwavering.

Vacillation : the inability to decide between different opinions or actions; indecision.

Steeliness : toughness, hardness or durability resembling (likened to) that of steel.

Intransigence : inflexibility; refusal to change one's views or to agree about something.

Occupation : a job or profession.

Thus, we can see that the word steadfastness is completely opposite in meaning to the word vacillation.
Hence, the correct option is (C).

7. Bulge : a rounded swelling which distorts an otherwise flat surface, swell or protrude to an incongruous extent.

Lengthen : make or become longer.

Protrude : to stick out from a place or surface; bulge, extend beyond or above a surface.

Uphold : confirm or support (something which has been questioned), maintain a custom or practice.

Refute : prove (a statement or theory) to be wrong or false; disprove.

Thus, we can see that the word bulge is completely the same in meaning as the word protrude.
Hence, the correct option is (C).

8. When we use Simple past and Past continuous tense together in a sentence, it shows us that the simple past action happened in the middle of the past continuous action, while it was in progress. Also, the order of subjects is - My parents and I.
Hence, the correct option is (C).

9. Suraj said, "I am going to visit my old friend tomorrow." (Direct)

Suraj said that he was going to visit his old friend the next day. (Indirect)

Present Continuous → Past Continuous(Is/are/am → was/were)

Tomorrow → the next day.

'I' will change as per as subject of the reported verb. (I→He)
Hence, the correct option is (A).

10. Rules for changing direct speech into indirect speech are given below:

- The inverted commas (" ") used in Direct Narration is removed in Indirect Narration and "that" conjunction is used.
- Says to/said to changes to tells/told in indirect speech if they are followed by an object. If not, they would remain the same in indirect speech.

How to changes the tense in indirect speech

- If the reporting verb is in the present or future tense, no changes are made to the verb/tense of the reported speech.
- If the reporting verb is in past tense, we make changes to the reported verb as per the below rule:
- Simple present tense changes to simple past tense.
- Present continuous tense changes to past continuous tense.
- Present perfect tense changes to past perfect tense.
- Present Perfect continuous tense changes to past perfect continuous tense.
- Simple past tense changes to past perfect tense.
- Past continuous tense changes to past perfect continuous tense.
- No changes are made to past perfect and past perfect continuous tense.
- Can, shall, will, may, must change to could, should, would, might and must respectively.
- If there is any universal truth, habitual fact in the reporting speech, no changes are made to the reported verb's tense.

How some words change in indirect speech

- Words like "this, these, tomorrow, yesterday change to that, those, the next day, the previous day" respectively.

Below are the rules for changing the pronouns correctly:

- First-person pronoun changes according to the subject of reporting speech.
- Second person pronoun changes according to the object of reporting speech.

- Third-person pronoun does not change in indirect speech.

Hence, the correct option is (D).

11. The first prize would indicate the order in which the prizes were given. The first prize (no definite article) denotes the top prize. Here, the context is denoted by 'added another feather' meaning 'achieving something' such as the top prize in a competition. So, remove the definite article 'the' from part (b) of the sentence.
Hence, the correct option is (B).

12. The given sentence is in active voice, as the subject 'they' performs an action 'didn't give' against the object 'the money'.

To change to passive voice, the object takes the place of the subject and vice versa and the word 'by' is introduced as now the subject receives the action by the object. The verb form of the sentence is also changed from active form to passive.

'Subject (They) + verb (didn't give) + indirect object (me) + direct object (the money)' changes to:

'New subject (I) + verb (was not given) + direct object (the money)'

The new object 'by them' is implied.

This can be seen in option D, hence it's the right answer.

The pronoun 'they' is non specific, it does not refer to a particular person. Hence in passive voice it can be implied.

Option A: The verb form 'am not given' expresses the simple present tense whereas the sentence is in simple past tense.

Option C: The verb phrase 'have not been given' is in the present perfect tense whereas the sentence is in simple tense.

Option D: 'Will not be given' refers to the future; the sentence is in past.

Hence, the correct option is (B).

13. The given sentence is in the passive voice of simple future tense. Let us understand the structures for active/passive voices for such sentences.

Active: Subject + will/shall + verb (Ist form) + object...

Passive: Object+ will/shall + be + verb (IIIrd form) + by + subject...

So, with the help of the above structures, we can convert the sentence into an active voice: They will look after you well.
Hence, the correct option is (A).

14. The given sentence is of direct speech. So, "said to" will be changed into, "told". The inverted commas will be removed and the reporting and reported speech will be connected by the conjunction "that". Since the reporting verb is of past tense, the tense of the reported speech will be changed too. So, "will" gets changed into "would".
Hence, the correct option is (C).

15. The given sentence is in indirect speech. "Said" will remain the same as it is not followed by any object. "Would have" is the past of "will have" which will be used in direct speech. "The following week" will convert to "the next week" indirect speech.

The conjunction "that" will be replaced by inverted commas (" "). Hence, the correct option is (D).

16. Option B: The error lies in part (b): 'are allowed', which is in plural form. The correct form of the verb is 'is allowed', i.e., singular verb form.

'Each' in 'each speaker' is a singular determiner, which refers to every single speaker in particular. So, the verb too will be in singular form 'is allowed'. When the subject is singular, the verb must also be singular. The same goes for plural subjects and their plural verbs.

Therefore, the corrected sentence is: A time slot of fifteen minutes is allowed to each speaker

So, the option with the error is option B.

Options A and C do not have errors.

Option D is incorrect as the sentence has an error.

Hence, the correct option is (B).

17. The correct answer is "He prides himself upon his patriotism". Here as "pride" means a feeling of deep pleasure or satisfaction derived from one's own achievements. Therefore, it is considered to be used with a reflexive pronoun of the same noun used. Hence, the correct option is (B).

18. The preposition "on" will be used in the above sentence. It is because "on" is used to specify days and dates. See below examples:

I was born on 14th June 1988.

The movie will be released on Friday.
Hence, the correct option is (D).

19. Here, bore away is the right usage.

bear away (Phr. V.) : bear off; carry away; take away; carry off

bear on (Phr. V.) : to be relevant to or burdensome to

Hence, the correct option is (B).

20. The sentence needs a subjective pronoun whereas "me", "myself" and "mine" are objective or possessive pronouns. Therefore, they cannot be used in the sentence. The pronoun "I" is in subjective case, so, it is the correct response.
Hence, the correct option is (A).

21. The correct adverb to be used in the sentence is "too" as it fits in the context of the sentence. We can get the hint from the use of the preposition "to" in the end of the sentence. The grammatical construction too + adjective/adverb + to infinitive has a negative meaning. So, the sentence means to say that he was so angry with me that he did not want to speak to me.

The complete sentence is: He was <u>too</u> angry to speak to me.

Hence, the correct option is (B).

22. The correct preposition to be used in the sentence is "to". "To come to something" means to reach a particular point or situation.

Hence, the correct option is (A).

23. The semicolon is used to separate a series of loosely related clauses. For example: Today we love what tomorrow we hate; today we seek what tomorrow we shun.
Hence, the correct option is (C).

24. The error is in the inappropriate usage of indefinite article 'a' in part (a) of the sentence. Here the mention of the capacity of the wells indicates an attempt to emphasize some particular well and thus, must be preceded by a definite article 'the'. Thus, replace 'a' with 'the' in part (a) of the sentence.
Hence, the correct option is (A).

25. The colon is used between sentences which are grammatically independent but closely connected in sense. For example, "Truth is the greatest inspiration of all: nothing is of greater value."

Hence, the correct option is (A).

26. लंबे समय और लंबी दूरी तक लगातार दोलन करने के कणों के बीच घर्षण बल न्यूनतम होना चाहिए, जिससे किसी भी माध्यम में लंबी दूरी की यात्रा तय कर रही है।

तापमान और गति पहले से ही स्थिर होते हैं इसलिए इसपर कोई प्रभाव नहीं पड़ता है। यदि घर्षण अधिकतम होता है तो यह कण की गति को प्रभावित करता है।

अतः विकल्प (D) सही है।

27. कम्प्यूटेटर विद्युत धारा की दिशा को बदलने या हटाने का एक उपकरण है, जिसका उपयोग डायनेमो में प्रत्यावर्ती धारा को प्रत्यक्ष धारा में परिवर्तित करने हेतु किया जाता है।

साइक्लोट्रॉन: पदार्थ की टक्कर कराकर उनके गुणों का अध्ययन करना।

रेडियोमीटर: दीप्तिमान ऊर्जा के उत्सर्जन को मापने का एक उपकरण।

एनीमोमीटर वह उपकरण है जो हवाओं की क्षमता को मापने हेतु उपयोग में किया जाता है।

अतः विकल्प (B) सही है।

28. दिया हुआ है:
$$R = 100\Omega, X_c = 100\Omega$$
शुद्ध प्रतिबाधा,
$$Z = \sqrt{R^2 + X_L^2}$$
$$= 100\sqrt{2}\,\Omega$$
विस्थापन वर्तमान का चरम मूल्य = सर्किट में अधिकतम चालन प्रवाह
$$= \frac{\varepsilon_0}{Z} = \frac{220\sqrt{2}}{100\sqrt{2}} = 2.2\ A$$
अतः विकल्प (A) सही है।

29. कैंडेला प्रकाशमान घनत्व की मूल इकाई है। केल्विन तापमान की मूल इकाई है। ताप जूल में मापा जाता है और जूल / किग्रा गुप्त उष्मा की इकाई है। पदार्थ की मात्रा मोल में मापी जाती है और किलो द्रव्यमान की इकाई है।

अतः विकल्प (A) सही है।

30. $P_{\text{inst}} = F_{\text{inst}} \times v_{\text{inst}}$
चूंकि इसे निरंतर गति दी गई थी, बल भी स्थिर है।
$$F_{\text{inst}} = F_{\text{const}} = ma$$
$$a = \frac{v}{T}$$
$$v_{\text{inst}} = (a \times t) = \frac{v}{T} \times t$$
$$P_{\text{inst}} = \left(m \times \frac{v}{T}\right) \times \left(\frac{v}{T} \times t\right)$$

$$P_{\text{inst}} = m\frac{v^2}{T^2}t$$
अतः विकल्प (A) सही है।

31. फॉस्फोरस -32 फॉस्फोरस का एक रेडियोधर्मी समस्थानिक है। फॉस्फोरस-32 के नाभिक में 15 प्रोटॉन और 17 न्यूट्रॉन होते हैं। यह केवल कम मात्रा में पृथ्वी पर मौजूद है क्योंकि इसकी 14.59 दिनों की अल्प आयु होती है, और यह तेजी से क्षय कर रहा है।

फॉस्फोरस -32 का उपयोग पौधों की जड़ों से लेकर पत्तियों तक उर्वरक के उत्थान पर नज़र रखने के लिए किया जाता है। यह पौधों को दिया जाता है और बीटा विकिरण का उत्सर्जन करके हम फॉस्फोरस के उपयोग का पता लगा सकते हैं।

अतः विकल्प (B) सही है।

32. बेस क्षेत्र को बहुत पतला और हल्का डोप किया जाता है, क्योंकि इसका मुख्य कार्य ट्रांजिस्टर के माध्यम से इलेक्ट्रॉनों के प्रवाह को नियंत्रित करना है। यह हल्का रूप से डोप हो गया है, इसलिए कम संख्या में बहुसंख्यक वाहक वहां होंगे, जो कलेक्टर की तुलना में बेस के माध्यम से उत्सर्जक प्रवाह का कम प्रतिशत होगा। इसलिए आधार करंट लापरवाही से छोटा है।

इसके बाद ट्रांजिस्टर सक्रिय क्षेत्र में होगा। अन्यथा, ट्रांजिस्टर के माध्यम से कोई भी प्रवाह नहीं होता है। (कट-ऑफ या संतृप्ति क्षेत्र)

अतः विकल्प (B) सही है।

33. वायुमंडल द्वारा रेडियो तरंगों का अवशोषण उनकी आवृत्ति पर निर्भर करता है। जब रेडियो तरंगें अंतरिक्ष से पृथ्वी के वायुमंडल में प्रवेश करती हैं, तो आयनमंडल में मौजूद इलेक्ट्रॉन तरंगों के योग को अवशोषित करते हैं, जबकि अन्य गुजरते हैं और जमीन-आधारित अवशोषक के लिए पता लगाने योग्य होते हैं।

इन तरंगों में से प्रत्येक की आवृत्ति निर्धारित करेगी कि उनमें से प्रत्येक को अवशोषित किया जाता है या नहीं, वायुमंडल से गुजरने में सक्षम है या नहीं।

अतः विकल्प (A) सही है।

34. लोड को संचालित करने के लिए घरों में स्वतंत्र रूप से समानांतर सर्किट का उपयोग किया जाता है। इसका मतलब है कि आप अन्य भारों को चालू किए बिना एक विद्युत आइटम को चालू कर सकते हैं। एक समानांतर सर्किट सभी अन्य भारों को जारी रखने की अनुमति देता है जब भार में से एक विफल हो जाता है।

अतः विकल्प (B) सही है।

35. अब, दो द्रव्यमानों में त्वरण भिन्न होगा।
वे $\frac{F}{2}$ और $\frac{F}{4}$ होंगे।
माना v वो वह समान वेग है जो उसके द्वारा आरम्भ में विरामा अवस्था से प्राप्त करता है।
तो $v = u + a.t$ $V_1 = \frac{F}{2} \times T_1$ का उपयोग करे
$$V_2 = \frac{F}{4} \times T_2$$
दिया हुआ $v_1 = v_2$
$$\frac{F}{2} \times T_1 = \frac{F}{4} \times T_2$$
$$= 1 : 2$$
अतः विकल्प (B) सही है।

36. गुरुत्वाकर्षण के कारण त्वरण: पृथ्वी हमेशा निकाय को अपने केंद्र की ओर आकर्षित करती है और इस बल के कारण त्वरण को गुरुत्वाकर्षण के कारण त्वरण कहा जाता है।

इसे g से दर्शाया जाता है।

g = 10 m/s² जो स्थिर है।

जब कोई गेंद हवा में फेंकी जाती है तो यह त्वरण उस पर काम करता है। इस प्रकार गेंद का त्वरण स्थिर रहता है जो नीचे की दिशा में g के बराबर होता है। तो विकल्प 3 सही है।

इस त्वरण के कारण समय के साथ गेंद की गति, वेग और संवेग बदलते हैं क्योंकि गुरुत्वाकर्षण के कारण मंदन के कारण वेग कम हो जाता है।

अतः विकल्प (C) सही है।

37. हुक्स नियम के अनुसार:
हम जानते है कि,
दबाव / तनाव = स्थिर
तो, तनाव और खिंचाव के बीच का अनुपात हमेशा स्थिर होता है। इसलिए, यदि तनाव बढ़ा हुआ है, तो उस तरीके में बदलाव लाए ताकि यह अनुपात हमेशा स्थिर रहे।
अतः विकल्प (B) सही है।

38. विटामिन A की कमी के कारण रतौंधी होती है।

विटामिन A एक वसा में घुलनशील विटामिन है जो एक शक्तिशाली एंटीऑक्सीडेंट भी है। विटामिन A स्वस्थ दृष्टि, तंत्रिका संबंधी कार्य, स्वस्थ त्वचा, स्वस्थ प्रतिरक्षा प्रणाली और कोशिका वृद्धि को बनाए रखने में महत्वपूर्ण भूमिका निभाता है। रतौंधी, रक्त और ऊतकों में विटामिन A की कमी के कारण होता है।

अतः विकल्प (A) सही है।

39. ब्रोमीन एकमात्र गैर-धातु है जो कमरे के तापमान पर तरल और द्विपरमाणुक अणु है।

यह एक घने, लाल-भूरे रंग का तरल है जो मानक तापमान पर वाष्पीकरण करता है और नारंगी वाष्प देता है। यह आवर्त सारणी पर केवल दो तत्वों में से एक है जो पारा के अलावा कमरे के तापमान पर तरल पदार्थ हैं।

अतः विकल्प (C) सही है।

40. हमारे भोजन में प्रमुख पोषक तत्व कार्बोहाइड्रेट, प्रोटीन, वसा, विटामिन और खनिज हैं। इसके अलावा, भोजन में आहार फाइबर और पानी भी होता है। कार्बोहाइड्रेट और वसा मुख्य रूप से हमारे शरीर को ऊर्जा प्रदान करते हैं। हमारे शरीर की वृद्धि और रखरखाव के लिए प्रोटीन और खनिजों की आवश्यकता होती है।

अतः विकल्प (D) सही है।

41. अग्न्याशय प्रोटिएज की एक संख्या को डायोडेनम में ज़ाइमोजेन्स के रूप में गुप्त करता है जहाँ पेप्टाइड बॉन्ड्स को क्लीवे करने से पहले उन्हें सक्रिय किया जाना चाहिए। पेट और ग्रहणी में प्रोटीन पाचन होता है जिसमें 3 मुख्य एंजाइम, पेट द्वारा स्रावित पेप्सीन और अग्न्याशय द्वारा स्रावित टिप्सिन और काइमोट्रिप्सिन, भोजन प्रोटीन को पॉलीपेप्टाइड्स में तोड़ते हैं जो बाद में विभिन्न एक्सोपेप्टैडेसेस और डाइपेप्टिडेस द्वारा अमीनो एसिड में टूट जाते हैं।

अतः विकल्प (A) सही है।

42. दिखाए गए चित्र के अनुसार एक धारा को परिनालिका A से गुजारा जाता है। धारा A बिंदु पर दक्षिणावर्त दिशा में प्रवेश करती है। जब A की तरफ से देखा जाता है, तो यह A में दक्षिण ध्रुवीयता और B में उत्तर ध्रुवता विकसित करता है। जब A के माध्यम से धारा बढ़ता है, तो यह रिंग B के पास जाने वाले चुंबक के उत्तर की तरह होता है और रिंग के सामने करने वाले लेन्ज के नियम के कारण B का सामना करना पड़ता है, जो उत्तर ध्रुवता को विकसित करता है। और इसलिए दोनों के बीच प्रतिकर्षण है।

अतः विकल्प (A) सही है।

43. चूंकि चक्रीय प्रक्रिया में कुल आंतरिक परिवर्तन शून्य है।
$$\Delta U_1 + \Delta U_2 + \Delta U_3 + \Delta U_4 = 0$$

$$3670 - 4800 - 1800 + \Delta U_4 = 0$$
$$\Delta U_4 = 2930\ J$$
अब चक्रीय $\Delta W = \Delta Q$ में
$$= 5960 - 5600 - 3000 + 3600 = 960\ J.$$
अतः विकल्प (A) सही है।

44. दिया हुआ है,
$$\frac{\Delta v}{v} \times 100 \text{ वेग} = 50\% \text{ में } \% \text{ त्रुटि है}$$
गतिज ऊर्जा $K.E = \frac{1}{2}mv^2$
गतिज ऊर्जा में त्रुटि
$$\frac{\Delta K.E}{K.E} \times 100 = m \times 2\frac{\Delta v}{v} \times 100$$
m एक स्थिर के रूप में है।
अब, प्रतिशत त्रुटि
$$\frac{\Delta K.E}{K.E} \times 100 = 2\frac{\Delta v}{v} \times 100$$
$$\frac{\Delta K.E}{K.E} \times 100 = 2 \times 50\%$$
$$\frac{\Delta K.E}{K.E} \times 100 = 100\%$$
इसलिए, गतिज ऊर्जा के मापन में त्रुटि 100% है।
अतः विकल्प (C) सही है।

45. वक्रता त्रिज्या $= 20$ सेमी
तो, नाभीय लंबाई $= 10$ सेमी
हमें $\frac{h_o}{2} = h_i$ दिए गए हैं
$$\Rightarrow h_o = 2h_i$$
$$\Rightarrow m = h_i = h_o$$
$$\Rightarrow m = \frac{h_o}{2h_o}$$
$$\Rightarrow m = -\frac{v}{u}$$
$$\Rightarrow \frac{1}{2} = -\frac{v}{u}$$
$$\Rightarrow u = -2v$$
दर्पण सूत्र द्वारा,
$$\frac{1}{f} = \frac{1}{v} + \frac{1}{u}$$
$$\frac{1}{10} = \frac{1}{v} - \left(-\frac{1}{2v}\right)$$
$$\frac{1}{10} = \frac{1}{v} + \frac{1}{2v}$$
$$\Rightarrow \frac{1}{10} = \frac{3}{2v}$$
$$\Rightarrow 2v = 30$$
$$\Rightarrow v = 15 \text{ सेमी}$$
$$u = -2(v) = -30$$
अतः विकल्प (C) सही है।

46. कक्षीय वेग, $v = \sqrt{\frac{GM}{r}}$ जहां r कक्षीय त्रिज्या है और M पृथ्वी का द्रव्यमान है।

इस प्रकार, v उपग्रह (m) के द्रव्यमान से स्वतंत्र है।

अतः विकल्प (A) सही है।

47. विद्युत धारा के उत्पादन के लिए उपयोग किए जाने वाले उपकरण को विद्युत जनरेटर कहा जाता है, जबकि एक विद्युत मोटर यांत्रिक कार्य करने के लिए विद्युत प्रवाह का उपयोग करता है।

गैल्वेनोमीटर सर्किट में धारा की मौजूदगी का पता लगाता है और सर्किट में धारा मापने के लिए अमीटर का इस्तेमाल किया जाता है।

अतः विकल्प (B) सही है।

48. बॉक्साइट अयस्क एल्युमीनियम का विश्व का प्राथमिक स्रोत है। एल्युमिनियम (एल्यूमीनियम ऑक्साइड) के उत्पादन के लिए अयस्क को पहले रासायनिक रूप से संसाधित किया जाना चाहिए। एल्युमिना को फिर शुद्ध एल्युमिनियम धातु का उत्पादन करने के लिए एक इलेक्ट्रोलिसिस प्रक्रिया का उपयोग करके गलाया जाता है। बॉक्साइट आमतौर पर विभिन्न उष्णकटिबंधीय और उपोष्णकटिबंधीय क्षेत्रों में स्थित शीर्ष मिट्टी में पाया जाता है।

अतः विकल्प (B) सही है।

49. एक गैस के रुद्धोष्म संपीड़न के दौरान, इसका तापमान में वृद्धि होती है। रुद्धोष्म प्रक्रिया के दौरान गैस पर किए गए कार्य इसकी आंतरिक ऊर्जा को बढ़ाते हैं।

$\Delta Q = \Delta W + \Delta U$ का उपयोग करना

रुद्धोष्म प्रक्रिया के लिए $\Delta Q = 0$

$\Rightarrow \Delta U = -\Delta W$

चूंकि गैस को संपीड़ित करने में काम नकारात्मक होता है, इस प्रकार

$\Delta U > 0$

कोई गर्मी बाहर नहीं जाती है, सिस्टम पर किए गए काम से आंतरिक ऊर्जा बढ़ जाती है, इसलिए गैस का तापमान बढ़ जाता है।

अतः विकल्प (C) सही है।

50. एल्युमिनियम ऑक्साइड प्रकृति में उभयचर है, यानी, यह अम्ल के साथ-साथ क्षार के साथ नमक और पानी बनाता है।

यहाँ, एल्युमिनियम ऑक्साइड अम्ल के रूप में व्यवहार करता है क्योंकि यह $NaOH$ के साथ प्रतिक्रिया करता है, क्षार और सोडियम एलुमिनेट $(NaAlO_2)$ और पानी बनाता है:

$Al_2O_3 + NaOH \rightarrow 2NaAlO_2 + H_2O$

अतः विकल्प (A) सही है।

51. मान लीजिये की गणित और अंग्रेजी में कमल के अंकों को क्रमश: x और y है

प्रश्न के अनुसार:

$x + y = 40$.....(i)

$(x + 3)(y - 4) = 360$ भी

$\Rightarrow (x + 3)(40 - x - 4) = 360$ [(i) से प्राप्त होता है]

$\Rightarrow (x + 3)(36 - x) = 360$

$\Rightarrow 36x - x^2 + 108 - 3x = 360$

$\Rightarrow 33x - x^2 - 252 = 0$

$\Rightarrow -x^2 + 33x - 252 = 0$

$\Rightarrow x^2 - 33x - 252 = 0$

$\Rightarrow x^2 - (21 + 12)x + 252 = 0$

$\Rightarrow x^2 - 21x - 12x + 252 = 0$

$\Rightarrow x(x - 21) - 12(x - 21) = 0$

$\Rightarrow (x - 21)(x - 12) = 0$

$\Rightarrow x = 21$ or $x = 12$

यदि $x = 21$

$y = 40 - 21 = 119$

इस प्रकार, कमल ने गणित और अंग्रेजी में क्रमश: 21 और 19 अंक बनाए।

यदि $x = 12$

$y = 40 - 12 = 28$

इस प्रकार, कमल ने गणित और अंग्रेजी में क्रमश: 12 और 28 अंक हासिल किए।

अतः विकल्प (D) सही है।

52. $\left(\dfrac{1}{\log_3 e}\right) + \left(\dfrac{1}{\log_3 e^2}\right) + \left(\dfrac{1}{\log_3 e^4}\right) + \cdots \ldots$

$= \left(\dfrac{1}{\log_3 e}\right) + \left(\dfrac{1}{2\log_3 e}\right) + \left(\dfrac{1}{4\log_3 e}\right) + \cdots \ldots$

$= (\log_e 3) + \left(\log_e \dfrac{3}{2}\right) + \left(\log_e \dfrac{3}{4}\right) + \cdots \ldots$

$= \log_e 3 \left(1 + \dfrac{1}{2} + \dfrac{1}{4} + \cdots \ldots \right)$

$= \log_e 3 \left(\dfrac{1}{1} - \dfrac{1}{2}\right)$

$= 2\log_e 3$

$= \log_e 3^2$

$= \log_e 9$

अतः विकल्प (A) सही है।

53. मेज के प्रत्येक तरफ 8 कुर्सी हैं।

मान लीजिये की पक्षों को A और B द्वारा दर्शाया गया हैं।

चार व्यक्तियों को A की तरफ बैठने दें, फिर 4 व्यक्तियों को 8 कुर्सियों पर व्यवस्थित करने के तरीकों की संख्या $A = {}^8P_4$ हैं।

और दो व्यक्ति B की तरफ बैठते हैं।

$B = {}^8P_2$ पर 8 कुर्सियों पर 2 व्यक्तियों की व्यवस्था के तरीकों की संख्या हैं।

शेष 10 व्यक्तियों को शेष 10 कुर्सियों में 10! तरीकों से व्यवस्थित किया जा सकता है।

इसलिए, व्यक्तियों को व्यवस्थित करने के तरीकों की कुल संख्या

${}^8P_4 \times {}^8P_2 \times 10! = \dfrac{8!8!10!}{4!6!}$ है।

अतः विकल्प (B) सही है।

54. जैसे, $\angle BMN + \angle DNM = 180°$

$\angle PMN + \angle PNM = 90°$

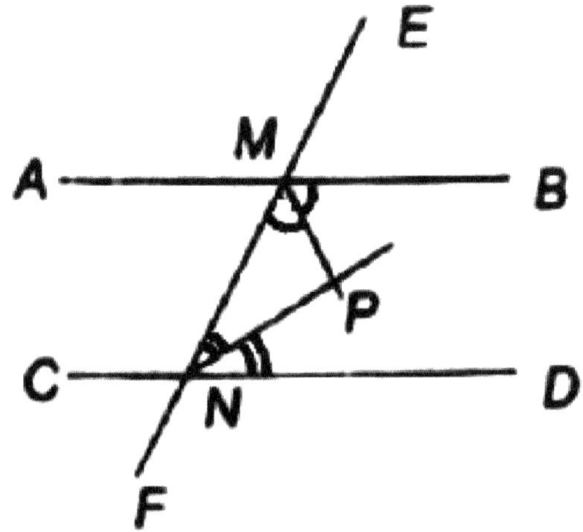

$\angle MPN = 180° - (\angle PMN + \angle PNM)$

$= 180° - 90° = 90°$

अतः विकल्प (D) सही है।

55. दिया हुआ,

$m[-3 \quad 4] + n[4 \quad -3] = [10 \quad -11]$

$\Rightarrow [-3\,m + 4n \quad 4\,m - 3n] = [10 \quad -11]$

उपरोक्त मैट्रिसेस की बराबरी करके हम प्राप्त करते हैं,

$-3m + 4n = 10 \Rightarrow 12m - 16n = -40 \ldots\ldots(i)$

$4\,m - 3n = -11 \Rightarrow 12\,m - 9n = -33 \ldots\ldots(ii)$

समीकरण (i) और (ii) को हल करते हुए, हम प्राप्त करते हैं,

$-7n = -7$

$\therefore n = 1$ और $m = -2$

अतः विकल्प (A) सही है।

56. दिया हुआ,

$A = \begin{bmatrix} 1 & 2 \\ 3 & 4 \end{bmatrix}$ और $AX = I$

हमें X का मान ज्ञात करना होगा

अगर $AX = I$

$\Rightarrow X = A^{-1}$

$= \dfrac{1}{|A|} adjA = \dfrac{1}{(4-6)} \begin{bmatrix} 4 & -2 \\ -3 & 1 \end{bmatrix}$

$X = -\dfrac{1}{2} \begin{bmatrix} 4 & -2 \\ -3 & 1 \end{bmatrix}$

$= \begin{bmatrix} -2 & 1 \\ 3/2 & -1/2 \end{bmatrix}$

अतः विकल्प (D) सही है।

57. $A = \{x \in Z : x^3 - 1 = 0\}$ और $B = \{x \in Z : x^2 + x + 1 = 0\}$, जहाँ Z जटिल संख्याओं का सेट है, तब फिर $A \cap B$ होगा

$A = \{x \in Z : x^3 - 1 = 0\}$

$x^3 - 1 = (x-1)(x^2 + x + 1)$

इसलिए मूल $1, \dfrac{-1+\sqrt{3}i}{2}, \dfrac{-1-\sqrt{3}i}{2}$ होगा

अर्थात, $A = \left\{1, \dfrac{-1+\sqrt{3}i}{2}, \dfrac{-1-\sqrt{3}i}{2}\right\}$

$B = \{x \in Z : x^2 + x + 1 = 0\}$

मूल $\dfrac{-1+\sqrt{3}i}{2}, \dfrac{-1-\sqrt{3}i}{2}$ हैं

$B = \left\{\dfrac{-1+\sqrt{3}i}{2}, \dfrac{-1-\sqrt{3}i}{2}\right\}$

$(A \cap B) = \left\{1, \dfrac{-1+\sqrt{3}i}{2}, \dfrac{-1-\sqrt{3}i}{2}\right\} \cap$

$\left\{\dfrac{-1+\sqrt{3}i}{2}, \dfrac{-1-\sqrt{3}i}{2}\right\} = \left\{\dfrac{-1+\sqrt{3}i}{2}, \dfrac{-1-\sqrt{3}i}{2}\right\}$

अतः विकल्प (B) सही है।

58. दिया हैं,

$\tan^{-1} \dfrac{1}{2} + \tan^{-1} \dfrac{1}{3}$

हम जानते हैं कि,

$\tan^{-1} x + \tan^{-1} y = \tan^{-1} \left(\dfrac{x+y}{1-xy}\right)$

इसलिए, $\tan^{-1} \dfrac{1}{2} + \tan^{-1} \dfrac{1}{3} = \tan^{-1} \left(\dfrac{\frac{1}{2}+\frac{1}{3}}{1-\frac{1}{2}\times\frac{1}{3}}\right)$

$= \tan^{-1} \left(\dfrac{\frac{3+2}{6}}{1-\frac{1}{6}}\right)$

$= \tan^{-1} \left(\dfrac{5}{5}\right)$

$= \tan^{-1} 1$

$= \tan^{-1} \tan \dfrac{\pi}{4}$

$= \dfrac{\pi}{4}$

अतः विकल्प (D) सही है।

59. दिया हुआ,

$y = (\cot^{-1} x)(\cot^{-1}(-x))$

$= \cot^{-1}(x)(\pi - \cot^{-1}(x))$

अब $\cot^{-1}(x)$ और $(\pi - \cot^{-1}(x)) > 0$

A.M. $\geq$ G.M. का उपयोग करते हुए, हम प्राप्त

$\dfrac{\cot^{-1}x + (\pi - \cot^{-1}(x))}{2} \geq \sqrt{(\cot^{-1}x)(\pi - \cot^{-1}(x))}$

होता है।

$\Rightarrow 0 < \sqrt{\cot^{-1}(x)(\pi - \cot^{-1}(x))} \leq$

$\dfrac{\cot^{-1}x + (\pi - \cot^{-1}(x))}{2} = \dfrac{\pi}{2}$

$\Rightarrow 0 < y \leq \dfrac{\pi^2}{4}$

अतः विकल्प (D) सही है।

60. $\displaystyle\lim_{x\to\infty} \left(\dfrac{x^2+5x+3}{x^2+x+2}\right)^x = \lim_{x\to\infty} \left(1 + \dfrac{4x+1}{x^2+x+2}\right)^x$

$= \displaystyle\lim_{x\to\infty} \left[\left(1 + \dfrac{4x+1}{x^2+x+2}\right)^{\frac{x^2+x+2}{4x+1}}\right]^{\frac{(4x+1)x}{x^2+x+2}}$

$= e^{\displaystyle\lim_{x\to\infty} \frac{4x^2+x}{x^2+x+2}} \left[\because \lim_{x\to\infty}(1+\lambda x)^{\frac{1}{x}} = e^{\lambda}\right]$

$= e^{\displaystyle\lim_{x\to\infty} \frac{4+\frac{1}{x}}{1+\frac{1}{x}+\frac{2}{x^2}} = e^4}$

अतः विकल्प (A) सही है।

61. $A + A^T = \begin{bmatrix} a & b \\ b & a \end{bmatrix}\begin{bmatrix} a & b \\ b & a \end{bmatrix} = \begin{bmatrix} 2a & 2b \\ 2b & 2a \end{bmatrix}$

$|A + A^T| = 4a^2 - 4b^2$

अतः विकल्प (A) सही है।

62. चूंकि E एक सार्वभौमिक सेट $E - A = A'$ है

$E - \Big(E - \big(E - (E - (E - A))\big)\Big)$

$E - \Big(E - \big(E - (E - A')\big)\Big)$

$E - \big(E - (E - A)\big)$

$E - (E - A')$

$E - A$

A'

$(B \cup C)'$

$B' \cap C'$

अतः विकल्प (C) सही है।

63. हमारे पास, $f(x) = \begin{cases} x^2, & x \geq 0 \\ -x^2 & x < 0 \end{cases}$ हैं।

स्पष्ट रूप से, $f(x)$ सभी $x > 0$ के लिए और सभी $x < 0$ के लिए भिन्न है। इसलिए, हम $x = 0$ पर भिन्नता की जांच करते हैं।

अब, $(RHD$ at $x = a)$

$$= \left(\frac{d}{dx}(x^2)\right)_{x=0} = (2x)_{x=0} = 0$$

$$\therefore (LHD \text{ at } x = 0) = \left(\frac{d}{dx}(-x^2)\right)_{x=0} =$$

$$(-2x)_{x=0} = 0$$

$$(LHD \text{ at } x = 0) = (RHD \text{ at } x = 0)$$

तो, $f(x)$ सभी x के लिए भिन्न है, अर्थात, सभी बिंदुओं का सेट जहां $f(x)$ भिन्न है, $(-\infty, \infty)$ है, अर्थात R

अतः विकल्प (A) सही है।

64. दिया हुआ:

$$\int e^x (\sin x + \cos x) dx$$

यह $\int e^x \big(f(x) + f'(x)\big) dx = e^x f(x) + c$ का रूप है

अब, $\int e^x (\sin x + \cos x) dx$

$$= \int e^x \sin x\, dx + \int e^x \cos x\, dx$$

$$= e^x (\sin x) - \int (\cos x) \cdot e^x dx + \int e^x \cos x\, dx$$

$$= e^x (\sin x) + c\,[\text{जहाँ } c \text{ निरंतर एकीकृत कर रहा है }]$$

अतः विकल्प (B) सही है।

65. $\frac{p}{q}$ की कुल संभव संख्या जब $p \neq q = {}^6C_2 = 30$ है।

जब $p = q$ की संख्या $= {}^6C_1 = 6$ है।

इसलिए कुल संख्या $30 + 6 = 36$ है।

$$\frac{1}{1} = \frac{2}{2} = \frac{3}{3} = \frac{4}{4} = \frac{5}{5} = \frac{6}{6} \quad \text{(सेट की कार्डिनैलिटी से काटे गए पांच नंबर)}$$

$$\frac{1}{2} = \frac{2}{4} = \frac{3}{6} \quad \text{(सेट की कार्डिनैलिटी से काटे गए दो नंबर)}$$

$$\frac{2}{1} = \frac{4}{2} = \frac{6}{3} \quad \text{(सेट की कार्डिनैलिटी से दो और नंबर काटे गए)}$$

$$\frac{1}{3} = \frac{2}{6} \quad \text{(सेट की कार्डिनैलिटी से घटाया गया एक नंबर)}$$

$$\frac{3}{1} = \frac{6}{2} \quad \text{(सेट की कार्डिनैलिटी से एक और संख्या में कटौती की गई)}$$

$$\frac{1}{2} = \frac{2}{4} \quad \text{(सेट की कार्डिनैलिटी से घटाया गया एक नंबर)}$$

$$\frac{3}{2} = \frac{6}{4} \quad \text{(सेट की कार्डिनैलिटी से घटाया गया एक और नंबर)}$$

तो, सेट की कार्डिनैलिटी $= 36 - 5 - 2 - 2 - 1 - 1 - 1 - 1 = 23$ है।

अतः विकल्प (B) सही है।

66. वक्र $y = f(x)$ होने दें।

$\therefore$ वक्र पर किसी भी बिंदु पर खींची गई स्पर्शरेखा का ढाल $\frac{df(x)}{dx} = f'(x)$ है।

यह देखते हुए कि वक्र पर किसी भी बिंदु पर ढाल $\frac{2y}{x}$ है

$$\Rightarrow \frac{dy}{dx} = \frac{2y}{x}$$

$$\Rightarrow \int \frac{1}{y} dy = \int \frac{2}{x} dx$$

$$\Rightarrow \ln y = 2\ln x + c$$

c जहाँ एकीकरण निरंतर है

यह देखते हुए कि वक्र $(1,1)$ बिंदु से गुजरता है

$$\Rightarrow c = 0$$

$\therefore y = x^2$ वक्र का समीकरण है जो परवलय है।

अतः विकल्प (B) सही है।

67. दिया हुआ है की,

$$xdy = ydx + y^2 dy$$

$$1 = \frac{4}{x} \cdot \frac{dx}{dy} + \frac{y^2}{x}$$

$$\frac{dx}{dy} + x = \frac{x}{y}$$

$$\frac{dx}{dy} - \frac{x}{y} = -y$$

$$P = -\frac{1}{y}, Q = -y$$

समाकलन कारक $= e^{\int Pdy} = e^{-\log y} = \frac{1}{y}$ है

$$\frac{1}{y}\frac{dx}{dy} - \frac{x}{y^2} = -1$$

समाकलन कारक के साथ समीकरण को गुणा करें

$$\frac{x}{y} = \int \frac{1}{y}(-y)dy + c$$

$$\frac{x}{y} = \int -1 dy + C$$

$$\frac{x}{y} = -y + c$$

$$y(1) = 1$$

$$\frac{1}{1} = -1 + c; c = 2$$

$$\frac{x}{y} = -y + 2; x = -y^2 + 2y$$

$$y(-3); -3 = -y^2 + 2y$$

$$y^2 - 2y - 3 = 0$$

$$y = \frac{+2 \pm \sqrt{4+12}}{2} = \frac{2 \pm 4}{2}$$

$$y = 3, -1$$

$$y = 3, \text{ क्योंकि } y > 0$$

अतः विकल्प (A) सही है।

68. $A = \{x : x, 2 \text{ का गुणज है }\} = \{2,4,6,8,10,12,14,\dots\}$

$B = \{x : x, 5 \text{ का गुणज है }\} = \{5,10,15,20,25,\dots\}$ और

$C = \{x : x, 10 \text{ का गुणज है }\} = \{10,20,30,40,\dots\}$

यहाँ, $C \subset A$ और $C \subset B$

$$C = A \cap B = A \cap (B \cap C)$$

$$= A \cap C = C$$

अतः विकल्प (C) सही है।

69. $x^2 dy - y^2 dy - xy^2(x - y)dy = 0$

$$\frac{dy}{y^2} - \frac{dx}{x^2} - y\left[\frac{1}{y} - \frac{1}{x}\right]dy = 0$$

$$\Rightarrow \frac{dy}{y^2} - \frac{dx}{x^2}$$

$$\frac{1}{y} - \frac{1}{x} - ydy = 0$$

$$\Rightarrow -\ln\left|\frac{1}{y} - \frac{1}{x}\right| - \frac{y^2}{2} = c$$

$$\Rightarrow \ln\left|\frac{x-y}{xy}\right| + \frac{y^2}{2} = c$$

$$\left|\frac{x-y}{xy}\right| = e^{c - \frac{y^2}{2}}$$

$$\left|\frac{x-y}{xy}\right| = C \cdot e^{\frac{-y^2}{2}}$$

$$(x - y)e^{\frac{y^2}{2}} = cxy$$
अतः विकल्प (D) सही है।

70. कार्टिज़न समीकरण $= \frac{x-5}{3} = \frac{y+4}{7} = \frac{z-6}{2}$

माना $\frac{x-5}{3} = \frac{y+4}{7} = \frac{z-6}{2} = a$

$x = 3\alpha + 5, y = 7a - 4, z = 2\alpha + 6$

माना (x, y, z) धनात्मक वेक्टर है

$\therefore x\hat{i} + y\hat{j} + z\hat{k} = 5\hat{i} + (-4)\hat{j} + 6\hat{k} +$
$\alpha(3\hat{i} + 7\hat{j} + 2\hat{k})$

वेक्टर प्रपत्र : $5\hat{i} + (-4)\hat{j} + 6\hat{k} + \alpha(3\hat{i} + 7\hat{j} + 2\hat{k})$

अतः विकल्प (A) सही है।

71. दिया गया:
$$25x^2 + 9y^2 = 225$$

दिए गए समीकरण को $\frac{x^2}{9} - \frac{y^2}{25} = 1$ के रूप में लिखा जा सकता है।

यहाँ, $a^2 = 9 \Rightarrow a = 3$ and $b^2 = 25 \Rightarrow b = 5$

केन्द्रता, $e = \sqrt{1 + \frac{b^2}{a^2}} = \sqrt{1 + \frac{25}{9}}$

$= \sqrt{\frac{34}{9}} = \frac{\sqrt{34}}{3}$

फोकस $= (\pm ae, 0)$

$= \left(\pm 3 \times \frac{\sqrt{34}}{3}, 0\right)$

$= (\pm\sqrt{34}, 0)$

तो, दिए गए अतिपरवलय का केन्द्रता और फोकस क्रमशः $\frac{\sqrt{32}}{3}$ और $\left(\pm \frac{\sqrt{30}}{0}\right)$ है।

अतः विकल्प (A) सही है।

72. $\sin^2\theta + \cos^2\theta + \sec^2\theta + \tan^2\theta + \cot^2\theta + \csc^2\theta$

$1 + \sec^2\theta + \tan^2\theta + \csc^2\theta + \cot^2\theta$

$1 + \sec^2\theta - \tan^2\theta + \csc^2\theta - \cot^2\theta + 2$
$(\tan^2\theta + \cot^2\theta)$

$1 + 1 + 1 + 2(\tan^2\theta + \cot^2\theta)$

$3 + 2[\tan^2\theta + \cot^2\theta]$ (a का न्यूनतम मान $a\tan^2\theta +$
$b\cot^2\theta = 2\sqrt{ab}$)

$= 3 + 2 \times 2 = 7$

अतः विकल्प (D) सही है।

73.

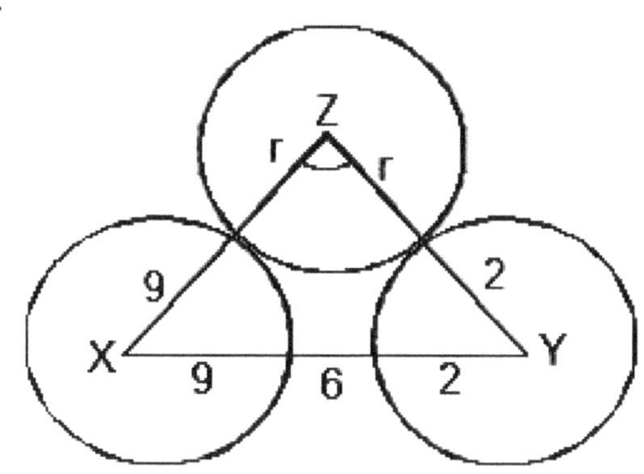

समकोण त्रिभुज XYZ में
$XZ^2 + YZ^2 = XY^2$
$(r + 9)^2 + (r + 2)^2 = 17^2$
$r^2 + 18r + 81 + r^2 + 4r + 4 = 289$
$2r^2 + 22r - 204 = 0$
$r^2 + 11r - 102 = 0$
$r^2 + 17r - 6r - 102 = 0$
$r(r + 17) - 6(r + 17) = 0$
$(r + 17) = 0$ या $r - 6 = 0$
$\Rightarrow r = 6$ सेमी

अत: विकल्प (D) सही है।

74. $\tan\theta + \cot\theta = x$

वर्ग करने पर
$\tan^2\theta + \cot^2\theta + 2\tan\theta\cot\theta = x^2$
$\tan^2\theta + \cot^2\theta + 2 = x^2$
$\therefore \tan^2\theta + \cot^2\theta = x^2 - 2$

वर्ग करने पर
$\tan^4\theta + \cot^4\theta = x^4 + 4 - 4x^2 - 2$
$\tan^4\theta + \cot^4\theta = x^2(x^2 - 4) + 2$

अतः विकल्प (D) सही है।

75. दी गयी रेखाएं $6x + 8y + 15 = 0$ और $3x + 4y + 9 = 0$ है।

$\Rightarrow 6x + 8y + 15 = 0$

उपरोक्त समीकरण से 2 उभयनिष्ठ लेने पर,

$\Rightarrow 3x + 4y + \frac{15}{2} = 0 \ldots\ldots(i)$

और $3x + 4y + 9 = 0 \ldots\ldots(ii)$

समीकरण (i) और (ii) एक-दूसरे के समानांतर हैं।

रेखाओं के बीच की दूरी $= \frac{\left|\frac{15}{2} - 9\right|}{\sqrt{3^2 + 4^2}} = \frac{\left(\frac{3}{2}\right)}{5} = \frac{3}{10}$

अत: विकल्प (B) सही है।

76. मेजर ध्यानचंद खेल रत्न:

मेजर ध्यान चंद खेल रत्न पुरस्कार (पूर्व राजीव गांधी खेल रत्न) भारत में दिया जाने वाला सबसे बड़ा खेल पुरस्कार है। इस पुरस्कार को भारत एवं विश्व हॉकी के सर्वश्रेष्ठ खिलाड़ी के नाम पर रखा गया है, जो तीन बार ओलम्पिक के स्वर्ण पदक जीतने वाली भारतीय हॉकी टीम के सदस्य रहे।

विनेश फोगट:

विनेश फोगट (जन्म 25 अगस्त 1994) एक भारतीय पहलवान हैं। वह राष्ट्रमंडल और एशियाई खेलों दोनों में स्वर्ण जीतने वाली पहली भारतीय महिला पहलवान बनीं। वह विश्व कुश्ती चैंपियनशिप में कई पदक जीतने वाली एकमात्र भारतीय महिला पहलवान हैं।

अतः विकल्प (C) सही है।

77. प्रतिष्ठित फ्रांसीसी फिल्म निर्माता जीन-ल्यूक गोडार्ड का 91 वर्ष की आयु में स्विट्जरलैंड में निधन हो गया।

- उन्होंने 1960 में अपनी पहली फिल्म 'ब्रेथलेस' के साथ सिनेमा में क्रांति ला दी और दुनिया के सबसे मशहूर और उत्तेजक निर्देशक रहे।
- उन्होंने अपने करियर की शुरुआत 1950 के दशक में एक फिल्म समीक्षक के रूप में की थी।
- दिसंबर 2007 में, उन्हें यूरोपीय फिल्म अकादमी द्वारा लाइफटाइम अचीवमेंट अवार्ड से सम्मानित किया गया।

अतः विकल्प (D) सही है।

78. केंद्र और असम सरकार ने 15 सितंबर 2022 को केंद्रीय गृह मंत्री अमित शाह की उपस्थिति में असम के 8 आदिवासी संगठनों के साथ त्रिपक्षीय शांति समझौते पर हस्ताक्षर किए।

इस समझौते पर दस्तखत से करीब 1100 लोगों ने हिंसा का रास्ता छोड़ दिया है। जनवरी 2020 में, केंद्र ने 50 साल से अधिक पुराने बोडो संकट को समाप्त करने के लिए असम सरकार और बोडो प्रतिनिधियों के साथ एक ऐतिहासिक समझौते पर हस्ताक्षर किए थे।

अतः विकल्प (B) सही है।

79. 28 सितम्बर, 2021 को एक ग्रांड चैलेंज प्रोग्राम, "जनCARE" डॉ. जीतेन्द्र सिंह ने शुरू किया।

आजादी का अमृत महोत्सव मनाते हुए, केंद्रीय राज्य मंत्री (स्वतंत्र प्रभार) विज्ञान और प्रौद्योगिकी, डॉ जितेंद्र सिंह ने 28 सितंबर 2021 को 'जनCARE' शीर्षक से 'अमृत ग्रैंड चैलेंज प्रोग्राम' लॉन्च किया। आजादी का अमृत महोत्सव की छत्रछाया में 'अमृत ग्रैंड चैलेंज प्रोग्राम' का शुभारंभ किया गया। नए बढ़ते स्टार्ट-अप उद्यमों और उद्यमियों के लिए भारत के सामने आने वाली स्वास्थ्य संबंधी चुनौतियों के लिए नवीन विचारों और समाधानों के साथ आना सबसे महत्वपूर्ण हो गया है। बायोटेक्नोलॉजी इंडस्ट्री रिसर्च असिस्टेंस काउंसिल (BIRAC), NASSCOM और NASSCOM Foundation ने संयुक्त रूप से 'अमृत ग्रैंड चैलेंज प्रोग्राम' लॉन्च किया। यह एक राष्ट्रव्यापी 'डिस्कवर - डिज़ाइन - स्केल' कार्यक्रम है और चुनौती 31 दिसंबर 2021 को समाप्त होगी।

अतः विकल्प (A) सही है।

80. श्रृंखला का पहला वर्ण पूर्ववर्ती श्रृंखला के बाईं ओर 12वा वर्ण है, अर्थात

Y – 12 = M.

M – 12 = A.

A – 12 = O.

उसी प्रकार,

C – 12 = Q.

Q – 12 = E.

E – 12 = S.

उसी प्रकार,

L – 12 = Z.

Z – 12 = N.

N – 12 = B.

इसलिए वर्ण OSB है।

अतः विकल्प (B) सही है।

81. भारतीय विदेश सेवा अखिल भारतीय सेवाओं का हिस्सा नहीं है। भारतीय संविधान के अनुच्छेद 312 में अखिल भारतीय सेवाओं का उल्लेख है।

आधुनिक भारतीय प्रशासनिक सेवा और भारतीय पुलिस सेवा भारत के संविधान के भाग XIV, और अखिल भारतीय सेवा अधिनियम, 1951 में अनुच्छेद 312 (2) के तहत बनाई गई थी।

अतः विकल्प (C) सही है।

82. भारत में राष्ट्रपति का निर्वाचन जनता द्वारा प्रत्यक्ष रूप से नहीं किया जाता है। राष्ट्रपति का वेतन भारत की समेकित फंड से दिया जाता है, जो आयकर से मुक्त होता है। भारत के संविधान के अनुच्छेद 54 के अनुसार राष्ट्रपति का निर्वाचन ऐसे निर्वाचक मंडल द्वारा किया जाएगा, जिसमें संसद (लोकसभा तथा राज्यसभा) तथा राज्य विधान सभाओं के निर्वाचित सदस्य शामिल होते हैं। राष्ट्रपति के वेतन, भत्ता तथा पेंशन (संशोधन) अधिनियम 2008 के द्वारा प्रदान किया जाता है।

अतः विकल्प (B) सही है।

83. कोणार्क मंदिर उड़ीसा में स्थित है और इसे काला पगोडा भी कहा जाता है, मोधेरामंदिर गुजरात में स्थित है और मार्तंडमंदिर जम्मू-कश्मीर में स्थित है और इन सभी को पूर्व के प्रवेश द्वार के रूप में भगवानसूर्य को समर्पित किया गया है।

अतः विकल्प (D) सही है।

84. दिया गया कोड इस पैटर्न का अनुसरण करता हैं:

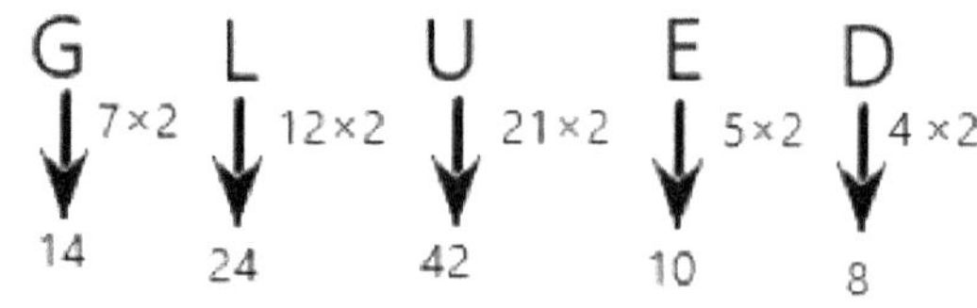

इसी तरह,

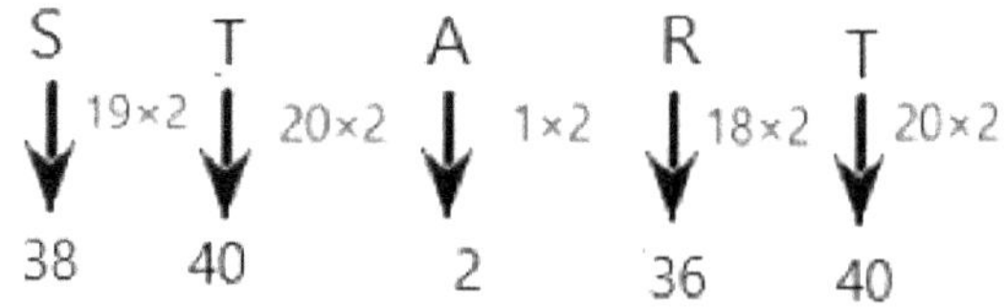

इस प्रकार, START शब्द को "384023640" लिखा जा सकता है।

अतः विकल्प (A) सही है।

85. 3 खंडों में अकबर के शासनकाल का आधिकारिक इतिहास, अबुल फजल अकबरनामा का लेखक ने लिखा था। अकबर ने 1556 से 1605 तक शासन किया और अधिकांश भारतीय उपमहाद्वीप पर मुगल शक्ति का विस्तार किया।

अतः विकल्प (C) सही है।

86. मधुबनी पेंटिंग की प्रसिद्ध कला भारत में लोगों के लिए एक अलग जगह है। यह कला केंद्र मधुबनी जिले के जितवारपुर गाँव में स्थित है। इस शैली के चित्रों का विषय धार्मिक और सार्वजनिक जीवन की कहानियों से संबंधित है। इसमें रंगों का चयन स्वाभाविक है। फिर भी चित्र इस शैली के चित्रों को प्रभावित करते हैं।

अतः विकल्प (C) सही है।

87. बिधान चंद्र रॉय पुरस्कार चिकित्सा के क्षेत्र में दिया जाता है। बिधान चंद्र रॉय पुरस्कार 1962 में भारत की मेडिकल ऑफ इंडिया काउंसिल द्वारा बी.सी.रॉय की याद में स्थापित की गई थी। यह पुरस्कार प्रत्येक निम्न श्रेणियों में प्रतिवर्ष दिया जाता है: भारत में सर्वोच्च प्रकार की राजनीति, मेडिकल मैन-कम-स्टेट्समैन, प्रतिष्ठित चिकित्सा व्यक्ति, दर्शनशास्त्र में प्रतिष्ठित व्यक्ति, विज्ञान में प्रसिद्ध व्यक्ति और कला में प्रतिष्ठित व्यक्ति को दिया जाया है।

अतः विकल्प (D) सही है।

88.

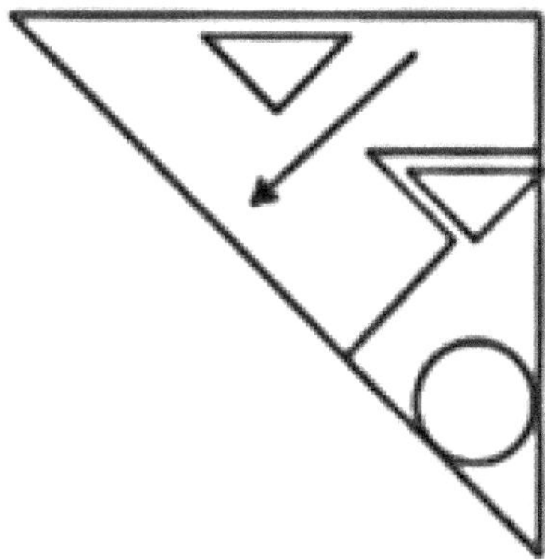

अतः विकल्प (C) सही है।

89. भारत में सबसे व्यापक मिट्टी जलोढ़ मिट्टी है। भारत में जलोढ़ मिट्टी मुख्य रूप से उत्तरी मैदानों में पाई जाती है। यह तीन महत्वपूर्ण हिमालयी नदी प्रणालियों - सिंधु, गंगा और ब्रह्मपुत्र द्वारा जमा किया जाता है।

अतः विकल्प (C) सही है।

90. वायुमंडल में सबसे प्रचुर गैस नाइट्रोजन है और वायुमंडल में ऑक्सीजन दूसरी प्रचुर गैस है। आर्गन, एक अक्रिय गैस वायुमंडल में तीसरी सबसे प्रचुर गैस है।

वायुमंडल में बहुत सी गैसें होती हैं, जिनमें से अधिकांश में कुछ प्रदूषकों और ग्रीनहाउस गैसों के साथ, कम मात्रा में होती हैं।

अतः विकल्प (A) सही है।

91. गोदावरी भारत की सबसे बड़ी प्रायद्वीपीय नदी है। इसे दक्षिण गंगा भी कहा जाता है। यह महाराष्ट्र के नासिक जिले में निकलकर बंगाल की खाड़ी में अपने पानी का निर्वहन करती है। इसकी सहायक नदियाँ महाराष्ट्र, मध्य प्रदेश, छत्तीसगढ़, उड़ीसा और आंध्र प्रदेश राज्यों से होकर गुजरती हैं।

अतः विकल्प (B) सही है।

92. उष्णकटिबंधीय घास का मैदान, जिसे सवाना भी कहा जाता है, एक स्थलीय घास का मैदान है जिसमें बिखरे हुए छोटे झाड़ियों और पेड़ों से युक्त विशाल खुले स्थान हैं। सवाना दुनिया की कुछ सबसे पहचानी जाने वाली प्रजातियों जैसे शेर, चीता, हाइना, ज़ेब्रा, गज़ेल, हाथी, जिराफ़, वाइल्डबेस्ट और वॉर्थिंग का पालन पोषण करते हैं ।

अतः विकल्प (A) सही है।

93. बीजिंग पीपुल्स रिपब्लिक ऑफ चाइना की राजधानी है। यह दुनिया की सबसे अधिक आबादी वाला राजधानी शहर है।

अतः विकल्प (B) सही है।

94. पूर्व इंग्लिश वर्ल्ड स्नूकर चैंपियन पीटर एबडन ने गर्दन में लगी चोट के कारण खेल से संन्यास लेने की घोषणा की है। 49 वर्षीय पेशेवर खेल में 29 वर्ष तक खेले।

अतः विकल्प (A) सही है।

95. अनुभवी अभिनेता धर्मेंद्र और फिल्म निर्माता राजकुमार हिरानी को क्रमशः प्रतिष्ठित राज कपूर लाइफटाइम अचीवमेंट और राज कपूर स्पेशल कंट्रीब्यूशन पुरस्कारों से सम्मानित किया गया था। दोनों आजीवन उपलब्धि पुरस्कार प्रशस्ति पत्र और 5,00,000 रुपये का नकद पुरस्कार लेते हैं, जबकि विशेष योगदान पुरस्कार प्रत्येक प्रशस्ति पत्र और 3,00,000 रुपये का पुरस्कार लेते हैं।

अतः विकल्प (B) सही है।

96. पोलियो वायरस एक एंटरोवायरस और पिकोर्नवीराइड परिवार का सदस्य है; टाइप 1, 2 और 3 बीमारी का कारण है, हालांकि टाइप 2 को जंगली प्रकार के वायरस के रूप में मिटा दिया गया है।

अतः विकल्प (B) सही है।

97. भारत को दो मानसून से बारिश मिलती है। दक्षिण-पश्चिम मानसून और उत्तर-पूर्व मानसून । दक्षिण-पश्चिम मानसून एक प्रमुख है जो जुलाई-सितंबर से प्रारंभ होता है। अधिकांश भारतीय राज्यों ने इस मानसून से बारिश प्राप्त की है। वर्षा पहले केरल राज्य और कर्नाटक / महाराष्ट्र (कोंकण तटीय क्षेत्र) के तटीय क्षेत्रों के साथ टकराती है। इसे गति प्राप्त करने के बाद यह भारत पश्चिमी घाट को पार कर के अन्य सभी राज्यों में बारिश करता है।

अतः विकल्प (B) सही है।

98. सरदार पटेल ने लगभग हर रियासत को भारत में भेजने के लिए राजी किया। नए स्वतंत्र देश में राष्ट्रीय एकीकरण के लिए उनकी प्रतिबद्धता कुल और समझौतावादी थी, जिससे उन्हें "भारत का लौह पुरुष" नाम मिला।

अतः विकल्प (B) सही है।

99. ब्रिक्स ब्राजील, रूस, भारत, चीन और दक्षिण अफ्रीका के लिए एक संक्षिप्त रूप है। गोल्डमैन सैक्स अर्थशास्त्री जिम ओ'नील ने 2001 में BRIC (दक्षिण अफ्रीका के बिना) शब्द गढ़ा था, जिसमें दावा किया गया था कि 2050 तक चार BRIC अर्थव्यवस्थाएं वैश्विक अर्थव्यवस्था पर 2050 तक हावी हो जाएंगी।

अतः विकल्प (D) सही है।

100. भारत के पहले ग्रैंडमास्टर विश्वनाथन आनंद ने "माइंड मास्टर" नामक अपनी आत्मकथा जारी की। इसे सुसान निनन ने लिखा था। पुस्तक में आनंद की सबसे बड़ी जीत और सबसे बुरी हार में अंतर्दृष्टि प्रदान करती है। उन्होंने दुनिया के सर्वश्रेष्ठ दिमागों का सामना करने के अपने अनुभव को भी साझा किया है।

अतः विकल्प (A) सही है।

English

Ques (1-5):Direction: Read the given passage carefully and answer the questions that follow.

The crowd surged forward through the narrow, streets of Paris, there was a clatter of shutters being closed hastily by trembling hands – the citizens of Paris knew that once the fury of the people was excited there was no telling what they might do. They came to an old house which had a workshop on the ground floor. A head popped out of the door to see what it was all about. Get him! Get Thimonier! Smash his devilish machines!', yelled the crowd.

They found the workshop without its owner. M, Thimonier had escaped by the back door. Now that fury of the demonstrators turned against the machines that were standing in the shop, ready to be delivered to buyers. They were systematically broken, up and destroyed dozens of them. Only when the last wheel and spindle had been trampled underfoot did the infuriated crowd recover their senses.

'That is the end of M' sieur Thimonier and his sewing machines', they said to one another and went home satisfied. Perhaps now they would find work, for they were all unemployed tailors and seamstresses who believed that their livelihood was threatened by that new invention.

Q.1 The passage throws light on

A. Why inventions should be avoided altogether

B. How a well-meant invention can be misunderstood

C. What mischief an inventor can do to ordinary people

D. How dangerous an invention can prove to be

Q.2 The crowd was protesting against

A. the closing of workshops

B. the misdoings of Thimonier

C. the newly invented sewing machine

D. Thimonier keeping the invention a secret

Q.3 The aim of the crowd was to

A. kill Thimonier

B. drive Thimonier away

C. bring discredit to Thimonier

D. destroy the sewing machines

Q.4 The people thought that

A. their lives were in danger

B. Thimonier was mad

C. the sewing machine was dangerous

D. Thimonier was depriving them of their livelihood

Q.5 Shutters were being closed hastily because the shopkeepers

A. wanted to attack the crowd

B. wanted to protect Thimonier

C. feared their shops would be invaded

D. wanted to show their solidarity with the crowd

Q.6 Direction: Choose the antonym of the given word.

Eternal

A. Usual   **B.** Active

C. Realistic   **D.** Temporary

Q.7 Direction: Choose the synonym of the given word.

Spurious

A. Modest   **B.** Spontaneous

C. Fake   **D.** Sincere

Q.8 Direction: Choose the correct sentence from the following.

A. They were discussing the matter among themselves.

B. They was discussing the matter among themselves.

C. They were discussing the matter among themself.

D. They were discussing the matter between themselves.

Q.9 Direction: Choose the correct meaning of the phrase.

Takes after

A. constitutes   **B.** follows

C. resembles   **D.** accepts

Q.10 Direction: Choose the correctly punctuated sentence.

A. These are Peters books.

B. These are Peter's books?

C. These are Peter books.

D. These are Peter's books.

Q.11 Direction: Choose the correct sentence from the following.

20 km <u>are not a great distance</u> in these days of fast-moving vehicles.

A. is not a great distance

B. is no distance

C. aren't a great distance

D. No improvement

Q.12 Direction: Change active to passive or vice versa as the case may be.

I have flown this plane for seven years.

A. This plane is flying me for seven years.

B. I am flying this plane for seven years.

C. Seven years have happened since I have been flying this plane.

D. This plane has been flown by me for seven years.

Q.13 Direction: Change active to passive or vice versa as the case may be.

A lion may be helped even by a little mouse.

[Territorial Army Officer, 2017]

A. A little mouse may be even help a lion.

B. Even a little mouse may help a lion.

C. A little mouse can even help a lion.

D. Even a little mouse ought to help a lion.

Q.14 Direction: Change direct to indirect speech or vice versa as the case may be.

Adavik said, "What a mesmerising performance it is!"

A. Adavik expressed sorrowfuly that it was a mesmerising performance.

B. Adavik exclaimed that it is a mesmerising performance.

C. Adavik exclaimed with joy that it was a very mesmerising performance.

D. Adavik said that it had been a mesmerising performance.

Q.15 Direction: Choose the correct sentence from the following.

It became clear that the strangers were heading into a serious disaster.

A. along

B. towards

C. for

D. No improvement

Q.16 Direction: Change direct to indirect speech or vice versa as the case may be.

Kiran asked me, "Did you see the Cricket match on television last night?"

A. Kiran asked me whether I saw the Cricket match on television the earlier night.

B. Kiran asked me whether I had seen the Cricket match on television the earlier night.

C. Kiran asked me did I see the Cricket match on television the last night.

D. Kiran asked me whether I had seen the Cricket match on television the last night.

Q.17 Direction: Change direct to indirect speech or vice versa as the case may be.

David said to Anna, "Mona will leave for her native place tomorrow."

A. David told Anna that Mona will leave for her native place tomorrow.

B. David told Anna that Mona left for her native place the next day.

C. David told Anna that Mona would be leaving for her native place tomorrow.

D. David told Anna that Mona would leave for her native place the next day.

Q.18 Direction: Choose the most appropriate pronoun to complete the sentence.

Have you put the chicken on ____ grill yet?

A. a

B. an

C. the

D. None of these

Q.19 Direction: Choose the most appropriate alternative to complete the sentence.

There were ______ participants at the conference that we had trouble seating them.

A. much more

B. many more

C. so many

D. too many

Q.20 Direction: Choose the most appropriate preposition to complete the sentence.

I have distaste ____ publicity.

A. at

B. for

C. about

D. against

Q.21 Direction: Choose the most appropriate preposition to complete the sentence.

I have been waiting here for him ___ three weeks.

A. on

B. for

C. from

D. since

Q.22 Direction: Choose the most appropriate alternative to complete the sentence.

Every year millions of tourists ______ the Anna Centenary Library in Chennai.

A. visiting

B. visit

C. are visiting

D. visited

Q.23 Direction: Choose the most appropriate alternative to complete the sentence.

Look after your health ______ you should repent later on.

A. as

B. because

C. till

D. lest

Q.24 Direction: Choose the adjective in the given sentence.

Ram and Shyam live in a beautiful house.

A. house

B. beautiful

C. live

D. and

Q.25 Direction: Choose the pronoun in the given sentence.

Who will come to the party?

A. will

B. come

C. who

D. party

Science

Q.26 हस्तक्षेप के कारण पानी की सतह पर तेल की परत रंगीन दिखाई देती है। इस प्रभाव के लिए तेल परतों की मोटाई होगी :

A. $1\ mm$

B. $1\ cm$

C. 100 Å

D. 1000 Å

Q.27 प्रतिबिंब को रोकने के लिए उच्च गुणवत्ता वाले कैमरा लेंस अक्सर लेपित होते हैं। एक लेंस में 1.72 के अपवर्तन का एक ऑप्टिकल सूचकांक और 1.3 के अपवर्तन के एक ऑप्टिकल सूचकांक के साथ एक कोटिंग होती है। सामान्य घटना के लिए $5.3 \times 10^{-7} m$ की तरंग दैर्घ्य के लिए प्रतिबिंब को रोकने के लिए कोटिंग की न्यूनतम मोटाई है :

A. $0.75 \mu m$

B. $0.2 \mu m$

C. $0.1 \mu m$

D. $1.75 \mu m$

Q.28 वृत्ताकार पथ में गतिमान पिण्ड के लिए, अभिकेन्द्रीय बलशक्ति द्वारा किया गया कार्य ________ है।

A. नकारात्मक

B. सकारात्मक

C. स्थिर

D. शून्य

Q.29 एक मशीन गन प्रति मिनट 60 गोलियां दागती है, जिसमें $700\ m/s$ का वेग होता है। यदि प्रत्येक गोली में $50\ g$ का द्रव्यमान है, तो बंदूक द्वारा विकसित शक्ति का पता लगाएं।

A. $1225\ W$

B. $12250\ W$

C. $122.5\ W$

D. $122\ W$

Q.30 एक कण साधारण स्थिति और अत्यंत के मध्य बिंदु पर सरल हार्मोनिक गति को निष्पादित कर रहा है। कुल ऊर्जा (E) के संदर्भ में स्थितिज ऊर्जा क्या है?

A. $\dfrac{E}{4}$

B. $\dfrac{E}{16}$

C. $\dfrac{E}{2}$

D. $\dfrac{E}{8}$

Q.31 एक द्रव्यमान m एक स्प्रिंग से निलंबित है। इसकी दोलन की आवृत्ति f है। स्प्रिंग को दो हिस्सों में काटा जाता है और उसी द्रव्यमान को स्प्रिंग के दो टुकड़ों में से एक से निलंबित कर दिया जाता है। द्रव्यमान के दोलन की आवृत्ति __________ होगी।

A. $\sqrt{2}f$ **B.** $\frac{f}{2}$ **C.** f **D.** $2f$

Q.32 20 किलो द्रव्यमान की एक गोलाकार गेंद 100 मीटर की ऊंचाई वाली पहाड़ी की चोटी पर स्थिर है। यह "जमीन पर एक चिकनी सतह" पर लुढ़कता है, फिर 30 मीटर ऊंचाई की एक और पहाड़ी पर चढ़ता है, और अंत में क्षैतिज आधार पर जमीन के ऊपर 20 मीटर ऊंचाई की पर लुढ़कता है। गेंद द्वारा प्राप्त वेग ___ है।

A. $10\ m/s$ **B.** $10\sqrt{30}\ m/s$

C. $40\ m/s$ **D.** $20\ m/s$

Q.33 यदि बर्फ बनाने के लिए पानी ठंडा होने पर द्रव्यमान-ऊर्जा तुल्यता पर ध्यान दिया जाता है, तो पानी के द्रव्यमान में __________ होनी चाहिए।

A. वृद्धि

B. कोई बदलाव नहीं होगा

C. कमी

D. पहले वृद्धि और फिर कमी

Q.34 निम्नलिखित में से कौन सा थोड़ा सा विस्थापित होने के बाद भी संतुलन में रहता है?

A. स्थिर संतुलन   **B.** अस्थिर संतुलन

C. तटस्थ संतुलन   **D.** दृढ़ पिण्ड

Q.35 स्टीम इंजन के शाफ्ट से जुड़ा फ्लाइंग व्हील __________ के सिद्धांत पर काम करता है।

A. केन्द्रापसारक क्रिया

B. जड़त्वाघूर्ण

C. न्यूटन का गति का तीसरा नियम

D. गति का संरक्षण

Q.36 एक सिलेंडर एक झुकी हुई सतह पर लुढ़कता है, कुछ ऊंचाई तक पहुंचता है और फिर नीचे लुढ़क जाता है। सिलेंडर पर घर्षण रहित अभिनय की दिशा __________ है।

A. ऊपर चढ़ते समय, नीचे उतरते समय, झुकते समय

B. ऊपर चढ़ते समय, साथ ही नीचे उतरते समय

C. नीचे उतरते समय, झुकते समय, झुकते हुए, झुकते हुए

D. नीचे उतरते समय, साथ ही नीचे उतरते समय

Q.37 एक ठोस क्षेत्र मुक्त स्थान में घूम रहा है। यदि गोले की त्रिज्या द्रव्यमान समान रखते हुए बढ़ जाती है, तो निम्नलिखित में से कौन प्रभावित नहीं होगा?

A. जड़ता प्रवृत्ति   **B.** कोणीय संवेग

C. कोणीय गति   **D.** घूर्णी गतिज ऊर्जा

Q.38 निम्नलिखित में से कौन सा एक क्रिस्टलीय ठोस है?

A. अनिसोट्रोपिक पदार्थ   **B.** आइसोट्रोपिक पदार्थ

C. सुपरकूल तरल पदार्थ   **D.** अनाकार ठोस

Q.39 इमारतों के गिलास दूधिया क्यों होते हैं?

A. अवांछित जमा के कारण

B. क्योंकि यह पुराना हो जाता है

C. क्योंकि यह भंगुर है

D. क्योंकि यह गुणों को बदलता है

Q.40 निम्नलिखित गुणों में से कौन चुंबकीय क्षेत्र से प्रभावित नहीं है?

A. गतिशील आवेश

B. चुंबकीय प्रवाह में परिवर्तन

C. एक चालक में धारा प्रवाह

D. स्थिर प्रभार

Q.41 जब एक आवेशित कण समकोण से चुंबकीय क्षेत्र की ओर बढ़ता है, तो चर की मात्रा कितनी होती है?

A. संवेग   **B.** स्पीड

C. ऊर्जा   **D.** जड़त्वाघूर्ण

Q.42 एक पिस्टन-सिलेंडर में $600\ kPa, 290\ K,$ और $0.01 m^3$ की मात्रा में हवा होती है। एक निरंतर दबाव प्रक्रिया कार्य का $54\ kJ$ देती है। वायु का अंतिम आयतन ज्ञात करें।

A. $0.05 m^3$ **B.** $0.01 m^3$ **C.** $0.10 m^3$ **D.** $0.15 m^3$

Q.43 पिस्टन-सिलेंडर डिवाइस में शुरू में $150\ kPa$ केपीए और $27°C$ पर हवा होती है। इस अवस्था में, मात्रा 400 लीटर है। पिस्टन का द्रव्यमान ऐसा है कि इसे स्थानांतरित करने के लिए $350\ kPa$ दबाव की आवश्यकता होती है। अब हवा गर्म हो गई है जब तक कि इसकी मात्रा दोगुनी नहीं हो गई। हवा में स्थानांतरित कुल गर्मी का निर्धारण करें।

A. $747 kj$ **B.** $757 kj$ **C.** $767 kj$ **D.** $777 kj$

Q.44 निम्नलिखित में से कौन हाइड्रोजन बांड का उदाहरण नहीं है?

A. H_2O **B.** तरल HCl **C.** NH_3 **D.** $CHCl_3$

Q.45 परमाणु __________ के क्रम में बंध से गुजरते हैं।

A. स्थिरता बनाए रखने   **B.** स्थिरता खोने

C. आज़ादी से घूमने   **D.** ऊर्जा बढ़ाने

Q.46 एक धातु (ओं) और एक गैर-धातु (ओं) के मिश्रण को क्या कहा जाता है?

A. समग्र   **B.** मिश्र धातु   **C.** विस्थापन   **D.** सर्मेट

Q.47 यदि "पोर-बेसिन" का अनुप्रस्थ काट का क्षेत्रफल "स्प्रू" तल की तुलना में बहुत बड़ा है तो पिघले हुए धातु का वेग है?

A. कम   **B.** उच्च

C. साधारण   **D.** या तो उच्च या निम्न

Q.48 धारा का प्रभावी मूल्य क्या है?

A. आरएमएस धारा   **B.** औसत धारा

C. तात्कालिक धारा   **D.** कुल धारा

Q.49 एक सिनुसाईडल तरंग में, RMS धारा की तुलना में औसत प्रवाह हमेशा __________ होता है।

A. अधिक   **B.** कम   **C.** समान   **D.** असंगत

Q.50 निम्नलिखित में से कौन वंशानुगत बीमारी नहीं है-

A. हीमोफीलिया   **B.** बौनापन

C. पुटीय तंतुशोथ   **D.** थैलेसीमिया

Mathematics

Q.51 यदि $\vec{a}, \vec{b}$ और $\vec{c}$ तीन असमतलीय वैक्टर हैं, तो $\left(\vec{a} + \vec{b} + \vec{c}\right) \cdot [(\vec{a} + \vec{b}) \times (\vec{a} + \vec{c})]$ का मान होगा :

A. 0   **B.** $[\vec{a}\vec{b}\vec{c}]$ **C.** $2[\vec{a}\vec{b}\vec{c}]$ **D.** $-[\vec{a}\vec{b}\vec{c}]$

Q.52 दो परिमित सेटों में N और M तत्व होते हैं। पहले सेट के पावर सेट में तत्वों की संख्या दूसरे टेस्ट के पावर सेट में तत्वों की कुल संख्या से 48 अधिक है। तो M और N का मान होगा :

A. 7,6   **B.** 6,4   **C.** 7,4   **D.** 6,3

Q.53 बिंदु $A(7,-2)$ और $B(1,-5)$ को जोड़ने वाले रेखा खंड के दो भागों में से एक बिंदु जो रेखा को अनुपात में विभाजित करता है $(1:2)$ हैं:

A. $(5,-3)$ **B.** $(5,3)$

C. $(-5,-3)$ **D.** $(13,0)$

Q.54 त्रिभुज का क्षेत्रफल जिसके कोने $A(3,0), B(7,0)$ और $C(8,4)$ है:

A. 14   **B.** 28   **C.** 8   **D.** 6

Q.55 $\lim\limits_{x \to a} \dfrac{x^2-(1+a)x+a}{x^2+(1-a)x-a}$ का मान ज्ञात कीजिए।

A. 1   **B.** a **C.** $\dfrac{(a+1)}{(a-1)}$ **D.** $\dfrac{(a-1)}{(a+1)}$

Q.56 फ़ंक्शन $f(x) = 3x - 2$ की श्रेणी है:

A. $(-\infty, \infty)$ **B.** $R - \{3\}$

C. $(-\infty, 0)$ **D.** $(0, -\infty)$

Q.57 सारणिक $\begin{vmatrix} x & y & 3 \\ x^2 & 5y^3 & 9 \\ x^3 & 10y^5 & 27 \end{vmatrix}$ के प्रसार में, निम्नलिखित में से कौन-सा गुणक (घटक) सम्मिलित है?

A. $x-3$ **B.** $x-y$ **C.** $y-3$ **D.** $x-3y$

Q.58 यदि A, B और C एक त्रिभुज के कोण हैं और

$$\begin{vmatrix} 1 & 1 & 1 \\ 1+\sin A & 1+\sin B & 1+\sin C \\ \sin A + \sin^2 A & \sin B + \sin^2 B & \sin C + \sin^2 \end{vmatrix} = 0$$

है,तो निम्नलिखित में से कौन-सा एक सही है?

A. त्रिभुज ABC संदिबाहु है

B. त्रिभुज ABC समबाहु है

C. त्रिभुज ABC विषमबाहु है

D. त्रिभुज कि प्रकृति के बारे में कोई निष्कर्ष नहीं निकाला जा सकता

Q.59 यदि $B = \begin{bmatrix} 3 & 2 & 0 \\ 2 & 4 & 0 \\ 1 & 1 & 0 \end{bmatrix}$ है,तो B का सहखंडज आव्यूह किसके बराबर है?

[UPSC NDA, 2019]

A. $\begin{bmatrix} 0 & 0 & 0 \\ 0 & 0 & 0 \\ -2 & -1 & 8 \end{bmatrix}$ **B.** $\begin{bmatrix} 0 & 0 & -2 \\ 0 & 0 & -1 \\ 0 & 0 & 8 \end{bmatrix}$

C. $\begin{bmatrix} 0 & 0 & 2 \\ 0 & 0 & 1 \\ 0 & 0 & 0 \end{bmatrix}$ **D.** इसका अस्तित्व नहीं है

Q.60 A, B, C एक यादृच्छिक प्रयोग से जुड़ी तीन परस्पर अपवर्जी और संपूर्ण परिणाम हैं। यदि $P(B) = \left(\dfrac{3}{2}\right) P(A)$ तथा $P(C) = \left(\dfrac{1}{2}\right) P(B)$ है। $P(A)$ ज्ञात कीजिए।

A. $\dfrac{2}{5}$ **B.** $\dfrac{3}{13}$ **C.** $\dfrac{2}{13}$ **D.** $\dfrac{4}{13}$

Q.61 यदि $\sin\alpha$ और $\cos\alpha$ का हरात्मक माध्य $\sin\beta$ है और $\sin\alpha$ और $\cos\alpha$ का समांतर माध्य $\sin\theta$ है, तो निम्नलिखित में से कौन-सा/से सही है/हैं?

1) $\sqrt{2}\sin\left(\alpha + \dfrac{\pi}{4}\right)\sin\beta = \sin 2\alpha$

2) $\sqrt{2}\sin\theta = \cos\left(\alpha - \dfrac{\pi}{4}\right)$

नीचे दिए गए कूट का प्रयोग कर सही उत्तर चुनिए:

A. केवल 1   **B.** केवल 2

C. 1 और 2 दोनों   **D.** न तो 1 न ही 2

Q.62 दो अंकों वाली ऐसी सभी संख्याओं का योगफल क्या है जिनको 3 से विभाजित करने पर शेषफल 2 बचाता है?

A. 1565   **B.** 1585   **C.** 1635   **D.** 1655

Q.63 $\left(2 + \dfrac{x}{3}\right)^n$ व्यंजक में X^7 और X^8 का गुणांक ज्ञात करें।

A. $X^7 = \binom{n}{7}\dfrac{2^{n-7}}{3^7}; X^8 = \binom{n}{8}\dfrac{2^{n-8}}{3^8}$

B. $X^7 = \binom{n}{7}\dfrac{2^{7n-7}}{3^7}; X^8 = \binom{n}{8}\dfrac{2^{n-8}}{3^8}$

C. $X^7 = \binom{n}{7}\dfrac{2^{n-7}}{3^7}; X^8 = \binom{n}{8}\dfrac{2^{8n-8}}{3^8}$

D. $X^7 = \binom{n}{7}\dfrac{2^{n+7}}{3^7}; X^8 = \binom{n}{8}\dfrac{2^{n+8}}{3^8}$

Q.64 आंखों पर पट्टी बांधने के खेल में, एक लड़का किसी लक्ष्य पर 12 में से 8 बार हिट कर सकता है। अगर उसने 8 निशाने लगाए, तो अधिक से अधिक 4 हिट की संभावना का पता लगाएं?

A. 2.530   **B.** 0.1369   **C.** 0.5938   **D.** 3.998

Q.65 समीकरण का मूल्यांकन करें $(y+1)^4 - (y-1)^4$।

A. $3y^2 + 2y^5$ **B.** $7(y^4 + y^2 + y)$

C. $8(y^3 + y^1)$ **D.** $y + y^2 + y^3$

Q.66 योगफल $\sum_{n=2}^{11}(i^n + i^{n+1})$, जहाँ $i = \sqrt{-1}$ है, का मान क्या है?

A. i **B.** $2i$ **C.** $-2i$ **D.** $1+i$

Q.67 $\cos 75°$ का मान ज्ञात करें:

A. $\dfrac{\sqrt{3}-1}{2\sqrt{2}}$ **B.** $\dfrac{\sqrt{3}+1}{2\sqrt{2}}$ **C.** $\dfrac{\sqrt{3}-1}{\sqrt{2}}$ **D.** $\dfrac{\sqrt{3}+1}{\sqrt{2}}$

Q.68 $\int_0^{\frac{\pi}{4}} \sqrt{\tan x}\, dx + \int_0^{\frac{\pi}{4}} \sqrt{\cot x}\, dx$ का मान क्या होगा?

A. $\dfrac{\pi}{4}$ **B.** $\dfrac{\pi}{2}$ **C.** $\dfrac{\pi}{2\sqrt{2}}$ **D.** $\dfrac{\pi}{\sqrt{2}}$

Q.69 $\cos^4 x - \sin^4 x$ का मान होगा?

A. $\sin 2x$ **B.** $\cos 2x$ **C.** $\cos^2 x$ **D.** $\sin^2 x$

Q.70 $i^{1000} + i^{1001} + i^{1002} + i^{1003}$ किसके बराबर है? (जहाँ $i = \sqrt{-1}$) है।

A. 0   **B.** i **C.** $-i$ **D.** 1

Q.71 निम्नलिखित में से कौन सा आलेख फलन $f(x) = \dfrac{x}{x}, x \neq 0$ को दर्शाता है?

A.

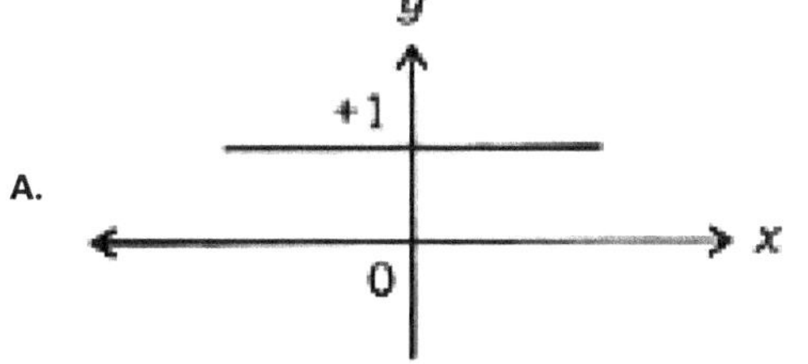

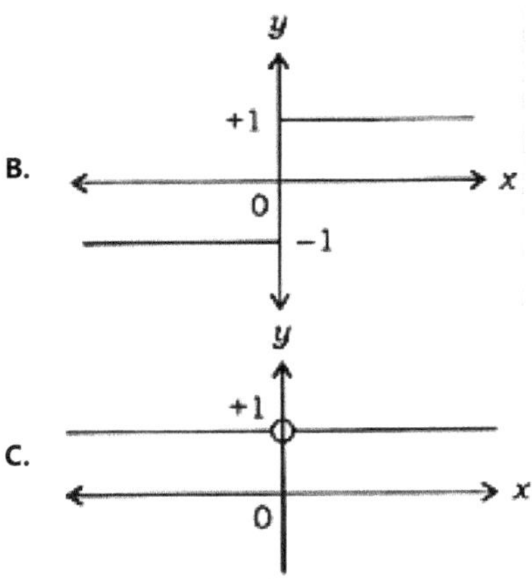

D. उपरोक्त में से कोई नहीं

Q.72 माना $f(n) = \left[\frac{1}{4} + \frac{n}{1000}\right]$ है, जहाँ $[x]$, x के अभिन्न अंग को दर्शाता है, तो $\sum_{n=1}^{1000} f(n)$ का मान क्या होगा?

A. 251   **B.** 250   **C.** 1   **D.** 0

Q.73 फलन $f(x) = \begin{cases} 2 + x, & x \geq 0 \\ 2 - x, & x < 0 \end{cases}$ के संबंध में निम्नलिखित पर विचार कीजिए:

1) $\lim\limits_{x \to 1} f(x)$ का अस्तित्व नहीं है।

2) $f(x)$, $x = 0$ पर अवकलनीय है।

3) $f(x)$, $x = 0$ पर सतत है।

उपर्युक्त कथनों में से कौन-सा/से सही है/हैं?

A. केवल 1   **B.** केवल 3

C. केवल 2 और 3   **D.** केवल 1 और 3

Q.74 यदि दीर्घवृत्त $9x^2 + 16y^2 = 144$ रेखा $3x + 4y = 12$, का अपरोधन (इन्टरसेप्ट) करता है, तो इस प्रकार बनने वाली जीवा की लम्बाई क्या है?

A. 5 इकाइयाँ   **B.** 6 इकाइयाँ

C. 8 इकाइयाँ   **D.** 10 इकाइयाँ

Q.75 निम्नलिखित में से कौन-सा कथन सत्य है?

A. रेखा $x + 3y = 0$ वृत्त $x^2 + y^2 + 6x + 2y = 0$ का व्यास है।

B. बिंदु $(2, -7)$ से वृत्त $x + y^2 - 14jc - 10y - 151 = 0$ की न्यूनतम दूरी s के बराबर है।

C. यदि रेखा $lx + my = 1$ वृत्त $x^2 + y^2 = a^2$ की स्पर्शरेखा है, तो बिंदु $(1, m)$ वृत्त पर निहित है।

D. बिंदु $(1,2)$ वृत्त $x^2 + y^2 - 2x + 6y + 1 = 0$ के अन्दर निहित है।

General Knowledge

Q.76 निम्नलिखित में से किस राज्य/केंद्र शासित प्रदेश में मार्च-अप्रैल 2021 के दौरान चुनाव नहीं हुआ था?

[SSC CGL, 2022]

A. पश्चिम बंगाल   **B.** बिहार

C. तमिलनाडु   **D.** पुदुचेरी

Q.77 निम्नलिखित में से किसने भारतीय संसद में 1950 में "निवारक निरोध बिल" पेश किया?

A. बलदेव सिंह   **B.** नराहर विष्णु गाडगिल

C. सरदार पटेल   **D.** जवाहर लाल नेहरू

Q.78 निम्नलिखित में से किस देश ने "फ्रैक्टल ज्यामिति पर आधारित खाद्य कंटेनर" नवाचार से संबंधित एक 'कृत्रिम बुद्धिमत्ता प्रणाली' को पेटेंट प्रदान किया है?

A. कनाडा   **B.** दक्षिण अफ्रीका

C. ऑस्ट्रेलिया   **D.** रूस

Q.79 "शूटिंग स्टार्स" को औपचारिक रूप से कहा जाता है?

A. उल्कापात   **B.** उल्कापिंड

C. उल्का   **D.** न्यूट्रॉन तारे

Q.80 63 वीं नेशनल शूटिंग चैंपियनशिप _____ में आयोजित की गई है।

A. गुवाहाटी   **B.** कोलकाता   **C.** पुणे   **D.** भोपाल

Q.81 प्रसिद्ध खिलाड़ी और अर्जुन पुरस्कार प्राप्तकर्ता सुनीता चंद्रा का हाल ही में निधन हो गया, वह किस खेल से संबद्ध थीं?

A. क्रिकेट   **B.** बैडमिंटन   **C.** हॉकी   **D.** फुटबॉल

Q.82 क्रिप्स मिशन के संबंध में, निम्न में से कौन सा कथन सही नहीं है:

A. क्रिप्स मिशन 1942 में भारत आया

B. क्रिप्स मिशन ने भारत के लिए डोमिनियन स्टेटस प्रस्तावित किया

C. क्रिप्स मिशन एक संविधान सभा की मांग के लिए सहमत हुआ

D. क्रिप्स मिशन कांग्रेस का समर्थन प्राप्त करने में सफल रहा

Q.83 निम्नलिखित में से कौन सी फसल खरीफ की फसल के साथ-साथ रबी की फसल है?

A. धान   **B.** कपास

C. अरंडी का बीज   **D.** मूंगफली

Q.84 निम्नलिखित सिंधु घाटी सभ्यता के स्थलों में से कौन सा **गलत** सुम्मेलित है?

A. हड़प्पा: पश्चिमी पंजाब   **B.** राखीगढ़ी: हरियाणा

C. मोहनजो-दारो: सिंध   **D.** कालीबंगन: गुजरात

Q.85 73वां संविधान संशोधन अधिनियम, 1992 निम्न में किसका प्रावधान नहीं करता है:

A. भारत के राज्यों में पंचायती राज की त्रि-स्तरीय प्रणाली

B. गांव, मध्यवर्ती और जिला स्तर पर पंचायतों के सदस्यों का सीधा चुनाव

C. हर स्तर पर पंचायतीय कार्यालय का पांच साल का कार्यकाल

D. पंचायत क्षेत्र में कुल आबादी के अनुपात में हर पंचायत में महिलाओं के लिए सीटों का आरक्षण

Q.86 पानीपत की दूसरी लड़ाई में कौन शामिल था:

A. अहमद शाह अब्दाली   **B.** बाबर

C. हुमायूं   **D.** हेम चंद्र विक्रमादित्य

Q.87 संविधान के निम्नलिखित अनुच्छेदों में से कौन सा अनुच्छेद नागालैंड राज्य के लिए विशेष प्रावधान करता है:

A. अनुच्छेद 371-A   **B.** अनुच्छेद 371-B

C. अनुच्छेद 371-C   **D.** अनुच्छेद 371-D

Q.88 निम्न में से कौन सी पत्रिका अब्दुल कलाम आज़ाद द्वारा शुरू की गई थी -

A. अल-हिलाल

B. नवभारत

C. द इंडियन सोसिओलोजिस्ट

D. अमृता बाजार पत्रिका

Q.89 निम्न में से किस अनुच्छेद के तहत, निर्देशक सिद्धांत द्वारा अनुसूचित जाति, अनुसूचित जनजाति और समाज के अन्य कमजोर वर्गों के शैक्षिक और आर्थिक हितों को बढ़ावा देने का प्रावधान करता है:

A. अनुच्छेद 45   **B.** अनुच्छेद 46

C. अनुच्छेद 47　　　　　**D.** अनुच्छेद 48

Q.90 देश की पहली सुपर फैब लैब भारत के किस राज्य में शुरू की गई थी?

A. कर्नाटक　　　**B.** तमिलनाडु　　　**C.** आंध्र प्रदेश　　**D.** केरल

Q.91 निम्नलिखित पहाड़ों और उनके स्थानों के सही मिलान का चयन करें।
A. रॉकीज: दक्षिण अमेरिका　　　　**B.** एंडीज: उत्तरी अमेरिका
C. एटलस: अफ्रीका　　　　　　**D.** ड्रैकेंसबर्ग: ऑस्ट्रेलिया

Q.92 भारत में, प्रवाल भित्तियाँ कहां नहीं पाई जाती हैं।
A. लक्षद्वीप　　　　　　　**B.** सुंदरबन
C. अंडमान　　　　　　　**D.** कच्छ की खाड़ी

Q.93 निम्न में से कौन सी नदी हिमाचल प्रदेश में व्युत्पन्न नहीं होती है।
A. चिनाब　　　**B.** रवि　　　**C.** ब्यास　　　**D.** सतलुज

Q.94 निम्न में से किन लोगों को फोर्ब्स की 2020 की '20 पीपल टू वाच' की सूची में शामिल किया गया है?
A. नरेंद्र दामोदरदास मोदी और अमित शाह
B. कन्हैया कुमार और प्रशांत किशोर
C. रवीश कुमार और बरखा दत्त
D. राहुल गांधी और सोनिया गांधी

Q.95 प्रार्थना समाज, 1867 किसके द्वारा स्थापित किया गया था।
A. आत्माराम पांडुरंग
B. महादेव गोविंद रानाडे
C. ज्योतिराव गोविंदराव फुले
D. केसब चंद्र सेन

Q.96 'स्लेट' की कायान्तरित चट्टान किस चट्टान से रूपांतरित हो कर बनती है।
A. चूना पत्थर　　　**B.** डोलोमाइट　　　**C.** ग्रेनाइट　　　**D.** शैल

Q.97 'डॉल्ड्रम्स की बेल्ट' किन अक्षांशों के बीच स्थित है।
A. 10 डिग्री उत्तर और 10 डिग्री दक्षिण
B. 10 डिग्री उत्तर और 23.5 डिग्री उत्तर
C. 23.5 डिग्री उत्तर और 66.5 डिग्री उत्तर
D. 23.5 डिग्री उत्तर और 23.5 डिग्री दक्षिण

Q.98 महाबलीपुरम स्थित एकाश्मीय शैल मन्दिरों का प्रसिद्ध नाम क्या है?
A. रथ　　　**B.** प्रसाद　　　**C.** मठिका　　　**D.** गंधकुटी

Q.99 हीनयान और महायान किस धर्म से सम्बंधित हैं?
A. सिख　　　**B.** हिन्दू धर्म　　　**C.** बोद्ध धर्म　　　**D.** जैन

Q.100 ऋग्वेद के किस भजन में 21 नदियों का उल्लेख है?
A. पुरुषसूक्त　　　**B.** नदीसूक्त　　　**C.** हिमवंत　　　**D.** सिंधु

// स्मार्ट उत्तर पुस्तिका //

सही उत्तर — उन छात्रों का प्रतिशत जिन्होंने प्रश्नों का सही उत्तर दिया था। **छोड़ दिया** — उन छात्रों का प्रतिशत जिन्होंने प्रश्नों को छोड़ दिया था।

प्रश्न संख्या	उत्तर	सही उत्तर छोड़ दिया	प्रश्न संख्या	उत्तर	सही उत्तर छोड़ दिया	प्रश्न संख्या	उत्तर	सही उत्तर छोड़ दिया	प्रश्न संख्या	उत्तर	सही उत्तर छोड़ दिया	प्रश्न संख्या	उत्तर	सही उत्तर छोड़ दिया	प्रश्न संख्या	उत्तर	सही उत्तर छोड़ दिया
1	B	60.3 % 30.55 %	18	C	45.34 % 40.26 %	35	B	57.99 % 40.45 %	52	B	76.22 % 10.39 %	69	B	52.12 % 47.03 %	86	D	54.96 % 34.89 %
2	C	79.64 % 18.73 %	19	C	63.67 % 31.35 %	36	B	12.81 % 76.24 %	53	A	23.89 % 73.58 %	70	A	45.25 % 49.68 %	87	A	58.23 % 39.99 %
3	A	46.14 % 51.36 %	20	B	68.65 % 31.26 %	37	B	84.33 % 10.05 %	54	C	80.81 % 16.33 %	71	C	80.53 % 17.93 %	88	A	24.41 % 74.82 %
4	D	81.16 % 11.66 %	21	B	89.07 % 10.09 %	38	A	50.1 % 41.44 %	55	D	88.33 % 11.05 %	72	A	13.75 % 74.52 %	89	B	27.46 % 71.84 %
5	C	62.8 % 32.77 %	22	B	55.32 % 42.13 %	39	D	78.51 % 12.62 %	56	A	60.84 % 30.39 %	73	D	58.24 % 35.86 %	90	D	43.34 % 46.9 %
6	D	64.27 % 32.41 %	23	D	29.78 % 69.06 %	40	D	87.62 % 10.54 %	57	A	52.32 % 41.45 %	74	A	61.23 % 31.81 %	91	C	28.55 % 69.03 %
7	C	25.33 % 73.22 %	24	B	57.18 % 40.83 %	41	A	31.34 % 67.71 %	58	A	55.42 % 41.4 %	75	C	32.69 % 67.13 %	92	B	44.66 % 53.12 %
8	A	46.07 % 34.77 %	25	C	55.08 % 32.16 %	42	C	68.65 % 31.24 %	59	A	19.11 % 71.6 %	76	B	80.54 % 11.19 %	93	D	45.58 % 31.38 %
9	C	88.43 % 10.34 %	26	D	80.45 % 14.7 %	43	C	14.19 % 68.63 %	60	D	12.66 % 84.03 %	77	C	50.13 % 35.61 %	94	B	20.86 % 77.51 %
10	D	85.53 % 12.92 %	27	C	66.2 % 33.05 %	44	B	45.38 % 43.67 %	61	C	53.7 % 34.54 %	78	B	59.14 % 31.37 %	95	A	29.49 % 69.85 %
11	A	57.24 % 32.86 %	28	D	42.22 % 50.3 %	45	A	24.11 % 72.47 %	62	C	64.98 % 33.69 %	79	A	55.36 % 34.82 %	96	D	62.61 % 31.8 %
12	D	40.26 % 43.42 %	29	B	28.73 % 68.88 %	46	B	79.91 % 19.16 %	63	A	64.29 % 31.96 %	80	D	23.0 % 71.14 %	97	A	68.43 % 30.44 %
13	B	81.6 % 14.84 %	30	A	59.55 % 37.39 %	47	A	58.3 % 35.19 %	64	C	85.42 % 13.75 %	81	C	65.04 % 31.05 %	98	A	41.83 % 36.16 %
14	C	29.2 % 69.12 %	31	A	85.26 % 13.93 %	48	A	86.22 % 11.5 %	65	C	13.51 % 74.07 %	82	D	26.44 % 72.82 %	99	C	54.55 % 39.74 %
15	B	48.84 % 51.1 %	32	C	29.08 % 67.09 %	49	B	18.39 % 69.59 %	66	C	68.54 % 31.0 %	83	D	59.22 % 39.34 %	100	B	59.66 % 35.15 %
16	B	43.96 % 42.81 %	33	A	81.89 % 17.26 %	50	B	62.46 % 36.77 %	67	A	16.82 % 69.78 %	84	D	57.11 % 38.67 %			
17	D	58.94 % 38.54 %	34	C	86.47 % 13.22 %	51	D	63.8 % 33.87 %	68	D	25.81 % 71.1 %	85	D	50.5 % 45.84 %			

//संकेत और समाधान//

1. It is understood from the passage that people were angry because they were unemployed and they thought that the new invention would be a threat to their employment. Although, the sewing machine was a great invention, it was misunderstood by the people.

Hence, the correct option is (B).

2. It can be inferred from the passage that the crowd was protesting against the invention of the sewing machine.

Hence, the correct option is (C).

3. The main aim of the crowd was to kill Thimonier. However, when they found that he had already escaped, their fury turned against the machines that were standing in his shop.

Hence, the correct option is (A).

4. The crowd was furious over the invention of sewing machines as the people took it to be a threat to their livelihood. Thimonier was the owner of the workshop where the machines were kept. So, people thought that he was responsible for any loss to their employment.

Hence, the correct option is (D).

5. The shopkeepers were afraid that the crowd might do anything in anger and even their shops might be invaded.

Hence, the correct option is (C).

6. Eternal means lasting or existing forever; without end.

Temporary means lasting for only a limited period of time; not permanent.

Hence, the correct option is (D).

7. Spurious = not being what it purports to be; false or fake.

Modest = not large in size or amount, or not expensive; not usually talking about or making obvious your own abilities and achievements

Spontaneous = happening or done in a natural, often sudden way, without any planning or without being forced.

Sincere = free from pretence or deceit; proceeding from genuine feelings.

Hence, the correct option is (C).

8. Option (A) is the correct sentence because:

1. The helping verb were is used for pronoun according to subject-verb agreement.

2. Among is used when we are talking about more than two people. Between is used for two people.

3. Reflexive pronoun themselves will be used according to the main subject that is they.

Hence, the correct option is (A).

9. The phrasal verb "take after" means to resemble in appearance or habit.

Hence, the correct option is (C).

10. Out of the given alternatives, the correct statement is: These are Peter's books.

Hence, the correct option is (D).

11. The correct sentence will be:

20 km is not a great distance in these days of fast-moving vehicles.

Hence, the correct option is (A).

12. The given sentence is of present perfect tense and it is in active form. The structures for active/passive voices are:

Active: Subject + has/have + verb (IIIrd form) + object...

Passive: Object + has/have + been + verb (IIIrd form) + by + subject...

So, the passive voice of the given sentence would be: This plane has been flown by me for seven years.

Hence, the correct option is (D).

13. The given sentence is of passive voice and it uses a modal verb. The structures for active/passive voices for modal verbs are:

Active: Subject + modal verb + verb (Ist form) + object...

Passive: Object + modal verb + be + verb (IIIrd form) + by + subject...

So, with the help of the above structures, we can convert the given sentence into active voice:

Even a little mouse may help a lion.

Hence, the correct option is (B).

14. The given sentence is the direct speech of an Exclamatory sentence, which is a kind of happiness or joy. The inverted comma ("") will be replaced by the conjunction "that". The tense of the reporting speech will change from simple present to simple. In exclamatory sentences, the word 'very' is used to emphasis the noun. Here, 'mesmerising' should be changed into 'very mesmerising'.

Hence, the correct option is (C).

15. It became clear that the strangers were heading towards a serious disaster.

Hence, the correct option is (B).

16. The indirect form of the sentence will be:

Kiran asked me whether I had seen the Cricket match on television the earlier night.

Hence, the correct option is (B).

17. The indirect form of the sentence will be:

David told Anna that Mona would leave for her native place the next day.

Hence, the correct option is (D).

18. Here, we are talking about a specific location, i.e. grill. So, it is necessary to use "the" in order to make the noun specific.

Hence, the correct option is (C).

19. The correct pronoun is "so many.....that". Since the sentence uses "that" which gives us a hint that "so that" will also be used in the sentence.

Hence, the correct option is (C).

20. I have distaste for publicity.

Hence, the correct option is (B).

21. I have been waiting here for him for three weeks.

Hence, the correct option is (B).

22. The sentence describes a usual activity which happens every year. Therefore, it must be kept in simple present tense. Now, "millions of tourists" is a plural noun; therefore, it must be followed by a plural verb which is given in option B only.

Hence, the correct option is (B).

23. The correct filler for the sentence is "lest". This word has a negative meaning. Therefore, it should not be used with not. The only auxiliary verb that can follow lest is "should".

Look after your health lest you should repent later on.

Hence, the correct option is (D).

24. Option (B) has the adjective here. Beautiful means delighting the senses or exciting intellectual or emotional admiration.

Hence, the correct option is (B).

25. Words such as "who, whom, which, that" are known as relative pronouns.

Hence, the correct option is (C).

26. तेल की सतह से प्रतिबिंब के बाद π का एक चरण अंतर होता है। लेकिन दूसरी किरण के लिए, पानी की सतह से परावर्तित होने पर ऐसा नहीं होता है, यह $2\mu_{oil}d = \frac{\lambda_{air}}{2}$ के रूप में रचनात्मक हस्तक्षेप की स्थिति देता है।

इसलिये, $\lambda = 4\mu_{oil}d$

$400nm < \lambda < 700nm$ के लिये

$400nm < 4\mu_{oil}d < 700nm$

$\mu_{oil} = 1.45$

इसलिये $689.65\text{Å} < d < 1206.8\text{Å}$

अतः विकल्प (D) सही है।

27. विनाशकारी हस्तक्षेप समीकरण का उपयोग करना ताकि कोई प्रकाश परिलक्षित न हो, $2t = \frac{\lambda_{film}}{2}$

जहां t कोटिंग की मोटाई है।

और, $\lambda_{film} = \lambda/$ अपवर्तक सूचकांक $= 5.3 \times 10^{-7}/1.31 = 4.04 \times 10^{-7}$

तो, मोटाई $t = 4.04 \times 10^{-7}/4 \approx 0.1 \times 10^{-6} = 0.1\mu m$

अतः विकल्प (C) सही है।

28. वृत्ताकार पथ में गतिमान पिण्ड के लिए, केन्द्रक बल और विस्थापन एक दूसरे के लंबवत होते हैं। अतः अभिकेन्द्रीय शक्ति द्वारा किया गया कार्य शून्य है।

अतः विकल्प (D) सही है।

29. दिया गया,

शक्ति = गतिज ऊर्जा / समय (t)

$KE = \left(\frac{1}{2}mv^2\right) \times v$

$t = 60\ sec$

$P = \frac{1}{2} \times \frac{5\times 10^{-2}\times(700)}{60} \times 60$

$= \frac{5}{120} \times 49 \times 100 \times 60$

$= 12250\ W$

अतः विकल्प (B) सही है।

30. $y = \frac{A}{2}$,

स्थितिज ऊर्जा $= \frac{1}{2} \times kx^2$

स्थितिज ऊर्जा $= \frac{1}{2} \times k \times \frac{A^2}{2^2}$

$\Rightarrow \frac{1}{4} \times \frac{1}{2} \times k \times A^2$

$\Rightarrow \frac{1}{4} \times E$

$\Rightarrow \frac{E}{4}$

अतः विकल्प (A) सही है।

31. जब स्प्रिंग को दो हिस्सों में काट दिया जाता है, तो प्रत्येक आधे का स्प्रिंग स्थिरांक $2k$ होता है।

$f' = \frac{1}{2\pi} \times \sqrt{\left(\frac{2k}{m}\right)} = \sqrt{2}f$

अतः विकल्प (A) सही है।

32. $100m$ ऊंचाई पर कुल ऊर्जा $= 20m$ ऊंचाई पर कुल ऊर्जा

$mgh_1 = mgh_2 + \frac{1}{2}mv^2$

$v = \sqrt{(2g(h_1 - h_2))} = \sqrt{(2 \times 10 \times (100 - 20))} = 40\text{m/s}$

अतः विकल्प (C) सही है।

33. बर्फ बनने पर पानी में उपस्थित ऊष्मा ऊर्जा द्रव्यमान में परिवर्तित हो जाती है। इससे द्रव्यमान में वृद्धि होती है। इसलिए जब पानी को बर्फ बनाने के लिए ठंडा किया जाता है, तो पानी का द्रव्यमान बढ़ जाना चाहिए।

अतः विकल्प (A) सही है।

34. यदि कोई निकाय थोड़ा विस्थापित और मुक्त होने के बाद भी संतुलन की स्थिति में रहता है, तो इसे तटस्थ संतुलन कहा जाता है। जब कोई शरीर थोड़ा विस्थापित होता है, तो उसके द्रव्यमान का केंद्र न तो बढ़ा होता है और न ही नीचा होता है और इसकी संभावित ऊर्जा स्थिर रहती है।

अत: विकल्प (C) सही है।

35. एक चक्का एक इंजन के शाफ्ट से जुड़ा हुआ है। जड़ता के अपने बड़े क्षण के कारण, चक्का वाहन की गति में अचानक वृद्धि या कमी का विरोध करता है। यह गति में क्रमिक परिवर्तन की अनुमति देता है और झटकेदार गति को रोकता है और इसलिए यात्रियों के लिए एक निर्विघ्न सवारी सुनिश्चित करता है।

अत: विकल्प (B) सही है।

36. चाहे सिलेंडर ऊपर या नीचे लुढ़का हो, द्रव्यमान का केंद्र और इसलिए सिलेंडर के संपर्क का बिंदु नीचे की दिशा में त्वरण g sinθ है। अत: दोनों ही मामलों में, घर्षण बल झुके हुए तल तक कार्य करता है।

अत: विकल्प (B) सही है।

37. जैसे-जैसे दायरा बढ़ता है, क्षेत्र की जड़ता का क्षण बढ़ता जाता है। चूंकि कोई भी बाहरी टॉर्क फ्री स्पेस में काम नहीं करता है, रोटेशन की गति कम हो जाती है लेकिन कोणीय गति स्थिर रहती है।

अत: विकल्प (B) सही है।

38. क्रिस्टलीय ठोस वे होते हैं जिनमें परमाणुओं को व्यवस्थित रूप से क्रमबद्ध किया जाता है। उनके पास दिशात्मक गुण होते हैं और इसलिए उन्हें अनिसोट्रोपिक पदार्थ कहा जाता है।

अत: विकल्प (A) सही है।

39. इमारतों के शीशे दूधिया दिखाई देते हैं क्योंकि यह दिन के दौरान गर्म होता है और रात में ठंडा होता है। इसलिए यह कुछ क्रिस्टलीय गुणों को प्राप्त करता है।

अत: विकल्प (D) सही है।

40. एक स्थिर आवेश चुंबकीय क्षेत्र से प्रभावित नहीं होता है क्योंकि स्थिर आवेश में कोई वेग नहीं होता है। चुंबकीय क्षेत्र शून्य वेग वाले कण में नहीं हो सकता है।

अत: विकल्प (D) सही है।

41. जब एक आवेशित कण लंबवत चलता है, तो उसकी गति समान रहती है जबकि उसका वेग बदलता रहता है। संवेग कण के द्रव्यमान और वेग का गुणनफल है। चूंकि वेग भिन्न होता है, गति भी बदलती है।

अत: विकल्प (A) सही है।

42. $W = \int PdV = P\Delta V$

$\Delta V = \dfrac{W}{P} = \dfrac{54}{600} = 0.09 m^3$

$V2 = V1 + \Delta V$

$\Rightarrow 0.01 + 0.09 = 0.10 m^3$

अत: विकल्प (C) सही है।

43. $Qin - Wout = \Delta U = m(u3 - u1)$

$m = \dfrac{P1V1}{RT1} = 0.697\ kg$

$u1 = u@300\ K = 214.36\ kj/kg$

$u3 = u@1400\ K = 1113.43\ kj/kg$

इसलिये, $Qin = 767\ kj$

अत: विकल्प (C) सही है।

44. तरल HCl में कोई हाइड्रोजन बांड नहीं होता है क्योंकि पानी में घुलने पर बांड टूट जाता है।

अत: विकल्प (B) सही है।

45. स्थिर इलेक्ट्रॉनिक विन्यास प्राप्त करने और ऊर्जा प्राप्त करने के लिए परमाणु बंध से गुजरते हैं। NaCl एक यौगिक है क्योंकि इसमें Na और Cl के बीच एक आयनिक बंध है। अन्य तीन विकल्पों में दोनों सहसंयोजक बंध और साथ ही आयनिक बंध हैं, इसलिए उन्हें अणु और यौगिक दोनों कहा जा सकता है।

अत: विकल्प (A) सही है।

46. धातु और गैर-धातु के मिश्रण को एक मिश्र धातु कहा जाता है, जबकि दो अलग-अलग सामग्रियों (इसमें धातु नहीं हो सकता है) के संयोजन को समग्र कहा जाता है।

अत: विकल्प (B) सही है।

47. पिघला हुआ धातु एक स्प्रे से एक धावक और एक गेट तक बहता है और मोल्ड गुहा को भरता है। यदि डालने वाले बेसिन में स्प्राउट बॉट की तुलना में बहुत अधिक क्रॉस-सेक्शनल क्षेत्र है, तो डालने वाले बेसिन के शीर्ष पर पिघली हुई धातु का वेग बहुत कम है और इसे शून्य होने के लिए लिया जा सकता है।

अत: विकल्प (A) सही है।

48. आरएमएस धारा को प्रभावी धारा के रूप में भी जाना जाता है। आरएमएस का मतलब है रूट मीन स्कायर। धारा का यह मान सभी धारा मानों को वर्ग करके, औसत ज्ञात करके और फिर वर्गमूल ज्ञात करके प्राप्त किया जाता है।

अत: विकल्प (A) सही है।

49. धारा का औसत मान धाराओं की संख्या से विभाजित सभी धाराओं का योग है जबकि RMS धारा सभी धारा के मानों को चुकता करके, औसत को खोजने और फिर वर्गमूल को खोजने के द्वारा प्राप्त किया जाता है। इसलिए RMS धारा औसत धारा से अधिक होती है।

अत: विकल्प (B) सही है।

50.

- हैमोफिलिया एक विरासत में मिला रक्तस्राव विकार है, जहां रक्त का थक्का नहीं जमता है क्योंकि रक्त में पर्याप्त थक्के नहीं होते हैं। यह एंटी-हीमोफिलिक ग्लोब्युलिन प्रोटीन की कमी से संबंधित सी-लिंक्ड रिसेसिव डिसऑर्डर है।

- संक्रमण एक ऐसी स्थिति है जो शारीरिक विकृति और सीखने की कठिनाइयों की विशेषता है जो जन्मजात थायरॉयड की कमी के कारण होती है। तो यह एंडोक्राइन सिस्टम की एक बीमारी है जो गैर-अंतर्निहित है।

- सिस्टिक फाइब्रोसिस एक ऑटोसोमल रिसेसिव डिसऑर्डर है जिसमें फेफड़े और अग्न्याशय में रेशेदार सिस्ट का निर्माण होता है। रोग के लिए जीन क्रोमोसोम 7 पर मौजूद है।

- थैलेसीमिया एक मात्रात्मक बीमारी है। यह एक वंशानुगत हेमोलिटिक बीमारी है जो अफ्रीकी और एशियाई देशों में व्यापक रूप से दोषपूर्ण हीमोग्लोबिन संश्लेषण के कारण होती है।

अतः विकल्प (B) सही है।

51. हम जानते हैं,

$$\left(\vec{a} + \vec{b} + \vec{c}\right) \cdot \left[\left(\vec{a} + \vec{b}\right) \times \left(\vec{a} + \vec{c}\right)\right]$$

$$\Rightarrow \left(\vec{a} + \vec{b} + \vec{c}\right) \cdot [\vec{a} \times \vec{a} + \vec{a} \times \vec{c} + \vec{b} \times \vec{a} + \vec{b} \times \vec{c}]$$

$$\Rightarrow (\vec{a} + \vec{b} + \vec{c}) \cdot [\vec{a} \times \vec{c} + \vec{b} \times \vec{a} + \vec{b} \times \vec{c}] \quad [\because \vec{a} \times \vec{a} = 0]$$

$$\Rightarrow \vec{a} \cdot \vec{a} \times \vec{c} + \vec{a} \cdot \vec{b} \times \vec{a} + \vec{a} \cdot \vec{b} \times \vec{c} + \vec{b} \cdot \vec{a} \times \vec{c} + \vec{b} \cdot \vec{b} \times \vec{a} + \vec{b} \cdot \vec{b} \times \vec{c} + \vec{c} \cdot \vec{a} \times \vec{c} + \vec{c} \cdot \vec{b} \times \vec{a} + \vec{c} \cdot \vec{b} \times \vec{c}$$

$$\Rightarrow [\vec{a}\vec{b}\vec{c}] - [\vec{a}\vec{b}\vec{c}] - [\vec{a}\vec{b}\vec{c}] = -[\vec{a}\vec{b}\vec{c}]$$

अत: विकल्प (D) सही है।

52. माना, A और B दो सेट हैं जिनमें तत्वों की संख्या क्रमशः m और n है।

सबसेट A की संख्या $= 2m$

सबसेट B की संख्या $= 2n$

अब, प्रश्न के अनुसार

$$2m - 2n = 48$$

$$\Rightarrow 2n(2m - n - 1) = 24(22 - 1)$$

तो, $n = 4$ and $m - n = 2$

$$\Rightarrow m - 4 = 2$$

$$\Rightarrow m = 2 + 4$$

$$\Rightarrow m = 6$$

अत: विकल्प (B) सही है।

53. दिया गया,

$$A(7, -2) \text{ और } B(1, -5)$$

$1 : 2$ के अनुपात में दी गई रेखा को विभाजित करने वाली त्रिज्या का आवश्यक बिंदु है,

त्रिभाजन के सूत्र का उपयोग करके,

$$P(x, y) = \left(\frac{c \cdot m + a \cdot n}{m + n}, \frac{d \cdot m + b - n}{m + n}\right)$$

[जहां दो बिंदुओं को जोड़ने वाली रेखा (a, b) और (c, d) के अनुपात में $(m : n)$]

$$\Rightarrow \left(\frac{1(1) + 2(7)}{1 + 2}, \frac{1(-5) + 2(-2)}{1 + 2}\right)$$

$$\Rightarrow \left(\frac{15}{3}, \frac{-9}{3}\right)$$

$$\Rightarrow (5, -3)$$

अत: विकल्प (A) सही है।

54. माना कि एक त्रिभुज है:

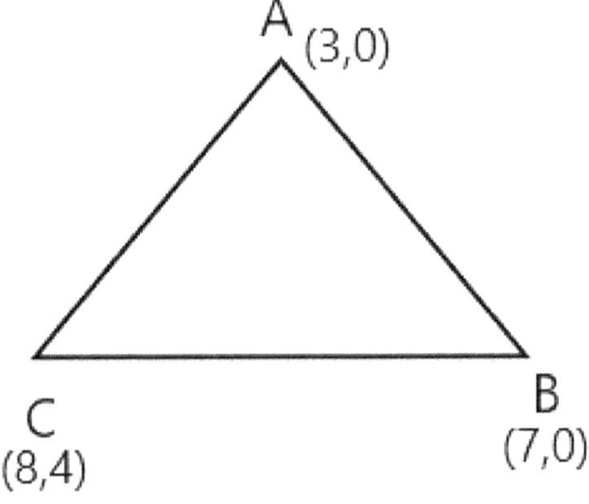

त्रिभुज का क्षेत्रफल इस प्रकार है:

$$\text{क्षेत्रफल} = \frac{1}{2}\left(x_1(y_2 - y_3) + x_2(y_3 - y_1) + x_3(y_1 - y_2)\right)$$

$$\Rightarrow \text{क्षेत्रफल} = \frac{1}{2}\left(3(0 - 4) + 7(4 - 0) + 8(0 - 0)\right)$$

$$\Rightarrow \text{क्षेत्रफल} = \frac{1}{2}|-12 + 28|$$

$$\Rightarrow \text{क्षेत्रफल} = \frac{1}{2}|16|$$

$$\Rightarrow \text{क्षेत्रफल} = 8$$

अत: विकल्प (C) सही है।

55. $\lim\limits_{x \to a} \dfrac{x^2 - (1 + a)x + a}{x^2 + (1 - a)x - a}$, यह $\dfrac{0}{0}$ रूप है।

यहाँ हम परिमेयकरण विधि का प्रयोग करते हैं

$$\lim_{x \to a} \frac{(x - a)(x - 1)}{(x - a)(x + 1)}$$

$$\lim_{x \to a} \frac{(x - 1)}{(x + 1)} = \frac{(a - 1)}{(a + 1)}$$

अत: विकल्प (D) सही है।

56. माना, दिया गया फंक्शन है:

$$y = 3x - 2$$

$$\Rightarrow y + 2 = 3x$$

$$\Rightarrow x = \frac{(y + 2)}{3}$$

अब x सभी मानों से संतुष्ट है।

तो, श्रेणी $\{f(x)\} = R = (-\infty, \infty)$

अत: विकल्प (A) सही है।

57.

x	y	3
x^2	$5y^3$	9
x^3	$10y^5$	27

$C_1 \to C_1 - C_3$

$x - 3$	y	3
$x^2 - 9$	$5y^3$	9
$x^3 - 27$	$10y^5$	27

$(x - 3)$

1	y	3
$x + 3$	$5y^3$	9
$x^2 - 3x + 9$	$10y^5$	27

सामान्य शब्द है: $x - 3$

अतः विकल्प (A) सही है।

58.

1	1	1
$1 + \sin A$	$1 + \sin B$	$1 + \sin C$
$\sin A + \sin^2 A$	$\sin B + \sin^2 B$	$\sin C + \sin^2 C$

$C_2 \to C_1 - C_2$ और $C_3 \to C_1 - C_3$

1	0	0
$1 + \sin A$	$\sin A - \sin B$	$\sin A - \sin C$
$\sin A + \sin^2 A$	$\sin^2 A + \sin^2 B$	$\sin^2 A + \sin^2 C$
1	0	0
$1 + \sin A$	1	$\sin A - \sin C$
$\sin A + \sin^2 A$	$\sin A + \sin B$	$\sin A + \sin C$

$(\sin A - \sin B)(\sin A - \sin C) = 0$

$(\sin A - \sin B)(\sin A - \sin C)(\sin C - \sin B) = 0$

$(\sin A - \sin B) = 0$ or $(\sin A - \sin C) = 0$ or $(\sin C - \sin B) = 0$

$\sin A = \sin B$ or $\sin A = \sin C$ or $\sin C = \sin B$

अतः विकल्प (A) सही है।

59. दिया हुआ:

$$B = \begin{bmatrix} 3 & 2 & 0 \\ 2 & 4 & 0 \\ 1 & 1 & 0 \end{bmatrix}$$

B का सहखंडज $= [B$ का सहकारक $]^T$

B का सहखंडज $= A_{11} =$

$$(-1)^{1+1} \begin{vmatrix} 4 & 0 \\ 1 & 0 \end{vmatrix} = (-1)^2(0) = 0$$

$A_{12} =$

$$(-1)^{1+2} \begin{vmatrix} 2 & 0 \\ 1 & 0 \end{vmatrix} = (-1)^3(0) = 0$$

$A_{13} =$

$$(-1)^{1+3} \begin{vmatrix} 2 & 4 \\ 1 & 1 \end{vmatrix} = (-1)^4(-2) = -2$$

इस प्रकार,

$A_{21} = (-1)^3(0) = 0$

$A_{22} = (-1)^4(0) = 0$

$A_{23} = (-1)^5(1) = -1$

$A_{31} = (-1)^4(0) = 0$

$A_{32} = (-1)^5(0) = 0$

$A_{33} = (-1)^6(8) = 8$

$$B \text{ का सहखंडज } = \begin{bmatrix} 0 & 0 & -2 \\ 0 & 0 & -1 \\ 0 & 0 & 8 \end{bmatrix}$$

$$= \begin{bmatrix} 0 & 0 & 0 \\ 0 & 0 & 0 \\ -2 & -1 & 8 \end{bmatrix}$$

अतः विकल्प (A) सही है।

60. A,B,C परस्पर अपवर्जी और संपूर्ण परिणाम हैं:

$$P(B) = \left(\frac{3}{2}\right) P(A) \text{ और } P(C) = \left(\frac{1}{2}\right) P(B)$$

सूत्र के अनुसार:

$$P(A) + P(B) + P(C) = 1$$

परस्पर अपवर्जी परिणाम के लिए A,B और C, $P(A$ और $B) = P(B$ और $C) = P(A$ और $C) = 0$

माना $P(A) = x$

$$P(B) = \left(\frac{3}{2}\right) x \text{ और } P(C) = \left(\frac{1}{2}\right) = \left(\frac{3}{2}\right) x = \left(\frac{3}{2}\right) x(x)$$

$$x + \frac{3}{2} x + \frac{3}{4} x = 1$$

$$x = \frac{4}{13}$$

$$P(A) = \frac{4}{13}$$

अतः विकल्प (D) सही है।

61. सूचना के अनुसार:

$$\sin\beta = \frac{(2\sin\alpha\cos\alpha)}{(\sin\alpha + \cos\alpha)}$$

$$= \frac{\sin 2\alpha}{\sqrt{2}\left(\frac{1}{\sqrt{2}}\sin\alpha + \frac{1}{\sqrt{2}}\cos\alpha\right)}$$

$$\sqrt{2}\sin\left(\alpha + \frac{\pi}{4}\right)\sin\beta = \sin 2\alpha$$

$$= \sin\theta = \frac{\sin\alpha + \cos\alpha}{2}$$

$$= \sin\theta = \frac{\sqrt{2}}{2} \times \left(\frac{1}{\sqrt{2}}\sin\alpha + \frac{1}{\sqrt{2}}\cos\alpha\right)$$

$$\sqrt{2}\sin\theta = \cos\left(\alpha - \frac{\pi}{4}\right)$$

अतः विकल्प (C) सही है।

62. पहली और अंतिम 2-अंकीय संख्या जो 3 से विभाजित होने पर शेष के रूप में 2 छोड़ती है जो 11 और 98 हैं। 11 और 98 के बीच n संख्या हैं जो 3 से विभाजित होने पर शेष के रूप में 2 छोड़ देता है।

तो $11 + (n-1)3 = 98$

और, $(n-1)3 = 87$

और, $n = 30$

∴ इन सभी संख्याओं का योग $= \frac{30}{2}(11 + 98) =$

$15 \times 109 = 1635$

अतः विकल्प (C) सही है।

63. गुणांक X^7 और X^8

सूत्र: $t_r + 1 = \binom{n}{r} a^{n-r} b^r$

अब, $a = 2, b = \frac{X}{3}$

हमारे पास है, $t_{r+1} = \binom{n}{r} a^{n-r} b^r$

इसलिये, $t_{r+1} = \binom{n}{r} (2)^{n-r} \left(\frac{X}{3}\right)^r$

$= \binom{n}{r} \frac{2^{n-r}}{3^r} X^r$

X^7, का गुणांक प्राप्त करने के लिए, हमारे पास होना चाहिए,

$X^7 = X^r$

$r = 7$

इसलिये, गुणांक $X^7 = \binom{n}{7} \frac{2^{n-7}}{3^7}$

और X^8, का गुणांक प्राप्त करने के लिए, हमारे पास होना चाहिए,

$X^8 = X^r$

$r = 8$

इसलिये, गुणांक $X^8 = \binom{n}{8} \frac{2^{n-8}}{3^8}$

निष्कर्ष:

गुणांक $X^7 = \binom{n}{7} \frac{2^{n-7}}{3^7}$

गुणांक $X^8 = \binom{n}{8} \frac{2^{n-8}}{3^8}$

अतः विकल्प (A) सही है।

64. यहाँ, $n = 8, p = 0.6, q = 0.4$

माना $X =$ हिट्स की संख्या, $x_0 = 0$ हिट्स की संख्या, $x_1 = 1$ hit, $x_2 = 2$ हिट, और इसी तरह।

$(X) = P(x_5) + P(x_6) + P(x_7) + P(x_8) = {}^8C_5(0.6$
तो, $)^5(0.4)^3 +$

$${}^8C_5(0.6)^6(0.4)^2 + {}^8C_7(0.6)^7(0.4)^1 + {}^8C_8(0.6)^8(0.4)^0$$

$$= 0.5938$$

अतः विकल्प (C) सही है।

65. द्विपद प्रमेय का उपयोग करके,

समीकरण $(y+1)^4 - (y-1)^4$ के रूप में विस्तारित किया जा सकता है

$$= (y+1)^4 = {}^4C_0 y^4 + {}^4C_1 y^3 + {}^4C_2 y^2 + {}^4C_3 y^1 + {}^4C_4 y^0$$

तथा,

$$(y-1)^4 = {}^4C_0 y^4 - {}^4C_1 y^3 + {}^4C_2 y^2 - {}^4C_3 y^1 + {}^4C_4 y^0$$

अब,

$$(y+1)^4 - (y-1)^4$$

$$= \left({}^4C_0 y^4 + {}^4C_1 y^3 + {}^4C_2 y^2 + {}^4C_3 y^1 + {}^4C_4 y^0\right) - \left({}^4C_0 y^4 - {}^4C_1 y^3 + {}^4C_2 y^2 - {}^4C_3 y^1 + {}^4C_4 y^0\right)$$

$$= 2({}^4C_1 y^3 + {}^4C_3 y^1)$$

$$= 8(y^3 + y^1)$$

अतः विकल्प (C) सही है।

66. दिया हुआ है,

$$\Sigma(n = 2 \text{ to } 11)(i^n + i^{n+1})$$

$$\Sigma(n = 2 to 11)i^n(i + 1)$$

$$\Rightarrow i + 1(i^2 + i^3 + \cdots \ldots \ldots + i^{11})$$

$$\Rightarrow (i + 1)(-1 - i)$$

$$\Rightarrow -2i$$

अतः विकल्प (C) सही है।

67. सूत्र के अनुसार:

$$\cos(x + y) = \cos x \cos y - \sin x \sin y$$

$$\cos(x - y) = \cos x \cos y + \sin x \sin y$$

हम पाते हैं,

$$\cos 75°$$

$$= \cos(45° + 30°)$$

$$= \cos 45° \cos 30° - \sin 45° \sin 30°$$

$$= \frac{1}{\sqrt{2}} \times \frac{\sqrt{3}}{2} - \frac{1}{\sqrt{2}} \times \frac{1}{2}$$

$$= \frac{\sqrt{3}-1}{2\sqrt{2}}$$

अत: विकल्प (A) सही है।

68. दिया हुआ,

$$\int_0^{\frac{\pi}{4}} \sqrt{\tan x}\, dx + \int_0^{\frac{\pi}{4}} \sqrt{\cot x}\, dx$$

$$\Rightarrow \int_0^{\frac{\pi}{4}} \left(\sqrt{\tan x} + \sqrt{\cot x}\right) dx$$

$$\Rightarrow \int_0^{\frac{\pi}{4}} \frac{(\sin x + \cos x)}{\sqrt{\sin x} + \sqrt{\cos x}}\, dx$$

$$\Rightarrow \sqrt{2} \int_0^{\frac{\pi}{4}} \frac{(\sin x + \cos x)}{\sqrt{1-(\sin^2 x + \cos^2 x - 2\sin x \cos x)}}\, dx$$

$$\Rightarrow \sin x - \cos x = t;\ (\cos x + \sin x) dx = dt$$

$$\Rightarrow \text{जब,}\ x = 0, t = -1\ \text{और}\ x = \frac{\pi}{4}, t = 0$$

$$\Rightarrow \sqrt{2}[\sin^{-1}(0) - \sin^{-1}(-1)]$$

$$\Rightarrow \sqrt{2}\left[0 - \left(-\frac{\pi}{2}\right)\right] = \frac{\pi}{\sqrt{2}}$$

अत: विकल्प (D) सही है।

69. सूत्र के अनुसार:

$$a^2 - b^2 = (a-b)(a+b)$$

$$\cos^2 x + \sin^2 x = 1$$

$$\cos 2x = \cos^2 x - \sin^2 x = 2\cos^2 x - 1 = 1 - 2\sin^2 x$$

हमें मिला,

$$\cos^4 x - \sin^4 x$$

$$= \left(\cos^2 x - \sin^2 x\right)\left(\cos^2 x + \sin^2 x\right)$$
$$\left(\because a^2 - b^2 = (a-b)(a+b)\right)$$

$$= \cos 2x \times 1 \ \left(\because \cos^2 x + \sin^2 x = 1\right)$$

$$= \cos 2x$$

अत: विकल्प (B) सही है।

70. दिया हुआ,

$$i^{1000} + i^{1001} + i^{1002} + i^{1003}$$

$$i^2 = -1$$

$$\Rightarrow i^{1000} = (i^2)^{500} = (-1)^{500} = 1$$

$$\Rightarrow i^{1001} = i^{1000} \times i = i$$

$$\Rightarrow i^{1002} = i^{1000} \times i^2 = -1$$

$$\Rightarrow i^{1003} = i^{1002} \times i = -i$$

इसलिए उन सभी को जोड़ने पर $-1 + 1 + i - i = 0$

अतः विकल्प (A) सही है।

71. $= f(x) = \frac{x}{x}, x \neq 0$

$\therefore$ ग्राफ $x = 0$ पर विच्छिन्न है, और सही ढंग से विकल्प में दिखाया गया है।

अत: विकल्प (C) सही है।

72. दिया है,

$$f(n) = \left[\frac{1}{4} + \frac{n}{1000}\right]$$

$$= \sum_{n=1}^{1000} f(n) = \left[\frac{1}{4} + \frac{1}{1000}\right] + \left[\frac{1}{4} + \frac{2}{1000}\right] + \cdots\cdots$$
$$\cdots\cdots + \left[\frac{1}{4} + \frac{1000}{1000}\right]$$

1 से 750 तक, हम n के सभी मानों को $'0'$ के रूप में प्राप्त करते है,

$n = 750$ से, हम सभी मानों को 1 के रूप में प्राप्त करते हैं:

$$\sum_{n=1}^{1000} f(n) = 0 + 0 + 0 + 0 + 0 + \cdots \left[\frac{1}{4} + \frac{750}{1000}\right] + \left[\frac{1}{4} + \frac{751}{1000}\right] + \cdots\cdots\cdots + \left[\frac{1}{4} + 1\right]$$

$$= 1 + 1 + 1 + 1 + \cdots\ldots (251\ \text{गुना})$$

$$= 251$$

अतः विकल्प (A) सही है।

73. $x = 0^+$ के लिये

$$= \lim_{x \to 1} f(x) = \lim_{x \to 1} 2 + x = 2 + 1 = 3$$
$$x = 0^- \text{ के लिये}$$
$$= \lim_{x \to 1} f(x) = \lim_{x \to 1} 2 - x = 2 - 1 = 1$$

तो, $x = 1$ पर सीमा मौजूद नहीं है

$x = 0$ में,

$x = 0^+$ के लिए,

$$= \lim_{x \to 0} f(x) = \lim_{x \to 1} 2 + 0 = 2$$

$x = 0^-$ के लिए,

$$= \lim_{x \to 0} f(x) = \lim_{x \to 1} 2 - 0 = 2$$

$F(x),\ x = 0$ पर सतत है,

अवकलनीयता:

$$= \lim_{h \to 0^-} \frac{f(0-h) - f(0)}{-h} = \lim_{h \to 0^-} \frac{2+h-2}{-h} = -\frac{h}{h} = -1$$

$$= \lim_{h \to 0^+} \frac{f(0+h) - f(0)}{h} = \lim_{h \to 0^+} \frac{2+h-2}{h} = 1$$

$$LHD \neq RHD$$

तो, $f(x),\ x = 0$ पर अवकलनीय है।

अत: विकल्प (C) सही है।

74. पंक्ति समीकरण को दीर्घवृत्त समीकरण में प्रतिस्थापित करने पर,

$$3x + 4y = 12;\ x = \frac{12-4y}{3}$$

तो, $9\left(\frac{12-4y}{3}\right)^2 + 16y^2 = 144$

हल करने पर हमें मिलता है, $y = 0, 3$

$y = 0; x = 4$ के लिये

$y = 3; x = 0$ के लिये

जीवा की लंबाई $= \sqrt{(0-3)^2 + (4-0)^2} = \sqrt{9+16} = 5$ इकाइयाँ

अतः विकल्प (A) सही है।

75. दिया हुआ,

वृत्त $x^2 + y^2 = a^2$ है

इसलिए त्रिज्या $= a$ और केंद्र $= (0,0)$

अब लाइन $lx + my - 1 = 0$ को त्रिज्या a के बराबर माना जाता है

इसलिये, $\left|\frac{0+0-1}{\sqrt{l^2+m}}\right| = a$

$\Rightarrow l^2 + m^2 = \frac{1}{a^2}$

इस प्रकार, (l, m, n) का लोकस $x^2 + y^2 = \frac{1}{a^2}$, है जो एक वृत्त है।

अतः विकल्प (C) सही है।

76. बिहार में मार्च-अप्रैल 2021 के दौरान चुनाव नहीं हुए थे।

- सत्रहवीं बिहार विधान सभा के सदस्य अक्टूबर से नवंबर तक तीन भागों में चुने गए।
- पिछली बिहार सोलहवीं विधानसभा का कार्यकाल 29 नवंबर, 2020 को समाप्त हुआ था।
- चुनावों के बाद बिहार में राष्ट्रीय जनतांत्रिक गठबंधन के नेता के रूप में चुने जाने के बाद, निर्वतमान मुख्यमंत्री नीतीश कुमार को फिर से मुख्यमंत्री के रूप में शपथ दिलाई गई और दो नए उपमुख्यमंत्रियों, तारकिशोर प्रसाद और रेणु देवी को नए प्रशासन में भर्ती किया गया।

अतः विकल्प (B) सही है।

77. स्वतंत्र भारत का पहला "निवारक निरोध बिल" 1950 में सरदार पटेल द्वारा पेश किया गया था। पटेल ने कहा था कि विधेयक पेश करना जरूरी है या नहीं, यह तय करने से पहले उनकी कई रातों की नींद उड़ी हुई थी। नतीजतन, निवारक निरोध अधिनियम, 1950 को संसद द्वारा 26 फरवरी 1950 को अधिनियमित किया गया था।

अतः विकल्प (C) सही है।

78. दक्षिण अफ्रीका ने, दुनिया में पहली बार, "भग्न ज्यामिति पर आधारित खाद्य कंटेनर" नवाचार से संबंधित एक 'कृत्रिम बुद्धिमत्ता प्रणाली' को पेटेंट प्रदान किया है।

इनोवेशन में इंटरलॉकिंग फूड कंटेनर शामिल हैं जो रोबोट को समझने और स्टैक करने में आसान होते हैं।

अतः विकल्प (B) सही है।

79.

- उल्कापात - जिसे "शूटिंग सितारे" के रूप में भी जाना जाता है, वह प्रकाश घटना है जिसके परिणामस्वरूप जब एक छोटा उल्कापिंड पृथ्वी के वायुमंडल में प्रवेश करता है तो जलता है क्योंकि यह हमारे वायुमंडल से गुजरता है और वाष्पीकृत होता है।
- उल्कापिंड - एक धूमकेतु या क्षुद्रग्रह के टुकड़े हैं जो सूर्य या अंतरपणन मलबे की परिक्रमा करते हैं।
- उल्का - एक उल्कापिंड है जो पृथ्वी की सतह पर वायुमंडल और भूमि के माध्यम से इसके गिरने से बच जाता है।

- न्यूट्रॉन सितारे - वे तारे हैं जिनका द्रव्यमान 1.35 से 2.1 गुना सूर्य के बीच है।

अतः विकल्प (A) सही है।

80. 63 वीं राष्ट्रीय शूटिंग चैम्पियनशिप प्रतियोगिता (NSCC) 2019 शूटिंग अकादमी शूटिंग रेंज, भोपाल, मध्य प्रदेश (एमपी) में, छोटे राइफल और पिस्टल स्पर्धओं (पैरा इवेंट्स सहित) का आयोजन 7 दिसंबर 2019 से - 4 जनवरी 2020 तक किया गया।

अतः विकल्प (D) सही है।

81.

- पूर्व भारतीय महिला हॉकी टीम की कप्तान और अर्जुन अवार्डी सुनीता चंद्रा का निधन।
- उन्होंने 1956 से 1966 के बीच भारतीय महिला हॉकी टीम के लिए खेला था और 1963 से 1966 तक कप्तान के रूप में काम किया।

अतः विकल्प (C) सही है।

82.

- द्वितीय विश्व युद्ध में अपने प्रयासों के लिए भारतीय सहयोग और समर्थन को सुरक्षित करने के लिए ब्रिटिश सरकार द्वारा मार्च 1942 में क्रिप्स मिशन भारत भेजा गया था।
- 'डोमिनियन स्टेटस' के साथ भारतीय संघ के लिए प्रस्तावित मिशन '। मिशन ने यह भी प्रस्ताव दिया था कि द्वितीय विश्व युद्ध के अंत के बाद, भारत के एक नए संविधान को बनाने के लिए एक संविधान सभा बुलाई जाएगी।
- मिशन को कांग्रेस द्वारा अस्वीकार कर दिया गया क्योंकि मिशन को शक्ति के वास्तविक हस्तांतरण के लिए प्रदान नहीं किया गया था। मुस्लिम लीग ने मिशन को खारिज कर दिया क्योंकि यह पाकिस्तान की मांग को पर्याप्त रूप से पूरा नहीं करता था और संयुक्त भारत की एक योजना को प्राथमिकता देता था।

अतः विकल्प (D) सही है।

83. खरीफ फसलों चावल, मक्का, बाजरा, बाजरा / बाजरा, उंगली बाजरा / रागी (अनाज), अरहर (दालों), सोयाबीन, मूंगफली (तिलहन), कपास आदि शामिल रबी फसलों गेहूं, जौ, जई में शामिल हैं (अनाज) , चना / चना (दालें), अलसी, सरसों (तिलहन) आदि।

अतः विकल्प (D) सही है।

84. सिंधु घाटी सभ्यता का पता तब चला जब पुरातत्वविदों ने 1920 के दशक में इससे जुड़े स्थलों की खुदाई शुरू की। खुदाई करने वाले पहले स्थल हड़प्पा और मोहनजो-दारो थे। इसीलिए इसे हड़प्पा सभ्यता भी कहा जाता है।

वर्तमान में, इस संस्कृति के सैकड़ों साइट ज्ञात हैं। सबसे महत्वपूर्ण शहर:

- हड़प्पा (पश्चिमी पंजाब),
- मोहनजो-दारो (सिंध),
- लोथल (गुजरात),
- कालीबंगन (राजस्थान),
- रोपड़ (पंजाब),
- बनवाली और राखीगढ़ी (हरियाणा), और
- धोलावीरा (गुजरात)।

अतः विकल्प (D) सही है।

85. 1992 के 73 वें संशोधन अधिनियम में पंचायत क्षेत्र में कुल आबादी के अनुपात में प्रत्येक पंचायत में अनुसूचित जाति और अनुसूचित जनजाति के लिए सीटों के आरक्षण का प्रावधान है।

अधिनियम में महिलाओं के लिए कुल सीटों की संख्या के एक तिहाई से कम नहीं होने का भी प्रावधान है (एससी और एसटी से संबंधित महिलाओं के लिए आरक्षित सीटों की संख्या सहित)।

अतः विकल्प (D) सही है।

86. पानीपत की दूसरी लड़ाई सम्राट हेम चंद्र विक्रमादित्य की सेनाओं के बीच लड़ी गई थी, जिन्हें लोकप्रिय रूप से हेमू कहा जाता था, हिंदू राजा, जो दिल्ली से उत्तर भारत पर शासन कर रहे थे, और अकबर की सेना, 5 नवंबर 1556 को। यह अकबर के सेनापति खान ज़मान। और बैरम खान के लिए एक निर्णायक जीत थी।

अतः विकल्प (D) सही है।

87.

- संविधान के भाग XXI में अनुच्छेद 371 से 371-J में बारह राज्यों अर्थात महाराष्ट्र, गुजरात, नागालैंड, असम, मणिपुर, आंध्र प्रदेश, तेलंगाना, सिक्किम, मिजोरम, अरुणाचल प्रदेश, गोवा और कर्नाटक के लिए विशेष प्रावधान हैं।

- अनुच्छेद 371-A नागालैंड के लिए विशेष प्रावधान करता है। अनुच्छेद 371-B असम के लिए विशेष प्रावधान करता है। अनुच्छेद 371-C मणिपुर के लिए विशेष प्रावधान करता है। अनुच्छेद 371-D आंध्र प्रदेश और तेलंगाना के लिए विशेष प्रावधान करता है।

371 के तहत 10 लेख हैं; पहले चार लेख याद किए जा सकते हैं।

अतः विकल्प (A) सही है।

88. अल-हिलाल एक पत्रिका थी जिसे मौलाना अब्दुल कलाम आज़ाद द्वारा लाया गया था।

सिसिर घोष और मोती लाल घोष ने पहले साप्ताहिक के रूप में अमृता बाज़ार पत्रिका शुरू की।

श्यामजी कृष्णवर्मा ने 1905 से 1914 तक और फिर 1920 से 1922 के बीच भारतीय समाजशास्त्री पत्रिका का संपादन किया।

अतः विकल्प (A) सही है।

89. अनुच्छेद 46 गांधीवादी निर्देशक सिद्धांतों के लिए प्रदान करता है, जो एससी, एसटी और समाज के अन्य कमजोर वर्गों के शैक्षिक और आर्थिक हितों को बढ़ावा देने के लिए प्रदान करता है।

अतः विकल्प (B) सही है।

90.

- देश की पहली सुपर फैब लैब को केरल स्टार्टअप मिशन (KSUM) के इंटीग्रेटेड स्टार्टअप कॉम्प्लेक्स में लॉन्च किया गया था।

- लैब देश में हार्डवेयर उद्योग को एक बड़ा धक्का देगा और यू.एस. के बाहर एकमात्र ऐसी सुविधा है।

- सुपर फैब लैब मैसाचुसेट्स इंस्टीट्यूट ऑफ टेक्नोलॉजी (MIT) के साथ मिलकर काम करेगा।

अतः विकल्प (D) सही है।

91. रॉकी उत्तरी अमेरिका में हैं; एंडिस दक्षिण अमेरिका में हैं और ड्रेकसबर्ग दक्षिण अफ्रीका में हैं, जैसा कि नीचे दिए गए आंकड़े में दिखाया गया है:

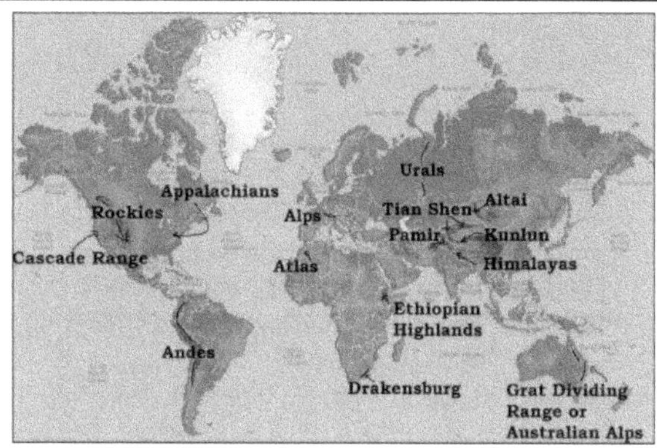

अतः विकल्प (C) सही है।

92.

- प्रवाल भित्तियाँ उच्च जैविक विविधता वाले सबसे अधिक उत्पादक और जटिल तटीय पारिस्थितिक तंत्रों में से एक हैं; इसलिए उन्हें 'महासागरों का उष्णकटिबंधीय वर्षावन' कहा जाता है।

- भारत में प्रवाल भित्तियाँ A & N द्वीपों, कच्छ की खाड़ी, मन्नार की खाड़ी और लक्षद्वीप में पाई जाती हैं।

- कोरल रीफ्स उन क्षेत्रों में नहीं होते हैं जहां ताजे पानी और ठंडे पानी की एक महत्वपूर्ण घुसपैठ है। अधिकांश शक्तिशाली भारतीय नदियां बंगाल की खाड़ी में बहती हैं और इसलिए भारत के पूर्वी तट पर प्रवाल भित्तियाँ अनुपस्थित हैं।

अतः विकल्प (B) सही है।

93.

- चिनाब सिंधु की सबसे बड़ी सहायक नदी है। यह दो धाराओं, चंद्र और भागा द्वारा बनाई गई है, जो हिमाचल प्रदेश में कीलोंग के पास टांडी में मिलती है। इसलिए, इसे चंद्रभागा के नाम से भी जाना जाता है।

- रवि हिमाचल प्रदेश के कुल्लू पहाड़ियों में रोहतांग पास के पश्चिम में उगता है और राज्य की चंबा घाटी से बहता है। पाकिस्तान में प्रवेश करने और सराय सिद्धु के पास चिनाब में शामिल होने से पहले, यह पीर पंजाल और धौलाधर पर्वतमाला के दक्षिण-पूर्वी भाग के बीच स्थित क्षेत्र को खोदता है।

- समुद्र समुद्र तल से 4,000 मीटर की ऊंचाई पर रोहतांग दर्रे के पास ब्यास कुंड से निकलती है। यह नदी कुल्लू घाटी से होकर बहती है और धौलाधर श्रेणी में कटि और लारगी में घाट बनाती है। यह पंजाब के मैदानों में प्रवेश करती है जहां यह हरिके के पास सतलुज से मिलती है।

- सतलुज की उत्पत्ति तिब्बत में 4,555 मीटर की ऊंचाई पर मानसरोवर के पास राकस झील से हुई है जहां इसे लैंगचेन खंब के नाम से जाना जाता है। यह भारत में प्रवेश करने से पहले लगभग 400 किमी तक सिंधु के समानांतर बहती है और रूपार में एक कण्ठ से निकलती है। यह हिमालय पर्वतमाला पर शिपकी ला से गुजरती है और पंजाब के मैदानों में प्रवेश करती है।

अतः विकल्प (D) सही है।

94.

- बिहार के दो युवा नेताओं कन्हैया कुमार और प्रशांत किशोर को 2020 में देखने के लिए फोर्ब्स इंडिया की 20 लोगों की सूची में शामिल किया गया।

- पोल रणनीतिकार प्रशांत किशोर जनता दल (यूनाइटेड) के राष्ट्रीय उपाध्यक्ष हैं, जबकि कन्हैया कुमार जवाहरलाल नेहरू विश्वविद्यालय छात्र संघ के पूर्व अध्यक्ष हैं।

अतः विकल्प (B) सही है।

95.

- प्रथना समाज की स्थापना डॉ. आत्माराम पांडुरंग ने 1867 में की थी जब केशब चंद्र सेन महाराष्ट्र आए थे। महादेव गोविंद रानाडे के इसमें शामिल होने के बाद प्रथना समाज लोकप्रिय हो गया।

- इसने जाति प्रतिबंधों को हटाने, बाल विवाह को समाप्त करने, विधवाओं के सिर का मुंडन, विवाह और अन्य सामाजिक कार्यों की भारी लागत, महिलाओं की शिक्षा को प्रोत्साहित करने और विधवा पुनर्विवाह को बढ़ावा देने की मांग की।

- ब्रह्म समाज की तरह, इसने एक ईश्वर की पूजा की वकालत की। इसने मूर्तिपूजा और धार्मिक मामलों में पुरोहित जातियों के वर्चस्व की निंदा की।

अतः विकल्प (A) सही है।

96. मेटामोर्फिक चट्टानें तब बनती हैं जब आग्नेय या अवसादी चट्टानें उच्च तापमान और दबाव से गुजरती हैं। कुछ महत्वपूर्ण मेटामॉर्फिक चट्टानें हैं उनके मूल चट्टान नीचे दी गई हैं:

मूल रॉक और इसका रूपांतर परिवर्तित हुआ:

रॉक का नाम	रॉक का प्रकार	मेटामॉर्फिक रॉक का नाम
चूना पत्थर	तलछटी पत्थर	संगमरमर
डोलोमाइट	तलछटी पत्थर	संगमरमर
शीस्ट	तलछटी पत्थर	स्लेट
ग्रेनाइट	आग्नेय चट्टान	शैल

अतः विकल्प (D) सही है।

97. डॉल्ड्रम्स की यह बेल्ट भूमध्य रेखा से 10 डिग्री N और 10 डिग्री S अक्षांशों तक फैली हुई है। अत्यधिक हीटिंग के कारण, हवा का क्षैतिज आंदोलन यहां अनुपस्थित है, और केवल पारंपरिक धाराएं हैं। इसलिए इस बेल्ट को सतह की हवाओं की आभासी अनुपस्थिति के कारण डोलड्रम्स (शांत क्षेत्र) कहा जाता है। ये अभिसरण के क्षेत्र हैं क्योंकि उपोष्णकटिबंधीय उच्च दबाव बेल्ट से बहने वाली हवाएं यहां अभिसरण होती हैं। इस बेल्ट को इंटर ट्रॉपिकल कन्वर्जेंस ज़ोन (ITCZ) के रूप में भी जाना जाता है।

अतः विकल्प (A) सही है।

98. पांच रथ या पंच रथ, 7 वीं शताब्दी के पूर्व में पल्लवों द्वारा निर्मित पांच अखंड मंदिर संरचनाएं हैं। महाबलीपुरम के शोर मंदिर के पश्चिम में एक आम परिसर में स्थित, पंच रथ एक विशाल कंकड़ से तैयार की गयी उत्कृष्ट नक्काशी का प्रदर्शन करते हैं।

अतः विकल्प (A) सही है।

99. भगवान बुद्ध के निर्वाण के मात्र 100 वर्ष बाद ही बौद्धों में मतभेद उभरकर सामने आने लगे थे। वैशाली में सम्पन्न द्वितीय बौद्ध संगीति में थेर भिक्षुओं ने मतभेद रखने वाले भिक्षुओं को संघ से बाहर निकाल दिया। अलग हुए इन भिक्षुओं ने उसी समय अपना अलग संघ बनाकर स्वयं को 'महासांघिक' और जिन्होंने निकाला था उन्हें 'हीनसांघिक' नाम दिया जिसने कालांतर में महायान और हीनयान का रूप धारण कर किया।

अतः विकल्प (C) सही है।

100. ऋग वेद में वैदिक काल के प्रारंभ में 40 नदियों का उल्लेख है। नदीसूक्त भजन में पूर्व में गंगा और पश्चिम में कुभा का उल्लेख करते हुए 21 नदियां शामिल हैं। ऋग वेद सरस्वती के अनुसार सबसे पवित्र नदी है और सबसे उल्लेख की गई नदी सिंधु है इसके अलावा गंगा का उल्लेख 1 बार और यमुना का ऋग वेद में 3 बार किया गया था।

अतः विकल्प (B) सही है।

Q.1 Choose the correct sentence from the following.

A. Her picture was seen by all of us.

B. Her picture seen by all of us.

C. Her picture was seen all of us.

D. Her picture seen was by all of us.

Q.2 Choose the option that best punctuates the given sentence:

Could I have a five-kilo pack of rice said the customer

A. "Could I have a five kilo, pack of rice ?"said the customer.

B. "Could I have a five kilo pack of rice, said the customer."

C. "Could I have a five kilo pack of rice said the customer."

D. "Could I have a five kilo pack of rice?" said the customer.

Q.3 Choose the correct form of tense for the given sentence:

He _____ to a well-to-do family and has an expensive motorbike.

A. belongs

B. is belonging

C. was belonging

D. has been belonging

Q.4 Choose the appropriate prepositional phrase to complete the given sentence.

India won the match _______.

A. at ease

B. with ease

C. of ease

D. by ease

Q.5 Choose the correct form of modal auxiliary verb for the given sentence:

I wonder why she ignored me when we met in the hallway. Do you think she _____ have not recognized me?

A. should **B.** might **C.** can **D.** will

Q.6 A sentence has been given in Active/Passive Voice. Out of the four alternatives suggested, select the one which best expresses the same sentence in Passive/Active Voice.

Let the apples be brought for me from the market.

A. I should be brought apples from the market.

B. You should bring for me apples from the market.

C. Bring apples for me from the market.

D. Let us bring me apples from the market.

Q.7 Choose the correct option:

If it _______, the dance recital will be cancelled.

A. rains

B. raining

C. will rain

D. was raining

Q.8 In the following question, a sentence is given in Direct/Indirect speech. Out of the four alternatives choose the one which best expresses the sentence in Indirect/Direct Speech.

The teacher asked Jamal if he had finished writing.

A. The teacher said to Jamal, "Had he finished writing?"

B. The teacher said to Jamal, "Had you finished writing?"

C. The teacher said to Jamal, "Have you finished writing?"

D. The teacher said to Jamal, "Did you finish writing?"

Q.9 In the following question, a sentence is given in Direct/Indirect speech. Out of the four alternatives choose the one which best expresses the sentence in Indirect/Direct Speech.

"Call the second witness." said the judge.

A. The judge ordered them to call the second witness.

B. The judge orders them to call the second witness.

C. The judge requested them to call the second witness.

D. None of the above

Q.10 Choose which part of speech is the underlined word.

I came across him at the shopping mall.

A. Pronoun **B.** Noun

C. Preposition **D.** Verb

Q.11 A sentence has been given in Active/Passive voice. Out of the four alternatives suggested, select the one which best expresses the same sentence in Passive/Active voice.

They have painted the door.

A. The door was painted.

B. The door has been painted.

C. The door is painted.

D. The door be painted.

Q.12 A sentence has been given in Active/Passive voice. Out of the four alternatives suggested, select the one which best expresses the same sentence in Passive/Active voice.

I keep the butter in the fridge.

A. The fridge was kept with butter by me.

B. The butter was in the fridge.

C. The butter is kept in the fridge.

D. I kept the butter.

Q.13 In the following question, out of the given four alternatives, select the one which is opposite in meaning of the given word.

Unfair

A. Prejudice **B.** Dishonest

C. Crooked **D.** Just

Q.14 In the following question, out of the given four alternatives, select the one which best expresses the meaning of the given word.

Creep

A. Tiptoe **B.** Public **C.** Frank **D.** Open

Q.15 In the following question, out of the given four alternatives, select the one which best expresses the meaning of the given word.

Convict

A. Casualty   **B.** Victim   **C.** Innocent   **D.** Culprit

Q.16 A sentence has been given in Active/Passive voice. Out of the four given alternatives, select the one which best expresses the same sentence in Passive/Active voice.

Was Daksh writing the homework?

A. Is the homework written by Daksh?

B. Had Daksh written the homework?

C. Was the homework being written by Daksh?

D. Has Daksh written the homework?

Q.17 In the following question, out of the four alternatives, select the word similar in meaning to the given word.

Mighty

A. Gigantic   **B.** Respectable

C. Fearful   **D.** Puny

Q.18 Choose the synonym for the given word:

ELEMENT

A. Prime   **B.** Component

C. Particle   **D.** Persons

Q.19 Select the most appropriate ANTONYM of the given word

IMPRISON

A. Occupy   **B.** Compensate

C. Enslave   **D.** Release

Q.20 In each of the following items, choose the opposite in meaning to the given word.

Enough

A. Less   **B.** Inadequate

C. Scarce   **D.** Deficit

Ques (21-24):Direction: Read the following passage carefully and choose the most appropriate answer to the question out of the four alternatives.

The Mahabodhi Temple is a Buddhist temple in Bodh Gaya, Bihar. Lord Buddha is said to have attained enlightenment at Bodh Gaya. About 200 years after Lord Buddha attained enlightenment, Emperor Ashoka visited Bodh Gaya with the intention of establishing a monastery and shrine. As part of the temple, he built the diamond throne (called the Vajrasana), attempting to mark the exact spot of the Buddha's enlightenment. Ashoka is considered the founder of the Mahabodhi Temple.

Q.21 What material is used in building the Vajrasana?

A. Diamonds   **B.** Bronze

C. Gold   **D.** Silver

Q.22 Where is Mahabodhi temple located?

A. Bodh Gaya   **B.** Jaipur

C. Delhi   **D.** Raipur

Q.23 Who was considered to be the founder of Mahabodhi temple?

A. Ashoka

B. Jhansi Rani

C. King Pratap Varma

D. Sri Krishna Devarayala

Q.24 After how many years of the enlightenment of Lord Buddha did Ashok visit Bodh Gaya?

A. 200 years   **B.** 400 years

C. 500 years   **D.** 300 years

Q.25 Choose the correctly punctuated sentence.

A. Reba; please come here.

B. Reba, please come here.

C. Reba. please come here.

D. Reba! please come here.

// Smart Answer Sheet //

Correct — Percentage of students who answered correctly. **Skipped** — Percentage of students who skipped.

Q.	Ans.	Correct / Skipped	Q.	Ans.	Correct / Skipped	Q.	Ans.	Correct / Skipped	Q.	Ans.	Correct / Skipped	Q.	Ans.	Correct / Skipped	Q.	Ans.	Correct / Skipped
1	A	34.2 % / 9.28 %	6	C	23.03 % / 13.28 %	11	B	13.75 % / 46.53 %	16	C	38.66 % / 19.86 %	21	A	49.0 % / 23.97 %			
2	D	24.44 % / 22.33 %	7	A	24.68 % / 14.22 %	12	C	18.8 % / 47.36 %	17	A	16.1 % / 35.84 %	22	A	45.59 % / 26.21 %			
3	A	10.46 % / 10.22 %	8	C	37.25 % / 15.86 %	13	D	24.32 % / 48.54 %	18	B	20.21 % / 28.32 %	23	A	29.38 % / 34.19 %			
4	B	43.13 % / 15.27 %	9	A	43.36 % / 18.1 %	14	A	19.51 % / 49.7 %	19	D	16.69 % / 45.12 %	24	D	17.39 % / 19.39 %			
5	B	45.83 % / 12.1 %	10	C	15.39 % / 45.48 %	15	D	31.61 % / 18.33 %	20	A	39.72 % / 22.09 %	25	B	24.32 % / 29.38 %			

//संकेत और समाधान//

1. Her picture was seen by all of us.

Option (B) is incorrect. An auxiliary verb should be written before the verb 'seen'. Therefore, 'was' should be written here because the sentence is in the simple past tense.

Option (C) is incorrect. The preposition 'by' should be added before 'all'.

Option (D) is incorrect. The auxiliary verb 'was' should be written before the verb3 (seen).

Hence, the correct option is (A).

2. "Could I have a five kilo pack of rice?" said the customer.

Let's have a look at the given formations of sentences:

- Since the given sentence is in indirect speech, the sentence will commence with inverted commas.
- An inverted form of the verb will now be used as the sentence is an interrogative one.
- Now the rest of the sentence will follow, ending with a question mark.
- As soon as the additional information ends, we need to close it with another set of inverted commas.
- Now the rest of the sentence will follow ending with a full stop.

Hence, the correct option is (D).

3. He **belongs** to a well-to-do family and has an expensive motorbike.

The simple present tense is used when an action is happening right now, or when it happens regularly or unceasingly.

- For example:
  - He plays badminton daily.
- In the given blank part of the sentence, we need a present participle of the given verb as the verb used for showing possession or belongingness, is always used in present participle form.

Hence, the correct option is (A).

4. India won the match **with ease**.

- The phrase 'with ease' refers to something without difficulty or done easily.
- In this case, using with ease refers to India winning the match easily.

Hence, the correct option is (B).

5. I wonder why she ignored me when we met in the hallway. Do you think she **might** have not recognized me?

- Might is a modal verb most commonly used to express possibility.
- Should is used to indicate obligation, duty, or correctness, typically when criticizing someone's actions.

- The phrase 'can have not' is incorrect.
- Will is used to talk about future.

Hence, the correct option is (B).

6. Bring apples for me from the market.

The sentence is in the passive voice. Whenever 'let' is used in the sentence, we can be certain that the active voice must be an imperative sentence.

Now, look closely at the sentence. The sentence does not use 'requested', which means it is not a request but an order. So, the sentence becomes,

Simple present tense verb (imperative) 'bring'+ the object 'apples'+ the phrase 'for me from the market'.

Hence, the correct option is (C).

7. If it **rains**, the dance recital will be cancelled.

The given is a type 1 conditional sentence. Therefore, in the if clause 'simple present tense' must be used.

A conditional sentence expresses an imaginary or hypothetical situation and its consequence. Example: If you give your best you will be successful.

Hence, the correct option is (A).

8. The teacher said to Jamal, "Have you finished writing?"

The given sentence is in Indirect Speech and needs to be converted to Direct Speech.

There are several rules for doing the same:

1. It is important to use the correct tense of the reporting verb (asked).

2. The conjunctions 'that, to, if, whether' must be removed.

3. Quotation marks, question marks, exclamation marks and full stop must be inserted wherever necessary.

4. A comma must be inserted before the statement.

5. The order of words must be carefully looked at.

6. Pay attention to the correct conjugation of the verbs in the given statement.

7. The perspective must be changed from 'he' to 'you'.

Hence, the correct option is (C).

9. The judge ordered them to call the second witness.

Direct speech describes when something is being repeated exactly as it was, usually in between a pair of inverted commas. Indirect speech is a report on what someone else said or wrote without using that person's exact words.

The sentence here is in direct speech, we have to convert it into indirect speech.

Hence, the correct option is (A).

10. The underlined word 'across' which is used to express position or orientation. So, it is a preposition.

Hence, the correct option is (C).

11. The door has been painted.

- The given is a declarative sentence and written in present perfect tense.

The construction of the given sentence:

They	have	painted	the door.
Subject	has/have	verb3	object

- The object of the given sentence becomes the subject(subject1) of the passive voice.

The construction of the sentence in passive voice should be:

The door	has	been	painted.
Subject1	has/have	been	verb3

Hence, the correct option is (B).

12. The butter is kept in the fridge.

When changing from active to passive voice, the object of the active sentence becomes the subject of the passive sentence and the subject of the active sentence becomes the object of the passive sentence (or is dropped).

We follow the order "Subject + helping verb+ past participle+ by+ agent.

Here the verb is 'keep' whose past participle is 'kept'.

Hence, the correct option is (C).

13. The opposite of unfair is just.

- Unfair: Unjust; not based on the principles of equality and justice.
- Just: Based on or behaving according to what is morally right and fair.
- Prejudice: Preconceived opinion that is not based on reason or actual experience.
- Dishonest: Behaving or prone to behave in an untrustworthy, deceitful or insincere way.
- Crooked: Bent or twisted out of shape; dishonest or illegal.

Hence, the correct option is (D).

14. The meaning of creep is tiptoe.

- Creep: Move slowly and carefully in order to avoid being heard or noticed.
- Tiptoe: Walk quietly and carefully with one's heels raised and one's weight on the balls of the feet.
- Public: Of or concerning the people as a whole.
- Frank: Open, honest or direct in speech or writing.
- Open: Allow access, not closed or blocked.

Hence, the correct option is (A).

15. The meaning of convict is culprit.

- Convict: A person found guilty of a criminal offence.

- Culprit: A person who is responsible for a crime or misdeed.
- Casualty: A person killed or injured in a war or an accident.
- Victim: A person harmed, injured or killed as a result of a crime, accident or any other action.
- Innocent: Not guilty of a crime or an offence.

Hence, the correct option is (D).

16. Was the homework being written by Daksh?

The given sentence is in the Active voice, therefore, it has to be changed to the Passive voice, where something was done by the subject, and it was 'passive'.

Example: Was Daksh writing the homework? (Active Voice) (Here 'Daksh' is subject, 'written' is a verb and 'the homework' is an object.)

While changing the sentence into passive, this structure becomes.

Was/were + subject + being + V3 + by + agent ? (Passive Voice).

Hence, the correct option is (C).

17. The meaning of mighty is gigantic.

Mighty means possessing great and impressive power or strength, especially because of size.

- Gigantic means of very great size or extent; huge or enormous.
- Respectable means regarded by society to be good, proper, or correct.
- Fearful means feeling or showing fear or anxiety.
- Puny means small and weak.

Hence, the correct option is (A).

18. The synonym of element is component.

Element means an essential or characteristic part of something abstract.

- Component means a part or element of a larger whole, especially a part of a machine or vehicle.
- Prime means of first importance; main.
- Particle means a minute portion of matter.
- Person means a human being regarded as an individual.

Hence, the correct option is (B).

19. The antonym of imprison is release.

- The word 'Imprison' means to put or keep someone or something in prison or a place like a prison.
- The word 'Release' means to allow or enable someone or something to escape from confinement; set free.

Hence, the correct option is (D).

20. The opposite of enough is less.

- Enough: As much as required.

- Less: A smaller amount; not as much.
- Inadequate: Lacking the quality or the quantity required.
- Scarce: Insufficient for the demand.
- Deficit: The amount by which something, especially a sum of money, is too small.

Hence, the correct option is (A).

21. Diamonds are used in building the Vajrasana.

The following is mentioned in the passage:

"As part of the temple, he built the diamond throne (called the Vajrasana), attempting to mark the exact spot of the Buddha's enlightenment."

Hence, the correct option is (A).

22. The Mahabodhi temple is located in Bodh Gaya.

The following is mentioned in the passage:

"The Mahabodhi Temple is a Buddhist temple in Bodh Gaya, Bihar."

Hence, the correct option is (A).

23. Ashoka was considered to be the founder of Mahabodhi temple.

The following is mentioned in the passage:

"Ashoka is considered the founder of the Mahabodhi Temple."

Hence, the correct option is (A).

24. Ashok visited Bodh Gaya 200 years after the enlightenment of Lord Buddha.

The following is mentioned in the passage:

"About 200 years after Lord Buddha attained enlightenment, Emperor Ashoka visited Bodh Gaya with the intention of establishing a monastery and shrine."

Hence, the correct option is (D).

25. Reba, please come here.

- Option (A) is incorrect. The semicolon is used to join two complete sentences or independent clauses. Example: Your mother looks worried; she has checked your report card.
- Option (C) is incorrect. The full stop is used at the end of a sentence. Example: It is a paper.
- Option (D) is incorrect. The exclamation mark is used to express wonder, surprise or to emphasize. Example: I have found the lost photo album!

Hence, the correct option is (B).

Ques (1-5):Direction: Read the following passage and answer the question that follows.

At this stage of civilization, when many nations are brought in to close and vital contact for good and evil, it is essential, as never before, that their gross ignorance of one another should be diminished, that they should begin to understand a little of one another's historical experience and resulting mentality. It is the fault of the English to expect the people of other countries to react as they do, to political and international situations. Our genuine goodwill and good intentions are often brought to nothing because we expect other people to be like us. This would be corrected if we knew the history, not necessarily in detail but in broad outlines, of the social and political conditions which have given to each nation its present character.

Q.1 According to the author 'Mentality' of a nation is mainly product of its:

A. Present character

B. International position

C. Politics

D. History

Q.2 The character of a nation is the result of its:

A. Gross ignorance

B. Cultural heritage

C. Socio-political conditons

D. Mentality

Q.3 The need for a greater understanding between nations:

A. Is more today than ever before

B. Was always there

C. Is no longer there

D. Will always be there

Q.4 Englishmen like others to react to political situations like:

A. Others   B. Us

C. Themselves   D. Each others

Q.5 According to the author his countrymen should:

A. Read the story of other nations

B. Have a better understanding of other nations

C. Not react to other actions

D. Have vital contact with other nations

Q.6 Direction: Choose the antonym for the given word.

Rapport

A. Unfriendliness   B. Unrapport

C. Disrapport   D. Unbehaviour

Q.7 Direction: Choose the synonym for the given word.

Scorn

A. Disallow   B. Disdain

C. Highlight   D. Willful

Q.8 Choose the correct sentence from the following.

A. There going to help us?

B. The're going to help us.

C. Is they go to help us?

D. Are they going to help us?

Q.9 Direction: Choose the most appropriate preposition to complete the sentence.

The man is an important element ________ the environment.

A. to   B. in   C. over   D. of

Q.10 Choose the correctly punctuated sentence.

A. Sir. I would like you to grant me leave.

B. Sir; I would like you to grant me leave.

C. Sir! I would like you to grant me leave.

D. Sir, I would like you to grant me leave.

Q.11 Direction: Change Active to Passive Voice or vice - versa as the case may be.

The boy expected the ball.

A. The ball is expected by the boy.

B. The ball had been expected by the boy.

C. The ball has been expected by the boy.

D. The ball was expected by the boy.

Q.12 Direction: Change Active to Passive Voice or vice - versa as the case may be.

Peter was opening the window.

A. The window was opened by Peter.

B. The window was being opened by Peter.

C. The window is being opened by Peter.

D. The window has been opened by Peter.

Q.13 Direction: Change Direct to Indirect Speech or vice-versa as the case may be.

The man said, "No, I refuse to confess guilt."

A. The man was stubborn enough to confess guilt.

B. The man refused to confess his guilt.

C. The man emphatically refused to confess guilt.

D. The man told that he confesses guilt.

Q.14 Direction: Change Direct to Indirect Speech or vice - versa as the case may be.

The Prime Minister said that no one would be allowed to disturb the peace.

A. The Prime Minister said, "We will not allow anyone to disturb the peace."

B. The Prime Minister said, "No one can disturb the peace."

C. The Prime Minister said, "We would not allow no one to disturb the peace."

D. The Prime Minister said, "No one will disturb the peace."

Q.15 Direction: Choose the most appropriate preposition to complete the sentence.

Susan watched a movie at the theatre _________ a friend.

A. of   **B.** on   **C.** in   **D.** with

Q.16 Direction: Choose the most appropriate preposition to complete the sentence.

He had been in prison _______ 2 years at the time when he was still interested in cards.

A. at   **B.** in   **C.** since   **D.** for

Q.17 Direction: Choose the most appropriate form of verb/tense to complete the sentence.

After he _________ painting, he had a shower.

A. finished   **B.** had finished

C. has finished   **D.** finish

Q.18 Direction: Choose the most appropriate form of verb/tense to complete the sentence.

Anil was stopped by the police because he ________ fast.

A. was driving   **B.** has drive

C. drive   **D.** has driven

Q.19 Direction: Choose the adjective in the given sentence.

Kolkata is one of the liveliest cities in the world.

A. world   **B.** one   **C.** liveliest   **D.** city

Q.20 Direction: Choose the pronoun in the given sentence.

Pray, do not inconvenience yourself.

A. do   **B.** yourself   **C.** not   **D.** pray

Q.21 Direction: Choose the pronoun in the given sentence.

Only you are allowed to attend the party.

A. Only   **B.** You   **C.** To   **D.** Attend

Q.22 Choose the correctly punctuated sentence.

A.   Apples, Mangoes, and Bananas are my favourites.

B.   Apples, Mangoes and Bananas are my favourites.

C.   Apples, Mangoes, and Bananas, are my favourites.

D.   Apples, Mangoes and Bananas, are my favourites.

Q.23 Choose the correct sentence from the following.

A.   If the world ended tomorrow, I will be very sad.

B.   If the world ended tomorrow, I am very sad.

C.   If the world ended tomorrow, I was very sad.

D.   If the world ended tomorrow, I would be very sad.

Q.24 Direction: Fill in the blank with the correct pronoun.

Ram, ____ is a postman, is my friend.

A. which   **B.** who   **C.** whose   **D.** whom

Q.25 Direction: Select the correct adjective from the given options.

It is important that you select the team in a/an _______ way.

A. convenient   **B.** absolute

C. challenging   **D.** fair

// Smart Answer Sheet //

Correct — Percentage of students who answered correctly. **Skipped** — Percentage of students who skipped.

Q.	Ans.	Correct / Skipped	Q.	Ans.	Correct / Skipped	Q.	Ans.	Correct / Skipped	Q.	Ans.	Correct / Skipped	Q.	Ans.	Correct / Skipped	Q.	Ans.	Correct / Skipped
1	D	22.86 % / 54.28 %	6	A	17.14 % / 62.86 %	11	D	14.29 % / 60.0 %	16	D	5.71 % / 91.43 %	21	B	8.57 % / 91.43 %			
2	C	31.43 % / 54.28 %	7	B	17.14 % / 60.0 %	12	B	17.14 % / 37.15 %	17	B	2.86 % / 91.43 %	22	B	5.71 % / 91.43 %			
3	A	8.57 % / 60.0 %	8	D	20.0 % / 34.29 %	13	B	31.43 % / 51.43 %	18	A	8.57 % / 91.43 %	23	D	8.57 % / 91.43 %			
4	C	11.43 % / 62.86 %	9	D	37.14 % / 31.43 %	14	A	17.14 % / 42.86 %	19	C	8.57 % / 91.43 %	24	B	8.57 % / 91.43 %			
5	B	14.29 % / 65.71 %	10	D	20.0 % / 65.71 %	15	D	17.14 % / 54.29 %	20	B	8.57 % / 91.43 %	25	D	2.86 % / 91.43 %			

//संकेत और समाधान//

1. According to the passage, 'they should begin to understand a little of one another's historical experience and resulting mentality' which means that the **countries should start understanding one another's history** which results in the mentality of a country.

Hence, the correct option is (D).

2. According to the passage, "This would be corrected if we knew the history, not necessarily in detail but in broad outlines, of the social and political conditions which have given to each nation its present character" which clearly indicates that **the character of a nation is the result of its social and political conditions.**

Hence, the correct option is (C).

3. According to the passage, "At this stage of civilization, when many nations are brought in to close and vital contact for good and evil', it is essential, as never before, that their gross ignorance of one another should be diminished, that they should begin to understand a little of one another's historical experience and resulting mentality" which means that **at this stage of civilization, there is a need for a great understanding between the nations and it is more today than ever before.**

Hence, the correct option is (A).

4. According to the passage, 'It is the fault of the English to expect the people of other countries to react as they do, to political and international situations' which indicates that **Englishmen like others to react to political and international situations like themselves.**

Hence, the correct option is (C).

5. According to the passage, at this stage of civilization when nations are getting close, the author wants his countrymen to get a better understanding of other nations. The **ignorance between them should decline and they should gain an understanding of each other's historic experiences.**

Hence, the correct option is (B).

6. Rapport means a close and harmonious relationship in which the people or groups concerned understand each other's feelings or ideas and communicate well.

For example, He had a good rapport with his students.

Unfriendliness means the quality or state of not being friendly.

For example, His unfriendliness with us grew with time.

The words unrapport, disrapport, and unbehaviour are incorrect.

It is clear from the example that unfriendliness is the antonym for rapport.

So, options (B), (C), and (D) are incorrect.

Hence, the correct option is (A).

7. Scorn means a feeling and expression of contempt or disdain for someone or something.

For example, Do not become an object of scorn.

Disdain means the feeling that someone or something is unworthy of one's consideration or respect.

For example, His lips curled in disdain.

Disallow means refuse to declare valid.

Highlight means an outstanding part of an event or period of time.

Willful means intentional; deliberate.

It is clear from the examples that scorn and disdain are similar or synonymous in meaning.

So, options (A), (C), and (D) are incorrect.

Hence, the correct option is (B).

8. The correct sentence is:

Are they going to help us?

There is used to denote a location. It is often used to denote a location in an abstract way too.

For example, Stay there.

Option (A) is incorrect.

The're is an incorrect word. The correct contraction for they are is they're.

Option (B) is incorrect.

Is is used when we talk about a singular thing like he/she/it whereas are is used when we talk about other people or things in plural form like we/they.

For example, He is studying.

Option (C) is incorrect as it uses is. Also, the present continuous form of go i.e going should be used in order to denote the action that is going to place in the near future.

So, options (A), (B) and (C) are incorrect.

Hence, the correct option is (D).

9. The man is an important element of the environment.

Of is used when a thing belongs to, is related, or connected to another.

For example, I always dreamed of getting this role.

In the given sentence, of will be used to indicate the relationship or belonging i.e man belongs to the environment.

To is used for the purpose to mean in order to, for time expressions or for movement.

For example, I spent money to buy a house.

In is used when a thing is enclosed within an area.

For example, The dog was lying in his bed.

Over is used when one thing is touching or covering another.

For example, She put a blanket over her.

So, options (A), (B), and (C) are incorrect.

Hence, the correct option is (D).

10. Sir, I would like you to grant me leave.

A full stop (.) is used to mark the end of a statement and start a new sentence,

For example, I live in India. My house is big.

A semicolon (;) is used when we need to connect independent clauses and to show a close relationship between them.

For example, She was hurt; she knew he had said that to upset him.

An exclamation mark (!) is used to denote a sudden outcry or emphasis.

For example, His behaviour made me furious!

The comma (,) is used to separate ideas or elements. Also, it is used after salutation or ending.

For example, Thanks for your help, Tom.

Clearly, option (D) is correct.

So, options (A), (B) and (C) are incorrect.

Hence, the correct option is (D).

11. The ball was expected by the boy.

When we change the active voice to passive voice, the subject i.e. boy becomes the object and the object i.e. ball becomes the subject.

Option (D) follows all these rules.

So, options (A), (B) and (C) are incorrect.

Hence, the correct option is (D).

12. The window was being opened by Peter.

The sentence in active voice is in past continuous tense so, we use the past tense - was to denote the action being performed in the past and we use being opened to show continuous tense.

Option (A) uses the simple past tense (was opened).

Option (C) uses the present continuous tense (was being opened).

Option (D) uses the present perfect tense (had been opened).

So, options (A), (C) and (D) are incorrect.

Hence, the correct option is (B).

13. The man refused to confess his guilt.

While converting from direct to indirect speech, we narrate the words that were said in the past while changing the form of pronouns and tenses. We do not convey any additional information or feeling.

Options (A) and (C) conveys additional feelings which are not mentioned in the direct speech. So, they are incorrect.

In option (D), the sentence structure is incorrect.

So, options (A), (C) and (D) are incorrect.

Hence, the correct option is (B).

14. The indirect speech of the given sentence is correctly changed to direct speech in option (A).

The Prime Minister said, "We will not allow anyone to disturb the peace."

Option (A) is correct because it correctly changes the tense and the auxiliary verb to present tense from the past tense of the given sentence.

Option (B) is incorrect because if can is used in direct speech, it will be replaced by could in indirect speech. But, could is not present in the question.

Option (C) is incorrect because we would not allow no one is a double negative.

Option (D) is incorrect as it changes the meaning of the given sentence, which says no one would be allowed to disturb, but option (D) does away with the allow or permission part.

So, options (B), (C) and (D) are incorrect.

Hence, the correct option is (A).

15. Susan watched a movie at the theatre with a friend.

With is used to indicate in the company or in the presence of something or in the company of someone, using something or having something.

For example; She lives with her parents.

In the given sentence, Susan was accompanied to the theatre by a friend, so with will be used.

Of is used for belonging, relating, or in reference to something.

For example; This is the picture of my mother.

On is used to denote something above another thing or when something is attached to another thing.

For example; The books are lying on the table.

In is used to denote something within an area.

For example; She lives in India.

So, options (A), (B) and (C) are incorrect.

Hence, the correct option is (D).

16. He had been in prison for 2 years at the time when he was still interested in cards.

For is used to denote a period of time- how long something has happened.

For example; I have known her for 3 years.

In the given sentence, for will be used to denote the time period i.e 2 years during which he was in prison.

At is used to denote a specific time, position, or place when an event has occurred or will occur.

For example; She met him at the restaurant.

In is used to denote something within an area.

For example; The dog is in his bed.

Since is used to denote the beginning of a time period until the present. It is used with the starting point of an event.

For example; She has been missing since June.

Clearly, options (A), (B) and (C) are incorrect.

Hence, the correct option is (D).

17. This sentence is in the past perfect tense where two actions happened one after another.

In such cases, we translate the previous action in the past perfect tense and the later one in the past indefinite tense.

So, we will use past perfect tense i.e. had finished

Hence, the correct option is (B).

18. Anil was stopped by the police because he was driving fast.

In the given sentence, was indicates that the action has been performed in the past. But, we do not know whether the action has been completed or not. The only option which gives a past tense of the verb is an option (A).

was driving denotes the past continuous tense which means that the action was going on at some point in the past i.e Anil was driving fast (past continuous tense).

Has drive is incorrect because with has we use the third form of the verb drive i.e driven. Also, it is the present perfect tense that cannot be used in the given sentence.

Drive is the first form of the verb which is used mostly in the simple present tense.

Has driven is the present perfect tense which can not be used in the sentence.

So, options (B), (C) and (D) are incorrect.

Hence, the correct option is (A).

19. Adjectives are used to describe a noun.

For example; She is smart.

Here, smart is used to describe her.

In the given sentence, liveliest is used to describe the noun Kolkata, so liveliest is an adjective.

World is a noun.

One is used as a pronoun in the given sentence.

City is a noun.

So, options (A), (B) and (D) are incorrect.

Hence, the correct option is (C).

20. Pronouns are used to replace nouns in a sentence.

For example; Tom ran so fast, you'd think his life was on the line.

Here, his is used to replace Tom.

In the given sentence, yourself is a reflexive pronoun or the reflexive form of you that is used when the person being spoken

to is the same as the subject, it is used to emphasize the subject of the sentence.

Do is a verb that denotes an action.

Not is an adverb that is used with an auxiliary verb to form the negative.

Pray is a verb. It is also used like in the above sentence-- as a preface to polite requests or instructions. ex: Pray, continue

So, options (A), (C) and (D) are incorrect.

Hence, the correct option is (B).

21. In the given sentence Only you are allowed to attend the party. 'You' is the pronoun in the sentence.

Hence, the correct option is (B).

22. The correct sentence is- 'Apples, Mangoes and Bananas are my favourites.'

In the given sentence 'apple' 'mangoes' and 'bananas' are the three different fruits and we are writing them in one sentence so need to separate them by the using comma ",".

Hence, the correct option is (B).

23. "If the world ended tomorrow, I would be very sad".

This is the second conditional. It is for a future unreal condition. There is a very low chance the world will end tomorrow. The speaker does not believe that it will happen. Therefore, to show that it's not a real possibility, we use the second conditional. The second conditional is used in two ways, but the grammatical form is the same for both.

Rule: [If + subject + past tense] , (then) [subject + would/could/might + verb].

Hence, the correct option is (D).

24. A subject of a sentence is the person, place, or thing we are talking about. Generally, if we can replace the subject with a subject pronoun (I, you, he, she, it, we, they), the correct choice to refer back to it is by using the relative pronoun who.

Which is used for things without life and for animals.

Whose (the possessive form of who) is used in speaking of persons, animals and also things without life.

An object in a sentence is the person, thing, or place who is on the receiving end of the action. If we can replace the object with an object pronoun (me, you, him, her, it, us, them), the correct choice to refer back to it is by using the relative pronoun whom.

Here, Option (B) is correct. We use 'who' as we are referring to the subject of the sentence.

Hence, the correct option is (B).

25. It is important that you select the team in a fair way.

All the given options are adjectives.

Option (D) - 'Fair' means 'justified or equitable' and this adjective is appropriate for the given sentence because the context is

about the selection of a team that should be just in all means, ie 'fair'.

Option (A) - 'Convenient' means 'suitable'.

Option (B) - 'Absolute' means 'complete or entire'.

Option (C) - 'Challenging' means 'demanding or testing'. None of which suits the given context.

Therefore, the appropriate option to complete the given sentence is Fair.

Hence, the correct option is (D).

Ques (1-5):Directions: Read the following passage and answer the questions given below it in the context of the passage.

Our voyage was very prosperous, but I shall not trouble the reader with a journal of it. The captain called in at one or two ports and sent in his long-boat for provisions and freshwater, but I never went out of the ship still we came into the Downs, which was on the 3rd day of June 1706, about nine months after my escape. I offered to leave my goods in security for payment of my freight, but the captain protested he would not receive one farthing. We took kind leave of each other, and I made him promise that he would come to see me at my house in Redriff. I hired a house and a guide for five shillings which I borrowed from the captain.

Q.1 When the writer uses the word 'prosperous' to describe the voyage, he means that:

A. it made him rich   **B.** it made him healthy

C. it was very pleasant   **D.** it was uneventful

Q.2 On the voyage, the author:

A. left the ship at intervals

B. was not able to leave the ship because it did not stop

C. never left the ship at all

D. never left the ship till they came into the Downs

Q.3 In the context of the passage, the word 'provisions' means:

A. mainly food   **B.** mainly security

C. money   **D.** mainly ammunition

Q.4 For the payment of the author's freight, the captain:

A. kept his goods as security

B. refused to accept any money

C. protested against being paid only a farthing

D. accepted a sum of money

Q.5 From the passage, it is clear that the captain's attitude to the author was:

A. one of hostility

B. one of indifference

C. one of extreme friendliness and kindness

D. one of disgust and irritation

Q.6 Choose the correct meaning of the phrase:

To go overboard:

A. To tell people about someone's secrets

B. To encourage someone in his bad times

C. To do too much of something

D. Once in a life-time

Q.7 Choose the correct meaning of the phrase:

On the rocks:

A. likely to fail

B. To feel very sad

C. To act confident in a difficult situation

D. To commit a fraud

Q.8 Choose the best alternative to correct the sentence:

<u>Being as I am a realist</u>, I could not accept his statement that supernatural beings have caused the disturbance.

A. That I am a realist

B. Being a realist

C. Being that I am a realist

D. Realist that I am

Q.9 Choose the best alternative to correct the sentence:

Although he is <u>able to</u> make political enemies with this decision, the Prime Minister does not mind doing it for the sake of public welfare.

A. liable form

B. of a mind to

C. acknowledging his liability to

D. liable to

Q.10 Choose the most appropriate word from the options given below to complete the following sentence.

She will __________ you a new pair of jeans on your birthday.

A. got   **B.** gotten   **C.** get   **D.** getting

Q.11 Choose the most appropriate word from the options given below to complete the following sentence.

I have been ______ to bake a perfect cake since morning.

A. tries   **B.** try   **C.** trying   **D.** tried

Q.12 Direction: Choose the appropriate noun form of the underlined adjective to fill the blank.

The athlete ran twice a week around the park.

A. rune   **B.** run   **C.** runnance   **D.** runnary

Q.13 Choose the most appropriate alternative to complete the sentence:

Indians love to conform to the traditional values. Their ______ sometimes stops them from evolving further.

A. Conformism   **B.** Conformation

C. Conformability   **D.** Conforming

Q.14 Change direct to indirect speech or vice versa as the case may be:

The teacher said, 'Suresh, you are wasting your time.'

A. The teacher told Suresh that he was wasting his time.

B. The teacher told that he was wasting my time.

C. The teacher told Suresh was wasting his time.

D. The teacher told Suresh that he is wasting his time.

Q.15 Change direct to indirect speech or vice versa as the case may be:

He said to him, 'Do not go there.'

A. He forbade him not to go there.

B. He told him not to go there.
C. He told him to not go there.
D. He told him to go there.

Q.16 Choose the correctly punctuated sentence.
A. Alas! We could not save the dog.
B. Alas? We could not save the dog.
C. Alas. We could not save the dog.
D. Alas, We could not save the dog.

Q.17 Choose the most appropriate alternative to complete the sentence:

Sherry's mother asked _____not to open the door for strangers.
A. Him   **B.** Her
C. Someone   **D.** Anyone

Q.18 Choose the pronoun to fill in the blank:

_____is a demonstrative pronoun?
A. Each other   **B.** Myself
C. It   **D.** This

Q.19 Fill in the blank with the most suitable verb and verb form:

The earth ______ around the sun.
A. Revolve   **B.** Revolves
C. Both A and B **D.** None of these

Q.20 Fill in the blank with the most suitable verb and verb form:

Rajesh _______ his mother tongue very fluently.
A. Speak   **B.** Speaking
C. Speaks   **D.** None of these

Q.21 In which of these cases, the preposition is always placed at the end?
A. Relative pronoun   **B.** Reciprocal pronoun
C. Possessive pronoun **D.** Reflexive pronoun

Q.22 Which of these is not a simple preposition?
A. From   **B.** Through   **C.** Above   **D.** With

Q.23 Which words are sound adjectives?
A. Large, small, gigantic
B. Loud, quiet, soothing
C. Red, green, yellow
D. Rough, smooth, cold

Q.24 Fill in the blanks with the adjective from the following alternatives:

He is _______ than his neighbors.
A. rich   **B.** richer   **C.** richest   **D.** None

Q.25 Find the correctly spelt word.
A. Affedevit   **B.** Afidevit
C. Affidevit   **D.** Affidavit

// Smart Answer Sheet //

| Correct | Percentage of students who answered correctly. | Skipped | Percentage of students who skipped. |

Q.	Ans.	Correct / Skipped	Q.	Ans.	Correct / Skipped	Q.	Ans.	Correct / Skipped	Q.	Ans.	Correct / Skipped	Q.	Ans.	Correct / Skipped	Q.	Ans.	Correct / Skipped
1	C	64.94 % / 33.27 %	6	C	64.38 % / 34.93 %	11	C	43.98 % / 46.72 %	16	A	66.06 % / 30.19 %	21	A	46.4 % / 53.29 %			
2	D	85.76 % / 11.33 %	7	A	50.07 % / 41.21 %	12	B	44.17 % / 30.91 %	17	B	61.96 % / 36.54 %	22	C	29.46 % / 67.92 %			
3	A	47.69 % / 49.56 %	8	B	65.95 % / 33.15 %	13	A	15.3 % / 75.22 %	18	D	23.31 % / 67.9 %	23	A	64.38 % / 33.67 %			
4	B	83.93 % / 14.15 %	9	D	23.89 % / 74.68 %	14	A	50.35 % / 42.02 %	19	B	54.18 % / 42.16 %	24	B	50.96 % / 32.59 %			
5	C	16.48 % / 78.9 %	10	C	87.9 % / 11.94 %	15	B	55.27 % / 35.35 %	20	C	87.98 % / 11.04 %	25	D	69.26 % / 30.16 %			

//संकेत और समाधान//

1. With regard to 'journey' it can be said that pleasant journey is being referred here. How can a journey be healthy for someone ? In passage as well there is no linkage of journey with the health of writer. So, option B can be rejected. Option D is also wrong as passage has no direct or indirect mention of eventless in the journey. Option A is incorrect for the same reason.
Hence, the correct option is (C).

2. Author has mentioned in third line of passage 'I never went out of the ship till we came into the Downs' So, statement of option D is clearly written and hence the obvious choice.
Hence, the correct option is (D).

3. In a long ship journey which continues for months there is a need of fresh water and food. It can be inferred from the passage that Captain sent in his lifeboat for fresh water and foods. For food and related items word 'provisions' is used which means Cookery, the act of supplying or providing food, etc.
Hence, the correct option is (A).

4. 'Farthing' is a unit of money and in the passage captain was not willing to receive any money from the author as a friendly gesture. Farthing means – A coin formerly used in Great Britain worth one-fourth of a penny.
Hence, the correct option is (B).

5. Passage shows relationship of author and captain in a positive light. As captain refused to take 'single penny for the services', 'author's invitation to captain' and 'borrowing of money from captain for home' are some examples that show that captain's attitude for the author was friendly and kind.
Hence, the correct option is (C).

6. To go overboard means to do too much; to be extravagant.

Ex. When it comes to having chicken, I go overboard.

Hence, the correct option is (C).

7. On the rocks means If something, like a relationship, is on the rocks, it is in trouble and may come to an end.

Ex. Their marriage is on the rocks.

Hence, the correct option is (A).

8. The underlined part must be replaced with 'Being a realist' to make it a grammatically correct sentence.
Hence, the correct option is (B).

9. The adjective 'liable' means 'at risk of or subject to experiencing or suffering something unpleasant.' and the word is used with 'to'.

Ex. liable to criminal charges; liable to diabetes.

The underlined part, must be replaced with 'liable to' in place of 'able to', the use of which is quite absurd in the context.
Hence, the correct option is (D).

10. She will **get** you a new pair of jeans on your birthday.
Hence, the correct option is (C).

11. I have been trying to bake a perfect cake since morning.
Hence, the correct option is (C).

12. The noun form of the verb, 'ran' is 'run'.

So, the sentence correct will be: The athlete <u>runs</u> twice a week around the park.

Option A: The word, 'rune' is a noun that refers to the letters of a particular alphabet used in Northern Europe in the past, which were believed to have magical powers. This has no relation to the word - 'run'. Hence, option A is incorrect.

Options C and D and incorrect as there is no word such as 'runnance' or 'runner' in the English language. These words have no meaning.

Hence, the correct option is (B).

13. We are to choose the correct nominalisation of the verb 'conform' from the given options.

Nominalisation refers to the noun form of a verb or an adjective.

Options B, C and D are incorrect because:

Option B: CONFORMATION: means a shape of something. This not comply with context of the sentence.

Option C: CONFIRMABILITY means the quality of confirming. This does not comply with the context of the sentence.

Option D: CONFORMING means to comply with rules. It is in the verb form.

So, these 3 options are incorrect.

Option A: CONFORMISM means the tendency to adopt attitudes. It is in the noun form and also complies with the meaning of the sentence.
Hence, the correct option is (A).

14. The indirect form of the sentence will be:

The teacher told Suresh that he was wasting his time.
Hence, the correct option is (A).

15. The indirect form of the sentence will be:

He told him not to go there.
Hence, the correct option is (B).

16. Option (A): is the correctly punctuated sentence.

Option (B): is incorrect. The question mark is used after asking a question. Example: What is her name?

Option (C): is incorrect. The full stop is used at the end of a sentence. Example: She is my sister.

Option (D): is incorrect. The comma is used when someone is directly addressed/to separate two clauses/to separate ideas, objects, names in a sentence. Example: I will go to Goa, Mumbai and Pune.
Hence, the correct option is (A).

17. Sherry's mother asked her not to open the door for strangers.
Hence, the correct option is (B).

18. "This" is a demonstrative pronoun.

Demonstratives are words, such as this and that, used to indicate which entities are being referred to and to distinguish those entities from others.

Hence, the correct option is (D).

19. A word used to describe an action, state, or occurrence, and forming the main part of the predicate of a sentence is a verb. Verbs with a third-person singular noun or pronoun (he, she, boat, courage) as a subject ever have an "-s" added on the end. Similarly, in this sentence, the earth is a third person. Thus, the answer would be "revolves" and not "revolve".
Hence, the correct option is (B).

20. A word used to describe an action, state, or occurrence, and forming the main part of the predicate of a sentence is a Verb. Verbs with a third-person singular noun or pronoun (he, she, boat, courage) as a subject have an "-s" added on the end. Rajesh (noun) is in third person which means we need to use an "s" at the end of the verb. "Speaking" is a verb that is used in present continuous tense which is not the case here. The answer here is "speaks".
Hence, the correct option is (C).

21. The preposition is always placed at the end when the object is an interrogative or a relative pronoun. For example: Here is the money that you asked for. What are you thinking of?
Hence, the correct option is (A).

22. At, by, for, from, in, of, off, as, out, through, till, to, up, with are simple prepositions. Compound prepositions are generally formed by prefixing a preposition to a noun, adjective or an adverb.

Example, above.
Hence, the correct option is (C).

23. Large, small, gigantic are sound adjectives.

The sound adjective refers to an adjective that you can rely on and that will probably give good results
Hence, the correct option is (A).

24. He is richer than his neighbors.
Hence, the correct option is (B).

25. "Affidavit" is the correctly spelt word.
Hence, the correct option is (D).

Q.1 विवर्तन का कारण क्या है?

A. प्राथमिक तरंगों का हस्तक्षेप

B. माध्यमिक तरंगों का हस्तक्षेप

C. प्राथमिक तरंगों का परावर्तन

D. द्वितीयक तरंगों का परावर्तन

Q.2 निम्न में से कौन SN2 न्यूक्लियोफिलिक प्रतिस्थापन प्रतिक्रिया में तेजी से प्रतिक्रिया करेगा?

A. $CH_2 – CH = CH_2 = Br$

B. $CH_2 = CH – CH_2 – Br$

C. $CH_2 = CH – CH_2 = Br$

D. $CH = CH_2 – CH_2 – Br$

Q.3 आंतरिक प्रतिरोध 0.2 ohm का emf $5V$ और सेल C का उपयोग कर एक विभवमापी नीचे के आंकड़े में एक तार AB से जुड़ा है। $55\ cm$ तार के संतुलन बिंदु पर $1.10V$ के एक स्थिर emf का एक मानक सेल C_0 है। जब C_0 को emf E के सेल द्वारा प्रतिस्थापित किया जाता है, तो संतुलन बिंदु $85\ cm$ पर प्राप्त किया जाता है। तो E का मान क्या है?

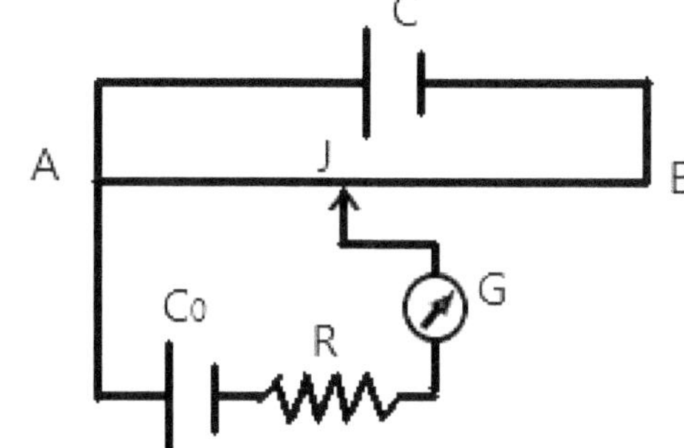

A. $1.4V$ B. $1.5V$ C. $1.7V$ D. $1.9V$

Q.4 निम्नलिखित में से कौन से संचालक हैं?

A. मिट्टी के पात्र   B. प्लास्टिक

C. पारा   D. रबर

Q.5 एक रॉकेट पृथ्वी से उड़ान भरता है और एक गोलाकार कक्ष में घूमता रहता है। रॉकेट के कोणीय वेग के बारे में क्या कहा जा सकता है?

A. यह बढ़ जाता है

B. यह घट जाता है

C. यह स्थिर रहता है

D. यह अचानक बदल जाता है

Q.6 सार्वभौमिक गुरुत्वाकर्षण निरंतर परिवर्तनों का मान निम्न में से कौन से माध्यम में बदलता है?

A. वायु

B. पानी

C. प्लाज्मा

D. गुरुत्वाकर्षण स्थिरांक माध्यम से स्वतंत्र है

Q.7 एक दीवार पर फेंका गया कीचड़ और उससे चिपकना _________ के लिए एक उदाहरण है।

A. अप्रत्यास्थ संघट्ट   B. प्रत्यास्थ संघट्ट

C. महा - प्रत्यास्थ संघट्ट   D. पूर्णतः अप्रत्यास्थ संघट्ट

Q.8 एक सुचालक में बल आवेशों के बीच की दूरी के वर्ग के लिए _________ है।

A. समानुपाती

B. व्युक्रमानुपाती

C. असंगत

D. निर्धारित नहीं किया जा सकता

Q.9 जब भोजन सीधे पेट या आंतों में आता है तो यह ______ पोषण होता है।

A. शिराभ्यंतर   B. खारा   C. आंत्र   D. आंत्रेतर

Q.10 विभिन्न भौतिक राशियों के शुद्ध और सटीक मापन के विज्ञान को _________ कहा जाता है।

A. मापिकी   B. मौसम विज्ञान

C. भूमि विज्ञान   D. खनिज विज्ञान

Q.11 एक पिंड के पास मौजूद ऊर्जा, अपनी स्थिति के आधार पर काम करने के लिए क्या कहलाती है:

A. स्थितिज उर्जा   B. गतिज उर्जा

C. विद्युतीय उर्जा   D. रसायन उर्जा

Q.12 किस प्रकार के पदार्थ में, किसी को एक मुक्त सतह नहीं मिलती है?

A. ठोस   B. तरल   C. गैस   D. द्रव

Q.13 किसी निकाय की आंतरिक ऊर्जा को किस रूप में परिभाषित किया जाता है?

A. निकाय के सभी अणुओं की गतिज ऊर्जा का योग

B. निकाय के सभी अणुओं के गतिज और स्थितिज उर्जाका योग

C. निकाय की स्थितिज ऊर्जाओं का योग

D. सभी अणुओं की औसत गतिज ऊर्जा

Q.14 यदि एक फोटो-सेल में घटना विकिरण की तीव्रता बढ़ जाती है, तो रोक क्षमता कैसे बदलती है?

A. बढ़ती है   B. अपरिवर्तित रहती है

C. कम हो जाती है   D. अनंत

Q.15 जब एक रेडियोधर्मी पदार्थ एक α-कण का उत्सर्जन करता है, तो आवर्त सारणी में इसकी स्थिति निम्न में से कितने स्थान से कम हो जाती है?

A. एक स्थान   B. दो स्थान   C. तीन स्थान   D. चार स्थान

Q.16 निम्नलिखित में से कौन सा लेड का मिश्र धातु है?

A. विटालियम   B. पीतल   C. इन्वार   D. सॉडर

Q.17 खाद्य प्रसंस्करण के संबंध में निम्नलिखित में से कौन सा कथन सही है?

A. खाना पकाने के दौरान सोडियम खो जाता है और सेलेनियम अस्थिर होता है और खाना पकाने या प्रसंस्करण से खो जाता है।

B. विटामिन को भोजन से लीचिंग के माध्यम से हटाया जा सकता है।

C. खाद्य प्रसंस्करण में खनिज नुकसान विटामिन की तुलना में अधिक हैं।

D. वाष्प की तुलना में उबालने से खनिज नुकसान कम होते हैं।

Q.18 मोनोक्लोनल रोग-प्रतिकारक_________ प्रकार की कोशिकाओं द्वारा निर्मित होते हैं।

A. एकल नाभिकीय   B. बहु नाभिकीय

C. हाइब्रिडोमा **D.** प्राक्केंद्रक

Q.19 आवृत्ति की गणना करें यदि परिक्रमा की संख्या 300 है और युग्मित ध्रुव 50 हैं।

A. $15 kHz$ **B.** $150 kHz$

C. $1500 kHz$ **D.** $150 Hz$

Q.20 सरल हार्मोनिक गति को निष्पादित करने वाले एक साधारण पेंडुलम की लंबाई 21% से बढ़ जाती है। लंबाई बढ़ने की पेंडुलम की समय अवधि में प्रतिशत वृद्धि है?

A. 50% **B.** 21% **C.** 30% **D.** 10.5%

Q.21 झूले पर झूलता एक बच्चा खड़ा हो जाता है। फिर झूले की समयावधि __________ ।

A. बढ़ जाएगी

B. घट जाएगी

C. कोई बदलाव नहीं होगा

D. बढ़ जाएगी, अगर बच्चा लम्बा है और कम हो जाएगी अगर बच्चा छोटा है

Q.22 यदि पृथ्वी घूमना बंद कर देती है, तो भूमध्य रेखा पर g का मान __________ ।

A. बढ़ जाएगा

B. घट जाएगा

C. कोई प्रभाव नहीं होगा

D. पहले बढ़ता है और फिर घटता है

Q.23 समावयवता जो दोहरे बंध कार्बन परमाणुओं के बारे में परमाणुओं या समूहों की स्थानिक व्यवस्था में अंतर से उत्पन्न होता है? (विशिष्ट में)

A. संरचनात्मक समावयवता

B. स्टीरियो समावयवता

C. ज्यामितीय समावयवता

D. प्रकाशिक समावयवता

Q.24 स्टर्लिंग सिल्वर किसके लिए उपयोग किया जाता है?

A. आग्नेयास्त्रों की ढलाई के लिए उपयोग किया जाता है

B. संगीत वाद्ययंत्र बनाने के लिए उपयोग किया जाता है

C. स्प्रिंग्स बनाने के लिए उपयोग किया जाता है

D. दो धातुओं को जोड़ने के लिए उपयोग किया जाता है

Q.25 निम्नलिखित में से कौन सा एक कारक है जो भोजन की भंडारण स्थिरता को प्रभावित करता है?

A. उपयोग किए जाने वाले कच्चे माल का प्रकार

B. उपयोग किए जाने वाले कच्चे माल की गुणवत्ता

C. पैकेजिंग की विधि / प्रभावशीलता

D. उपर्युक्त सभी

// स्मार्ट उत्तर पुस्तिका //

सही उत्तर — उन छात्रों का प्रतिशत जिन्होंने प्रश्नों का सही उत्तर दिया था। **छोड़ दिया** — उन छात्रों का प्रतिशत जिन्होंने प्रश्नों को छोड़ दिया था।

प्रश्न संख्या	उत्तर	सही उत्तर / छोड़ दिया	प्रश्न संख्या	उत्तर	सही उत्तर / छोड़ दिया	प्रश्न संख्या	उत्तर	सही उत्तर / छोड़ दिया	प्रश्न संख्या	उत्तर	सही उत्तर / छोड़ दिया	प्रश्न संख्या	उत्तर	सही उत्तर / छोड़ दिया	प्रश्न संख्या	उत्तर	सही उत्तर / छोड़ दिया	प्रश्न संख्या	उत्तर	सही उत्तर / छोड़ दिया
1	B	0 % / 100 %	6	D	1.23 % / 96.3 %	11	A	2.47 % / 96.3 %	16	D	0 % / 100 %	21	B	1.23 % / 96.3 %			
2	B	1.23 % / 96.3 %	7	D	0 % / 100 %	12	C	0 % / 100 %	17	A	0 % / 100 %	22	A	0 % / 100 %			
3	C	0 % / 100 %	8	B	2.47 % / 96.3 %	13	B	0 % / 100 %	18	C	0 % / 100 %	23	C	0 % / 100 %			
4	C	2.47 % / 96.3 %	9	C	0 % / 100 %	14	B	2.47 % / 96.3 %	19	A	0 % / 100 %	24	B	1.23 % / 96.3 %			
5	A	1.23 % / 96.3 %	10	A	0 % / 100 %	15	B	2.47 % / 96.3 %	20	D	1.23 % / 96.3 %	25	D	1.23 % / 96.3 %			

//संकेत और समाधान//

1. एक छोटे एपर्चर या बाधा को पार करने की अनुमति दी गई तरंग के विभिन्न भागों के बीच माध्यमिक तरंगों के व्यवधान के कारण विवर्तन होती है।

व्यवधान, रचनात्मक या विनाशकारी हो सकता है। जब व्यवधान रचनात्मक होता है, तो तरंगों की तीव्रता बढ़ जाती है।

अत: विकल्प (B) सही है।

2. संक्रमण की स्थिति में कार्बोकेशन चरित्र प्रतिध्वनि के स्थिरीकरण का कारण बनता है और इसलिए $CH_2 = CH - CH_2 - Br$ (2- ब्रोमोब्यूटेन) वह है जो दूसरों की तुलना में तेजी से प्रतिक्रिया करेगा।

अत: विकल्प (B) सही है।

3. दिया गया ,

$$l_1 = 55cm$$

$$l_2 = 85cm$$

$$\frac{E}{C_0} = \frac{l_1}{l_2} \rightarrow E = C_0 \times \frac{l_2}{l_1}$$

$$E = 1.10 \times \frac{85}{55} = 1.7V$$

अत: विकल्प (C) सही है।

4. आमतौर पर, धातुओं को अच्छा संचालक कहा जाता है। यहाँ पारा एकमात्र धातु है (जो तरल रूप में है)। अन्य विकल्प विसंवाहक हैं।

अत: विकल्प (C) सही है।

5. जब रॉकेट थ्रस्टर्स के साथ कक्ष में होता है, तो एक स्पशरिखा बल होता है जो रॉकेट अनुभव करता है। इस बल के परिणामस्वरूप स्पशरिखा वेग में वृद्धि होगी। चूंकि कोणीय वेग सीधे स्पशरिखा के वेग के समानुपाती होता है, इसलिए कोणीय वेग में भी वृद्धि होगी।

अत: विकल्प (A) सही है।

6. चूंकि गुरुत्वाकर्षण स्थिरांक एक आनुभविक स्थिरांक है, यह माध्यम के साथ भिन्न नहीं होता है। इसलिए, ज्ञात ब्रह्मांड के किसी भी हिस्से में गुरुत्वाकर्षण स्थिरांक का मान समान है।

अत: विकल्प (D) सही है।

7. यदि टकराव के बाद दो पिंड आपस में चिपक जाते हैं और एक एकल पिंड के रूप में एक समान वेग से चलते हैं, तो टकराव को पूर्णतः अप्रत्यास्थ संघट्ट कहा जाता है। दीवार पर फेंका गया एक कीचड़ दीवार से चिपक जाता है, इसलिए यह पूर्णतः अप्रत्यास्थ संघट्ट के लिए एक उदाहरण है।

अत: विकल्प (D) सही है।

8. एक धारा ले जाने वाले सुचालक में बल सीधे दो आवेशों के उत्पाद के समानुपाती होता है और उनके विपरीत दूरी के वर्ग के व्युत्क्रमानुपाती होता है।

अत: विकल्प (B) सही है।

9. आंत्र पोषण उन लोगों को दिया जाता है जो लंबे समय तक बेहोश रहे या सम्मूर्छित हुए हैं। भोजन का एक पेस्ट बनाया जाता है जो पर्याप्त रूप से पतला होता है। यह भोजन पेट में सीधे नलियों की मदद से दिया जाता है।

अत: विकल्प (C) सही है।

10. मापिकी मापन का विज्ञान है। माप विज्ञान में माप के सभी सैद्धांतिक पहलू शामिल हैं। मौसम विज्ञान वातावरण के बारे में अध्ययन की शाखा है। भूमि विज्ञान मिट्टी के बारे में अध्ययन की शाखा है और खनिज विज्ञान भूविज्ञान की एक शाखा है जो रसायन विज्ञान, रासायनिक संरचना और खनिजों के भौतिक गुणों में विशेषज्ञता है।

अत: विकल्प (A) सही है।

11.

- स्थितिज उर्जा एक पिंड के पास काम करने के लिए, अपनी स्थिति के आधार पर होती है।
- गतिज ऊर्जा एक पिंड के पास काम करने के लिए, इसके द्रव्यमान और गति के वेग के आधार पर होती है।
- रासायनिक ऊर्जा एक परिसर में परमाणु की आंतरिक व्यवस्था के कारण होने वाली ऊर्जा है।
- विद्युत ऊर्जा आवेश के प्रवाह के कारण होती है।

अत: विकल्प (A) सही है।

12. बड़े अंतर-आणविक बलों के कारण ठोस अणुओं का एक निश्चित आकार होता है। तरल पदार्थों में, अणु पूरे द्रव्यमान के अंदर जाने के लिए स्वतंत्र होते हैं लेकिन शायद ही कभी खुद से बाहर निकल पाते हैं। इस प्रकार, तरल पदार्थ गुरुत्वाकर्षण के प्रभाव में मुक्त सतह बना सकते हैं। लेकिन, गैसों के मामले में, अणु आकर्षण के कम बलों के कारण बच जाते हैं। इस प्रकार, गैसों में किसी भी स्वतंत्र सतह को नहीं बनाया जा सकता है।

अत: विकल्प (C) सही है।

13. एक निकाय की आंतरिक ऊर्जा सभी अणुओं द्वारा होने वाली ऊर्जा से मेल खाती है। इस प्रकार यह माना की निकाय में सभी अणुओं की गतिज और स्थितिज ऊर्जा का योग है। यह भी ध्यान दें कि स्थितिज ऊर्जा फ्रेम पर निर्भर है, इसलिए हम एक फ्रेम चुनते हैं जिसमें द्रव्यमान का केंद्र स्थिर है।

अत: विकल्प (B) सही है।

14. क्षमता रोकने का कोई असर नहीं है। घटना विकिरण की तीव्रता क्षमता को रोकने से स्वतंत्र है। इसलिए, भले ही एक फोटो-सेल में घटना विकिरण बढ़ जाती है, रोक क्षमता अपरिवर्तित रहती है।

अत: विकल्प (B) सही है।

15. जब एक रेडियोधर्मी पदार्थ एक α-कण का उत्सर्जन करता है, तो इसका परमाणु संख्या 2 के कारक से घट जाती है। इसलिए, आवर्त सारणी में इसकी स्थिति भी दो स्थानों से कम हो जाती है।

अत: विकल्प (B) सही है।

16. सॉडर लेड की एक मिश्र धातु है। मिश्र धातु तत्व मुख्य रूप से टिन है, इसका उपयोग दो धातु के टुकड़ों के बीच एक स्थायी बंधन बनाने के लिए पिघलाने और फ्यूज़िंग द्वारा विद्युत कनेक्शन के लिए किया जाता है।

अत: विकल्प (D) सही है।

17. खाना पकाने के दौरान सोडियम खो जाता है और सेलेनियम अस्थिर होता है और खाना पकाने या प्रसंस्करण से खो जाता है। लीचिंग के माध्यम से खनिजों को भोजन से हटाया जा सकता है। खाद्य प्रसंस्करण में विटामिन की हानि खनिजों की तुलना में अधिक है। स्टीमिंग की तुलना में उबालने में अधिक खनिज हानि होती है।

अत: विकल्प (A) सही है।

18. मोनोक्लोनल रोग-प्रतिकारक, एंटीबॉडी हैं जो समान प्रतिरक्षा कोशिकाओं द्वारा बनाए जाते हैं जो एक अद्वितीय मूल कोशिका के सभी क्लोन होते हैं। वे एक ही एपिटोप से बंधते हैं। मोनोक्लोनल एंटीबॉडी हाइब्रिडोमा प्रकार की कोशिकाओं द्वारा निर्मित होते हैं।

अत: विकल्प (C) सही है।

19. हम जानते हैं, $f = p \times n$

$$f = 50 \times 300$$

$$= 15000 Hz$$

$$= 15 kHz$$

अत: विकल्प (A) सही है।

20. समय अवधि, $T = 2\pi \sqrt{\left(\frac{l}{g}\right)}$

समय अवधि में प्रतिशत वृद्धि दी गई है,

$$\frac{\Delta T}{T} \times 100$$

$$\Rightarrow \frac{1}{2} \times \frac{\Delta l}{l} \times 100$$

$$\Rightarrow \frac{\Delta T}{T} \times 100$$

$$\Rightarrow \frac{1}{2} \times 21\% = 10.5\%$$

अत: विकल्प (D) सही है।

21. बच्चा और झूला साथ मिलकर एक समय अवधि के एक पेंडुलम का गठन करते हैं,

$$T \propto 2\pi \sqrt{\left(\frac{l}{g}\right)}$$

जैसे ही बच्चा खड़ा होता है, उसका गुरुत्वाकर्षण केंद्र बढ़ जाता है। निलंबन के बिंदु और गुरुत्वाकर्षण के केंद्र के बीच की दूरी कम हो जाती है, इसलिए समय अवधि घट जाती है।

अत: विकल्प (B) सही है।

22. भूमध्य रेखा पर, $g_e = g - R\omega^2$

जब $\omega = 0, g_e = g$

यदि पृथ्वी घूमना बंद कर दे तो g का मान बढ़ जाएगा।

अत: विकल्प (A) सही है।

23. समावयवता जो परमाणुओं या समूहों के द्वैत बंधित कार्बन परमाणुओं के स्थानिक व्यवस्था में अंतर से उत्पन्न होता है, ज्यामितीय समावयवता कहलाता है। ये ज्यामितीय समावयवता एक दूसरे की दर्पण छवियां नहीं हैं और वे एक दूसरे से स्थानिक व्यवस्था में भिन्न हैं।

अत: विकल्प (C) सही है

24. स्टर्लिंग सिल्वर एक मिश्र धातु है जिसका उपयोग बांसुरी और सैक्सोफोन जैसे संगीत वाद्ययंत्र बनाने के लिए किया जाता है। इसका उपयोग कटलरी बनाने के लिए भी किया जाता है।

अत: विकल्प (B) सही है।

25. उपर्युक्त सभी कारक सत्य हैं। वे सभी भोजन की भंडारण स्थिरता को प्रभावित करते हैं।

अत: विकल्प (D) सही है।

Q.1 विवर्तन प्रकाश के लिए एक बाधा या छिद्र के आकार का क्रम क्या होना चाहिए?

A. प्रकाश की तरंग दैर्ध्य का क्रम

B. बाधा के तरंग दैर्ध्य का क्रम

C. माइक्रोमीटर की श्रेणियों का क्रम

D. नैनोमीटर की श्रेणियों का क्रम

Q.2 बेंजीन के साथ एक इलेक्ट्रोफिलिक प्रतिस्थापन प्रतिक्रिया में क्लोरोबेंजीन की प्रतिक्रिया क्या होगी?

A. बेंजीन की तुलना में बहुत धीरे-धीरे प्रतिक्रिया करता है

B. बेंजीन के समान प्रतिक्रिया करता है

C. बेंजीन की तुलना में तेजी से प्रतिक्रिया करता है

D. बेंजीन के साथ प्रतिक्रिया नहीं करता है

Q.3 20 मीटर लंबाई के एक पोटेंशियोमीटर तार में 50 ओम का प्रतिरोध होता है। यह एक प्रतिरोध बॉक्स और 5 वी स्टोरेज सेल के साथ श्रृंखला में जुड़ा हुआ है। यदि तार के साथ संभावित ढाल 0.5 mV / सेमी है, तो बॉक्स में अनप्लग किया गया प्रतिरोध क्या है?

A. 450 ओम   B. 400 ओम   C. 405 ओम   D. 500 ओम

Q.4 ट्रांसमिशन लाइन में मापी जाने वाली प्रत्यावर्ती धारा होगी:

A. अधिकतम मान   B. औसत मान

C. RMS मान   D. शून्य

Q.5 निम्नलिखित में से कौन सा गति के तीसरे नियम का उदाहरण नहीं है?

A. घूमना   B. स्कीइंग

C. नाव पर चलना   D. साइकिल चलाना

Q.6 गुरुत्वाकर्षण स्थिरांक का मान पहले _____ द्वारा निर्धारित किया गया था।

A. अल्बर्ट आइंस्टीन   B. आइजैक न्यूटन

C. हेनरी कैवेंडिश   D. स्टीफन हॉकिंग

Q.7 दो कैरम सिक्कों के बीच टकराव _________ के लिए एक उदाहरण है।

A. अप्रत्यक्ष संघट्ट   B. पूर्ण अप्रत्यास्थ संघट्ट

C. अप्रत्यास्थ संघट्ट   D. प्रत्यास्थ संघट्ट

Q.8 बल की दिशा और चुंबकीय क्षेत्र की दिशा के बीच संबंध _________ है।

A. समान दिशा   B. उल्टी दिशा

C. लंबवत   D. असंबंधित

Q.9 गुर्दे की कमी के मामलों में, प्रोटीन के स्थान पर क्या लेना चाहिए?

A. ट्राइग्लिसराइड्स   B. तात्विक ऐमिनो अम्ल

C. ग्लूकोज़   D. विटामिन K

Q.10 एक माप में, दो या अधिक मापों की निकटता को निर्दिष्ट करने के लिए किस शब्द का उपयोग किया जाता है?

A. सूक्ष्मता   B. यथार्थता   C. विश्वस्तता   D. द्वार

Q.11 चलती कार के पहिए में कौन सी ऊर्जा होती है?

A. केवल संभावित ऊर्जा

B. केवल अनुवाद की गतिज ऊर्जा

C. केवल घूमने की गतिज ऊर्जा

D. अनुवाद और रोटेशन दोनों की गतिज ऊर्जा।

Q.12 यदि कोई व्यक्ति किसी तरल पदार्थ के बारे में अध्ययन करता है जो स्थिर है, तो आप उसके अध्ययन के क्षेत्र को क्या कहेंगे?

A. द्रव यांत्रिकी   B. द्रव स्थैतिकी

C. द्रवित कीनेमेटीक्स   D. द्रव गतिविज्ञान

Q.13 सही कथन का चयन करें।

A. आंतरिक ऊर्जा एक पथ चर है

B. ऊष्मा एक पथ चर है

C. किया गया कार्य एक स्थिति चर है

D. आंतरिक ऊर्जा एक सूक्ष्म परिवर्तनशील चर है

Q.14 प्रकाश संवेदी प्रभाव के कारण प्रकाश की आवृत्ति के साथ रिटायरिंग क्षमता कैसे बदलती है?

A. अनंत   B. शून्य

C. घट जाती है   D. बढ़ जाती है

Q.15 यदि अल्फा, बीटा और गामा किरणें एक ही गति लेती हैं, जिसमें सबसे लंबी तरंग दैर्ध्य है:

A. अल्फा किरणें

B. बीटा किरणें

C. गामा किरणें

D. सभी में समान तरंगदैर्ध्य है

Q.16 दो घटक वाले मिश्र धातु को क्या कहा जाता है?

A. बाइनरी मिश्र धातु   B. त्रिगुट मिश्र धातु

C. चतुष्कोणीय मिश्र धातु   D. उपरोक्त में से कोई नहीं

Q.17 निम्नलिखित में से आपको क्या लगता है कि संयुक्त राज्य अमेरिका में समुद्री उत्पादों के निर्यात में गिरावट का एक वैध कारण है?

A. संयुक्त राज्य अमेरिका में उभरते बाजार

B. कई समुद्री उत्पादों पर अमेरिकी सरकार द्वारा एंटी-डंपिंग प्रक्रिया

C. (A) और (B) दोनों

D. इनमें से कोई नहीं

Q.18 ल्यूकोसाइट्स के संबंध में निम्नलिखित में से कौन सा सही है?

A. वे बिना केन्द्रक होते हैं

B. थाइमस में उत्पादित

C. अचानक संख्या में गिरावट कैंसर का संकेत देती है

D. वे कोशिका दीवारों के माध्यम से उद्धरण कर सकते हैं

Q.19 जब एक विद्युत धारा पृष्ठ में प्रवाहित होती है, तो चुंबकीय क्षेत्र की दिशा क्या होती है?

A. दक्षिणावर्त

B. वामावर्त

C. करंट के समानांतर

D. निर्धारित नहीं किया जा सकता है

Q.20 सरल हार्मोनिक गति को निष्पादित करने वाले एक कण के लिए, निम्नलिखित में से कौन सा कथन सही नहीं है?

A. कुल ऊर्जा हमेशा एक निश्चित बिंदु की ओर निर्देशित होती है

B. पुनर्स्थापित बल हमेशा एक निश्चित बिंदु की ओर निर्देशित होता है

C. पुनर्स्थापित बल चरम पदों पर अधिकतम है

D. कण का त्वरण संतुलन की स्थिति में अधिकतम है

Q.21 जब एक स्प्रिंग से 2 किलो का पिंड निलंबित हो जाता है, तो स्प्रिंग खिंच जाता है। यदि पिंड को थोड़ा नीचे खींचकर छोड़ दिया जाता है, तो यह ऊपर और नीचे दोलन करता है। माध्य स्थिति से गुजरने पर स्प्रिंग द्वारा शरीर पर कौन सा बल लगाया जाता है?

A. गुरुत्वाकर्षण के बराबर बल

B. कर्षण के बराबर बल

C. अपरिवर्तनवादी बल

D. पिंड के भार के बराबर बल

Q.22 किसी विशेष एल्काइल समूह के लिए सबसे अधिक अभिक्रिया किस एल्काइल हैलाइड की है?

A. R-F **B.** R-Cl **C.** R-I **D.** R-Br

Q.23 निम्नलिखित में से कौन सा मिश्र धातु तत्व स्टील्स को डीऑक्सीडाइज़ करने के लिए इस्तेमाल किया जा सकता है?

A. फ़ॉस्फ़ोरस **B.** कार्बन **C.** सैरियम **D.** सेलेनियम

Q.24 निम्नलिखित में से कौन सा शब्द भोजन स्रोत से शरीर द्वारा अवशोषित प्रोटीन की मात्रा को संदर्भित करता है?

A. जैविक मूल्य **B.** सीमित मूल्य

C. संदर्भ पैटर्न **D.** इनमें कोई नहीं

Q.25 एंटामोइबा हिस्टोलिटिका का प्रयोगशाला निदान _________ में पहचान पर निर्भर करता है

A. रक्त **B.** मूत्र **C.** लार **D.** मल

// स्मार्ट उत्तर पुस्तिका //

सही उत्तर	उन छात्रों का प्रतिशत जिन्होंने प्रश्नों का सही उत्तर दिया था।	छोड़ दिया	उन छात्रों का प्रतिशत जिन्होंने प्रश्नों को छोड़ दिया था।

प्रश्न संख्या	उत्तर	सही उत्तर / छोड़ दिया	प्रश्न संख्या	उत्तर	सही उत्तर / छोड़ दिया	प्रश्न संख्या	उत्तर	सही उत्तर / छोड़ दिया	प्रश्न संख्या	उत्तर	सही उत्तर / छोड़ दिया	प्रश्न संख्या	उत्तर	सही उत्तर / छोड़ दिया
1	A	66.47 % / 32.05 %	6	C	50.88 % / 35.48 %	11	D	82.32 % / 12.32 %	16	A	83.61 % / 13.65 %	21	D	19.89 % / 67.29 %
2	A	56.33 % / 43.19 %	7	A	62.27 % / 34.6 %	12	B	44.52 % / 34.33 %	17	C	65.6 % / 31.08 %	22	C	51.5 % / 43.3 %
3	A	24.82 % / 75.0 %	8	C	69.49 % / 30.07 %	13	B	81.19 % / 15.15 %	18	D	89.82 % / 10.0 %	23	C	42.74 % / 38.3 %
4	C	88.29 % / 10.53 %	9	B	77.81 % / 13.24 %	14	D	51.24 % / 31.79 %	19	A	44.07 % / 55.63 %	24	A	86.36 % / 12.73 %
5	B	41.73 % / 44.84 %	10	A	62.74 % / 35.85 %	15	D	46.04 % / 43.2 %	20	D	81.22 % / 10.75 %	25	D	53.29 % / 43.42 %

//संकेत और समाधान//

1. अवरोध या विवर के आकार की उपयोग की जाने वाली प्रकाश की तरंग दैर्ध्य के क्रम की होनी चाहिए। इसलिए, एक बाधा का आकार बाधा, या माइक्रोमीटर या नैनोमीटर के क्रम का नहीं होता है।
अतः विकल्प (A) सही है।

2. प्रतिक्रिया की दर रिंग में इलेक्ट्रॉन घनत्व पर निर्भर करता है और यहां इस मामले में प्रतिध्वनि अनुकूल नहीं है और इलेक्ट्रोनगेटिविटी द्विध्रुवता हावी है। यह क्लोरोबेंजीन की प्रतिक्रियाशीलता को धीमा कर देता है।
अतः विकल्प (A) सही है।

3. पोटेंशियोमीटर तार के साथ संभावित ढाल,

तार के साथ संभावित अंतर/तार की लंबाई

$$0.5 \times 10^{-3} = 1 \times \frac{50}{1000}$$
$$1 = 0.5 \times 10^{-3} \times \frac{1000}{50}$$
$$1 = \frac{1}{100}$$

इसलिए, $\frac{5}{(50+R)} = \frac{1}{100}$

$$R + 50 = 500$$
$$R = 450 \text{ ओम}$$

इसलिए, बॉक्स में अनप्लग किया गया प्रतिरोध 450 ओम है।
अतः विकल्प (A) सही है।

4. ट्रांसमिशन लाइन में बहने वाली तात्कालिक धारा, जब एक एमीटर का उपयोग करके मापा जाता है, तो RMS को वर्तमान मूल्य देगा। यह मान पीक मान का 70.7% है। ऐसा इसलिए है, क्योंकि AC में दोलनों के कारण, पीक मान को मापना संभव नहीं है। इसलिए सामान्य करने के लिए, हम किसी भी समय वर्तमान को एक पंक्ति में RMS करंट मानेंगे।
अतः विकल्प (C) सही है।

5. गति का तीसरा नियम स्कीइंग पर लागू नहीं होता है क्योंकि स्कीइंग में हम जमीन पर कोई बल लागू नहीं करते हैं। गति गुरुत्वाकर्षण और बहुत कम घर्षण के कारण होती है। अन्य सभी मामलों में, जमीन या अन्य शरीर पर एक बल लगाया जाता है, जिसकी प्रतिक्रिया गति का कारण बनती है।
अतः विकल्प (B) सही है।

6. गुरुत्वाकर्षण स्थिरांक का मान पहली बार हेनरी कैवेंडिश द्वारा वर्ष 1798 में निर्धारित किया गया था। इसे कैवेंडिश गुरुत्वाकर्षण स्थिरांक के रूप में भी जाना जाता है।

अतः विकल्प (C) सही है।

7. यदि दो पिंड एक ही सीधी रेखा के साथ नहीं चलते हैं लेकिन टकराने से पहले और बाद में एक ही विमान में निहित हो जाते हैं, तो संघट्ट को अप्रत्यक्ष या दो संघट्ट कहा जाता है।

अतः विकल्प (A) सही है।

8. जब एक सुचालक करंट का एक निश्चित मान वहन करता है, तो सुचालक में विकसित बल, सुचालक में करंट और सुचालक में चुंबकीय क्षेत्र परस्पर एक दूसरे के लंबवत होते हैं।

अतः विकल्प (C) सही है।

9. एक प्रोटीन विभिन्न अमीनो एसिड की एक लंबी श्रृंखला है जो शरीर द्वारा आवश्यक हो सकती है या नहीं हो सकती है। चूंकि प्रोटीन शरीर के निर्माण खंड हैं, इसलिए प्रोटीन के साथ काम नहीं किया जा सकता है, हालांकि प्रोटीन लेने से क्षतिग्रस्त गुर्दे को नुकसान होगा। ऐसे मामलों में, प्रोटीन में लेने के स्थान पर आवश्यक अमीनो एसिड का उपयोग किया जाता है। ये आवश्यक

अमीनो एसिड सीधे शरीर द्वारा अवशोषित होते हैं। इससे शरीर सामान्य रूप से कार्य कर सकता है और गुर्दे पर दबाव न्यूनतम रखा जाता है।
अतः विकल्प (B) सही है।

10. दो या दो से अधिक मापों के बंद होने को सूक्ष्मता कहा जाता है। उदाहरण के लिए, यदि दो माप आउटपुट के रूप में 3.1kg देते हैं, तो माप को अधिक सूक्ष्म कहा जाता है।
अतः विकल्प (A) सही है।

11. चलती कार के पहियों में, फिर शरीर की कुल गतिज ऊर्जा अनुवाद और रोटेशन की गतिज ऊर्जा के योग के बराबर है।
अतः विकल्प (D) सही है।

12. द्रव यांत्रिकी बलों के विचार के साथ या बिना गति पर द्रव के अध्ययन से संबंधित है, द्रव पदार्थ स्थैतिकी पर द्रव का अध्ययन है, द्रव काइनेमेटिक्स बलों के विचार के बिना गति में द्रव का अध्ययन है।
अतः विकल्प (B) सही है।

13. आंतरिक ऊर्जा अणुओं की यांत्रिक ऊर्जा से मेल खाती है। यह एक अवस्था चर है क्योंकि यह लिए गए पथ पर निर्भर नहीं करता है। जबकि गर्मी पारगमन में ऊर्जा है, इसलिए यह एक पथ परिवर्तनशील है। आंतरिक ऊर्जा एक थर्मोडायनामिक चर है और इसलिए मैक्रोस्कोपिक है क्योंकि थर्मोडायनामिक्स थोक प्रणालियों से संबंधित है।
अतः विकल्प (B) सही है।

14. रोक क्षमता प्रकाश की आवृत्ति के लिए सीधे आनुपातिक है। इसलिए, घटना प्रकाश की आवृत्ति में वृद्धि के साथ रोक क्षमता बढ़ जाती है।
अतः विकल्प (D) सही है।

15. डे ब्रोगली तरंगों की तरंग दैर्ध्य इस प्रकार है:
$$\lambda = \frac{h}{p}$$
चूंकि सभी किरणों के लिए गति समान है, सभी में समान तरंगदैर्ध्य λ है।
अतः विकल्प (D) सही है।

16. दो घटकों वाले मिश्र धातुओं को बाइनरी मिश्र धातु कहा जाता है, जबकि तीन घटकों वाले त्रिगुट मिश्र धातु और चार घटकों वाले मिश्र धातुओं को चतुष्कोणीय मिश्र धातु कहा जाता है।
अतः विकल्प (A) सही है।

17. वहाँ उभरते बाजार और कई समुद्री उत्पादों पर अमेरिकी सरकार द्वारा एंटी-डंपिंग प्रक्रिया के कारण संयुक्त राज्य अमेरिका में समुद्री उत्पादों के निर्यात में गिरावट आई। इसलिए दोनों उल्लेखित बिंदु सही हैं।
अतः विकल्प (C) सही है।

18. ल्यूकोसाइट्स संक्रामक रोग के विरुद्ध शरीर की रक्षा करने में शामिल हैं। वे अस्थि मज्जा में उत्पादित होते हैं। ल्यूकोसाइट्स कोशिका की दीवारों के माध्यम से उद्धरण कर सकते हैं और इसे डायपीसिस कहा जाता है।

अतः विकल्प (D) सही है।

19. जब धारा पृष्ठ में प्रवाहित होती है, तो दाहिने हाथ के अंगूठे के नियम के कारण चुंबकीय क्षेत्र दक्षिणावर्त होता है, हम अपने अंगूठे को पृष्ठ में उन्मुख करते हैं और हमारी उंगलियां दक्षिणावर्त दिशा में घूमती हैं।
अतः विकल्प (A) सही है।

20. संतुलन की स्थिति में, सरल हार्मोनिक गति में एक कण का वेग अधिकतम होता है और परिणामस्वरूप इसका त्वरण न्यूनतम होता है।

अतः विकल्प (D) सही है।

21. औसत स्थिति में, पिंड में कोई त्वरण नहीं होता है, इसलिए स्प्रिंग द्वारा लागू किया जाने वाला परिणामी बल पिंड के भार के बराबर होगा।

अतः विकल्प (D) सही है।

22. Sn2 प्रतिक्रिया के प्रति क्षारीय अवधियों के लिए प्रतिक्रियात्मकता क्रम R-I> R-Br> R-Cl> R-F है। यह प्रतिक्रियाशीलता क्रम C-X बॉन्ड की ताकत और $X^{(-)}$ की स्थिरता को एक छोड़ने वाले समूह के रूप में दर्शाता है, और सामान्य निष्कर्ष की ओर जाता है कि एल्काइल आयोडाइड इस कार्यात्मक वर्ग के सबसे प्रतिक्रियाशील सदस्य हैं।

अत: विकल्प (C) सही है।

23. सैरियम, कैल्शियम, मैग्नीशियम, मैंगनीज और टाइटेनियम का उपयोग स्टील को डीऑक्सीडाइज करने के लिए किया जा सकता है।

अत: विकल्प (C) सही है।

24. जैविक मूल्य (BV) एक खाद्य स्रोत से शरीर द्वारा अवशोषित प्रोटीन की मात्रा को संदर्भित करता है। एक प्रोटीन को उच्च जैवउपलब्ध माना जाता है अगर यह पचाने, अवशोषित करने और अन्य प्रोटीन बनाने में आसान हो।

अत: विकल्प (A) सही है।

25. एंटामोइबा हिस्टोलिटिका का प्रयोगशाला निदान मल में पहचान पर निर्भर करता है। अमीबा के लिए खोज को जल्द से जल्द बनाया जाना चाहिए क्योंकि मल को जीवित, प्रेरक रूपों की उपस्थिति से सुनिश्चित किया जाता है।

अत: विकल्प (D) सही है।

Q.1 निम्न मात्राओं को उनकी SI इकाइयों से मिलाएँ।

1. विद्युत आवेश	a. ओम
2. विद्युत धारा	b. वोल्ट
3. विद्युत विभव	c. एम्पियर
4. विद्युतीय प्रतिरोध	d. कूलम्ब

A. 1-c, 2-d, 3-b, 4-a

B. 1-c, 2-b, 3-d, 4-a

C. 1-d, 2-c, 3-b, 4-a

D. 1-d, 2-c, 3-a, 4-b

Q.2 $[M^{-1} L^3 T^{-2}]$ किसका आयामी सूत्र है?

A. गुरुत्वाकर्षण स्थिरांक

B. गुरुत्वाकर्षण स्थितिज ऊर्जा

C. गुरुत्वाकर्षण विभव

D. गुरुत्वाकर्षण की तीव्रता

Q.3 प्रक्षेपण की गति को स्थिर रखते हुए, प्रक्षेपण का कोण $0°$ से बढ़कर $90°$ हो जाता है। फिर प्रक्षेप्य की क्षैतिज परास क्या होगी ?

A. 45° तक बढ़ेगी और बाद में कम हो जाएगी।

B. 60° तक बढ़ेगी और बाद में कम हो जाएगी।

C. 45° तक बढ़ेगी और बाद में स्थिर रहेगी।

D. 90° तक बढ़ती रहेगी।

Q.4 800 kg की कार 90 km/h की गति से चल रही है। ब्रेक लगाने के बाद इसे रोकने के लिए 5 सेकंड लगते हैं। ब्रेक द्वारा लगाया गया बल _______ होगा।

A. 3000 N

B. 4000 N

C. 1000 N

D. 2000 N

Q.5 एक सिक्का एक गतिमान बेल्ट पर रखा जाता है। बेल्ट अचानक रुक जाती है तो सिक्का-

A. बेल्ट के साथ अचानक रुक जाएगा

B. कुछ समय के लिए चलता रहेगा और फिर रुक जाएगा

C. एक स्थिर वेग से चलता रहेगा

D. कुछ त्वरण के साथ चलता रहेगा

Q.6 बर्तनों को निकाले बिना रणवीर ने एक टेबल से एक टेबल क्लॉथ खींचा। इसका कारण है:

A. जड़त्व

B. आवेग

C. बल

D. संवेग

Q.7 एक रॉकेट प्रति सेकंड $0.4 kg$ ईंधन जलाता है और $8\ kms^{-1}$ के वेग के साथ एक गैस को बाहर निकालता है। रॉकेट पर उत्सर्जित गैस द्वारा लगाए गए बल की गणना करें।

A. 2×10^4

B. $50 N$

C. $32 kN$

D. $3.2 kN$

Q.8 यदि सरल आवर्त गति $x = A\cos(\omega t + \varphi)$ द्वारा दर्शाई जाती है तो $'\varphi'$ क्या है?

A. कोणीय आवृत्ति

B. विस्थापन

C. आयाम

D. प्रावस्था नियतांक

Q.9 एक सेकंड पेंडुलम की लंबाई ज्ञात कीजिए।

A. 140 cm

B. 70 cm

C. 100 cm

D. इनमें से कोई नहीं

Q.10 अनुप्रस्थ तरंग में अधिकतम धनात्मक विस्थापन के बिंदु को क्या कहा जाता है?

A. गर्त

B. शीर्ष

C. शीर्षबिंदु

D. शिखा

Q.11 ध्वनि तरंगें इसमें यात्रा नहीं कर सकती हैं:

A. वायु

B. पानी

C. निर्वात

D. इस्पात

Q.12 0.5 A की एक धारा 20 मिनट के लिए बिजली के बल्ब के फिलामेंट द्वारा ग्रहण की जाती है। परिपथ से प्रवाहित होने वाले विद्युत आवेश की मात्रा कितनी है?

A. 1 C

B. 10 C

C. 600 C

D. 300 C

Q.13 कूलम्ब के स्थिरांक का मान _____ Nm^2/C^2 है।

A. 9×10^9

B. 6×10^6

C. 8×10^8

D. 7×10^7

Q.14 विद्युत क्षेत्र रेखाओं के संबंध में निम्नलिखित में से कौन सा कथन सही है?

A. ये एक दूसरे को प्रतिच्छेद कर सकती है।

B. ये एक कुंडली बना सकती है।

C. जहाँ क्षेत्र रेखाओं की संख्या अधिकतम होती है वहां विद्युत क्षेत्र का परिमाण न्यूनतम होता है।

D. ये एक दूसरे को प्रतिच्छेद नही करती है।

Q.15 निम्नलिखित परिपथ आरेख में R का मान ज्ञात कीजिए।

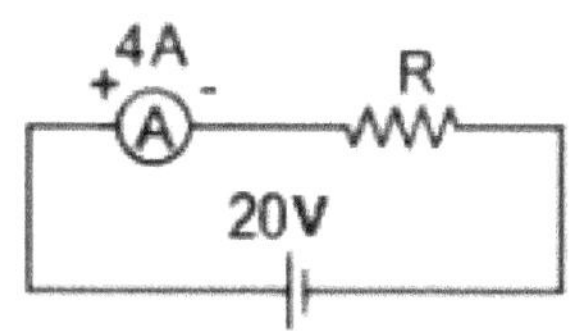

A. 5Ω

B. 6Ω

C. 8Ω

D. 24Ω

Q.16 एक लेंस की शक्ति $+2.5D$ है। यह किस प्रकार का लेंस है और इसकी फोकस दूरी क्या होगी?

A. उत्तल लेंस, 40 cm

B. अवतल लेंस, 100 cm

C. उत्तल लेंस, 50 cm

D. अवतल लेंस, 40 cm

Q.17 अधातु में सामान्य तौर पर निम्नलिखित में से कौन-सा गुण पाया जाता है?

A. नमनीयता

B. आघातवर्धनीयता

C. चालकता

D. भंगुरता

Q.18 यदि गैस का तापमान तीन गुना तक बढ़ जाता है, तो इसका वर्ग माध्य मूल वर्ग वेग बन जाता है:

A. 3 गुना

B. 9 गुना

C. $\frac{1}{2}$ गुना

D. 3 गुना

Q.19 निम्नलिखित में से किसका उपयोग अस्पतालों में घाव और सीरिंज को विसंक्रमित करने के लिए एक रोगाणुरोधक के रूप में किया जाता है?

A. मेथॉनॉल

B. प्रोपनॉल

C. एथिल अल्कोहल

D. ब्यूटेनॉल

Q.20 जब इथेनॉल सोडियम के साथ अभिक्रिया करता है तो निम्नलिखित में से कौन सी गैस बनती है?

A. ऑक्सीजन

B. क्लोरीन

C. हाइड्रोजन

D. मीथेन

Q.21 इन्फ्लूएंजा, जुकाम और एड्स जैसी बीमारियां किसके कारण होती हैं?

A. प्रोटोजोआ　　**B.** जीवाणु　　**C.** विषाणु　　**D.** कृमि

Q.22 _______ एक संयोजी ऊतक है जो दो हड्डियों को एक दूसरे से जोड़ता है।

A. शिरा　　**B.** मांसपेशी　　**C.** उपास्थि　　**D.** अस्थि-बंध

Q.23 आरेख धारा-ले जाने वाले तार द्वारा उत्पादित बल क्षेत्र को दर्शाता है। बल क्षेत्र का नाम बताइए।

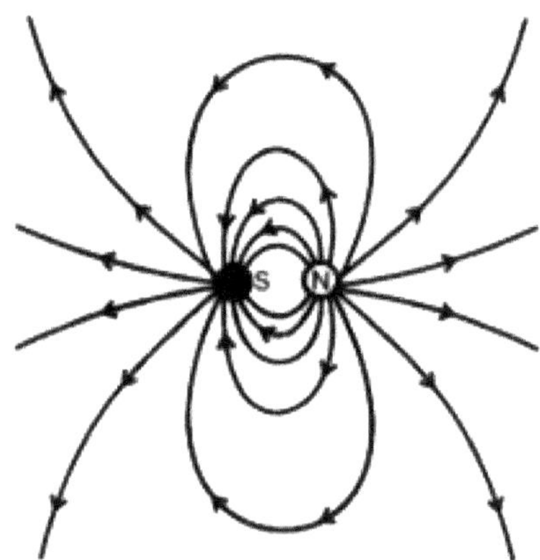

A. विद्युत्स्थैतिक क्षेत्र　　　　**B.** चुंबकीय क्षेत्र
C. विद्युत चुम्बकीय क्षेत्र　　　　**D.** स्थैतिक क्षेत्र

Q.24 एक ट्रांसफार्मर किस सिद्धांत पर आधारित होता है?

A. पारस्परिक प्रेरण　　　　**B.** स्व-प्रेरण
C. एम्पियर का नियम　　　　**D.** लेन्ज का नियम

Q.25 GUI का पूर्ण रूप है:

A.　Graph Use Interface
B.　Graphical Universal Interface
C.　Graphical User Interface
D.　Graphical Unique Interface

// स्मार्ट उत्तर पुस्तिका //

सही उत्तर — उन छात्रों का प्रतिशत जिन्होंने प्रश्नों का सही उत्तर दिया था। **छोड़ दिया** — उन छात्रों का प्रतिशत जिन्होंने प्रश्नों को छोड़ दिया था।

प्रश्न संख्या	उत्तर	सही उत्तर / छोड़ दिया	प्रश्न संख्या	उत्तर	सही उत्तर / छोड़ दिया	प्रश्न संख्या	उत्तर	सही उत्तर / छोड़ दिया	प्रश्न संख्या	उत्तर	सही उत्तर / छोड़ दिया	प्रश्न संख्या	उत्तर	सही उत्तर / छोड़ दिया	प्रश्न संख्या	उत्तर	सही उत्तर / छोड़ दिया
1	C	87.68 % / 11.36 %	6	A	76.83 % / 10.44 %	11	C	83.36 % / 12.21 %	16	A	83.23 % / 12.88 %	21	C	54.65 % / 30.57 %			
2	A	84.82 % / 13.44 %	7	D	88.71 % / 10.43 %	12	C	89.67 % / 10.04 %	17	D	84.91 % / 12.17 %	22	D	82.69 % / 11.96 %			
3	A	64.53 % / 31.1 %	8	D	83.6 % / 10.92 %	13	A	40.47 % / 48.06 %	18	C	85.69 % / 13.06 %	23	B	87.02 % / 11.86 %			
4	B	41.65 % / 38.79 %	9	C	86.17 % / 12.07 %	14	D	80.05 % / 14.95 %	19	C	84.25 % / 12.83 %	24	A	77.24 % / 18.26 %			
5	B	81.33 % / 13.31 %	10	D	65.78 % / 33.89 %	15	A	84.29 % / 13.77 %	20	C	79.4 % / 14.83 %	25	C	87.78 % / 10.86 %			

//संकेत और समाधान//

1.

मात्रा	SI इकाई	परिभाषा
विद्युत आवेश	कूलम्ब (C)	विद्युत आवेश पदार्थ का भौतिक गुण है जिसके कारण यह विद्युत चुम्बकीय क्षेत्र में रखे जाने पर बल का अनुभव करता है।
विद्युत धारा	एम्पियर (A)	यह एक बिंदु या क्षेत्र के पास से विद्युत आवेश के प्रवाह की दर है।
विद्युत विभव	वोल्ट (V)	यह दो बिंदुओं के बीच विद्युत विभव में अंतर है, जिसे दो बिंदुओं के बीच परीक्षण आवेश को स्थानांतरित करने के लिए प्रति इकाई आवेश आवश्यक कार्य के रूप में परिभाषित किया गया है।
विद्युतीय प्रतिरोध	ओम (Ω)	किसी वस्तु का विद्युत प्रतिरोध उसके विद्युत धारा के विरोध का एक माप है।

अत: विकल्प (C) सही है।

2. आयामी सूत्र को द्रव्यमान, लंबाई, समय और एम्पीयर के संदर्भ में भौतिक मात्रा की अभिव्यक्ति के रूप में परिभाषित किया गया है।

गुरुत्वाकर्षण बल F का परिमाण निम्न द्वारा दिया जाता है,

$$F = G \frac{M_1 M_2}{R^2}$$

जहाँ G = सार्वभौमिक गुरुत्वाकर्षण स्थिरांक, M_1 = पहले पिंड का द्रव्यमान, M_2 = दूसरे पिंड का द्रव्यमान और R = दोनों पिंडों के बीच की दूरी।

उपरोक्त समीकरण के रूप में लिखा जा सकता है,

$$G = \frac{F \times R^2}{M_1 M_2}$$

अब,

बल = द्रव्यमान × त्वरण

बल का आयामी सूत्र $(F) = [M] \times [LT^2] = [MLT^{-2}]$
त्रिज्या का आयामी सूत्र $(R^2) = [L^2]$
त्रिज्या का आयामी सूत्र $(M) = [M]$
सार्वभौमिक गुरुत्वाकर्षण स्थिरांक (G) का आयामी सूत्र $G =$
$\frac{MLT^{-2} \times L^2}{M^2} = \frac{ML^3 T^{-2}}{M^2} = M^{-1} L^3 T^{-2}$
∴ सार्वभौमिक गुरुत्वाकर्षण स्थिरांक G का आयामी सूत्र $[M^{-1} L^3 T^2]$ है।

अत: विकल्प (A) सही है।

3. प्रक्षेप्य की क्षैतिज परास इस प्रकार है,
$$R = \frac{u^2 \sin 2\theta}{g}$$
उपरोक्त समीकरण से यह स्पष्ट है कि
$R \propto \sin 2\theta$
उपरोक्त समीकरण से, यह स्पष्ट है कि मान एक होने तक 2θ बढ़ेगा।
$\sin 2\theta = 1$
$\Rightarrow \theta = \sin^{-1}\left(\frac{1}{2}\right)$
$\Rightarrow \theta = 45°$
प्रक्षेप्य की क्षैतिज सीमा $45°$ तक बढ़ जाती है और फिर बाद में कम हो जाती है।

अत: विकल्प (A) सही है।

4. दिया हुआ,

प्रारंभिक वेग (u) = 90 km/h = $90 \times \frac{5}{18}$ = 25 m/s

कार रोकने के लिए लिया गया समय (t) = 5s

अंतिम वेग (रुकने के बाद) (v) = 0 m/s

कार का द्रव्यमान (m) = 800 kg

v = u + a t का उपयोग करके

0 = 25 + a × 5

तो त्वरण (a) = $\frac{-25}{5}$ = - 5 m/s^2

बल (F) = द्रव्यमान (m) × त्वरण (a) = 800 × (-5) = - 4000 N

ऋणात्मक चिह्न बताता है कि कार्य करनेवाला बल कार की गति के विपरीत दिशा में है।

अत: विकल्प (B) सही है।

5. जब कोई सिक्का बेल्ट के साथ गति करता है तो सिक्के का कुछ वेग होता है। यदि बेल्ट अचानक चलना बंद कर देती है तो सिक्के की जड़ता के कारण, सिक्का कुछ समय तक चलता रहेगा और बेल्ट के घर्षण बल के कारण रुक जाएगा। यहां बेल्ट का घर्षण बल सिक्के पर एक बाहरी बल के रूप में कार्य करता है जो सिक्के को रोकता है।

अत: विकल्प (B) सही है।

6. जब रणवीर ने एक टेबल से टेबल क्लॉथ खींचा, उस समय बर्तन विरामावस्था पर थे। विरामावस्था के जड़त्व के कारण बरतन विरामावस्था पर रहते हैं क्योंकि क्लॉथ शीघ्रता ही हटा दिया जाता है।

अत: विकल्प (A) सही है।

7. दिया गया,

एक वस्तु का द्रव्यमान $(m) = 0.4 kg,$

वेग (u)/ समय $(t) = 8 kms^{-1} = 8 \times 10^3\ ms^{-1}$

न्यूटन के गति के दूसरे नियम के अनुसार,

$$F = m\left(\frac{u}{t}\right)$$

$$\Rightarrow F = 0.4 \times 8 \times 10^3 = 3.2 \times 10^3 N = 3.2 kN$$

अत: विकल्प (D) सही है।

8. सरल आवर्त गति निम्न द्वारा दर्शाई जाती है,
$$x = A\cos(\omega t + \varphi)$$
जहां A = आयाम, ω = कोणीय आवृत्ति, x = विस्थापन और φ = प्रावस्था नियतांक
अत: विकल्प (D) सही है।

9. दिया हुआ,
$T = 2$ sec
एक सरल पेंडुलम के लिए एक पेंडुलम के झूलने की समयावधि स्ट्रिंग की लंबाई और गुरुत्वाकर्षण के कारण त्वरण पर निर्भर करती है।

$$T = 2\pi \sqrt{\frac{l}{g}}$$

उपरोक्त सूत्र केवल छोटे कोणीय विस्थापनों के लिए मान्य है।

जहां, T = दोलन की समय अवधि, l = पेंडुलम की लंबाई और g = गुरुत्वाकर्षण त्वरण

दोनों पक्षों का वर्ग करके और उनको पुनर्व्यवस्थित करके हम प्राप्त करते हैं

$$l = \frac{T^2 \times g}{4\pi^2}$$

$$l = \frac{4 \times 9.8}{4 \times (3.14)^2} = 0.993 \text{ m} \approx 1 \text{ m} = 100 \text{ cm}$$

इसलिए, सेकंड पेंडुलम की लंबाई पृथ्वी की सतह पर 99.3 cm या लगभग 1 मीटर है।

अत: विकल्प (C) सही है।

10. एक अनुप्रस्थ तरंगों में माध्यम का कण ऊर्ध्वाधर दिशा में ऊपर और नीचे कंपन करता है जबकि यह क्षैतिज दिशा के अनुदिश प्रसार करता है। इसलिए एक अनुप्रस्थ तरंग में एक शिखा वह हिस्सा होता है, जहां कण अपनी माध्य स्थिति से ऊपर उठता है और अधिकतम धनात्मक विस्थापन होता है, जबकि गर्त एक हिस्सा होता है, जहां कण माध्य स्थिति से नीचे गिरता है और अधिकतम ऋणात्मक विस्थापन होता है।

अत: विकल्प (D) सही है।

11. तरंगें दो प्रकार की होती हैं अनुप्रस्थ और अनुदैर्ध्य तरंगें।

अनुप्रस्थ तरंगें: वे तरंगें जो अपने प्रसार के लंबवत दिशा में माध्यम में कंपन उत्पन्न करती हैं (जैसे प्रकाश)।

अनुदैर्ध्य तरंगें: इन तरंगों में एक माध्यम में उत्पन्न कंपन और उनके प्रसार की दिशा समान होती है।

अनुप्रस्थ तरंगें निर्वात में यात्रा कर सकती हैं लेकिन अनुदैर्ध्य तरंगों को माध्यम से यात्रा करने के लिए एक माध्यम की आवश्यकता होती है। ध्वनि तरंगें प्रकृति में अनुदैर्ध्य हैं और इसलिए एक निर्वात में यात्रा नहीं कर सकती हैं।

उपरोक्त चर्चा से, ध्वनि तरंगें निर्वात में यात्रा नहीं कर सकती हैं।

अत: विकल्प (C) सही है।

12. दिया हुआ,

धारा(I) = 0.5 A

समय (t) = 20 मिनट = 20 × 60 सेकंड = 1200 सेकंड

विद्युत आवेश की मात्रा (q) = धारा(I) × समय (t) = 0.5 × 1200 = 600 C

अत: विकल्प (C) सही है।

13. स्थिरविद्युतिकी में कूलम्ब का नियम: यह कहता है कि दो स्थिर बिंदु आवेशों के बीच अन्योय क्रिया का बल आवेशों के गुणनफल के लिए समानुपाती होता है, और उनके बीच की दूरी के वर्ग के व्युत्क्रमानुपाती होता है और दो आनेशों को गिलाने वाली सीधी रेखा के अनुदिश कार्यरत होता है।

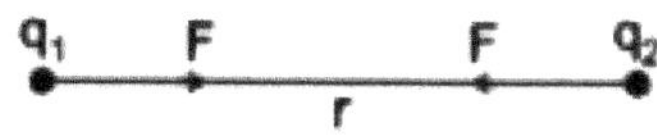

$$F \propto q_1 \times q_2$$
$$F \propto \frac{1}{r^2}$$
$$F = K \frac{q_1 \times q_2}{r^2}$$

जहाँ $K = \frac{1}{4\pi\epsilon_0}$ स्थिरांक को स्थिरविद्युतिकी बल स्थिरांक या कूलम्ब का स्थिरांक कहा जाता है।

K का मान दो आवेशों के बीच माध्यम की प्रकृति और चुनी गई इकाईयों की प्रणाली पर निर्भर करता है।

उपरोक्त से यह स्पष्ट होता है कि कूलम्ब नियम समीकरण में स्थिरांक $\frac{1}{4\pi\epsilon_0} = 9 \times 10^9 Nm^2/C^2$, है, जहाँ ϵ_0 निर्वात की विद्युतशीलता

है।

अत: विकल्प (A) सही है।

14. यदि दो रेखाएँ एक-दूसरे को काटती है और उस बिंदु पर प्रत्येक वक्र पर स्पर्श रेखाएँ लेंगे तो उसी बिंदु पर विद्युत क्षेत्र की दो दिशाएँ मिलेंगी जो कि संभव नहीं है। चूंकि एक विद्युत क्षेत्र में एक बिंदु पर केवल एक ही दिशा हो सकती है इसलिए दो विद्युत क्षेत्र रेखाएं कभी भी एक दूसरे को प्रतिच्छेद नहीं करती है।

अत: विकल्प (D) सही है।

15. दिया हुआ,

$$V = 20V \text{ और } I = 4A$$

ओम के नियम के अनुसार, $V = IR$

प्रतिरोध के लिए उपरोक्त समीकरण को निम्न रुप से लिखा जा सकता है,

$$R = \frac{V}{I} = \frac{20}{4} = 5\Omega$$

अत: विकल्प (A) सही है।

16. जैसा कि हम जानते हैं,

$$P = \frac{1}{f(m)} = \frac{100}{f(cm)}$$

दिया हुआ,

लेंस की शक्ति $(P) = +2.5D$

लेंस की शक्ति निम्न द्वारा दी जाती है,

$$f = \frac{100}{P} = \frac{100}{2.5} = 40 \text{ cm}$$

चूंकि फोकस दूरी धनात्मक है, इसलिए लेंस उत्तल है और इसकी फोकस दूरी 40 cm है।

अत: विकल्प (A) सही है।

17. धातु अपनी प्राकृतिक अवस्था में आघातवर्धनीय और नमनीय होती हैं जबकि अधातु ना तो आघातवर्धनीय और ना ही नमनीय होती हैं; वे भंगुर होती हैं। तनाव के अंतर्गत बिना किसी सार्थक विरूपण के पदार्थ का टूटना या खंडित होना, भंगुरता कहलाता है, यह सुन्यता (प्लास्टिसिटी) के विपरीत होता है। उदाहरण के लिए जब ढलवाँ लोहे को हथोड़े से पीटा जाता है तो उसका अचानक टूटना भंगुरता का उदाहरण है।

अत: विकल्प (D) सही है।

18. किसी भी सजातीय गैस नमूने की मूल माध्य वर्ग (rms) की गति दी जाती है,

$$V_{rms} = \sqrt{\frac{3RT}{M}}$$

यहाँ, M और R स्थिरांक है, इसलिए

$$V_{rms} \propto \sqrt{T}$$

यदि गैस का तापमान तीन गुना तक बढ़ जाता है तो V_{rms} $\sqrt{3}$ गुना तक बढ़ जाता है।

अत: विकल्प (C) सही है।

19. इथेनॉल को आमतौर पर एथिल अल्कोहल के रूप में जाना जाता है। इसका रासायनिक सूत्र C_2H_5OH है। एथिल अल्कोहल का उपयोग अस्पतालों में घाव और सीरिंज को विसंक्रमित करने के लिए एक रोगाणुरोधक के रूप में किया जाता है। इथेनॉल एक बहुत अच्छा विलायक है। कई यौगिक जो जल में अघुलनशील हैं एथिल अल्कोहल में घुलनशील हैं। इसका उपयोग कई दवाओं जैसे टिंचर आयोडीन, कफ सिरप आदि में किया जाता है। इथेनॉल का गलनांक $-114°$ C है और कथनांक $78.37°$ C है, जो जल की तुलना में काफी कम है।

अत: विकल्प (C) सही है।

20. इथेनॉल के सोडियम के साथ अभिक्रिया करने पर हाइड्रोजन गैस निकलती है।

$2Na + 2CH_3CH_2OH \rightarrow 2CH_3CH_2O{-}Na$ (सोडियम एथोक्साइड) $+ H_2(g)$

अल्कोहल हाइड्रोजन के निर्माण के लिए सोडियम के साथ अभिक्रिया करता है। इथेनॉल के साथ अन्य उत्पाद सोडियम एथोक्साइड है।

अत: विकल्प (C) सही है।

21.

कारक	बीमारियाँ (के कारण)
प्रोटोजोआ	• मलेरिया (एनोफिलीज मच्छरों द्वारा फैलता है, एक प्लास्मोडियम परजीवी) • अमीबिक पेचिश (एंटामोएबिस्टोलिटिका) • नींद की बीमारी (ट्रिपेनोसोमब्रुसी)
जीवाणु	• काली खांसी (बोर्डे टेल्ला पर्टुसिस) डिप्थीरिया (कोरिनेबैक्टीरियम डिप्थीरिया) • हैजा (विब्रियो हैजा) • कुष्ठ रोग (माइकोबैक्टीरियम लेप्राई)
विषाणु	• चिकनपॉक्स (वैरीसेला-जोस्टर वायरस) • चेचक (वेरोला वायरस) • जुकाम (राइनोवायरस) • एड्स, एक्वायर्ड इम्यून डेफिसिएंसी सिंड्रोम (ह्यूमन इम्युनोडिफीसिअन्सी वायरस, एचआईवी)
कृमि	• टेपवर्म (आंतों के परजीवी) • फाइलेरियासिस (एक धागे से) • पिनवर्म (एक छोटे, पतले, सफेद गोलकृमि द्वारा जिसे एंटरोबिवरवर्मिकुलरिस कहा जाता है)

अत: विकल्प (C) सही है।

22. अस्थि-बंध संयोजी ऊतक होते हैं जो दो हड्डियों को एक दूसरे से जोड़ता है। अस्थि-बंध कठोर लचीले संयोजी ऊतकों का एक छोटा बैंड होता है जो दो हड्डियों को जोड़ता है। अस्थि-बंध हड्डियों को अन्य हड्डियों से जोड़ते हैं।

अत: विकल्प (D) सही है।

23. आरेख धारा-ले जाने वाले तार द्वारा उत्पादित बल चुंबकीय क्षेत्र को दर्शाता है।

चुंबकीय क्षेत्र रेखा उत्तरी ध्रुव से शुरू होती है और दक्षिणी ध्रुव पर समाप्त होती है, यह हमेशा एक बंद लूप बनाती है। इसका निर्माण विद्युत धाराओं और चुम्बकों द्वारा होता है। वे काल्पनिक रेखाएँ जो चुंबकीय क्षेत्र की दिशा का सतत प्रदर्शन करती हैं, चुंबकीय क्षेत्र रेखाएँ कहलाती हैं। क्षेत्र रेखाओं पर किसी भी बिंदु पर स्पर्शरेखा उस बिंदु पर चुंबकीय क्षेत्र सदिश की दिशा प्रदर्शित करती है। बल की चुंबकीय रेखाएं हमेशा उत्तरी ध्रुव से निकलती हैं या शुरू होती हैं और दक्षिणी ध्रुव पर समाप्त होती हैं।

अत: विकल्प (B) सही है।

24. एक ट्रांसफार्मर पारस्परिक प्रेरण सिद्धांत पर आधारित होता है।

जब किसी कुंडली के माध्यम से गुजारी गई विद्युत धारा समय के साथ परिवर्तित होती है तो पास के कुंडली में एक emf प्रेरित होता है, तब इस घटना को पारस्परिक प्रेरण कहा जाता है।

अत: विकल्प (A) सही है।

25. GUI का पूर्ण रूप Graphical Universal Interface है।

Graphical Universal Interface एक कंप्यूटर इंटरफेस है जो टेक्स्ट-आधारित आदेशों के विपरीत, उपयोगकर्ताओं को चित्र और एनिमेशन जैसे ग्राफिकल तत्वों के माध्यम से एक डिवाइस के साथ बातचीत करने की अनुमति देता है।

अत: विकल्प (C) सही है।

Q.1 यदि $\begin{vmatrix} x & 2 \\ 18 & x \end{vmatrix} = \begin{vmatrix} 6 & 2 \\ 3x & 6 \end{vmatrix}$, तब फिर x बराबर है:

A. 6   **B.** ± 6 **C.** -6   **D.** 0

Q.2 मेट्रिक्स $A = \begin{pmatrix} \cos\theta & \sin\theta & 0 \\ -\sin\theta & \cos\theta & 0 \\ 0 & 0 & 1 \end{pmatrix}$ का व्युत्क्रम क्या है?

A. $\begin{pmatrix} \cos\theta & -\sin\theta & 0 \\ \sin\theta & \cos\theta & 0 \\ 0 & 0 & 1 \end{pmatrix}$

B. $\begin{pmatrix} \cos\theta & 0 & -\sin\theta \\ 0 & 1 & 0 \\ \sin\theta & 0 & \cos\theta \end{pmatrix}$

C. $\begin{pmatrix} 1 & 0 & 0 \\ 0 & \cos\theta & -\sin\theta \\ 0 & \sin\theta & \cos\theta \end{pmatrix}$

D. $\begin{pmatrix} \cos\theta & \sin\theta & 0 \\ -\sin\theta & \cos\theta & 0 \\ 0 & 0 & 1 \end{pmatrix}$

Q.3 अवकल समीकरण $(1 + y^2)dx = xy\,dy$ वाले वक्र का समीकरण ज्ञात कीजिए, जो $(1,0)$ से गुजर रहा है।

A. $x^2 - y^2 = 1$ **B.** $4x^2 - y^2 = 4$

C. $x^2 + y^2 = 1$ **D.** $4x^2 + y^2 = 4$

Q.4 इनमें से कौन सा एक दूसरे क्रम का अवकल समीकरण है?

A. $y' + x = y^2$ **B.** $y'y'' + y = \sin x$

C. $y'''y'' + y = 0$ **D.** इनमें से कोई नहीं

Q.5 त्रिभुज जिसके शीर्ष $A(0,6), B(8,12)$ और $C(8,0)$ हैं के अंत: केंद्र के साथ का निर्देशांक होगा।

A. $\left(\frac{16}{3}, 0\right)$ **B.** $(8,11)$ **C.** $(-4,3)$ **D.** $(5,6)$

Q.6 $\sqrt{3} + i$, का मापांक-आयाम रूप है, जहाँ $i = \sqrt{-1}$ है:

A. $2\left(\cos\frac{\pi}{3} + i\sin\frac{\pi}{3}\right)$

B. $2\left(\cos\frac{\pi}{6} + i\sin\frac{\pi}{6}\right)$

C. $4\left(\cos\frac{\pi}{3} + i\sin\frac{\pi}{3}\right)$

D. $4\left(\cos\frac{\pi}{6} + i\sin\frac{\pi}{6}\right)$

Q.7 $\frac{1}{\log_2 N} + \frac{1}{\log_3 N} + \frac{1}{\log_4 N} + \cdots + \frac{1}{\log_{100} N}$ किसके बराबर है: $(N \neq 1)$

A. $\frac{1}{\log_{100!} N}$ **B.** $\frac{1}{\log_{99!} N}$ **C.** $\frac{99}{\log_{100!} N}$ **D.** $\frac{99}{\log_{99!} N}$

Q.8 $i^{1000} + i^{1001} + i^{1002} + i^{1003}$ किसके बराबर है: (जहाँ $i = \sqrt{-1}$)

A. 0   **B.** i **C.** $-i$ **D.** 1

Q.9 $\int \frac{dx}{e^x + e^{-z}}$ बराबर:

A. $\log(e^x + e^{-x}) + c$ **B.** $\log(e^x - e^{-x}) + c$

C. $\tan^{-1} e^x + c$ **D.** $\tan^{-1} e^{-x} + c$

Q.10 यदि अनंत गुणोत्तर श्रेणी का योग $\frac{4}{3}$ है और पहला पद $\frac{3}{4}$ है तब इसका उभयनिष्ठ अंतर है:

A. $\frac{7}{16}$ **B.** $\frac{9}{16}$ **C.** $\frac{1}{9}$ **D.** $\frac{7}{9}$

Q.11 यदि α, β विभिन्न जटिल संख्याएँ हैं जहां $|\beta| = 1$, फिर $\left|\frac{\beta - \alpha}{1 - \alpha\beta}\right|$ ज्ञात करे:

A. 3   **B.** 2   **C.** 1   **D.** 0

Q.12 एक कक्षा में, 54 विद्यार्थी केवल हिन्दी में अच्छे हैं, 63 विद्यार्थी केवल गणित में अच्छे है और 41 विद्यार्थी केवल अंग्रेजी में अच्छे हैं। 18 विद्यार्थी ऐसे हैं जो हिन्दी और गणित दोनों में अच्छे हैं। 10 विद्यार्थी तीनों विषयों में अच्छे हैं।
ऐसे विद्यार्थियों की संख्या कितनी है जो या तो हिन्दी या गणित में अच्छे हैं लेकिन अंग्रेजी में अच्छे नहीं हैं?

A. 99   **B.** 107   **C.** 125   **D.** 130

Q.13 एक कक्षा में, 54 विद्यार्थी केवल हिन्दी में अच्छे हैं, 64 विद्यार्थी केवल गणित में अच्छे हैं और 41 विद्यार्थी केवल अंग्रेजी में अच्छे हैं। 18 विद्यार्थी ऐसे हैं जो हिन्दी और गणित दोनों में अच्छे हैं। 10 विद्यार्थी तीनों विषयों में अच्छे हैं।
ऐसे विद्यार्थियों की संख्या कितनी है जो या तो हिन्दी या गणित में अच्छे हैं लेकिन अंग्रेजी में अच्छे नहीं हैं?

A. 18   **B.** 12   **C.** 10   **D.** 8

Q.14 अंकों की पुनरावृत्ति किए बिना 1,5,0,6,7 का प्रयोग करके 10 से विभाजित होने वाली चार अंकों की कितनी संख्याएं बनायी जा सकती है?

A. 24   **B.** 36   **C.** 44   **D.** 64

Q.15 यदि $\cos T = \frac{3}{5}$ और $\sin R = \frac{8}{17}$, जहाँ T चतुर्थ चतुर्थांश और R द्वितीय चतुर्थांश में है तब $\cos(T - R)$ बराबर है:

A. $\frac{77}{85}$ **B.** $\frac{13}{85}$ **C.** $-\frac{13}{85}$ **D.** $-\frac{77}{85}$

Q.16 $r!$ द्वारा विभाजित, r का क्रमागत धनात्मक पूर्णांक का गुणनफल है:

A. एक उचित अंश   **B.** r के बराबर

C. एक धनात्मक पूर्णांक   **D.** इनमे से कोई नहीं

Q.17 यदि दो धनात्मक संख्याओं a और b के AM (समांतर माध्य) और GM (गुणोत्तर माध्य) का अनुपात $5:3$ है, तो $a:b$ किसके बराबर है?

A. $3:5$ **B.** $2:9$ **C.** $9:1$ **D.** $5:3$

Q.18 समीकरण $|1 - 2i|^x = 5^x$ के अशून्य अभिन्न हलों की संख्या है:

A. 0   **B.** 1   **C.** 2   **D.** 3

Q.19 100 और 1000 के बीच, अंको $5,6,7,8,9,$ से कितनी संख्याएं बन सकती हैं, यदि अंकों की पुनरावृत्ति नहीं की जाये?

A. 3^5 **B.** 5^3 **C.** 120   **D.** 60

Q.20 यदि सेट A की गणनीयता 4 है और सेट B की गणनीयता 3 है, तो सेट $A \Delta B$ की गणनीयता कितना है?

A. 1
B. 5
C. 7
D. निर्धारित नहीं किया जा सकता

Q.21 $(1+x)^{43}$ के विस्तार में $(2r+1)$वें और $(r+2)$वें पदों के गुणांक बराबर हैं फिर r $(r \neq 1)$ का मान क्या है?

A. 5   B. 14   C. 21   D. 22

Q.22 यदि $n = (2017)!$ तो $\dfrac{1}{\log_2 n} + \dfrac{1}{\log_3 n} + \dfrac{1}{\log_4 n} + \cdots + \dfrac{1}{\log_{2017} n}$ किसके बराबर है?

A. 0   B. 1   C. $\dfrac{n}{2}$ D. n

Q.23 यदि $n \in N$ तो $121^n - 25^n + 1900^n - (-4)^n$ का विभाज्य निम्नलिखित में से कौन सा है?

A. 1904   B. 2000   C. 2002   D. 2006

Q.24 $(-1-i)$ का मुख्य तर्क क्या है, (जहां $i = \sqrt{-1}$)?

A. $\dfrac{5\pi}{4}$ B. $-\dfrac{\pi}{4}$ C. $-\dfrac{3\pi}{4}$ D. $\dfrac{3\pi}{4}$

Q.25 यदि A + B + C = π है तो sin (A + B) + sin C किसके बराबर है?

A. 0   B. 2 sin C
C. cos C – sin C   D. इनमें से कोई भी नहीं

// स्मार्ट उत्तर पुस्तिका //

सही उत्तर — उन छात्रों का प्रतिशत जिन्होंने प्रश्नों का सही उत्तर दिया था। **छोड़ दिया** — उन छात्रों का प्रतिशत जिन्होंने प्रश्नों को छोड़ दिया था।

प्रश्न संख्या	उत्तर	सही उत्तर छोड़ दिया	प्रश्न संख्या	उत्तर	सही उत्तर छोड़ दिया	प्रश्न संख्या	उत्तर	सही उत्तर छोड़ दिया	प्रश्न संख्या	उत्तर	सही उत्तर छोड़ दिया	प्रश्न संख्या	उत्तर	सही उत्तर छोड़ दिया
1	A	47.64 % 43.08 %	6	B	54.58 % 45.18 %	11	C	48.5 % 50.59 %	16	C	85.53 % 12.78 %	21	B	59.45 % 36.81 %
2	A	67.47 % 32.0 %	7	A	42.43 % 54.79 %	12	C	52.33 % 43.38 %	17	C	59.42 % 39.6 %	22	B	65.83 % 30.39 %
3	A	27.31 % 70.41 %	8	A	56.43 % 31.55 %	13	D	28.25 % 69.7 %	18	A	45.49 % 36.42 %	23	B	59.58 % 39.64 %
4	B	46.29 % 44.47 %	9	C	55.56 % 33.08 %	14	A	82.95 % 12.93 %	19	D	43.39 % 54.03 %	24	C	68.86 % 30.2 %
5	D	55.34 % 31.5 %	10	A	61.18 % 31.94 %	15	D	44.2 % 38.85 %	20	D	76.97 % 14.02 %	25	B	83.07 % 15.22 %

//संकेत और समाधान//

1. दिया हुआ है:
$$\begin{vmatrix} x & 2 \\ 18 & x \end{vmatrix} = \begin{vmatrix} 6 & 2 \\ 3x & 6 \end{vmatrix}$$
हमें x का मान ज्ञात करना होगा।

$\Rightarrow x^2 - 36 = 36 - 6x \quad \left(\begin{bmatrix} a & b \\ c & d \end{bmatrix} = ad - bc \right)$

$\Rightarrow x^2 + 6x - 72 = 0$

श्रीधराचार्य नियम का उपयोग करके,

$\Rightarrow x = \frac{-6 + \sqrt{6^2 + 4 \times 72}}{2}$

$= \frac{-6 \pm \sqrt{36(1+8)}}{2}$

$x = -3 \pm 9 = 6$ या -12

अत: विकल्प (A) सही है।

2. हम जानते हि कि $A^{-1} = \frac{adj(A)}{|A|}$.....(i),

अब,

$|A| = \cos\theta(\cos\theta) - \sin\theta(-\sin\theta)$

$= \cos^2\theta + \sin^2\theta$

$= 1$

अब,

$$AdjA = \begin{pmatrix} \cos\theta & -\sin\theta & 0 \\ \sin\theta & \cos\theta & 0 \\ 0 & 0 & 1 \end{pmatrix}$$

(i) में मानो को रखने पर,

$$\therefore A^{-1} = \begin{pmatrix} \cos\theta & -\sin\theta & 0 \\ \sin\theta & \cos\theta & 0 \\ 0 & 0 & 1 \end{pmatrix}$$

अत: विकल्प (A) सही है।

3. दिया है,

$(1 + y^2)dx = xydy$

$\Rightarrow \frac{2}{x}dx = \frac{2y}{1+y^2}dy$ ... (i)

मान लें $t = 1 + y^2$

$\Rightarrow dt = 2ydy$ ...(ii)

(i) और (ii) का समाकलन करने पर,

$\Rightarrow \int \frac{2}{x}dx = \int \frac{dt}{t} + logc$ का उपयोग करते हुए,

इसलिए $logx^2 = logct$

$\Rightarrow x^2 = c(1 + y^2)$.....(i)

$(x, y) = (1,0)$ डालते हुए,

$\Rightarrow 1 = c(1 + 0)$

$\Rightarrow c = 1$

$c = 1$ (i) में डालते हुए,

तो वक्र का समीकरण $x^2 - y^2 = 1$ होगा।

अत: विकल्प (A) सही है।

4. एक अवकल समीकरण का उच्चतम क्रम उच्चतम अवकलन का क्रम है।

इसलिए $y'y'' + y = \sin x$ का क्रम 2 हैं।

अत: विकल्प (B) सही है।

5. मान लेते हैं $A(x_1, y_1) = (0,6), B(x_2, y_2) = (8,12)$ और $C(x_3, y_3) = (8,0)$ त्रिभुज ABC के शीर्ष हैं।

दूरी $= \sqrt{(X_1 - X_2)^2 + (Y_1 - Y_2)^2}$

तब,

$c = AB$, $(0, 6)$ $(8, 12)$ के लिए,

$= \sqrt{(0-8)^2 + (6-12)^2}$

$AB = 10$

$b = CA$, $(0, 6)$ $(8, 0)$ के लिए,

$= \sqrt{(0-8)^2 + (6-0)^2}$

$CA = 10$

$a = BC$, $(8, 12)$ $(8, 0)$ के लिए,

$= \sqrt{(8-8)^2 + (12-0)^2}$

$BC = 12$

अंतः केंद्र के निर्देशाक हैं, $\left(\frac{ax_1 + bx_2 + cx_3}{a+b+c}, \frac{ay_1 + by_2 + cy_3}{a+b+c} \right)$

$\Rightarrow \left(\frac{12 \times 0 + 10 \times 8 + 10 \times 8}{12 + 10 + 10}, \frac{12 \times 6 + 10 \times 12 + 10 \times 0}{12 + 10 + 10} \right)$

$\Rightarrow \left(\frac{160}{32}, \frac{192}{32} \right)$

$\Rightarrow (5,6)$

अत: विकल्प (D) सही है।

6. $(\sqrt{3} + i)$ का मापांक आयाम रूप:

$z = r(\cos\theta + i\sin\theta)$

$\Rightarrow r\cos\theta = \sqrt{3}, r\sin\theta = 1$

$\Rightarrow r^2(\cos^2\theta + \sin^2\theta) = 4$

$\Rightarrow r^2 = 4$

$\Rightarrow r = 2$

$2\cos\theta = \sqrt{3}$ और $2\sin\theta = 1$

$\Rightarrow \cos\theta = \frac{\sqrt{3}}{2}$ और $\sin\theta = \frac{1}{2}$

$\Rightarrow \theta = \frac{\pi}{6}$ और $\theta = \frac{\pi}{6}$

$\therefore z = 2\left(\cos\frac{\pi}{6} + i\sin\frac{\pi}{6} \right)$

अतः विकल्प (B) सही है।

7. $\frac{1}{\log_2 N} + \frac{1}{\log_3 N} + \frac{1}{\log_4 N} + \cdots + \frac{1}{(\log_{100} N)}$

अब हम जानते हैं कि, $\frac{1}{\log_n b} = \log_b a$

$= \log_N 2 + \log_N 3 + \log_N 4 + \cdots + \log_N 100$

$= \log_N(2.3.4 \ldots \ldots 100)$

$\log_N(100!)$

$= \frac{1}{\log_{100!} N}$

अत: विकल्प (A) सही है।

8. $i^{1000} + i^{1001} + i^{1002} + i^{1003}$

$= i^{1000} + i^{1000} \cdot i + i^{1002} + i^{1002} \cdot i$

$= (i^2)^{500} + (i^2)^{500} \cdot i + (i^2)^{501} + (i^2)^{501} \cdot i$

$= (-1)^{500} + (-1)^{500} \cdot i + (-1)^{501} + (-1)^{501} \cdot i$

$= 1 + i - 1 - i$

$= 0$

अत: विकल्प (A) सही है।

9. $I = \int \frac{e^x}{e^x + e^{-x}} dx$

$I = \int \frac{e^x}{e^{2x}+1} dx$

मान लें, $e^x = t$

$\Rightarrow e^x dx = dt$

$= \int \frac{1}{t^2+1} dt = \tan^{-1}t + c$

$\int \frac{e^x}{e^x+e^{-x}} dx = \tan^{-1}e^x + c$

अत: विकल्प (C) सही है।

10. $S_\infty = \frac{a}{1-r}$ जहाँ ' a ' गुणोत्तर श्रेणी का पहला पद और r

उभयनिष्ठ अंतर है। $\therefore \frac{4}{3} = \frac{\frac{3}{4}}{1-r}$

$\Rightarrow 1 - r = \frac{\frac{3}{4}}{\frac{4}{3}}$

$\Rightarrow r = 1 - \frac{9}{16}$

$\Rightarrow r = \frac{7}{16}$

अत: विकल्प (A) सही है।

11. $\left|\frac{\beta-\alpha}{1-\alpha\beta}\right|^2 = \left(\frac{\beta-\alpha}{1-\overline{\alpha}\beta}\right)\left(\frac{\beta-\alpha}{1-\alpha\beta}\right)$

$\Rightarrow \left|\frac{\beta-\alpha}{1-\alpha\beta}\right|^2 = \frac{\beta\beta-\beta\alpha-\alpha\beta+\alpha\alpha}{(1-\alpha\beta)(1-\alpha\beta)}$

$\Rightarrow \left|\frac{\beta-\alpha}{1-\overline{\alpha}\beta}\right|^2 = \frac{|\beta|^2-\beta\alpha-\alpha\beta+|\alpha|^2}{1-\alpha\beta-\alpha\beta+|\alpha|^2|\beta|^2}$

$\Rightarrow \left|\frac{\beta-\alpha}{1-\alpha\beta}\right|^2 = \frac{|\alpha|^2-\beta\overline{\alpha}-\alpha\overline{\beta}+1}{1-\alpha\beta-\alpha\beta+|\alpha|^2}$, $[\because |\beta| = 1]$

$\Rightarrow \left|\frac{\beta-\alpha}{1-\alpha\beta}\right| = 1$

अत: विकल्प (C) सही है।

12.

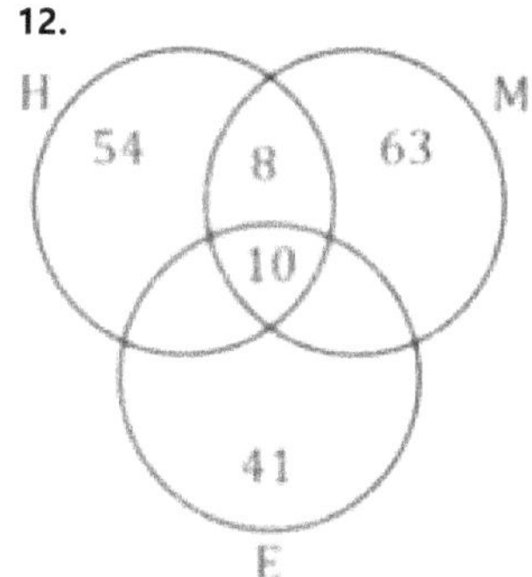

मान लेते हैं, H, M, E हिंदी, गणित और अंग्रेजी पढ़ने वाले छात्रों के सेट को निरूपित करते हैं।

$n(H) + n(M) + n(H \cap M) - n(H \cap M \cap E)$ [अंग्रेजी को छोड़कर]

$= 54 + 63 + 18 - 10$

$= 125$

अत: विकल्प (C) सही है।

13.

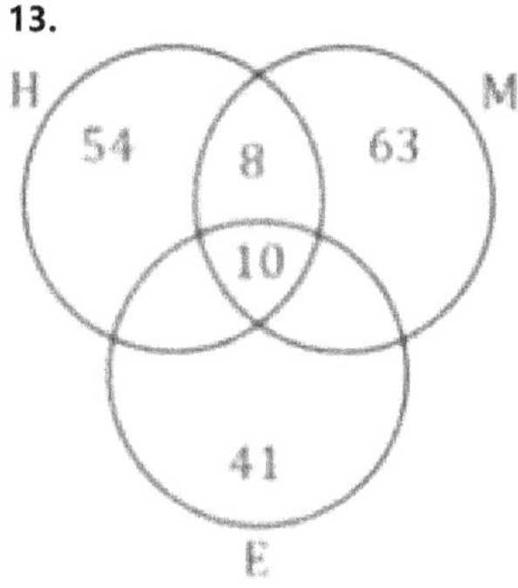

मान लेते हैं H, M, E हिंदी, गणित और अंग्रेजी पढ़ने वाले छात्रों के सेट को निरूपित करते हैं।

$n(H \cap M) - n(H \cap M \cap E)$

$= 18 - 10$

$= 8$

अत: विकल्प (D) सही है।

14. चार अंकों की संख्या 10 से विभाज्य होती है 1,5,0,6,7 का उपयोग करते हुए,

10 द्वारा विभाज्यता → संख्या को शून्य से ख़तम होना चाहिए।

यूनिट स्थान पर 'शून्य' को रखने के बाद हमारे पास 4 संख्या बचती हैं।

दसवें स्थान पर कोई भी संख्या रखने के बाद हमारे पास '3' संख्या बचती हैं।

किसी भी संख्या को दसवें और सौवें स्थान पर रखने के बाद।

कुल $= 4 \times 3 \times 2 = 24$

$= 24$

अत: विकल्प (A) सही है।

15. दिया है,

$\cos T = \frac{3}{5}$

$\sin T = \sqrt{1 - \cos^2 T}$

$\sin T = \sqrt{1 - \left(\frac{3}{5}\right)^2}$

$= \sqrt{1 - \frac{9}{25}}$

$= \sqrt{\frac{16}{25}} = -\frac{4}{5}$ (क्योंकि T IV चतुर्थांश में है)

$\sin R = \frac{8}{17}$

$\cos R = \sqrt{1 - \sin^2 R}$

$\sin T = \sqrt{1 - \left(\frac{8}{17}\right)^2}$

$\cos R = \sqrt{1 - \frac{64}{289}}$

$= \sqrt{\frac{225}{289}} = -\frac{15}{17}$ (क्योंकि R II चतुर्थांश में है)

अब,

$\because \cos(T - R) = \cos T \cos R + \sin T \sin R$

$= \frac{3}{5} \times \frac{-15}{17} + \frac{4}{5} \times \frac{8}{17}$

$= \left[\frac{-45-32}{85}\right]$

$$= -\frac{77}{85}$$

अत: विकल्प (D) सही है।

16. मान लें r निरन्तर धनात्मक संख्याएं हैं,

$$n+1, \ldots \ldots, n+r-1, n+r$$

फिर, $(n+1) \ldots (n+r)$

$$= \frac{n!(n+1)\cdots\ldots(n+r)}{n \cdot r!} = n+rC_r$$

जो एक सकारात्मक पूर्णांक है।

अत: विकल्प (C) सही है।

17. $\dfrac{AM}{GM} = \dfrac{5}{3}$

$$\frac{\frac{a+b}{2}}{\sqrt{ab}} = \frac{5}{3}$$

$$\frac{a+b}{2\sqrt{ab}} = \frac{5}{3}$$

$$\frac{\frac{a}{b}+1}{2\sqrt{\frac{a}{b}}} = \frac{5}{3} \quad [\text{अंश और हर को } b \text{ से विभाजित करें}]$$

मान ले, $\dfrac{a}{b} = y$

$$\Rightarrow \frac{y+1}{2\sqrt{y}} = \frac{5}{3}$$

$$\Rightarrow 3y + 3 = 10\sqrt{y}$$

दोनों पक्षों में वर्ग करने पर,

$$\Rightarrow 9y^2 + 9 + 18y = 100y$$

$$\Rightarrow 9y^2 - 82y + 9 = 0$$

$$\Rightarrow 9y^2 - 81y - y + 9$$

$$\Rightarrow 9y(y-9) - 1(y-9) = 0$$

$$\Rightarrow y = \frac{1}{9} \text{ या } y = 9$$

अर्थात, $\dfrac{a}{b} = \dfrac{1}{9}$ या $\dfrac{a}{b} = \dfrac{9}{1}$

अत: विकल्प (C) सही है।

18. दिया गया है, $|1-2i|^x = 5^x$

हमें x का मान ज्ञात करना होगा जिसके लिए पूर्णांक शून्य नहीं होना चाहिए

पहले $|1-2i|$ का मान ज्ञात करते हैं,

$$|1-2i| = \sqrt{(1)^2 + (2)^2} = \sqrt{5}$$
$$\Rightarrow \left[\because z = x+iy \Rightarrow |z| = \sqrt{x^2+y^2}\right]$$

इसलिये,

$$|1-2i|^x = 5^x$$

$$\Rightarrow \left(\sqrt{5}\right)^x = 5^x$$

$$\Rightarrow \left(\sqrt{5}\right)^x = \left(\sqrt{5}\right)^{2x}$$

घातों की तुलना करने पर,

$$\Rightarrow x = 2x$$

$$\Rightarrow x - 2x = 0$$

$$\Rightarrow -x = 0$$

$$\Rightarrow x = 0$$

अत: विकल्प (A) सही है।

19. 100 और 1000 के बीच की 3 अंकों की संख्या है।

और हर अंक के 5 विकल्प $(1,2,3,4,5)$ में से होंगे जिससे एक संख्या बनेगी।

लेकिन पुनरावृत्ति की अनुमति नहीं है।

इतनी संख्या $= {}^5P_3$

$$= \frac{5!}{(5-3)!}$$

$$= \frac{5!}{2!}$$

$${}^5P_3 = 60$$

अत: विकल्प (D) सही है।

20. चूंकि, सेट A और B ज्ञात नहीं है, तो सेट $A \Delta B$ की गणनीयता निर्धारित नहीं किया जा सकता है।

अत: विकल्प (D) सही है।

21. दिया है,

$$(1+x)^{43}$$

जैसा कि हम जानते हैं, $(1+x)^n$ के विस्तार में r पद का गुणांक ${}^nC_{r-1}$ है।

इसलिए $(2r+1)$ तथा $(r+2)$ पदों के गुणांक ${}^{43}C_{2r+1-1}$ तथा ${}^{43}C_{r+2-1}$ हैं

इन गुणांक के बराबर होने के लिए, हमारे पास होना चाहिए

$${}^{43}C_{2r+1-1} = {}^{43}C_{r+2-1} \quad {}^{43}C_{2r} = {}^{43}C_{r+1}$$

$$\Rightarrow 2r = r+1 \text{ या } 2r + r + 1 = 43 \text{ [क्योंकि, } {}^nC_r = {}^nC_s \Rightarrow r = s \text{(या) } r+s = n]$$

$$\Rightarrow 2r - r = 1 \text{ या } 3r + 1 = 43$$

$$\Rightarrow 3r = 43 - 1 \quad r = 1$$

$$\Rightarrow r = 1 \text{ या } 3r = 42$$

$$\Rightarrow r = 1 \text{ या } r = \frac{42}{3}$$

$$\Rightarrow r = 1 \text{ या } r = 14$$

$$\therefore r = 14 \text{ [चूंकि, } 1 \text{ वही पद देता है]}$$

अत: विकल्प (B) सही है।

22. यदि $n = (2017)!$

$$\frac{1}{\log_2 \pi} + \frac{1}{\log_3 n} + \cdots + \frac{1}{\log_{207} \pi} \ldots \ldots \ldots \text{(i)}$$

अब हम जानते हैं कि, $\dfrac{1}{\log_a b} = \log_b a$

$\therefore$ हम (i) को फिर से लिख सकते हैं,

$$\frac{1}{\log_2 n} + \frac{1}{\log_3 n} + \cdots + \frac{1}{\log_{2017} n}$$

$$= \log_n 2 + \log_n 3 + \log_n 4 + \cdots + \log_n 2017$$

$$= \log_n(2.3.4\ldots\ldots 2017) \text{ as } [\log_a b + \log_a c = \log_a(b \times c)]$$

$$\because n = (2017)!$$

$$\therefore \log_n(2.3.4\ldots 2017)$$

$$= \log_{2017!}(2017)!$$

$$= 1$$

इसलिए,

$$\frac{1}{\log_2 n} + \frac{1}{\log_3 n} + \cdots + \frac{1}{\log_{2017} n} = 1$$

अत: विकल्प (B) सही है।

23. $(121)^n - 25^n + 1900^n - (-4)^n$

$n = 1$ के लिये

$121 - 25 + 1900 - (-4)$

$= 121 - 25 + 1900 + 4$

$= 2025 - 25$

$= 2000$

अत: विकल्प (B) सही है।

24. दिया हुआ है, $Z = -1 - i$

$Z = r(\cos\theta + i\sin\theta)$

यहाँ, r मापांक है और θ तर्क है।

$r\cos\theta = -1$ तथा $r\sin\theta = -1$

$\Rightarrow r^2 = 2$

$\Rightarrow r = \sqrt{2}$

$\therefore \sqrt{2}\cos\theta = -1$

$\Rightarrow \cos\theta = \frac{-1}{\sqrt{2}}$

$\sqrt{2}\sin\theta = -1$

$\Rightarrow \sin\theta = \frac{-1}{\sqrt{2}}$

यहाँ दोनों $\cos\theta$ तथा $\sin\theta$ नकारात्मक हैं।

इसलिये θ तीसरे चतुष्कोण में निहित है

तर्क $= \dfrac{-3\pi}{4}$

अत: विकल्प (C) सही है।

25. जैसा कि हम जानते हैं,

sin (π – θ) = sin θ

दिया हुआ है,

A + B + C = π

⇒ A + B = π - C

अब,

sin (A + B) = sin (π - C)

अब मान को दिए गए समीकरण में रखने पर,

sin (A + B) + sin C

= sin (π – C) + sin C

= sin C + sin C (∵ sin (π – θ) = sin θ)

= 2 sin C

अत: विकल्प (B) सही है।

Q.1 $\dfrac{4\sin20\sin80-1}{\sin10}$ का मान ज्ञात कीजिए।

A. 0   **B.** 4   **C.** 1   **D.** 2

Q.2 यदि $\cos x + \cos y + \cos z = 0$ और $\sin x + \sin y + \sin z = 0$ तो $\cos(x-y)$ का मान ज्ञात करें।

A. 1   **B.** $\frac{1}{2}$ **C.** $-\frac{1}{2}$ **D.** 0

Q.3 $\left(1+\cos\frac{\pi}{8}\right)\left(1+\cos\frac{3\pi}{8}\right)\left(1+\cos\frac{5\pi}{8}\right)\left(1+\cos\frac{7\pi}{8}\right)$ का मान ज्ञात कीजिए।

A. $\frac{1}{2}$ **B.** $\frac{1}{2}+\frac{1}{2\sqrt{2}}$

C. $\frac{1}{2}-\frac{1}{2\sqrt{2}}$ **D.** $\frac{1}{8}$

Q.4 a का मान ज्ञात करें, जिसमें $x+\sqrt{3x}+\frac{a^2}{4}$ वर्ग है।

A. $\sqrt{3}$ **B.** $2\sqrt{3}$ **C.** $3\sqrt{3}$ **D.** $4\sqrt{3}$

Q.5 यदि $x = 2 + 2^{\frac{2}{3}} + 2^{\frac{1}{3}}$ है, तब $x^3 - 6x^2 + 6x$ का मान ज्ञात कीजिये।

A. 3   **B.** 2   **C.** 1   **D.** 0

Q.6 यदि $A = \begin{bmatrix} 2 & -3 \\ 0 & 1 \end{bmatrix}$ और $B = \begin{bmatrix} 1 & 2 \\ 3 & 0 \end{bmatrix}$ है, तो $(B^{-1}A^{-1})^{-1}$ बराबर है:

A. $\begin{bmatrix} 7 & 4 \\ 3 & 0 \end{bmatrix}$ **B.** $\begin{bmatrix} -7 & 4 \\ 3 & 0 \end{bmatrix}$

C. $\begin{bmatrix} -7 & 4 \\ 0 & 5 \end{bmatrix}$ **D.** $\begin{bmatrix} 4 & -7 \\ 3 & 0 \end{bmatrix}$

Q.7 माना कि p, q और r तीन अलग-अलग धनात्मक वास्तविक संख्याएँ हैं। यदि $D = \begin{vmatrix} p & q & r \\ q & r & p \\ r & p & q \end{vmatrix}$ है, तो निम्नलिखित में से कौन-सा सही है?

A. $D < 0$ **B.** $D \leq 0$ **C.** $D > 0$ **D.** $D \geq 0$

Q.8 यदि a, b, c वास्तविक संख्याएँ हैं तो सारणिक $\begin{vmatrix} 1-a & a-b-c & b+c \\ 1-b & b-c-a & c+a \\ 1-c & c-a-b & a+b \end{vmatrix}$ का मान ज्ञात कीजिए।

A. 0

B. $(a-b)(b-c)(c-a)$

C. $(a+b+c)^2$

D. $(a+b+c)^3$

Q.9 यदि $p + q + r = a + b + c = 0$ है, तो सारणिक $\begin{vmatrix} pa & qb & rc \\ qc & ra & pb \\ rb & pc & qa \end{vmatrix}$ बराबर है:

A. 0

B. 1

C. $pa + qb + rc$

D. $pa + qb + rc + a + b + c$

Q.10 यदि $\begin{vmatrix} a+b & b+c & c \\ b+c & c+a & a \\ c+a & a+b & b \end{vmatrix} = k\begin{vmatrix} a & b & c \\ b & c & a \\ c & a & b \end{vmatrix}$ है, तो k बराबर है:

A. 1   **B.** 2   **C.** 4   **D.** 6

Q.11 परवलय $y^2 - 8x + 6y + 1 = 0$ का फोकस ज्ञात कीजिए।

A. (2, 0)   **B.** (1, -3)

C. (8, 0)   **D.** इनमें से कोई भी नहीं

Q.12 दो वृत्त $x^2 + y^2 = r^2$ और $x^2 + y^2 - 10x + 16 = 0$ दो अलग-अलग बिंदुओं पर प्रतिच्छेद करते हैं। फिर निम्नलिखित में से कौन सा सही है?

A. $2 < r < 8$ **B.** $r = 2$ या $r = 8$

C. $r < 2$ **D.** $r > 2$

Q.13 एक अतिपरवलय $\dfrac{x^2}{16} - \dfrac{y^2}{9} = 1$ है, तो इसके संचालिका का समीकरण ज्ञात कीजिए।

A. $x = \frac{4}{5}$ **B.** $x = \frac{-4}{5}$ **C.** $x = \frac{16}{5}$ **D.** $x = \frac{17}{5}$

Q.14 दीर्घवृत्त $3x^2 + y^2 - 12x + 2y + 1 = 0$ के लैटस रेक्टम की लम्बाई ज्ञात कीजिए।

A. $2\sqrt{3}$ **B.** 12   **C.** $\frac{4}{\sqrt{3}}$ **D.** $\frac{3}{\sqrt{2}}$

Q.15 उस वृत्त की त्रिज्या ज्ञात कीजिए जो बिंदु $(1,2)$ और $(3,4)$ से होकर गुजरती है और केंद्र सीधी रेखा $y - 3x + 2 = 0$ पर है।

A. 3   **B.** $\sqrt{3}$ **C.** 5   **D.** $3\sqrt{2}$

Q.16 यदि सदिश $\hat{i} - x\hat{j} - y\hat{k}$ और $\hat{i} + x\hat{j} + y\hat{k}$ एक-दूसरे के आयतीय हैं, तो बिंदु (x, y) का बिंदुपथ ज्ञात कीजिए।

A. एक परवलय   **B.** एक दीर्घवृत्त

C. एक वृत्त   **D.** एक सीधी रेखा

Q.17 यदि $|\vec{a}| = \sqrt{2}$, $|\vec{b}| = \sqrt{3}$ और $|\vec{a}+\vec{b}| = \sqrt{6}$ है, तो $|\vec{a}-\vec{b}|$ बराबर है:

A. 1   **B.** 2   **C.** 3   **D.** 4

Q.18 समतल $2x + y + z = 7$ और $x - y + 2z = 9$ के बीच का कोण ज्ञात कीजिए।

A. 60°   **B.** 120°   **C.** 90°   **D.** 530°

Q.19 यदि एक रेखा क्रमशः x - अक्ष, y - अक्ष के साथ $45°, 60°$ कोण बनाती है, तो z - अक्ष के साथ उस रेखा द्वारा बनाया गया कोण ज्ञात कीजिए।

A. 75°   **B.** 45°   **C.** 60°   **D.** 30°

Q.20 तल $x + 2y - 4z = 8$ द्वारा विच्छेदित अंतःखंड ज्ञात कीजिए।

A. $(1,2,4)$	**B.** $(1,2,-4)$
C. $(8,4,2)$	**D.** $(8,4,-2)$

Q.21 $\int \sqrt{2x+3}\,dx$ बराबर है:

A. $\frac{(2x+3)^{\frac{1}{2}}}{3}+c$ **B.** $\frac{(2x+3)^{\frac{3}{2}}}{2}+c$

C. $\frac{(2x+3)^{\frac{3}{2}}}{3}+c$ **D.** उपरोक्त में से कोई नहीं

Q.22 $\int_{4}^{9} \frac{1}{\sqrt{x}}\,dx$ का मान ज्ञात कीजिए।

A. 1 **B.** -2 **C.** 2 **D.** -1

Q.23 यदि $2x^3 - 3y^2 = 7$ है, तो $\frac{dy}{dx}$ पर $(y \neq 0)$ बराबर है:

A. $\frac{x^2}{2y}$ **B.** $\frac{x}{2y}$

C. $\frac{x^2}{y}$ **D.** उपरोक्त में से कोई नहीं

Q.24 माना तीन संख्याओं का औसत 16 है। यदि दो संख्याएँ 8 और 10 हैं, तो शेष संख्या ज्ञात कीजिए।

A. -30 **B.** 18 **C.** 12 **D.** 30

Q.25 यदि A और B, $P(A) = \frac{3}{5}$ और $P(B) = \frac{4}{9}$ वाली दो स्वतंत्र घटनाएं हैं, तो $P(A \cap B)$ बराबर है:

A. $\frac{4}{15}$ **B.** $\frac{8}{45}$ **C.** $\frac{1}{3}$ **D.** $\frac{7}{12}$

// स्मार्ट उत्तर पुस्तिका //

सही उत्तर उन छात्रों का प्रतिशत जिन्होंने प्रश्नों का सही उत्तर दिया था।　　**छोड़ दिया** उन छात्रों का प्रतिशत जिन्होंने प्रश्नों को छोड़ दिया था।

प्रश्न संख्या	उत्तर	सही उत्तर / छोड़ दिया	प्रश्न संख्या	उत्तर	सही उत्तर / छोड़ दिया	प्रश्न संख्या	उत्तर	सही उत्तर / छोड़ दिया	प्रश्न संख्या	उत्तर	सही उत्तर / छोड़ दिया	प्रश्न संख्या	उत्तर	सही उत्तर / छोड़ दिया	प्रश्न संख्या	उत्तर	सही उत्तर / छोड़ दिया
1	D	0 % 100 %	6	B	3.45 % 93.1 %	11	B	3.45 % 93.1 %	16	C	0 % 100 %	21	C	3.45 % 93.1 %			
2	C	0 % 100 %	7	B	3.45 % 93.1 %	12	A	6.9 % 93.1 %	17	B	3.45 % 93.1 %	22	C	6.9 % 93.1 %			
3	D	0 % 100 %	8	A	0 % 100 %	13	C	3.45 % 93.1 %	18	A	6.9 % 93.1 %	23	C	6.9 % 93.1 %			
4	A	3.45 % 93.1 %	9	A	6.9 % 93.1 %	14	C	3.45 % 93.1 %	19	C	0 % 100 %	24	D	6.9 % 93.1 %			
5	B	3.45 % 93.1 %	10	A	3.45 % 93.1 %	15	A	0 % 100 %	20	D	0 % 100 %	25	A	3.45 % 93.1 %			

//संकेत और समाधान//

1. जैसा कि हम जानते हैं,

$2\sin x\sin y = \cos(x - y) - \cos(x + y)$

$4\sin20\sin80 - 1$

$= 2 \times (2\sin80\sin20) - 1$

$= 2 \times [\cos(80 - 20) - \cos(80 + 20)] - 1$

$= 2 \times [\cos60 - \cos100] - 1$

$= 2\cos60 - 2\cos100 - 1$

$= 2 \times \frac{1}{2} - 2\cos(90 + 10) - 1$

$= 1 - 2[-\sin10] - 1 \ [\because \cos(90 + \theta) = -\sin\theta]$

$= 2\sin10$

अब,

$\frac{4\sin20\sin80 - 1}{\sin10} = \frac{2\sin10}{\sin10} = 2$

अत: विकल्प (D) सही है।

2. जैसा कि हम जानते हैं,

$\sin^2 x + \cos^2 y = 1$

$\cos(x - y) = \cos x\cos y + \sin x\sin y$

दिया हुआ,

$\cos x + \cos y + \cos z = 0$

$\Rightarrow \cos x + \cos y = -\cos z \dots (1)$

$\sin x + \sin y + \sin z = 0$

$\Rightarrow \sin x + \sin y = -\sin z \dots (2)$

समीकरण (1) और समीकरण (2) का वर्ग करके और उनको जोड़कर हम प्राप्त करते हैं

$(\cos x + \cos y)^2 + (\sin x + \sin y)^2 = (-\cos z)^2 + (-\sin z)^2$

$\Rightarrow \cos^2 x + \cos^2 y + 2\cos x\cos y + \sin^2 x + \sin^2 y + 2\sin x\sin y = \cos^2 z + \sin^2 z$

$\Rightarrow (\cos^2 x + \sin^2 x) + (\cos^2 y + \sin^2 y) + 2[\cos x\cos y + \sin x\sin y] = 1$

$\Rightarrow 1 + 1 + 2\cos(x - y) = 1$

$\Rightarrow 2\cos(x - y) = -1$

$\therefore \cos(x - y) = \frac{-1}{2}$

अत: विकल्प (C) सही है।

3. $\left(1 + \cos\frac{\pi}{8}\right)\left(1 + \cos\frac{3\pi}{8}\right)\left(1 + \cos\frac{5\pi}{8}\right)\left(1 + \cos\frac{7\pi}{8}\right)$

$= \left(1 + \cos\frac{\pi}{8}\right)\left(1 + \cos\frac{3\pi}{8}\right)\left(1 + \cos\left(\pi - \frac{3\pi}{8}\right)\right)\left(1 + \cos\left(\pi - \frac{\pi}{8}\right)\right)$

$= \left(1 + \cos\frac{\pi}{8}\right)\left(1 + \cos\frac{3\pi}{8}\right)\left(1 - \cos\frac{\pi}{8}\right)\left(1 - \cos\frac{3\pi}{8}\right) \ (\because \cos(\pi - \theta) = -\cos\theta)$

$= \left(1 - \cos^2\left(\frac{\pi}{8}\right)\right)\left(1 - \cos^2\left(\frac{3\pi}{8}\right)\right) \ (\because (a + b)(a - b) = a^2 - b^2)$

$= \sin^2\left(\frac{\pi}{8}\right) \times \sin^2\left(\frac{3\pi}{8}\right) (\because 1 - \cos^2\theta = \sin^2\theta)$

$= \left(\frac{1 - \cos\frac{\pi}{4}}{2}\right) \times \left(\frac{1 - \cos\frac{3\pi}{4}}{2}\right)$

हम जानते हैं कि,

$\cos\frac{\pi}{4} = \frac{1}{\sqrt{2}}$ और $\cos\frac{3\pi}{4} = \frac{-1}{\sqrt{2}}$

$= \frac{1}{4}\left(1 - \frac{1}{\sqrt{2}}\right) \times \left(1 + \frac{1}{\sqrt{2}}\right) = \frac{1}{8}$

अत: विकल्प (D) सही है।

4. किसी भी द्विघात समीकरण में $ax^2 + bx + c = 0$ एक वर्ग है, यदि अंतर (D) शून्य हो, जहाँ $D = b^2 - 4ac$ है।

दिया हुआ,

समीकरण, $x + \sqrt{(3x)} + \frac{a^2}{4} = 0$

$x = y^2$ रखने पर हमें प्राप्त होता है,

$y^2 + y\sqrt{3} + \frac{a^2}{4} = 0$

वर्ग बनने के लिए

$D = \left(\sqrt{3}\right)^2 - \left(4 \times 1 \times \frac{a^2}{4}\right) = 0$

$\Rightarrow 3 - a^2 = 0$

$\Rightarrow a^2 = 3$

$\therefore a = \sqrt{3}$

अत: विकल्प (A) सही है।

5. दिया हुआ,

$x = 2 + 2^{\frac{2}{3}} + 2^{\frac{1}{3}}$

$\Rightarrow (x - 2) = \left(2^{\frac{2}{3}} + 2^{\frac{1}{3}}\right)$

दोनों ओर घन करने पर,

$x^3 - 8 - 6x^2 + 12x = 4 + 2 + 3 \times 2^{\frac{2}{3}} \times 2^{\frac{1}{3}}\left(2^{\frac{2}{3}} + 2^{\frac{1}{3}}\right)$

$\Rightarrow x^3 - 14 - 6x^2 + 12x = 6(x - 2)$

$\Rightarrow x^3 - 14 - 6x^2 + 12x - 6x + 12 = 0$

$\Rightarrow x^3 - 6x^2 + 6x = 2$

अत: विकल्प (B) सही है।

6. दिया हुआ,

$A = \begin{bmatrix} 2 & -3 \\ 0 & 1 \end{bmatrix}$ और $B = \begin{bmatrix} 1 & 2 \\ 3 & 0 \end{bmatrix}$

$\Rightarrow \left(B^{-1} A^{-1}\right)^{-1} = \left(A^{-1}\right)^{-1}\left(B^{-1}\right)^{-1}$

$\left(\because (AB)^{-1} = B^{-1} A^{-1}\right)$

$= AB \ (\because (A^{-1})^{-1} = A)$

$= \begin{bmatrix} 2 & -3 \\ 0 & 1 \end{bmatrix} \times \begin{bmatrix} 1 & 2 \\ 3 & 0 \end{bmatrix}$

$= \begin{bmatrix} (2 \times 1) + (-3 \times 3) & (2 \times 2) + (-3 \times 0) \\ (0 \times 1) + (1 \times 3) & (0 \times 2) + (1 \times 0) \end{bmatrix}$

$= \begin{bmatrix} -7 & 4 \\ 3 & 0 \end{bmatrix}$

अत: विकल्प (B) सही है।

7. $D = \begin{vmatrix} p & q & r \\ q & r & p \\ r & p & q \end{vmatrix}$

$= p(qr - p^2) - q(q^2 - pr) + r(pq - r^2)$

$= pqr - p^3 - q^3 + pqr + pqr - r^3$

$= 3pqr - (p^3 + q^3 + r^3)$

जैसा कि हम जानते हैं,

समांतर माध्य $\geq$ ज्यामितीय माध्य

अब, p^3, q^3 और r^3 का समांतर माध्य $= \dfrac{p^3+q^3+r^3}{3}$

अब, p^3, q^3 और r^3 का समांतर माध्य $= (p^3 \times q^3 \times r^3)^{\frac{1}{3}} = pq$

इसलिए,

$\dfrac{p^3+q^3+r^3}{3} \geq pqr$

$\Rightarrow p^3 + q^3 + r^3 \geq 3pqr$

$\Rightarrow 3pqr - (p^3 + q^3 + r^3) \leq 0$

$\therefore D \leq 0$

अत: विकल्प (B) सही है।

8. माना $\Delta = \begin{vmatrix} 1-a & a-b-c & b+c \\ 1-b & b-c-a & c+a \\ 1-c & c-a-b & a+b \end{vmatrix}$

$C_2 \to C_2 + C_3$ को लागू करके हम प्राप्त करते हैं

$\Delta = \begin{vmatrix} 1-a & a & b+c \\ 1-b & b & c+a \\ 1-c & c & a+b \end{vmatrix}$

$C_1 \to C_1 + C_2, C_3 \to C_3 + C_2$ को लागू करके हम प्राप्त करते हैं

$\Delta = \begin{vmatrix} 1 & a & a+b+c \\ 1 & b & b+c+a \\ 1 & c & c+a+b \end{vmatrix}$

C_3 से $a + b + c$ उभयनिष्ठ लेते हुए हम प्राप्त करते हैं

$\Delta = (a + b + c) \begin{vmatrix} 1 & a & 1 \\ 1 & b & 1 \\ 1 & c & 1 \end{vmatrix}$

हम जानते हैं कि यदि एक सारणिक के दो स्तंभ एकसम हैं तो सारणिक का मान शून्य होता है।

$\therefore \Delta = 0$

अत: विकल्प (A) सही है।

9. माना $\begin{vmatrix} pa & qb & rc \\ qc & ra & pb \\ rb & pc & qa \end{vmatrix} = R_1$

R_1 को विस्तृत करने पर,

$= pa(ra \times qa - pb \times pc) - qb(qc \times qa - pb \times rb) + rc(qc \times pc - ra \times rb)$

$= pa\,(a^2qr - p^2bc) - qb\,(q^2ac - b^2pr) + rc\,(c^2pq - r^2ab)$

$= a^3pqr - p^3abc - q^3abc + b^3pqr + c^3pqr - r^3abc$

$= pqr(a^3 + b^3 + c^3) - abc(p^3 + q^3 + r^3)$

अब हम जानते हैं कि,

यदि $a + b + c = 0$ है, तो $a^3 + b^3 + c^3 = 3abc$ है।

$= pqr(3abc) - abc(3pqr)$

$= 0$

अत: विकल्प (A) सही है।

10. दिया हुआ,

$\begin{vmatrix} a+b & b+c & c \\ b+c & c+a & a \\ c+a & a+b & b \end{vmatrix} = k \begin{vmatrix} a & b & c \\ b & c & a \\ c & a & b \end{vmatrix}$

माना $\Delta = \begin{vmatrix} a+b & b+c & c \\ b+c & c+a & a \\ c+a & a+b & b \end{vmatrix}$

$C_2 \to C_2 - C_3$ लागू करने, हमें निम्न प्राप्त होता है

$= \begin{vmatrix} a+b & b & c \\ b+c & c & a \\ c+a & a & b \end{vmatrix}$

$C_1 \to C_1 - C_2$ लागू करने, हमें निम्न प्राप्त होता है

$= \begin{vmatrix} a & b & c \\ b & c & a \\ c & a & b \end{vmatrix}$

अब,

$\begin{vmatrix} a+b & b+c & c \\ b+c & c+a & a \\ c+a & a+b & b \end{vmatrix} = k \begin{vmatrix} a & b & c \\ b & c & a \\ c & a & b \end{vmatrix}$

$\Rightarrow \begin{vmatrix} a & b & c \\ b & c & a \\ c & a & b \end{vmatrix} = k \begin{vmatrix} a & b & c \\ b & c & a \\ c & a & b \end{vmatrix}$

$\Rightarrow k = 1$

अत: विकल्प (A) सही है।

11. दिया हुआ,

$y^2 - 8x + 6y + 1 = 0$

$\Rightarrow y^2 + 6y + 9 - 9 - 8x + 1 = 0$

$\Rightarrow (y + 3)^2 - 8x - 8 = 0$

$\Rightarrow (y + 3)^2 = 8x + 8$

$\Rightarrow (y + 3)^2 = 8(x + 1)$

माना नए निर्देशांक अक्ष X और Y हैं।

X = x + 1 और Y = y + 3

$\Rightarrow Y^2 = 4aX$

अब उपरोक्त समीकरण के साथ तुलना करते हुए,

$\therefore 4a = 8$

$\Rightarrow a = 2$

फोकस: (a, 0)

X = a और Y = 0

$\Rightarrow$ x + 1 = 2 और y + 3 = 0

$\Rightarrow$ x = 1 और y = -3

$\therefore$ परवलय का फोकस (1, -3) है।

अत: विकल्प (B) सही है।

12. दिया हुआ

वृत्त $x^2 + y^2 = r^2$ और $x^2 + y^2 - 10x + 16 = 0$ हैं।

माना दो वृत्तों के केंद्र C_1 और C_2 हैं और त्रिज्या r_1 और r_2 हैं।

$C_1 = (0,0)$ और $r_1 = r$

$C_2 = (5,0)$ और $r_2 = \sqrt{5^2 + 0^2 - 16} = 3$

अब,

$C_1 C_2 = \sqrt{(5-0)^2 + (0-0)^2} = 5$

जब दो वृत्त दो बिंदुओं पर प्रतिच्छेद करेंगे,

$$r_1 - r_2 < C_1 C_2 < r_1 + r_2$$
$$\Rightarrow r - 3 < 5 < r + 3$$
$$\therefore 2 < r < 8$$
अत: विकल्प (A) सही है।

13. दिया हुआ,
$$\frac{x^2}{16} - \frac{y^2}{9} = 1$$
मानक समीकरण के साथ तुलना करने पर, हमें प्राप्त होता है
$$a^2 = 16 \text{ और } b^2 = 9$$

उत्केंद्रता $e = \sqrt{1 + \frac{b^2}{a^2}} = \sqrt{1 + \frac{9}{16}} = \sqrt{\frac{16+9}{16}} = \sqrt{\frac{25}{16}} = \frac{5}{4}$

अब, संचालिका का समीकरण,
$$x = \pm \frac{a}{e} = \pm \frac{4}{\left(\frac{5}{4}\right)} = \pm \frac{16}{5}$$
अत: विकल्प (C) सही है।

14. जैसा कि हम जानते हैं,

दीर्घवृत्त का मानक समीकरण $\frac{x^2}{a^2} + \frac{y^2}{b^2} = 1$ है।

लैटस रेक्टम की लम्बाई $= \frac{2b^2}{a}$ जब $a > b$ और $\frac{2a^2}{b}$, जब $a < b$ है।

दिया हुआ,
$$3x^2 + y^2 - 12x + 2y + 1 = 0$$
$$\Rightarrow 3(x^2 - 4x + 4) - 12 + (y^2 + 2y + 1) = 0$$
$$\Rightarrow 3(x-2)^2 - 12 + (y+1)^2 = 0$$
$$\Rightarrow 3(x-2)^2 + (y+1)^2 = 12$$
$$\Rightarrow \frac{3(x-2)^2}{12} + \frac{(y+1)^2}{12} = 1 \; (\; 12 \text{ से विभाजित})$$
$$\Rightarrow \frac{(x-2)^2}{4} + \frac{(y+1)^2}{12} = 1$$
$$\Rightarrow \frac{(x-2)^2}{2^2} + \frac{(y+1)^2}{(2\sqrt{3})^2} = 1$$
$$\therefore a^2 = 2^2 \text{ और } b^2 = \left(2\sqrt{3}\right)^2$$
यहाँ $a < b$

इसलिए, लैटस रेक्टम की लम्बाई $= \frac{2a^2}{b}$
$$= \frac{2(4)}{2\sqrt{3}}$$
$$= \frac{4}{\sqrt{3}} \text{ इकाई}$$

अत: विकल्प (C) सही है।

15. जैसा कि हम जानते हैं,
दो बिंदु (x_1, y_1) और (x_2, y_2) के बीच की दूरी निम्न दी गयी है,
$$d = \sqrt{(x_2 - x_1)^2 + (y_2 - y_1)^2}$$
केंद्र रेखा $y - 3x + 2 = 0$ पर है।
माना $x = h$
$$\Rightarrow y = 3h - 2$$
इसलिए केंद्र रूप $(h, 3h - 2)$ का है।
$(1, 2)$ और $(3, 4)$ से केंद्र की दूरी बराबर होगी।

$$\Rightarrow (h-1)^2 + (3h - 2 - 2)^2 = (h-3)^2 + (3h - 2 - 4)^2$$
$$\Rightarrow h^2 - 2h + 1 + 9h^2 - 24h + 16 = h^2 - 6h + 9 + 9h^2 - 36h + 36$$
$$\Rightarrow -26h + 17 = -42h + 45$$
$$\Rightarrow 16h = 28$$
$$\Rightarrow h = \frac{7}{4}$$
$$\therefore y = \frac{21}{4} - 2 = \frac{13}{4}$$
इसलिए, केंद्र $\left(\frac{7}{4}, \frac{13}{4}\right)$ है।

अब, त्रिज्या वृत्त के केंद्र $\left(\frac{7}{4}, \frac{13}{4}\right)$ के लिए किसी बिंदु (अर्थात् $(1,2)$) से दूरी होगी।

$$\therefore r^2 = \left(1 - \frac{7}{4}\right)^2 + \left(2 - \frac{13}{4}\right)^2$$
$$= \left(-\frac{3}{4}\right)^2 + \left(\frac{-5}{4}\right)^2$$
अत: विकल्प (A) सही है।

16. दिया हुआ,
$\hat{i} - x\hat{j} - y\hat{k}$ और $\hat{i} + x\hat{j} + y\hat{k}$ एक-दूसरे के आयतीय हैं।
$$\hat{i} - x\hat{j} - y\hat{k} \text{ और } \hat{i} + x\hat{j} + y\hat{k}$$
$$\Rightarrow \left(\hat{i} - x\hat{j} - y\hat{k}\right) \cdot \left(\hat{i} + x\hat{j} + y\hat{k}\right) = 0$$
$$\Rightarrow 1 - x^2 - y^2 = 0$$
$$\Rightarrow x^2 + y^2 = 1$$
इसलिए, यह एक वृत्त है।
अत: विकल्प (C) सही है।

17. दिया हुआ,
$$\left|\vec{a}\right| = \sqrt{2}, \left|\vec{b}\right| = \sqrt{3} \text{ और } \left|\vec{a} + \vec{b}\right| = \sqrt{6}$$
जैसा कि हम जानते हैं,
$$\left|\vec{a} + \vec{b}\right|^2 + \left|\vec{a} - \vec{b}\right|^2 = 2\left(\left|\vec{a}\right|^2 + \left|\vec{b}\right|^2\right)$$
$$\Rightarrow \left(\sqrt{6}\right)^2 + \left|\vec{a} - \vec{b}\right|^2 = 2 \times \left[\left(\sqrt{2}\right)^2 + \left(\sqrt{3}\right)^2\right]$$
$$\Rightarrow \left|\vec{a} - \vec{b}\right|^2 = 4$$
$$\therefore \left|\vec{a} - \vec{b}\right| = 2$$
अत: विकल्प (B) सही है।

18. दो समतलों $a_1 x + b_1 y + c_1 z = d_1$ और $a_2 x + b_2 y + c_2 z = d_2$ के बीच न्यून कोण θ, सूत्र द्वारा दिया गया है,
$$\cos\theta = \frac{a_1 a_2 + b_1 b_2 + c_1 c_2}{\sqrt{(a_1^2 + b_1^2 + c_1^2)(a_2^2 + b_2^2 + c_2^2)}}$$
दिया हुआ,
$$2x + y + z = 7 \text{ और } x - y + 2z = 9$$
इसका मतलब,
$$a_1 = 2, b_1 = 1, c_1 = 1 \text{ और } a_2 = 1, b_2 = -1, c_2 = 2$$
कोण θ के लिए उपरोक्त सूत्र का उपयोग करके,
$$\cos\theta = \frac{2 \times 1 + 1 \times (-1) + 1 \times 2}{\sqrt{(2^2 + 1^2 + 1^2)(1^2 + (-1)^2 + 2^2)}} = \frac{3}{\sqrt{6 \times 6}} = \frac{3}{6} = \frac{1}{2}$$

$\Rightarrow \theta = 60°$

अत: विकल्प (A) सही है।

19. दिया हुआ,

एक रेखा x- अक्ष, y - अक्ष के साथ $45°, 60°$ बनाती है।

इसलिए, $\alpha = 45°$ और $\beta = 60°$

माना γ, z- अक्ष के साथ रेखा द्वारा बनाया गया कोण है।

जैसा कि हम जानते हैं,

$$\cos^2\alpha + \cos^2\beta + \cos^2\gamma = 1$$

$$\Rightarrow \cos^2 45° + \cos^2 60° + \cos^2\gamma = 1$$

$$\Rightarrow \left(\frac{1}{\sqrt{2}}\right)^2 + \left(\frac{1}{2}\right)^2 + \cos^2\gamma = 1$$

$$\Rightarrow \frac{1}{2} + \frac{1}{4} + \cos^2\gamma = 1$$

$$\Rightarrow \cos^2\gamma = 1 - \frac{3}{4} = \frac{1}{4}$$

$$\Rightarrow \cos\gamma = \pm\left(\frac{1}{2}\right)$$

$$\therefore \gamma = 60° \text{ या } 120°$$

अत: विकल्प (C) सही है।

20. जैसा कि हम जानते हैं,

तल का अंतःखंड रूप दिया गया है

$$\frac{x}{a} + \frac{y}{b} + \frac{z}{c} = 1$$

जहाँ a, x - अंतःखंड है और b, y अंतःखंड है और x, z अंतःखंड है।

दिया हुआ,

$$x + 2y - 4z = 8$$

$$\Rightarrow \frac{x}{8} + \frac{2y}{8} - \frac{4z}{8} = 1$$

$$\Rightarrow \frac{x}{8} + \frac{y}{4} + \frac{z}{-2} = 1$$

जैसा कि हम जानते हैं,

तल का अंतःखंड रूप दिया गया है,

$$\frac{x}{a} + \frac{y}{b} + \frac{z}{c} = 1$$

दिए गए तल द्वारा विच्छेदित अंतःखंड $(a, b, c) = (8, 4, -2)$ हैं।

अत: विकल्प (D) सही है।

21. दिया हुआ,

$$\int x^n dx = \frac{x^{n+1}}{n+1} + c$$

$$I = \int \sqrt{2x + 3}\, dx$$

माना $2x + 3 = t^2$

x के संबंध में अवकलन करने पर, हमें निम्न प्राप्त होता है

$$2dx = 2t\, dt$$

$$\Rightarrow dx = t\, dt$$

अब,

$$I = \int \sqrt{t^2} \times t\, dt$$

$$= \int t^2 dt$$

$$= \frac{t^3}{3} + c$$

$$= \frac{(2x+3)^{\frac{3}{2}}}{3} + c$$

अत: विकल्प (C) सही है।

22. $\int \frac{1}{\sqrt{x}} dx = \int x^{-\frac{1}{2}} dx$

$$= \frac{x^{-\frac{1}{2}+1}}{-\frac{1}{2}+1} + C$$

$$= 2\sqrt{x} + C$$

$$\therefore \int_4^9 \frac{1}{\sqrt{x}} dx = [2\sqrt{x}]_4^9 = 2[\sqrt{9} - \sqrt{4}] = 2(3 - 2) = 2$$

अत: विकल्प (C) सही है।

23. दिया हुआ,

$$2x^3 - 3y^2 = 7$$

x, के संबंध में अवकलन करने पर, हमें निम्न प्राप्त होता है

$$6x^2 - 6y\frac{dy}{dx} = 0$$

$$\Rightarrow x^2 - y\frac{dy}{dx} = 0$$

$$\Rightarrow \frac{dy}{dx} = \frac{x^2}{y}$$

अत: विकल्प (C) सही है।

24. $'n'$ अवलोकनों का माध्य $=$ अवलोकनों का योग $/\ n$

$n = 3$

माना तीसरी संख्या x है।

$$\therefore 16 = \frac{x+8+10}{3}$$

$$\Rightarrow x + 18 = 48$$

$$\Rightarrow x = 30$$

अत: विकल्प (D) सही है।

25. दिया हुआ,

$$P(A) = \frac{3}{5} \text{ और } P(B) = \frac{4}{9}$$

चूँकि A और B स्वतंत्र घटनाएं हैं: $P(A \cap B) = P(A) \times P(B)$

$$\Rightarrow P(A \cap B) = \frac{3}{5} \times \frac{4}{9} = \frac{4}{15}$$

अत: विकल्प (A) सही है।

Q.1 $\frac{\tan 60°}{\cot 30°}$ का मान इसके बराबर है:

A. 0   B. 1   C. 2   D. 3

Q.2 यदि $\cos X = \frac{2}{3}$ तो $\tan X$ के बराबर है:

A. $\frac{5}{2}$ B. $\sqrt{\frac{5}{2}}$ C. $\sqrt{\frac{5}{4}}$ D. $\frac{2}{\sqrt{5}}$

Q.3 यदि $^nP_r = 3024$ और $^nC_r = 126$ तो n और r का मान ज्ञात करे:

A. 9,4   B. 10,3   C. 12,4   D. 11,4

Q.4 विचार करें यदि एक पासा n डॉट्स के साथ एक सतह की आने की संभावना n के समानुपातिक है । 4 डॉट्स आने की संभावना है?

A. $\frac{1}{7}$ B. $\frac{5}{42}$ C. $\frac{1}{21}$ D. $\frac{4}{21}$

Q.5 लगातार 9 दिनों पर प्राप्त संदेशों का माध्यिका और बहुलक का मान ज्ञात करे: $15,11,9,5,18,4,15,13,17$

A. 13,6   B. 13,18   C. 18,15   D. 15,16

Q.6 बल F_1 और F_2 दो परस्पर सीधी दिशाओं में एक बिंदु द्रव्यमान पर कार्य करते हैं। बिंदु द्रव्यमान पर परिणामी बल होगा:

A. $F_1 + F_2$ B. $F_1 - F_2$

C. $\sqrt{F_1^2 + F_2^2}$ D. $F_1^2 + F_2^2$

Q.7 एक समांतर चतुर्भुज का क्षेत्रफल जिसके समीपवर्ती भाग वेक्टर $a = -\hat{i} - 2\hat{j} - 3\hat{k}$ और $b = -\hat{i} + 2\hat{j} - 3\hat{k}$ है:

A. $\sqrt{14}$ B. $\sqrt{6}$ C. $\frac{49}{36}$ D. $4\sqrt{10}$

Q.8 A और B दो परिमित समुच्चय हैं जैसे n (A) = 20, n (B) = 28 और n (A∪B) = 36, n(A ∩ B) ज्ञात कीजिए।

A. 12   B. 13   C. 14   D. 15

Q.9 A और B में 3 तत्वों वाले दो समान समुच्चय हैं। यदि $n(A) = 5, n(B) = 4$ है, तो $n(A \times B)$ किसके बराबर है?

A. 0   B. 9   C. 15   D. 20

Q.10 अवकल समीकरण $\left(\frac{d^3y}{dx^3}\right)^{\frac{3}{2}} = \left(\frac{d^2y}{dx^2}\right)^2$ की घात क्या है?

A. 1   B. 2   C. 3   D. 4

Q.11 n पदों की AP का पाँचवाँ पद क्या है जिसका योग $n^2 - 2n$ है?

A. 5   B. 7   C. 8   D. 15

Q.12 $C(n,r) + 2C(n, r - 1) + C(n, r - 2)$ किसके बराबर है?

A. $C(n + 1, r)$ B. $C(n - 1, r + 1)$

C. $C(n, r + 1)$ D. $C(n + 2, r)$

Q.13 यदि $z = -2 + 5i$ है, तो $z^2 + 4z + 30$ का मान ज्ञात कीजिए।

A. 1   B. 0   C. 2   D. 4

Q.14 यदि रेखा $y = x + k$ परवलय $y^2 = 4x$ के लिए सामान्य है तो k का मान ज्ञात कीजिए।

A. -3 B. 3   C. 2   D. -2

Q.15 k का मान क्या है जो $x = 0$ पर $f(x) = \begin{cases} \sin x, & x \neq 0 \\ k, & x = 0 \end{cases}$ को निरंतर बनाता है?

A. 2   B. 1   C. -1   D. 0

Q.16 $f(x) = \sin\frac{\pi x}{2} + 2\cos\frac{\pi x}{3} - \tan\frac{\pi x}{4}$ की अवधि है:

A. 6   B. 3   C. 4   D. 12

Q.17 2 तत्वों के एक सेट पर परिभाषित बाइनरी ऑपरेशन की संख्या है:

A. 8   B. 6   C. 4   D. 2

Q.18 $(x - 2y)^{12}$ के विस्तार में 4वाँ पद ज्ञात कीजिए।

A. $-1760x^9y^3$ B. $1760x^9y^3$

C. $-1760x^8y^9$ D. $-1999x^9y^3$

Q.19 $(y^2 + c/y)^5$ के विस्तार में y का गुणांक है:

A. $10c^3$ B. $20c^2$ C. $10c$ D. $20c$

Q.20 x के किस मूल्य के लिए आव्यूह A एकल है: $A = \begin{bmatrix} 3 - x & 2 & 2 \\ 2 & 4 - x & 1 \\ -2 & -4 & -1 - x \end{bmatrix}$

A. $x = 0,2$ B. $x = 1,2$ C. $x = 2,3$ D. $x = 0,3$

Q.21 त्रिभुज का क्षेत्रफल जिसके शीर्ष $(-3,0), (3,0)$ और $(0,k)$ है 9 वर्ग इकाई है तब k का मान होगा:

A. 9   B. 3   C. -9 D. 6

Q.22 दिए आकृति में O वृत्त का केंद्र है और $\angle PQR = 40°$, कोण $\angle POR$ का मान ज्ञात करें:

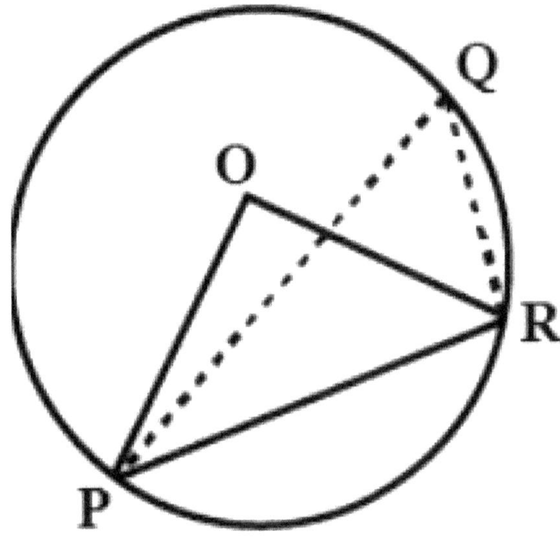

A. 80° **B.** 60° **C.** 50° **D.** 40°

Q.23 यदि O वृत्त का केंद्र है और $\triangle AOB$ एक समबाहु त्रिभुज है, तो $\angle ACB$ का मान है:

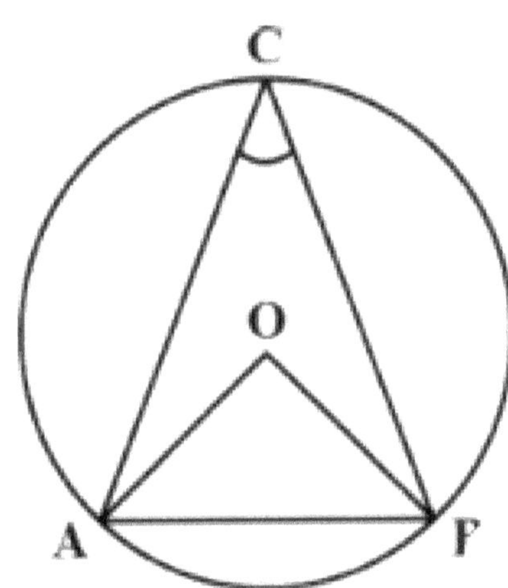

A. 60° **B.** 30° **C.** 90° **D.** 75°

Q.24 यदि, $f(x) = x\cos x$, तो, $f'(0) =$?

A. −1 **B.** 0 **C.** 1 **D.** ∞

Q.25 यदि, $f(x) = x\sin x$, तो, $f'(0) =$?

A. −1 **B.** 0 **C.** 1 **D.** ∞

// स्मार्ट उत्तर पुस्तिका //

सही उत्तर	उन छात्रों का प्रतिशत जिन्होंने प्रश्नों का सही उत्तर दिया था।		छोड़ दिया	उन छात्रों का प्रतिशत जिन्होंने प्रश्नों को छोड़ दिया था।

प्रश्न संख्या	उत्तर	सही उत्तर / छोड़ दिया	प्रश्न संख्या	उत्तर	सही उत्तर / छोड़ दिया	प्रश्न संख्या	उत्तर	सही उत्तर / छोड़ दिया	प्रश्न संख्या	उत्तर	सही उत्तर / छोड़ दिया	प्रश्न संख्या	उत्तर	सही उत्तर / छोड़ दिया	प्रश्न संख्या	उत्तर	सही उत्तर / छोड़ दिया
1	B	78.29 % / 10.95 %	6	C	88.77 % / 10.48 %	11	B	64.03 % / 30.08 %	16	D	79.59 % / 13.9 %	21	B	61.38 % / 36.1 %
2	C	58.86 % / 39.03 %	7	D	48.68 % / 46.65 %	12	D	87.26 % / 11.59 %	17	D	64.32 % / 32.97 %	22	A	87.46 % / 10.58 %
3	A	52.73 % / 35.76 %	8	A	77.89 % / 12.2 %	13	A	47.06 % / 50.07 %	18	A	84.76 % / 11.93 %	23	B	77.46 % / 17.99 %
4	D	78.08 % / 14.86 %	9	D	81.86 % / 10.32 %	14	A	77.57 % / 11.1 %	19	A	82.19 % / 14.63 %	24	C	79.13 % / 16.01 %
5	B	88.71 % / 11.03 %	10	C	43.39 % / 54.39 %	15	D	81.03 % / 11.43 %	20	D	85.95 % / 11.94 %	25	B	87.61 % / 12.0 %

//संकेत और समाधान//

1. $\tan60° = \sqrt{3}$ और $\cot30° = \sqrt{3}$

तो, $\dfrac{\tan60°}{\cot30°} = \dfrac{\sqrt{3}}{\sqrt{3}} = 1$

अतः विकल्प (B) सही है।

2. त्रिकोणमिति पहचानों द्वारा, हम जानते हैं:

$1 + \tan^2 x = \sec^2 x$

और $\sec X = \dfrac{1}{\cos X} = \dfrac{1}{\left(\frac{2}{3}\right)} = \dfrac{3}{2}$

इसलिए,

$1 + \tan^2 X = \left(\dfrac{3}{2}\right)^2 = \dfrac{9}{4}$

$\tan^2 X = \dfrac{9}{4} - 1 = \dfrac{5}{4}$

$\tan X = \sqrt{\dfrac{5}{4}}$

अतः विकल्प (C) सही है।

3. $\dfrac{{}^nP_r}{{}^nC_r} = \dfrac{3024}{126}$

$^nP_r = \dfrac{n!}{(n-r)!}$

$^nC_r = \dfrac{n!}{(n-r)! \times r!}$

तो, $\left[\dfrac{n!}{(n-r)!}\right] \div \left[\dfrac{n!}{(n-r)! \times r!}\right] = 24$

$24 = r!$

तो, $r = 4$

अब, $^nP_4 = 3024$

$\dfrac{n!}{(n-4)!} = 3024$

$n(n-1)(n-2)(n-3) = 9.8.7.6$

$n = 9$

अतः विकल्प (A) सही है।

4. $P(n)$ n के समानुपातिक है जहां $n = 1,2,3,\ldots 6$ यादृच्छिक चर है।

$P(n) = kn$

$P(1) + P(2) \ldots P(6) = 1$

$K(1 + 2 + 3 + 4 + 5 + 6) = 1$

$K = \dfrac{1}{21}$

अतः, $P(4) = 4K = \dfrac{4}{21}$

अतः विकल्प (D) सही है।

5. आरोही क्रम में शब्दों को व्यवस्थित करके

$4,5,9,11,13,14,15,18,18$

माध्यिका $\dfrac{(n+1)}{2}$ पद है जैसे $n = 9$ (विषम)

$= \dfrac{9+1}{2} \dfrac{10}{2} = 5$वां पद जो की 13 है

माध्यिका 13 है

बहुलक $= 18$ जिसे दो बार दोहराया जाता है।

अतः विकल्प (B) सही है।

6. हम जानते हैं कि परिणामी,

$R = \sqrt{A^2 + B^2 + 2AB\cos\theta}$

$\therefore R = \sqrt{F_1^2 + F_2^2 + 2F_1F_2\cos90}$

$= \sqrt{F_1^2 + F_2^2}\,[\cos90^0 = 0]$

अतः विकल्प (C) सही है।

7. $\therefore$ समांतर चतुर्भुज का क्षेत्रफल $= |a \times b|$

$= \begin{vmatrix} \hat{i} & \hat{j} & \hat{k} \\ -1 & -2 & -3 \\ -1 & 2 & -3 \end{vmatrix}$

$= |\hat{i}(6+6) - \hat{j}(3-3) + \hat{k}(-2-2)| =$
$|12\hat{i} - 4\hat{k}|$

$= \sqrt{12^2 + 4^2} = 4\sqrt{10}$

अतः विकल्प (D) सही है।

8. सूत्र का उपयोग करने पर, n(A ∪ B) = n(A) + n(B) - n(A ∩ B)

तब, n(A ∩B) = n(A) + n(B) - n(A∪B)

= 20 + 28 - 36

= 48 - 36

n(A ∩ B) = 12

अतः विकल्प (A) सही है।

9. दिया गया है,

$n(A) = 5, n(B) = 4$ तथा A और B में 3 तत्व समान हैं। निम्न को ज्ञात करने के लिए:

$n(A \times B)\ n(A \times B)$

$= n(A)n(B)$

$= 5 \times 4$

$n(A \times B) = 20$

अतः विकल्प (D) सही है।

10. हमारे पास है,

$\left(\dfrac{d^3y}{dx^3}\right)^{\frac{3}{2}} = \left(\dfrac{d^2y}{dx^2}\right)^2$

दोनों पक्षों का वर्ग करने पर, हमें निम्न प्राप्त होता है,

$\left(\dfrac{d^3y}{dx^3}\right)^3 = \left(\dfrac{d^2y}{dx^2}\right)^4$

यहाँ उच्चतम अवकल $\left(\dfrac{d^3y}{dx^3}\right)^3$ है।

$\therefore \left(\dfrac{d^3y}{dx^3}\right)^3$ का घात $= 3$

अतः विकल्प (C) सही है।

11. दिया हुआ,

AP के n पदों का योग $= n^2 - 2n$

$\therefore$ पहले 5 पदों का योग $(S_5) = 5^2 - 2 \cdot (5)$

$= 25 - 10 = 15$

उसी प्रकार,

अब, पहले 4 पदों का योग,

$(S_4) = 4^2 - 2 \cdot (4)$

$= 16 - 8 = 8$

$\therefore AP$ का 5 वां पद $(T_5) = S_5 - S_4 (T_n = S_n - S_{n-1})$ का उपयोग
करते हुए,
$= 15 - 8$
$T_5 = 7$
अतः विकल्प (B) सही है।

12. दिया हुआ है,
$^nC_r + 2^nC_{(r-1)} + ^nC_{r-2}$

$= ^nC_r + ^nC_{(r-1)} + ^nC_{(r-1)} + ^nC_{(r-2)}$
$^nC_r + ^nC_{(r-1)} = ^{(n+1)}C_r$ का प्रयोग करने पर,
$= (n+1)C_r + (n+1)C_{(r-1)}$
फिर से $^nC_r + ^nC_{(r-1)} = ^{(n+1)}C_r$ का प्रयोग करने पर,
$= (n+2)C_r$
अतः विकल्प (D) सही है।

13. दिया गया है,
$z = -2 + 5i$
$\Rightarrow z + 2 = 5i$
दोनों पक्षों का वर्ग करने पर, हमें प्राप्त होता है,
$(z+2)^2 = (5i)^2$
$\Rightarrow z^2 + 4z + 4 = -25$
$\Rightarrow z^2 + 4z + 29 = 0$
अब, दोनों पक्षों में (1) जोड़ने पर,
$\therefore z^2 + 4z + 30 = 1$
अतः विकल्प (A) सही है।

14. दिया गया समीकरण:
$y = x + k \ldots (i)$
परवलय के सामान्य का समीकरण $= y = mx - 2am - am^3 \ldots (ii)$
(i) और (ii) की तुलना करने पर,
$m = 1, a = 1$
(ii) में मान डालें,
$y = x - 2 - 1$
$y = x - 3 \ldots (iii)$
समीकरण (i) और (iii) की तुलना करें,
$k = -3$
अतः विकल्प (A) सही है।

15. $f(x) x = 0$ पर निरंतर है,
$\Rightarrow \lim_{x \to 0^+} f(x) = f_{x \to 0^-}(x) = f(0)$
$\Rightarrow \sin_{x \to 0^+} x = \sin_{x \to 0^-} x = k$
$\Rightarrow \sin_{h \to 0}(0 + h) = \sin_{h \to 0}(0 - h) = k$
$\Rightarrow k = 0$
$\Rightarrow k = 0$
अतः विकल्प (D) सही है।

16. $\sin \frac{\pi x}{2}$ की अवधि है $= \frac{2\pi}{\pi/2} = 4 = T_1$
$\cos \frac{\pi x}{3}$ की अवधि है $= \frac{2\pi}{\pi/3} = 6 = T_2$
$\tan \frac{\pi x}{4}$ की अवधि है $= \frac{\pi}{\pi/4} = 4 = T_3$

f की अवधि है $= T_1, T_2, T_3$ का L.C.M. $= 12$
अतः विकल्प (D) सही है।

17. n तत्वों के एक सेट पर कम्यूटेटिव बाइनरी ऑपरेशन की संख्या $n^{\frac{n(n-1)}{2}}$ है।

इसलिए, 2 तत्वों $= 2^{\frac{2(2-1)}{2}}$ के सेट पर कम्यूटेटिव बाइनरी ऑपरेशन की संख्या,
$= 2^1$
$= 2$

अतः विकल्प (D) सही है।

18. यह ज्ञात है कि, $(a+b)^n$ के द्विपद विस्तार में $(r+1)$ वें पद (T_{r+1}) द्वारा दिया गया है,
$T_{r+1} = ^nC_r a^{n-r} b^r$
इस प्रकार $(x + 2y)^{12}$ के विस्तार में 4वाँ पद है,
$T_4 = T_{3+1} = ^{12}C_3 (x)^{12-3}(-2y)^3 = (-1)^3 \frac{12!}{3!9!} \cdot x^9 \cdot (2)^3 \cdot y^3$
$= -\frac{12.11.10}{3.2} \cdot (2)^3 x^9 y^3 = -1760 x^9 y^3$
अतः विकल्प (A) सही है।

19.
$(y^2 + c/y)^5 = ^5C_0 \left(\frac{c}{y}\right)^0 (y^2)^{5-0} + ^5C_1 \left(\frac{c}{y}\right)^1 (y^2)^{5-1}$
$+ \ldots + ^5C_5 \left(\frac{c}{y}\right)^5 (y^2)^{5-5}$
$= \sum_{r=0}^{5} {}^5C_r \left(\frac{c}{y}\right)^r (y^2)^{5-r} \ldots (i)$
हमें $y \Rightarrow 2(5 - r) - r = 1$ के गुणांक की जरूरत है
$\Rightarrow 10 - 3r = 1$
$\Rightarrow r = 3$
(i) में $r = 3$ रखे,
$= ^5C_3 \left(\frac{c}{y}\right)^3 (y^2)^2$
$= ^5C_3 c^3 y$
तो, y का गुणांक $= ^5C_3 \cdot c^3$
$= 10c^3$
अतः विकल्प (A) सही है।

20. $A = \begin{bmatrix} 3-x & 2 & 2 \\ 2 & 4-x & 1 \\ -2 & -4 & -1-x \end{bmatrix}$
यदि मैट्रिक्स एकल है, तो इसका डिटर्मिनेन्ट शून्य होना चाहिए।
$\Rightarrow (3-x)[(4-x)(1-x) + 4] - 2[2(-1-x) + 2] + 2[-8 + 2(4-x)] = 0$
$\Rightarrow (3-x)[-4 - 4x + x + x^2 + 4] - 2[-2 - 2x + 2] + 2[-8 + 8 - 2x] = 0$
$\Rightarrow (3-x)[x^2 - 3x] + 4x - 4x = 0$
$\Rightarrow (3-x)x(x-3) = 0$
$\Rightarrow x = 0, 3$

अतः विकल्प (D) सही है।

21. हम जानते हैं कि,
त्रिभुज का क्षेत्रफल जिसके शीर्ष $(a_1, y_1), (x_2, y_2)$ और (x_3, y_3) है, दिया जाता है

$$\Delta = \frac{1}{2} \begin{vmatrix} x_1 & y_1 & 1 \\ x_2 & y_2 & 1 \\ x_3 & y_3 & 1 \end{vmatrix}$$

$$\therefore \Delta = \frac{1}{2} \begin{vmatrix} -3 & 0 & 1 \\ 3 & 0 & 1 \\ 0 & k & 1 \end{vmatrix}$$

R_1 के साथ विस्तार करने पर,

$$9 = \frac{1}{2}[-3(-k) - 0 + 1(3k)]$$

$$\Rightarrow 18 = 3k + 3k = 6k$$

$$\therefore K = \frac{18}{6} = 3$$

अतः विकल्प (B) सही है।

22. हम जानते हैं, केंद्र में एक वृत्त के एक चाप द्वारा समायोजित किया गया कोण वृत्त के शेष भाग पर किसी भी बिंदु पर इसके द्वारा समायोजित कोण से दोगुना है।

तो, दिए गए वृत्त में,

$$\angle POR = 2\angle PQR$$
इसलिए, $\angle POR = 2 \times 40° = 80°$

अतः विकल्प (A) सही है।

23. दिया हुआ है,

O वृत्त का केंद्र है और $\triangle AOB$ एक समबाहु त्रिभुज है

इस प्रकार, $\angle AOB = 60^0$

हम जानते हैं कि वृत्त के केंद्र में स्थित कोण एक ही चाप द्वारा परिधि में कोण से दोगुना है।

इस प्रकार, $\angle AOB = 2\angle ACB$

$$\Rightarrow 60 = 2\angle ACB$$

$$\Rightarrow \angle ACB = \frac{60}{2}$$

$$\Rightarrow \angle ACB = 30^0$$

अतः विकल्प (B) सही है।

24. $f(x) = x\cos x$

जैसा की हम जानते है, $D(uv) = uv' + vu'$

इसलिए, $f'(x) = x(-\sin x) + \cos x(1)$

$$= -x\sin x + \cos x$$

$x = 0$, रखने पर हम प्राप्त करते है,

$$f'(0) = 0 + \cos(0) \ (\because \cos(0) = 1)$$

$$= 1$$

अतः विकल्प (C) सही है।

25. $f(x) = x\sin x$

जैसा की हम जानते है,

$$D(uv) = uv' + vu'$$

इसलिए,

$$f'(x) = x(\cos x) + \sin x(1)$$

$$= x\cos x + \sin x$$

$x = 0$, रखने पर हम प्राप्त करते है,

$$f'(0) = 0 + \sin(0) \ (\because \sin(0) = 1)$$

$$= 0$$

अतः विकल्प (B) सही है।

Q.1 चैंपियंस लीग 2022 के लिए सेंट पीटर्सबर्ग के प्रतिस्थापन के रूप में यूनियन ऑफ यूरोपियन फुटबॉल एसोसिएशन (यूईएफए) द्वारा किस शहर को चुना गया है?

[Delhi Forest Guard, 2021]

A. पेरिस **B.** ब्रसेल्स **C.** लंदन **D.** म्यूनिख

Q.2 6 जून 2022 को अंतर्राष्ट्रीय एल्युमिनियम संस्थान (IAI) के नए अध्यक्ष के रूप में किसे नियुक्त किया गया है?

A. स्वरूप कुमार साहा **B.** माइल्स प्रॉसेर
C. बेन कहारस **D.** सतीश पाई

Q.3 राजा राममोहन राय किससे नहीं जुड़े थे?

A. सती का उन्मूलन **B.** विधवा पुनर्विवाह
C. अंग्रेजी का प्रचार **D.** संस्कृत की शिक्षा

Q.4 ______ में, एक बड़ी क्रांति हुई जिसने ब्रिटिश शासन की नींव को हिला दिया और इसे अक्सर 'प्रथम स्वतंत्रता संग्राम के रूप में जाना जाता है।

A. 1856 **B.** 1875 **C.** 1947 **D.** 1857

Q.5 खिलाफत आंदोलन किस वर्ष में प्रारंभ हुआ था?

A. 1922 **B.** 1923 **C.** 1919 **D.** 1921

Q.6 हीराकुंड बाँध किस राज्य में स्थित है?

A. बिहार **B.** ओडिशा **C.** महाराष्ट्र **D.** पंजाब

Q.7 निम्नलिखित में से कौन सा दुनिया का सबसे बड़ा डेल्टा है?

A. सिंधु नदी डेल्टा **B.** डेन्यूब डेल्टा
C. गंगा-ब्रह्मपुत्र डेल्टा **D.** अमेज़ॉन डेल्टा

Q.8 भारत की सबसे लंबी सहायक नदी कौन सी है?

A. ब्यास **B.** गंगा **C.** रावी **D.** यमुना

Q.9 'मटकी' निम्न में से किस राज्य का लोकप्रिय लोक नृत्य है?

A. असम **B.** मध्य प्रदेश **C.** बिहार **D.** राजस्थान

Q.10 निम्नलिखित में से कौन सा लोक नृत्य पंजाब से संबंधित है?

A. गिद्दा नृत्य **B.** अकिरी नृत्य
C. मोनीयो अशो **D.** लूर नृत्य

Q.11 निम्नलिखित में से कौन चिकनकारी कढ़ाई के लिए एक प्रसिद्ध स्थान है?

A. रांची **B.** लखनऊ **C.** रायपुर **D.** इंदौर

Q.12 कौन सा त्योहार तिब्बती नव वर्ष की शुरुआत का प्रतीक है?

A. सागा दाव त्योहार **B.** ओंगकोर त्योहार
C. लोसर त्योहार **D.** शाटन त्योहार

Q.13 2020 के डेटन लिटरेरी पीस प्राइज़ का लाइफटाइम अचीवमेंट अवार्ड किसने जीता है?

A. एलिस मुनरो **B.** मार्गरिट एटवुड
C. जेन ऑस्टेन **D.** जे. के. राउलिंग

Q.14 निम्नलिखित में से किसने 48 वें अंतर्राष्ट्रीय एमी अवार्ड्स में सर्वश्रेष्ठ ड्रामा सीरीज़ सम्मान प्राप्त किया है?

A. शी **B.** दिल्ली क्राइम
C. मिर्जापुर **D.** क्राइम पेट्रोल

Q.15 ईश्वर पांडे निम्नलिखित में से किस खेल से संबंधित है?

A. हॉकी **B.** फुटबॉल **C.** क्रिकेट **D.** बैडमिंटन

Q.16 ______ दुनिया की प्रथम महिला अंतरिक्ष यात्री थीं।

A. स्वेतलाना सवित्स्काय **B.** वेलनटीना तेरेश्कोवा
C. सैली राइड **D.** जूडिथ रेस्निक

Q.17 'मिल्कमैन ऑफ इंडिया' के नाम से किसे जाना जाता है?

A. आर.एस. सोढ़ी **B.** नॉर्मन बोरलॉग
C. जी.एच. विल्स्टर **D.** वी. कुरियन

Q.18 वृद्धावस्था में कैल्शियम की कमी से कौन सी बीमारी होती है?

[UPTET Social Studies, 2019]

A. ऑस्टियोपोरोसिस **B.** रक्ताल्पता
C. अस्थिमृदुता **D.** सुखंडी

Q.19 यदि MUSIC को SZWLE के रूप में कूटबद्ध किया जाता है, तो CANOE को किस प्रकार कूटबद्ध किया जाएगा?

A. LSWER **B.** FGSE **C.** IFRRG **D.** RGFIS

Q.20 एक निश्चित कूट भाषा में "PRINCE" को "356987" के रूप में लिखा गया है। उस भाषा में "NICE" कैसे लिखा जाएगा ?

[UP Police Sub Inspector, 2017]

A. 8965 **B.** 9687 **C.** 9876 **D.** 7896

Q.21 निर्देश : निम्नलिखित विकल्पों में से वह शब्द चुनिए, जिसे दिए गए शब्द के अक्षरों का प्रयोग करके नहीं बनाया जा सकता है।

FEARLESS

A. GRASS **B.** RESEAL
C. LESSER **D.** ERASE

Q.22 निर्देश : निम्नलिखित विकल्पों में से वह शब्द चुनिए, जिसे दिए गए शब्द के अक्षरों का प्रयोग करके नहीं बनाया जा सकता है।

CREATIVITY

A. VARIETY **B.** ACTIVE
C. VERIFY **D.** REACT

Q.23 निर्देश : दिए गए विकल्पों में से सही विकल्प का चयन कीजिए जो श्रृंखला को पूर्ण करेगा।

72, 78, 90, 110, 140, ___

A. 172 **B.** 182 **C.** 185 **D.** 144

Q.24 निर्देश : एक श्रृंखला दी गई है, जिसमें एक पद लुप्त है। दिए गये विकल्पों में से उस सही विकल्प का चयन कीजिये, जो श्रृंखला को पूरा करेगा।

1, 5, 14, 30, 55, ?

A. 88 **B.** 91 **C.** 72 **D.** 65

Q.25 BRICS का पूर्ण रूप क्या है?

A. Bangladesh, Romania, Indonesia, Cambodia, and South Africa
B. Botswana, Rwanda, Ivory Coast, Croatia, and South Africa
C. Bangladesh, Romania, India, Cambodia, and South Africa
D. Brazil, Russia, India, China, and South Africa

// स्मार्ट उत्तर पुस्तिका //

सही उत्तर — उन छात्रों का प्रतिशत जिन्होंने प्रश्नों का सही उत्तर दिया था। **छोड़ दिया** — उन छात्रों का प्रतिशत जिन्होंने प्रश्नों को छोड़ दिया था।

प्रश्न संख्या	उत्तर	सही उत्तर / छोड़ दिया	प्रश्न संख्या	उत्तर	सही उत्तर / छोड़ दिया	प्रश्न संख्या	उत्तर	सही उत्तर / छोड़ दिया	प्रश्न संख्या	उत्तर	सही उत्तर / छोड़ दिया	प्रश्न संख्या	उत्तर	सही उत्तर / छोड़ दिया
1	A	60.15 % 33.79 %	6	B	84.28 % 14.67 %	11	B	80.35 % 13.04 %	16	B	80.54 % 10.01 %	21	A	51.59 % 34.99 %
2	D	54.07 % 36.18 %	7	C	46.61 % 48.66 %	12	C	56.68 % 40.53 %	17	D	78.99 % 19.82 %	22	C	78.14 % 14.93 %
3	D	83.65 % 10.03 %	8	D	77.64 % 21.49 %	13	B	78.88 % 12.39 %	18	A	53.86 % 42.6 %	23	B	40.08 % 55.0 %
4	D	56.31 % 30.45 %	9	B	41.92 % 40.95 %	14	B	78.33 % 12.02 %	19	C	59.03 % 34.36 %	24	B	85.0 % 10.2 %
5	C	76.02 % 15.17 %	10	A	81.76 % 14.42 %	15	C	86.14 % 11.96 %	20	B	49.27 % 49.65 %	25	D	57.95 % 37.38 %

//संकेत और समाधान//

1. रूस को यूईएफए द्वारा चैंपियंस लीग फाइनल की मेजबानी से 25 फरवरी 2022 को हटा दिया गया था और यूक्रेन पर रूस के आक्रमण के बाद सेंट पीटर्सबर्ग की जगह पेरिस ने ले ली थी। फ्रांस ने आखिरी बार 16 साल पहले चैंपियंस लीग फाइनल की मेजबानी की थी, जब बार्सिलोना ने 2006 के फाइनल में आर्सेनल को हराया था।

अतः विकल्प (A) सही है।

2. 6 जून 2022 को अंतर्राष्ट्रीय एल्युमिनियम संस्थान (IAI) के नए अध्यक्ष के रूप में सतीश पाई को नियुक्त किया गया है।

वैश्विक प्राथमिक एल्युमिनियम उद्योग का प्रतिनिधित्व करने वाली एकमात्र संस्था इंटरनेशनल एल्युमिनियम इंस्टीट्यूट (IAI) ने सतीश पाई को अपना नया अध्यक्ष नियुक्त करने की घोषणा की है। वह हिंडाल्को इंडस्ट्रीज के प्रबंध निदेशक हैं, जो दुनिया के सबसे बड़े एल्युमिनियम उत्पादकों में से एक है।

अत: विकल्प (D) सही है।

3. राजा राममोहन राय संस्कृत की शिक्षा से नहीं जुड़े थे। राजा राममोहन राय को भारत में सामाजिक-धार्मिक आंदोलनों का पैगंबर माना जाता है। राजा राममोहन राय भारतीय नवजागरण के जनक हैं। उन्होंने कलकत्ता में ब्रह्म सभा के नाम से एक सुधार संघ की स्थापना की। बाद में ब्रह्म सभा को ब्रह्म समाज के रूप में जाना जाता था।

- उन्होंने सती प्रथा के खिलाफ अभियान शुरू किया और सती प्रथा को भारत से समाप्त कर दिया। सती प्रथा को 1829 में प्रतिबंधित कर दिया गया था।
- राजा राममोहन राय ने विधवा पुनर्विवाह के पक्ष में तर्क दिया।
- राजा राममोहन राय भारत में पश्चिमी शिक्षा के ज्ञान का प्रसार करने के इच्छुक थे।

अत: विकल्प (D) सही है।

4. 1857 का विद्रोह 10 मई को शुरू हुआ जब मेरठ में कंपनी के भारतीय सैनिकों ने विद्रोह कर दिया।

- इसे अंग्रेजों द्वारा सिपाही विद्रोह भी कहा जाता है।
- इसे अब ब्रिटिश शासकों के खिलाफ 'प्रथम स्वतंत्रता संग्राम' के रूप में भी जाना जाता है।
- 23 जनवरी, 1857 की वह मुख्य घटना हुई जो युद्ध का तत्काल कारण बन गई थी, जिसमें सिपाहियों द्वारा तेल से ढके कारतूस (सुअर और गाय के वसा से घी) का उपयोग करने से इनकार किया गया था।

अत: विकल्प (D) सही है।

5. खिलाफत आंदोलन की शुरुआत वर्ष 1919 में हुई थी।

- अली बंधुओं-मोहम्मद अली और शौकत अली ने 1919 ईस्वीं में एक ब्रिटिश विरोधी आंदोलन चलाया।
- आंदोलन खिलाफत आंदोलन की बहाली के लिए था।
- मौलाना अबुल कलाम आज़ाद ने भी आंदोलन का नेतृत्व किया।
- इसका समर्थन महात्मा गांधी और आईएनसी ने किया था।
- 17 अक्टूबर, 1919 को 'खिलाफत दिवस' मनाया गया।

अत: विकल्प (C) सही है।

6. हीराकुंड बांध ओडिशा में स्थित है। हीराकुंड बांध महानदी नदी के पार लगभग 15 किमी में बना है। इसकी ऊंचाई 61 मीटर है।

सर हॉथोर्न लविश ने हीराकुंड बांध की स्थापना की जब वह ओडिशा के राज्यपाल थे। पंडित जवाहरलाल नेहरू ने 12 अप्रैल 1948 को कंक्रीट का पहला दल बनाया।

अत: विकल्प (B) सही है।

7.

- गंगा-ब्रह्मपुत्र डेल्टा दुनिया का सबसे बड़ा डेल्टा है।
- तलछट के जमाव को एक नदी द्वारा किया जाता है जो जमीन का एक प्राकृतिक रूप का निर्माण करता है जिसे नदी डेल्टा कहा जाता है।
- गंगा डेल्टा जिसे सुंदरबन डेल्टा भी कहा जाता है, भारतीय उपमहाद्वीप के बंगाल क्षेत्र और बांग्लादेश में भी स्थित है। कुछ 100,000 किमी² की डेल्टा सतह क्षेत्र है।
- गंगा डेल्टा तीन प्रमुख नदियों गंगा, ब्रह्मपुत्र और मेग्ना नदी द्वारा बनाया गया है। गंगा डेल्टा दुनिया के सबसे उपजाऊ क्षेत्रों में से भी एक है।

अत: विकल्प (C) सही है।

8. यमुना गंगा नदी की सबसे लंबी सहायक नदी है। यह सीधे समुद्र में नहीं गिरता है। जिन प्रमुख राज्यों से होकर नदी बहती है, वे उत्तराखंड, दिल्ली, हिमाचल प्रदेश, हरियाणा और उत्तर प्रदेश हैं।

अत: विकल्प (D) सही है।

9. मटकी नृत्य रूप मध्य प्रदेश में खानाबदोश जनजातियों द्वारा विकसित किया गया है। एक "छोटे घड़े" का उपयोग करके प्रदर्शन किया जाता है, जो मध्य भारत का एक लोकप्रिय नृत्य है जिसे "मटकी नृत्य" के रूप में जाना जाता है। यह "घड़ा नृत्य" मध्य प्रदेश राज्य से संबंधित है, और मुख्य रूप से मालवा क्षेत्र में किया जाता है।

अत: विकल्प (B) सही है।

10. गिद्दा नृत्य पंजाब का एक लोक नृत्य है। गिद्दा, एक पारंपरिक देहाती नृत्य है जो पंजाब, भारत और पाकिस्तान की महिलाओं द्वारा त्योहार के समय और फसल की बुवाई और कटाई के समय किया जाता है। एक वृत्त पर प्रतिरूपित, यह महिलाओं के गति की शारीरिक सुसुंदरता (विशेषकर बाहों और हाथों की) और इसके साथ आने वाली आकर्षक धुन के लिए उल्लेखनीय है। यह एक नृत्य शैली है जो बहुत रंगीन है और अब दुनिया के सभी क्षेत्रों में अनुकरण की जाती है। यह नृत्य आमतौर पर उत्सव या सामाजिक अवसरों पर महिलाओं द्वारा किया जाता है। नृत्य लयबद्ध ताली के साथ होता है और पृष्ठभूमि में वृद्ध महिलाएं एक विशिष्ट पारंपरिक लोक गीत गाती हैं।

अत: विकल्प (A) सही है।

11. चिकनकारी कढ़ाई लखनऊ की पारंपरिक कढ़ाई शैली है। यह लखनऊ की सबसे प्रसिद्ध कपड़ा सजावट शैलियों में से एक है। चिकन विभिन्न प्रकार के कपड़ा वस्तों जैसे मलमल, रेशम, शिफॉन, ऑर्गेना, नेट, आदि पर एक नाजुक और कलात्मक ढंग से की गई कढ़ाई है। सफेद धागे से हल्के मलमल और रूती कपड़ों के शांत, रंगीन रंगों पर कढ़ाई की जाती है। स्थानीय चिकन का बाजार मुख्य रूप से चौक, लखनऊ में है।

अत: विकल्प (B) सही है।

12. लोसर त्योहार तिब्बती नव वर्ष की शुरुआत का प्रतीक है। लोसर त्योहार, हिमाचल प्रदेश के लाहौल घाटी में बड़े जोश और उत्साह के साथ मनाया जाता है। इसे सुख और समृद्धि के त्योहार के रूप में भी जाना जाता है। यह लद्दाखी या तिब्बती नव वर्ष का प्रतीक है।

अत: विकल्प (C) सही है।

13. मार्गरेट एटवुड ने 2020 डेटन लिटरेरी पीस प्राइज़ का लाइफटाइम अचीवमेंट अवार्ड जीता है। यह पुरस्कार शांति, सामाजिक न्याय और वैश्विक समझ को बढ़ावा देने के लिए साहित्य की शक्ति को सम्मानित करता है।

एटवुड कविता, कथा, गैर-कल्पना, निबंध, हास्य पुस्तकों की विपुल लेखिका हैं। एटवुड ने 1961 में, डबल पर्सफोन नामक अपनी पहली काव्य पुस्तक प्रकाशित की।

अत: विकल्प (B) सही है।

14. भारतीय-कनाडाई निर्देशक रिची मेहता द्वारा अभिनीत नेटफ्लिक्स इंडिया ओरिजनल सीरीज़ " दिल्ली क्राइम" को 48वें अंतर्राष्ट्रीय एमी अवार्ड्स में सर्वश्रेष्ठ ड्रामा सीरीज़ सम्मान मिला है। इस शृंखला में 23 वर्षीय फिजियोथेरेपी इंटर्न का मामला सामने आया है, जिसे 16 दिसंबर, 2012 की रात चलती बस में अपहरण और सामूहिक बलात्कार किया गया था। यह शो वर्ष 2019 में रिलीज़ किया गया था।

अत: विकल्प (B) सही है।

15.

- ईश्वर चंद पांडे एक पूर्व भारतीय क्रिकेटर हैं जो मध्य प्रदेश के लिए खेलते थे।

- वह दाएं हाथ के मध्यम तेज गेंदबाज थे, जो 2012-13 के रणजी ट्रॉफी के अग्रणी विकेट लेने वाले गेंदबाज थे।

- उन्होंने भारत ए के लिए खेला और 2014 के न्यूजीलैंड दौरे के लिए भारतीय टेस्ट और वनडे टीम में चुने गए।

- उन्हें 2014 के IPL नीलामी में चेन्नई सुपर किंग्स द्वारा 1.5 करोड़ रुपये में खरीदा गया था और 2016 और 2017 के IPL संस्करणों में राइजिंग पुणे सुपरजायंट्स द्वारा खरीदा गया था।

- ईश्वर पांडे का जन्म मध्य प्रदेश के रीवा में हुआ था।

अत: विकल्प (C) सही है।

16. 16 जून 1963 को, सोवियत कॉस्मोनॉट वेलनटीना तेरेश्कोवा अंतरिक्ष में यात्रा करने वाली पहली महिला बनीं। वेलनटीना तेरेश्कोवा 1963 में वोस्तोक 6 पर एक एकल मिशन में अंतरिक्ष में उड़ान भरने वाली पहली महिला कॉस्मोनॉट और सबसे कम उम्र की महिला थीं।

अत: विकल्प (B) सही है।

17.

- श्री वी. कुरियन एक भारतीय अभियंता और उद्यमी थे, जिन्हें भारत की "श्वेत क्रांति" का जनक माना जाता था।

- उन्हें 'मिल्कमैन ऑफ इंडिया' के रूप में भी जाना जाता है।

- देश में दुग्ध उत्पादन में तीव्र वृद्धि से जुड़ी क्रांति को भारत में श्वेत क्रांति कहा जाता है जिसे ऑपरेशन फ्लड के नाम से भी जाना जाता है।

- उन्हें कई सम्मान मिले, उनमें से सामुदायिक नेतृत्व के लिए रेमन मैग्सेसे पुरस्कार (1963) और विश्व खाद्य पुरस्कार (1989) है।

अत: विकल्प (D) सही है।

18. किसी भी अवस्था में कैल्शियम की कमी हो सकती है। इसका परिणाम सुखंडी, ऑस्टियोपोरोसिस और ऑस्टियोपीनिया हो सकता है। ऑस्टियोपोरोसिस वृद्धावस्था में होती है और यह एक ऐसी बीमारी है जिसमें हड्डी अधिक नाजुक हो जाती है और अस्थि-भंग की संभावना बढ़ जाती है।

अत: विकल्प (A) सही है।

19. तर्क इस प्रकार दिया गया है:

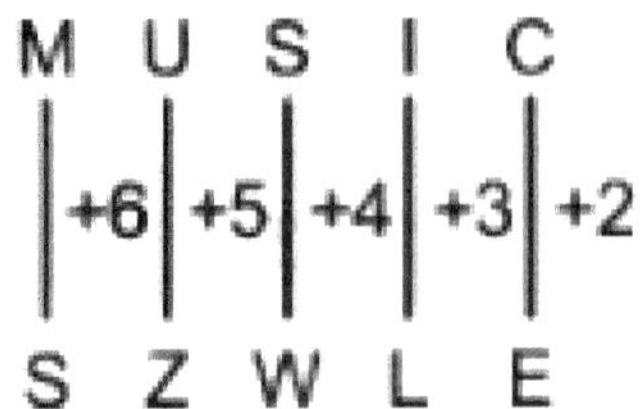

इसी तरह,

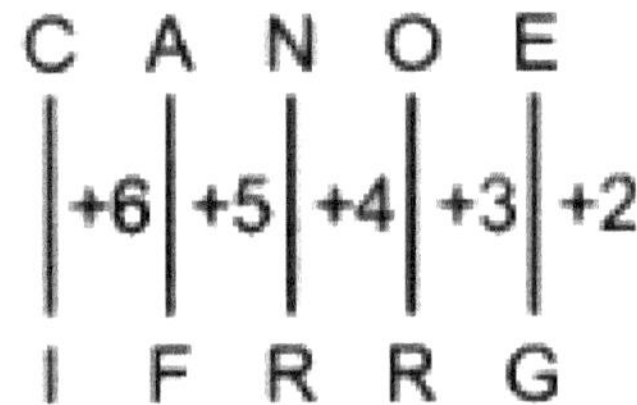

इसलिए, CANOE को IFRRG कूटबद्ध किया जाएगा।

अत: विकल्प (C) सही है।

20. एक निश्चित कूट भाषा में:

Words	P	R	I	N	C	E
Codes	3	5	6	9	8	7

उसी प्रकार,

Words	N	I	C	E
Codes	9	6	8	7

इसलिए, उस भाषा में "NICE" को 9687 लिखा जाएगा।

अत: विकल्प (B) सही है।

21. GRASS – FEARLESS (नहीं बनाई जा सकती है क्योंकि G लुप्त है)

RESEAL – FEARLESS (बनाई जा सकती है)

LESSER – FEARLESS (बनाई जा सकती है)

ERASE – FEARLESS (बनाई जा सकती है)

अत: विकल्प (A) सही है।

22. VARIETY – CREATIVITY (बनाई जा सकती है)

ACTIVE – CREATIVITY (बनाई जा सकती है)

VERIFY – CREATIVITY (नहीं बनाई जा सकती है क्योंकि F लुप्त है)

REACT – CREATIVITY (बनाई जा सकती है)

अत: विकल्प (C) सही है।

23. यहाँ अनुसरित स्वरूप इस प्रकार है:

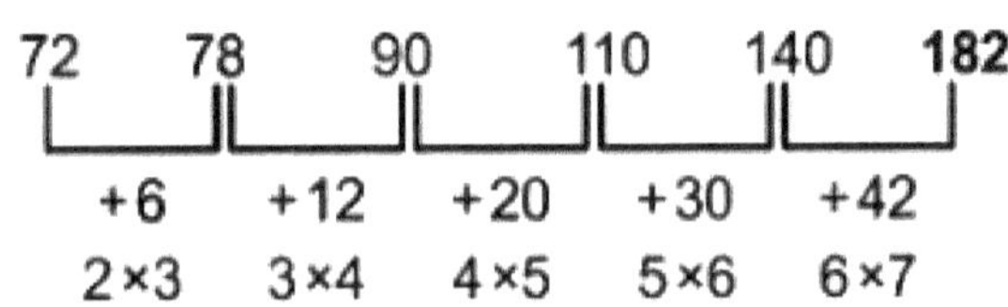

अत: विकल्प (B) सही है।

24. दिया गया तर्क है:

$1 + 2^2 = 5$

$5 + 3^2 = 14$

$14 + 4^2 = 30$

$30 + 5^2 = 55$

$55 + 6^2 = 91$

अत: विकल्प (B) सही है।

25. BRICS का पूर्ण रूप Brazil, Russia, India, China, and South Africa है।

BRICS दुनिया की अग्रणी उभरती बाजार अर्थव्यवस्थाओं, अर्थात् ब्राजील, रूस, भारत, चीन और दक्षिण अफ्रीका के शक्तिशाली समूह के लिए एक परिवर्णी शब्द है। BRICS तंत्र का लक्ष्य शांति, सुरक्षा, विकास और सहयोग को बढ़ावा देना है। BRICS देश व्यक्तिगत रूप से नई आर्थिक रैंकिंग प्राप्त करने के लिए उभरे हैं।

अत: विकल्प (D) सही है।

Q.1 अगस्त 2022 में प्रधान मंत्री कार्यालय (PMO) में निदेशक के रूप में किसे नियुक्त किया गया है?

A. श्वेता सिंह
B. रवि कुमार
C. रुचि मिश्रा
D. अनूप कुमार पाठक

Q.2 चार्टर्ड एकाउंटेंट्स दिवस का कौन सा संस्करण 1 जुलाई 2022 को मनाया गया था?

A. 70वां
B. 72वां
C. 74वां
D. 76वां

Q.3 निम्नलिखित शासक में से कौन खिलजी वंश का संस्थापक था?

A. मुबारक खिलजी
B. जलालुद्दीन फ़िरोज खिलजी
C. मलिक काफ़ूर
D. अलाउद्दीन खिलजी

Q.4 गांधीजी ने किस आंदोलन में पहली बार भूख हड़ताल किया था?

A. खेड़ा सत्याग्रह
B. अहमदाबाद मिल की हड़ताल
C. चंपारण सत्याग्रह
D. असहयोग आन्दोलन

Q.5 बांग्लादेश में ______ के साथ सीमांत भूमि है।

A. केवल भारत
B. भारत और म्यांमार
C. भारत और भूटान
D. भारत और चीन

Q.6 कर्नाटक में निम्नलिखित में से कौन सा बांध स्थित है?

A. तुंगभद्रा बांध
B. गांधी सागर बांध
C. श्रीशैलम बांध
D. मुलेपरियार बांध

Q.7 भारतीय राष्ट्रीय ध्वज में 'चक्र' में तीलियों की संख्या___ है।

A. 40
B. 24
C. 22
D. 20

Q.8 एक विशिष्ट कूट भाषा में, GAME को FHZBLNDF लिखते हैं, तब BLUE को किस प्रकार लिखा जायेगा।

A. BBLMDFTV
B. CDMNTVFG
C. ACKMTVDF
D. ACZXVWNP

Q.9 निर्देश : निम्नलिखित विकल्पों में से वह शब्द चुनिए, जिसे दिए गए शब्द के अक्षरों का प्रयोग करके बनाया जा सकता है।

SUBJECTIVELY

A. STYLISE
B. VISIBLY
C. JIVIEST
D. JUSTICE

Q.10 निर्देश : एक श्रृंखला दी गयी है जिसमें एक पद लुप्त है। दिए गए विकल्पों में से वह सही विकल्प चुनिए जो श्रृंखला को पूरा करेगा।

8, 13, 23, 38, 58, 83, ?

A. 113
B. 97
C. 131
D. 63

Q.11 'स्टैच्यू ऑफ लिबर्टी' किस राष्ट्र का राष्ट्रीय प्रतीक है?

A. ब्रिटेन
B. संयुक्त राज्य अमेरिका
C. जर्मनी
D. रूस

Q.12 के. संजीता चानू निम्नलिखित में से किस खेल से संबंधित है?

A. शतरंज
B. क्रिकेट
C. टेनिस
D. भारोत्तोलक

Q.13 निर्देश : निम्नलिखित प्रश्न में, दिए गये विकल्पों में से वह संख्या चुनिए जो प्रश्न चिह्न (?) के स्थान पर रखी जा सकती है।

4	6	5	16
9	8	3	21
5	8	7	?

A. 18
B. 21
C. 23
D. 27

Q.14 मिस की मुद्रा क्या है?

A. यूरो
B. पाउंड
C. डॉलर
D. दिनार

Q.15 इनमें से किस खेल में पेनल्टी स्टोक का उपयोग किया जाता है?

A. फुटबॉल
B. फील्ड हॉकी और फुटबॉल
C. बेसबॉल
D. रग्बी

Q.16 जूटर किस खेल में प्रयोग किये जाने वाला शब्द है?

A. क्रिकेट
B. साइकिललंगा
C. फुटबॉल
D. बैडमिंटन

Q.17 'माई सेडिटियस हार्ट' पुस्तक के लेखक कौन हैं?

A. सलमान रशदी
B. अमिताव घोष
C. अरुंधति रॉय
D. चेतन भगत

Q.18 लियो टॉल्स्टॉय ने निम्नलिखित में से कौन सी पुस्तक लिखी थी?

A. मोबी डिक
B. वॉर एंड पीस
C. ओडिसी
D. यूलिसिस

Q.19 ______ मीथेन गैस को पृथक करने वाला पहला व्यक्ति था। उन्होंने पता लगाया कि इलेक्ट्रिक चिंगारी का उपयोग करके हवा में मिश्रित मिथेन को विस्फोट किया जा सकता है।

A. विलियम थॉमसन
B. विलियम क्रुकस
C. लुई पास्चर
D. एलेसेंड्रो वोल्टा

Q.20 सर्वप्रथम किसने पता लगाया कि पृथ्वी सूर्य के चारों ओर घूमती है?

A. न्यूटन
B. डेल्टन
C. कोपरनिकस
D. आइंस्टाइन

Q.21 करणी माता मंदिर कहाँ स्थित है?

A. जोधपुर
B. बीकानेर
C. करौली
D. बारां

Q.22 'सत्यम शिवम सुंदरम' की प्रसिद्ध पेंटिंग ____ की रचना थी।

A. महेंद्रनाथ सिंह
B. विश्वनाथ मेहता
C. नंद किशोर शर्मा
D. शिवनंदन नौटियाल

Q.23 कौन सा नृत्य महोत्सव खासी जनजाति लोगों द्वारा किया जाता है?

A. नोंगक्रेम
B. जतारा
C. चेराव
D. बिहु

Q.24 पृथ्वीराज III को 1192 में हराने वाले सुल्तान मुहम्मद गोरी ____ के शासक थे।

A. अफगानिस्तान
B. पर्शिया
C. ईरान
D. मिस

Q.25 यदि HOCKEY का अर्थ HPENID है, तो CGYOCZ का कूट ज्ञात कीजिये।

A. CICUKJ
B. CHARGE

C. ABHFYS

D. इनमे से कोई नहीं

// स्मार्ट उत्तर पुस्तिका //

| सही उत्तर | उन छात्रों का प्रतिशत जिन्होंने प्रश्नों का सही उत्तर दिया था। | | छोड़ दिया | उन छात्रों का प्रतिशत जिन्होंने प्रश्नों को छोड़ दिया था। |

प्रश्न संख्या	उत्तर	सही उत्तर / छोड़ दिया	प्रश्न संख्या	उत्तर	सही उत्तर / छोड़ दिया	प्रश्न संख्या	उत्तर	सही उत्तर / छोड़ दिया	प्रश्न संख्या	उत्तर	सही उत्तर / छोड़ दिया	प्रश्न संख्या	उत्तर	सही उत्तर / छोड़ दिया	प्रश्न संख्या	उत्तर	सही उत्तर / छोड़ दिया
1	A	87.05 % / 12.5 %	6	A	79.42 % / 11.04 %	11	B	65.93 % / 30.03 %	16	A	49.52 % / 43.04 %	21	B	89.67 % / 10.13 %			
2	C	79.55 % / 11.09 %	7	B	77.37 % / 10.53 %	12	D	61.11 % / 33.95 %	17	C	64.85 % / 30.68 %	22	D	44.69 % / 49.37 %			
3	B	68.96 % / 30.36 %	8	C	48.98 % / 36.83 %	13	B	79.58 % / 13.58 %	18	B	61.6 % / 35.76 %	23	A	80.61 % / 14.56 %			
4	B	89.75 % / 10.15 %	9	D	84.83 % / 12.32 %	14	B	85.66 % / 13.09 %	19	D	52.68 % / 46.62 %	24	A	52.12 % / 34.22 %			
5	B	83.82 % / 13.48 %	10	A	41.03 % / 35.21 %	15	B	78.9 % / 16.8 %	20	C	77.66 % / 11.29 %	25	B	88.55 % / 10.21 %			

//संकेत और समाधान//

1. भारतीय विदेश सेवा (IFS) अधिकारी श्वेता सिंह को 2 अगस्त 2022 को प्रधान मंत्री कार्यालय (PMO) में निदेशक के रूप में नियुक्त किया गया था।

- सिंह 2008-बैच के IFS अधिकारी हैं।
- कैबिनेट की नियुक्ति समिति (एसीसी) ने सिंह की नियुक्ति की तारीख से तीन साल की अवधि के लिए उनकी नियुक्ति को मंजूरी दी।

अतः विकल्प (A) सही है।

2. 74वां चार्टर्ड एकाउंटेंट दिवस का संस्करण 1 जुलाई 2022 को मनाया गया।

यह दिन इंस्टीट्यूट ऑफ चार्टर्ड अकाउंटेंट्स ऑफ इंडिया (ICAI) द्वारा मनाया जाता है। ICAI की स्थापना भारत की संसद द्वारा 1949 में की गई थी। यह दुनिया भर में दूसरा सबसे बड़ा लेखा और वैधानिक निकाय है। भारत में, ICAI वित्तीय लेखा परीक्षा और लेखा पेशे के लिए एकमात्र लाइसेंसिंग और नियामक निकाय है।

अत: विकल्प (C) सही है।

3. खिलजी वंश का संस्थापक जलालुद्दीन फ़िरोज खिलजी था।

उन्होंने गुलाम वंश के अंतिम वंशज को मार डाला और फिर उन्होंने खुद को 70 साल की उम्र में दिल्ली सल्तनत का सुल्तान घोषित कर दिया।

जलालुद्दीन खिलजी को उसके भतीजे और दामाद अलाउद्दीन खिलजी ने मार कर नए राजा बने।

अत: विकल्प (B) सही है।

4. गांधीजी ने अहमदाबाद मिल की हड़ताल आंदोलन में पहली बार भूख हड़ताल किया था।

गांधीजी मार्च 1918 में अहमदाबाद के श्रमिकों के समर्थन में पहली बार भूख हड़ताल पर गए। 'प्लेग बोनस' को लेकर मिल मालिकों और मजदूरों के बीच विवाद था। आंदोलन से प्रभावित होकर, मिल मालिक श्रमिकों को 35 प्रतिशत बोनस देने के लिए सहमत हुए।

अत: विकल्प (B) सही है।

5. बांग्लादेश में भारत और म्यांमार के साथ सीमांत भूमि है।

भारत बांग्लादेश के साथ 4,096 किलोमीटर लंबी सीमा साझा करता है।

यह दुनिया की पांचवीं सबसे लंबी सीमांत भूमि है।

भारत बांग्लादेश के साथ अपनी सबसे लंबी सीमा साझा करता है।

बांग्लादेश असम, त्रिपुरा, मिजोरम, मेघालय और पश्चिम बंगाल को छूता है।

अत: विकल्प (B) सही है।

6. तुंग भद्रा बांध कर्नाटक में तुंग भद्रा नदी पर बनाया गया है। 5 राष्ट्रीय उद्यान और 23 वन्यजीव अभयारण्य हैं।

- कर्नाटक की राजधानी बेंगलुरु है।
- कर्नाटक की आधिकारिक भाषा कन्नड़ है।
- श्रीशैलम बांध आंध्र प्रदेश में स्थित है।
- गांधी सागर बांध मध्य प्रदेश में स्थित है।
- मुलैपेरियार बांध केरल में स्थित है।

अत: विकल्प (A) सही है।

7. अशोक चक्र में 24 तीलियाँ होती हैं जो समान रूप से भारतीय राष्ट्रीय ध्वज में स्थान रखती हैं। अशोक चक्र को धर्म के चित्रण के रूप में चुना गया था।

ध्वज संहिता में अशोक चक्र के आकार को परिभाषित नहीं किया गया था। अशोक चक्र ध्वज की सफेद पट्टी पर नीले रंग में होता है।

अत: विकल्प (B) सही है।

8. कूट के लिए स्वरूप निम्न प्रकार है,

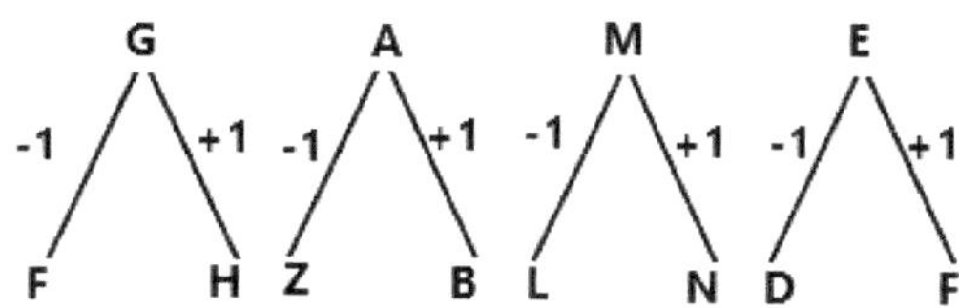

दिए गए शब्द के प्रत्येक अक्षर को इसके बगल वाले अक्षर के साथ प्रतिस्थापित किया जाता है।

इसी प्रकार,

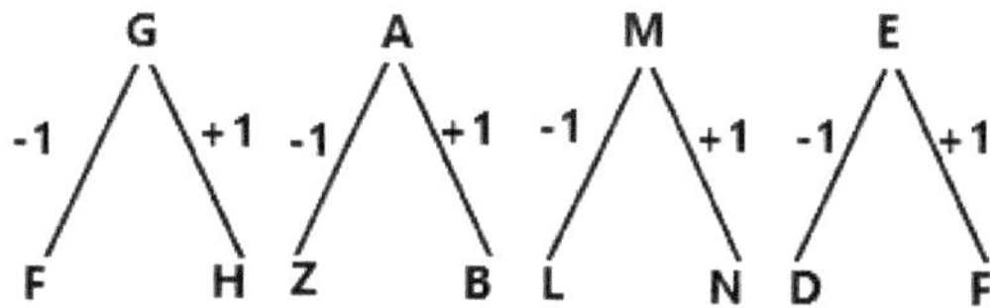

इसलिए, BLUE को ACKMTVDF लिखा जायेगा।

अत: विकल्प (C) सही है।

9. JUSTICE → बनाया जा सकता है।

STYLISE → SUBJECTIVELY में केवल एक S है। इसलिए, नहीं बनाया जा सकता।

VISIBLY → SUBJECTIVELY में केवल एक I है। इसलिए, नहीं बनाया जा सकता।

JIVIEST → SUBJECTIVELY में केवल एक I है। इसलिए, नहीं बनाया जा सकता।

अत: विकल्प (D) सही है।

10. यहाँ अनुसरण किया गया स्वरूप निम्न प्रकार है:

8 + 5 = 13

13 + 10 = 23

23 + 15 = 38

38 + 20 = 58

58 + 25 = 83

इसी प्रकार,

83 + 30 = 113

अत: विकल्प (A) सही है।

11. स्टैच्यू ऑफ लिबर्टी ऊपरी न्यूयॉर्क खाड़ी में स्थित, स्वतंत्रता का सार्वभौमिक प्रतीक है। मूल रूप से फ्रांस और अमेरिका के लोगों के बीच दोस्ती का प्रतीक और स्वतंत्रता के लिए उनकी पारस्परिक इच्छा का संकेत है।

अत: विकल्प (A) सही है।

12. के. संजीता चानू भारत की एक भारोत्तोलन खिलाड़ी हैं। इन्होंने ग्लासगो में हुए 2014 राष्ट्रमण्डल खेलों में भारोत्तोलन स्पर्धा के 48 किलोग्राम वर्ग में स्वर्ण

पदक प्राप्त किया। उन्होंने कुल 173 किलो वजन उठाया, जिसमें 77 स्नैच में और 96 क्लीन एण्ड जर्क में था। वह मणिपुर के काकचिंग जिले से नाता रखती हैं।

अत: विकल्प (D) सही है।

13. यहां अनुसरित तर्क है,

पहली पंक्ति: $(4 + 6 + 5) + 1 = 16$

दूसरी पंक्ति: $(9 + 8 + 3) + 1 = 21$

इसी प्रकार,

तीसरी पंक्ति: $(5 + 8 + 7) + 1 = 21$

अत: विकल्प (B) सही है।

14.

- मिस्र की मुद्रा मिस्र पाउंड है जो 100 पाइस्टर्स में विभाजित है। इसे LE के रूप में संक्षिप्त किया गया है जिसका अर्थ लीवरे इजीपटिएनने (मिस्र के पाउंड के लिए फ्रेंच) है।
- काहिरा मिस्र की राजधानी है और अरबी इसकी आधिकारिक भाषा है।
- अब्देल फतेह अल-सीसी मिस्र के अरब गणराज्य के वर्तमान राष्ट्रपति हैं।

अत: विकल्प (B) सही है।

15.

- पेनल्टी स्ट्रोक, फील्ड हॉकी और फुटबॉल में दिया जाने वाला सबसे गंभीर दंड है।
- यह मुख्य रूप से तब दिया जाता है जब नियमों का उल्लंघन करके एक निश्चित गोल को बनाने से रोका जाता है या पेनल्टी सर्कल में किसी रक्षक द्वारा जानबूझकर उल्लंघन किया जाता है।
- फील्ड हॉकी से जुड़े अन्य शब्द आर्टिफिशियल टर्फ , अटैकर, ब्रेकवे, कॉर्नर फ्लैग आदि हैं।

अत: विकल्प (B) सही है।

16. जूटर शब्द का इस्तेमाल क्रिकेट में किया जाता है। जूटर एक विशेष प्रकार से गेंद फेंकना है जिसमें बहुत कम या बिल्कुल भी स्पिन नहीं होती है। ऑस्ट्रेलियाई खिलाड़ी शेन वॉर्न अपने क्रिकेट करियर में जूटर का उपयोग करने के लिए प्रसिद्ध हैं।

अत: विकल्प (A) सही है।

17. अरुंधति रॉय 'माय सेडिटियस हार्ट' पुस्तक की लेखिका हैं। अरुंधति रॉय "द गॉड ऑफ़ स्मॉल थिंग्स" की लेखिका भी हैं, जिन्होंने 1997 में मैन बुकर पुरस्कार जीता था। द गॉड ऑफ स्मॉल थिंग्स एक गैर-प्रवासी भारतीय लेखक द्वारा सबसे अधिक बिकने वाली पुस्तक बन गई।

अत: विकल्प (C) सही है।

18. वॉर एंड पीस रूसी लेखक लियो टॉल्स्टॉय द्वारा लिखा गया उपन्यास है। उपन्यास में 5 रूसी परिवारों की कहानियों के माध्यम से रूस के फ्रांसीसी आक्रमण के प्रभाव का वर्णन किया गया है। यह पहली बार क्रमिक ढंग से 1865 से 1867 में प्रस्तुत किया गया था। पूरी पुस्तक 1869 में प्रस्तुत की गई थी।

अत: विकल्प (B) सही है।

19. मीथेन गैस को पृथक करने वाला पहला व्यक्ति एलेसेंड्रो वोल्टा था। उन्होंने पता लगाया कि विद्युत् चिंगारी का उपयोग करके हवा में मिश्रित मिथेन को विस्फोट किया जा सकता है। उन्हें विद्युत बैटरी का आविष्कार करने और संपर्क बिजली की खोज करने के लिए भी जाना जाता है।

अत: विकल्प (D) सही है।

20. निकोलस कोपरनिकस एक खगोलशास्त्री और गणितज्ञ थे जिन्होंने सबसे पहले यह पता लगाया था कि पृथ्वी सूर्य के केंद्रीय मॉडल को जन्म देते हुए इसके चारों ओर घूमती है जिसमें सूर्य ब्रह्मांड के केंद्र में होता है।

अत: विकल्प (C) सही है।

21.

- करणी माता बीकानेर के चरण और राठौर की कुलदेवी हैं।
- उन्हें चूहों और जगत माता की देवी जोगमाया का अवतार भी कहा जाता है।
- उनका मंदिर देशनोक बीकानेर में है, जिसकी नींव खुद करणी माता ने रखी थी।
- करणी माता का मूल मंदिर राजा जय सिंह द्वारा बनवाया गया था।
- इस मंदिर का वर्तमान भव्य स्वरूप महाराजा सूरत सिंह ने दिया था।
- इस मंदिर में ज्यादातर चूहे पाए जाते हैं, इसलिए मंदिर को चूहों का मंदिर भी कहा जाता है।

अत: विकल्प (B) सही है।

22. प्रसिद्ध पेंटिंग 'सत्यम शिवम सुंदरम' शिवनंदन नौटियाल की रचना थी। सत्यम शिवम सुंदरम एक संस्कृत वाक्यांश है जिसका भारतीय उपनिषदों में एक महत्वपूर्ण अर्थ है। सत्यम शिवम सुंदरम का उपयोग भगवान शिव के प्रति सम्मान और भक्ति दिखाने के लिए किया जाता है।

अत: विकल्प (D) सही है।

23.

- नोंगक्रेम नृत्य उत्सव मेघालय की खासी जनजाति का एक वार्षिक त्योहार है।
- का पोम्बलंग नोंगक्रेम नृत्य लोकप्रिय रूप से नोंगक्रेम नृत्य के रूप में जाना जाता है।
- उत्सव पांच दिनों तक चलता है और आमतौर पर नवंबर में मनाया जाता है।
- यह त्यौहार शरद ऋतु के दौरान स्मिटी में मनाया जाता है, जो खासी पहाड़ियों का सामाजिक केंद्र है।
- स्वदेशी नृत्य उत्सव को शक्तिशाली देवी कै बली सिंघार को सम्मान देने के लिए मनाया जाता है ताकि लोग अच्छी फसल और समृद्धि के साथ समुदाय को खुश कर सकें ।
- ख्यरिम का सिमीम उच्च पुजारी के साथ पेम्बलंग समारोह करता है।
- नोंगक्रम नृत्य उत्सव के दौरान, खासी जनजाति के युवक और युवतियों द्वारा पारंपरिक नृत्य किया जाता है।
- पुरुषों द्वारा किए गए नृत्य को "का शद मस्तीह" के नाम से जाना जाता है।
- महिलाओं द्वारा प्रस्तुत नृत्य को " का शाद किनती " के नाम से जाना जाता है।

अत: विकल्प (A) सही है।

24. सुल्तान मुहम्मद गोरी ईरानी वंश का था जिसने अफगानिस्तान के गोर क्षेत्र पर शासन किया था। तराइन(तरावड़ी) की दूसरी लड़ाई मोहम्मद गोरी और पृथ्वीराज चौहान के बीच लड़ी गई थी। यह लड़ाई 1192 ईस्वी में तराइन के पास हुई थी। इस युद्ध में, पृथ्वीराज चौहान मोहम्मद गोरी से हार गए थे।

अत: विकल्प (A) सही है।

25. यहाँ अनुसरित स्वरूप निम्न प्रकार है,

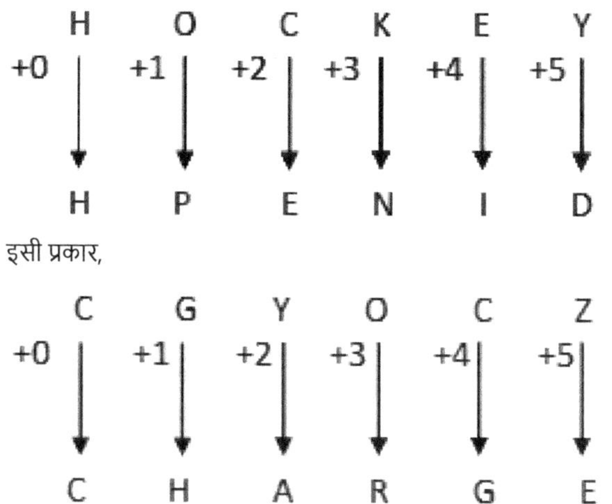

इसी प्रकार,

इसलिए, विंसकेतन के बाद CGYOCZ का कूट CHARGE है।

अत: विकल्प (B) सही है।

Q.1 किस फॉर्मूला वन रेसिंग ड्राइवर ने 3 जुलाई 2022 को ब्रिटिश F1 ग्रांड प्रिक्स जीता है?

A. लूईस हैमिल्टन
B. सर्जिओ पेरेज़
C. कार्लोस सैन्ज़
D. मैक्स वेरस्टैपेन

Q.2 हरियाणा के गांवों में कितनी हाईटेक लाइब्रेरियां बनाई जाएंगी ?

A. 500   **B.** 700   **C.** 900   **D.** 1000

Q.3 इलाहाबाद स्तंभ शिलालेख किस राजा के शासनकाल का विस्तृत विवरण देता है?

A. चंद्रगुप्त मौर्य
B. कनिष्क
C. समुद्र गुप्त
D. अशोक

Q.4 महाराजाधिराज की उपाधि अपनाने वाला पहला गुप्त शासक कौन था?

A. चन्द्रगुप्त।   **B.** चन्द्रगुप्त ॥   **C.** समुद्रगुप्त   **D.** श्रीगुप्त

Q.5 मसानजोर बांध किस नदी पर स्थित है?

A. हल्दी नदी
B. जलधका नदी
C. मयूराक्षी नदी
D. दामोदर नदी

Q.6 किस यामोत्तर या देशांतर को भारत का मानक यामोत्तर भी कहा जाता है?

A. 27°30′E   **B.** 27°30′W   **C.** 82°30′W   **D.** 82°30′E

Q.7 अरावली और विंध्य पर्वत श्रृंखला के बीच कौन –सा पठारीय क्षेत्र स्थित है?

A. दक्कन का पठार
B. मेघालय का पठार
C. मालवा का पठार
D. छोटानागपुर पठार

Q.8 'गंगा सागर मेला' प्रत्येक वर्ष 13 से 15 जनवरी तक मकर संक्रांति के अवसर पर किस राज्य में मनाया जाता है?

A. उत्तर प्रदेश
B. पश्चिम बंगाल
C. बिहार
D. उत्तराखंड

Q.9 घूमोत को किस राज्य का हेरिटेज संगीत वाद्ययंत्र घोषित किया गया था?

A. गोवा   **B.** गुजरात   **C.** राजस्थान   **D.** झारखंड

Q.10 हॉर्नबिल त्यौहार _______ में मनाए जाने वाले महत्वपूर्ण त्यौहारों में से एक है।

A. अरुणाचल प्रदेश
B. नागालैंड
C. मिजोरम
D. मेघालय

Q.11 निम्न में से कौन एक प्रसिद्ध तबला वादक है/थे?

A. टी एन कृष्णन
B. भीमसेन जोशी
C. अल्ला रक्खा
D. हरिप्रसाद चौरसिया

Q.12 मनीषा गुल्लानी निम्नलिखित में से किस नृत्य से संबंधित हैं?

A. कथक
B. कुचिपुड़ी
C. भरतनाट्यम
D. ओडिसी

Q.13 महाभारत का अंग्रेजी भाषा में अनुवाद करने वाले पहले भारतीय कौन थे?

A. किसारी मोहन गांगुली
B. पंडित राम अवतार शर्मा
C. वल्लभाचार्य
D. टीए सरस्वती

Q.14 निम्नलिखित में से किस प्रमुख नेता ने 'सिटीजन दिल्ली: माई लाइफ, माई टाइम्स' पुस्तक लिखी है?

A. शीला दीक्षित
B. अरविंद केजरीवाल
C. हर्ष वर्धन
D. अरुण जेटली

Q.15 टाइगर वुड्स किस खेल से संबंधित हैं?

A. फॉर्मूला 1 रेसिंग
B. टेनिस
C. फेंसिंग
D. गोल्फ़

Q.16 स्किकोमीटर निम्नलिखित में से किस खेल से संबंधित है?

A. टेनिस   **B.** क्रिकेट   **C.** हॉकी   **D.** फुटबाल

Q.17 एक निश्चित कूट में, 'HUNTER' को 'UHNTRE' रूप में कूटबद्ध किया जाता है। 'MANAGE' को किस रूप में कूटबद्ध किया जाएगा?

A. MAANGE
B. EGNAAM
C. AMNAEG
D. MNAAEG

Q.18 एक निश्चित कूट में, 'FINGER' को '852369' के रूप में और 'IGNORE' को '532796' के रूप में लिखा जाता है। तब उस कूट में 'FOREIGN' को किस प्रकार लिखा जाएगा?

A. 8795362   **B.** 8795632   **C.** 8967532   **D.** 8796532

Q.19 निर्देश: श्रृंखला को पूरा कीजिए ।

38, 35, 34, 31, 30, ___

A. 24   **B.** 25   **C.** 28   **D.** 27

Q.20 निर्देश: श्रृंखला को पूरा कीजिए।

4, 4, 8, 24, 96, ___

A. 448   **B.** 493   **C.** 461   **D.** 480

Q.21 निर्देश: निम्नलिखित प्रश्न में, दिए गए विकल्पों में से वह शब्द चुनिए, जिसे दिए गए शब्द के अक्षरों का प्रयोग करके नहीं बनाया जा सकता है।

PREDICAMENT

A. DICE   **B.** MATE   **C.** TEAM   **D.** RAIL

Q.22 रक्त समूहों की खोज किसके द्वारा की गई?

A. लैंडस्टेनर
B. विलियम हार्वे
C. वीजमैन
D. मॉर्गन

Q.23 इंसुलिन की खोज किसने की थी?

A. फ्रेडरिक बैंटिंग
B. एडवर्ड जेनर
C. रोनाल्ड रॉस
D. एस ए वेक्समैन

Q.24 भारत के राज्य प्रतीक में कितने एशियाई शेर हैं?

A. 3   **B.** 4   **C.** 5   **D.** 2

Q.25 "आई डू व्हाट आई डू" पुस्तक का लेखक कौन है?

A. प्रणब मुखर्जी
B. रघुराम राजन
C. उर्जित पटेल
D. जगदीश प्रकाश

// स्मार्ट उत्तर पुस्तिका //

सही उत्तर — उन छात्रों का प्रतिशत जिन्होंने प्रश्नों का सही उत्तर दिया था।   **छोड़ दिया** — उन छात्रों का प्रतिशत जिन्होंने प्रश्नों को छोड़ दिया था।

प्रश्न संख्या	उत्तर	सही उत्तर / छोड़ दिया	प्रश्न संख्या	उत्तर	सही उत्तर / छोड़ दिया	प्रश्न संख्या	उत्तर	सही उत्तर / छोड़ दिया	प्रश्न संख्या	उत्तर	सही उत्तर / छोड़ दिया	प्रश्न संख्या	उत्तर	सही उत्तर / छोड़ दिया	प्रश्न संख्या	उत्तर	सही उत्तर / छोड़ दिया
1	C	51.47 % / 32.34 %	6	D	45.19 % / 30.06 %	11	C	88.26 % / 10.4 %	16	B	53.94 % / 40.11 %	21	D	50.93 % / 30.31 %			
2	D	69.23 % / 30.19 %	7	C	49.78 % / 49.67 %	12	A	62.37 % / 35.18 %	17	C	86.54 % / 10.34 %	22	A	60.38 % / 32.85 %			
3	C	65.22 % / 33.86 %	8	B	68.81 % / 31.13 %	13	A	64.26 % / 33.11 %	18	D	40.68 % / 39.47 %	23	A	50.4 % / 33.07 %			
4	A	61.21 % / 30.34 %	9	A	65.47 % / 33.71 %	14	A	58.16 % / 39.18 %	19	D	80.26 % / 15.88 %	24	B	64.49 % / 30.44 %			
5	C	59.85 % / 35.66 %	10	B	86.14 % / 13.14 %	15	D	43.38 % / 53.91 %	20	D	83.33 % / 14.57 %	25	B	48.41 % / 35.02 %			

//संकेत और समाधान//

1. फेरारी के कार्लोस सैन्ज़ ने अपने करियर की पहली फॉर्मूला वन रेस 3 जुलाई 2022 को ब्रिटिश ग्रैंड प्रिक्स में जीत के साथ जीती।

रेड बुल के सर्जियो पेरेज़ और मर्सिडीज के लुईस हैमिल्टन क्रमशः दूसरे और तीसरे स्थान पर रहे। चैंपियनशिप लीडर मैक्स वेरस्टापेन सातवें स्थान पर रहे। सैन्ज़ 2022 ड्राइवर स्टैंडिंग में चौथे स्थान पर पहुंच गया है।

अत: विकल्प (C) सही है।

2. हरियाणा के विकास एवं पंचायत मंत्री देवेंद्र सिंह बबली ने कहा कि राज्य में पायलट प्रोजेक्ट के तौर पर गांवों में एक हजार हाईटेक लाइब्रेरी बनाई जाएंगी। कैथल जिले के खीरी रायवाली गांव में आयोजित 'मधुर मिलन कार्यक्रम' के दौरान एक जनसभा को संबोधित करते हुए मंत्रियों ने कहा कि इन पुस्तकालयों से ग्रामीण क्षेत्र के युवा वर्तमान आवश्यकता के अनुरूप शिक्षा ग्रहण कर अपना भविष्य उज्जवल बना सकेंगे। इसके साथ ही युवाओं को खेलों के प्रति प्रोत्साहित करने और उन्हें नशे से दूर रखने के लिए गांवों में 1000 जिम बनाने का काम भी चल रहा है।

अतः विकल्प (D) सही है।

3. समुद्र गुप्त के दरबारी कवि और मंत्री हरीसेन ने इलाहाबाद स्तंभ शिलालेख या प्रयाग प्रशस्ति की रचना की थी। यह स्तंभ अशोक द्वारा छह शताब्दियों पूर्व निर्मित एक अशोकन स्तंभ था। यह शिलालेख समुद्र गुप्त का स्तवन है और इसमें समुद्र गुप्त की विजय और गुप्त साम्राज्य की सीमाओं का उल्लेख है। इस शिलालेख के अनुसार, समुद्र गुप्त ने उत्तर में 9 राजाओं को हराया, दक्षिण में 12 राजाओं को, सभी अटाविका राज्यों को कम कर दिया।

अत: विकल्प (C) सही है।

4. चंद्रगुप्त प्रथम महाराजाधिराज की उपाधि को अपनाने वाला गुप्त वंश का पहला शासक था। चंद्रगुप्त प्रथम गुप्त राजा घटोत्कच का पुत्र था और वंश के संस्थापक गुप्त के पौत्र थे, दोनों को इलाहाबाद स्तंभ शिलालेख में महाराजा कहा जाता है। वह अपने अगले उत्तराधिकारी समुद्रगुप्त के पिता भी थे।

अत: विकल्प (A) सही है।

5. मसानजोर बांध भारत के झारखंड राज्य के दुमका के पास मसानजोर में स्थित मयूराक्षी नदी पर बना जलविद्युत बांध है। इसे कनाडा बांध भी कहा जाता है। मयूराक्षी में मसानजोर बांध 1955 में बनाया गया था। पश्चिम बंगाल के सिउरी से लगभग 38 किलोमीटर की दूरी पर मसानजोर बांध है।

अत: विकल्प (C) सही है।

6. 82° 30'E यामोत्तर या देशांतर को भारत का मानक यामोत्तर भी कहा जाता है। भारत का मानक यामोत्तर, ग्रीनविच मेरिडियन के पूर्व में है। भारतीय मानक समय प्रतिसंतुलन UTC+05:30 है। ग्रीनविच मीन टाइम (GMT) ग्रीनविच में रॉयल वेधशाला में औसत सौर समय है।

अत: विकल्प (D) सही है।

7. मालवा का पठार अरावली और विंध्य पर्वत श्रृंखलाओं के बीच स्थित है। मालवा का पठार, मध्य उत्तर भारत में पठारी क्षेत्र है। यह मध्य भारत और बुंदेलखंड उत्थान के पठार से पूर्व और दक्षिण में विंध्य रेंज और पश्चिम में गुजरात के मैदानी इलाके से उत्तर की ओर घिरा हुआ है।

अत: विकल्प (C) सही है।

8. गंगा-सागर मेला भारत के ऐसे त्योहारों में से एक है जिसे पश्चिम बंगाल में हर साल 13 जनवरी - 15 जनवरी को मकर संक्रांति के अवसर पर मनाया जाता है, जिसमें दुनिया भर से हजारों तीर्थयात्री आते हैं। पश्चिम बंगाल का होस्टिंग राज्य इस मेले का आयोजन बड़े गर्व और भक्ति के साथ करता है। तीर्थयात्री सुबह भगवान सूर्य की पूजा करते हुए गंगा नदी के जल में पवित्र डुबकी लगाते हैं।

अत: विकल्प (B) सही है।

9. घूमोत को गोवा का हेरिटेज संगीत वाद्ययंत्र घोषित किया गया था। घूमोत एक विशेष रूप से डिजाइन किया गया मिट्टी का घड़ा है जिसमें मिट्टी के घड़े के मुंह पर गोह की त्वचा को कस कर बनाया जाता है। यह गोवा के वन विभाग द्वारा एक छिपकली की त्वचा का मुख्य घटक होने के कारण प्रतिबंधित किया गया था। यह गणेश चतुर्थी आरती के दौरान व्यापक रूप से बजाया जाता है।

अत: विकल्प (A) सही है।

10. हॉर्नबिल फेस्टिवल नागालैंड के सबसे महत्वपूर्ण त्यौहारों में से एक है। यह हर साल 1 से 7 दिसंबर तक होता है। यह नागा सैन्यदल द्वारा किया जाता है।

अत: विकल्प (B) सही है।

11. उस्ताद अल्लारक्खा कुरैशी को अल्ला रक्खा के नाम से जाना जाता है, जो एक भारतीय तबला वादक थे, जो हिंदुस्तानी शास्त्रीय में विशिष्ट थे। वह सितार वादक रविशंकर के लगातार संगतकार थे और पश्चिमी दर्शकों के लिए तबला शुरू करने के लिए काफी हद तक जिम्मेदार थे।

अत: विकल्प (C) सही है।

12. मनीषा गुल्लानी भारत की एक बहुत प्रसिद्ध कथक नृत्यांगना हैं। वह पं. गिरधारी महाराज की शिष्या हैं, जो आईसीसीआर कथक कलाकार हैं और विदेशों में आईसीसी केंद्रों की शिक्षक सह कलाकार हैं।

अत: विकल्प (A) सही है।

13. किसारी मोहन गांगुली ने सबसे पहले महाभारत का संस्कृत से अंग्रेजी में अनुवाद किया था।

किसारी मोहन गंगुली एक भारतीय अनुवादक थे जिन्हें अंग्रेजी में संस्कृत महाकाव्य महाभारत का पूरा अनुवाद उपलब्ध कराने के लिए जाना जाता है। उनके अनुवाद को 1883 और 1896 के बीच कृष्ण-द्वैपायन व्यास अनुवाद के महाभारत के रूप में अंग्रेजी गद्य में प्रकाशित किया गया था।

अत: विकल्प (A) सही है।

14. शीला दीक्षित ने 'सिटीजन दिल्ली: माई लाइफ, माई टाइम्स' पुस्तक लिखी। पुस्तक 10 फरवरी 2018 को प्रकाशित हुई थी। शीला दीक्षित को दिल्ली के सबसे लंबे समय 15 वर्षों से तक मुख्यमंत्री रहने के लिए जाना जाता है।

उनकी किताबें हैं:

- सिटीजन दिल्ली: माई टाइम्स, माई लाइफ
- दिल्ली मेरी दिल्ली: बिफोर एंड आफ्टर 1988

अत: विकल्प (A) सही है।

15. एल्ड्रिक टोंट "टाइगर" वुड्स एक अमेरिकी पेशेवर गोल्फर है। वह पीजीए टूर में पहले स्थान पर है और पुरुषों की प्रमुख चैंपियनशिप में दूसरे स्थान पर है और इनके नाम कई गोल्फ रिकॉर्ड हैं। वुड्स को व्यापक रूप से सबसे बड़े गोल्फरों में से एक माना जाता है और प्रसिद्ध एथलीटों में से एक है।

अत: विकल्प (D) सही है।

16. स्निकोमीटर एक कंप्यूटर और कैमरा प्रणाली का नाम है जिसका उपयोग क्रिकेट मैचों में किया जाता है। इस तकनीक का उपयोग टेलीविजन क्रिकेट मैचों में गेंद बल्ले से गुजरने वाले वीडियो को उसी समय किसी भी आवाज़ के ऑडियो के रूप में दिखाने के लिए किया जाता है। इसका उपयोग केवल टेलीविज़न दर्शकों को अधिक जानकारी देने और यह दिखाने के लिए किया जाता है कि गेंद वास्तव में बल्ले से टकराई थी या नहीं।

अत: विकल्प (B) सही है।

17. तर्क है:

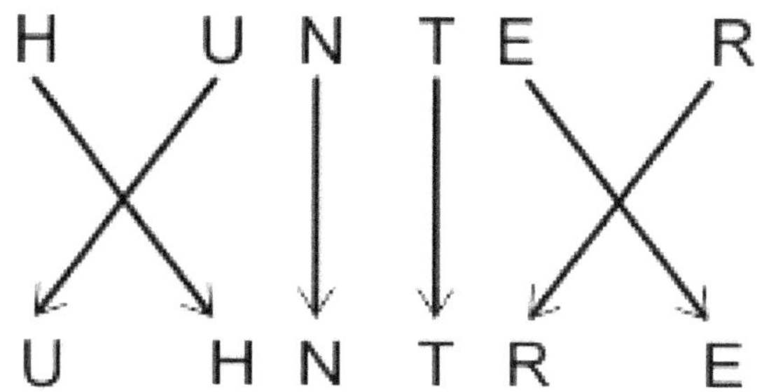

इसी प्रकार,

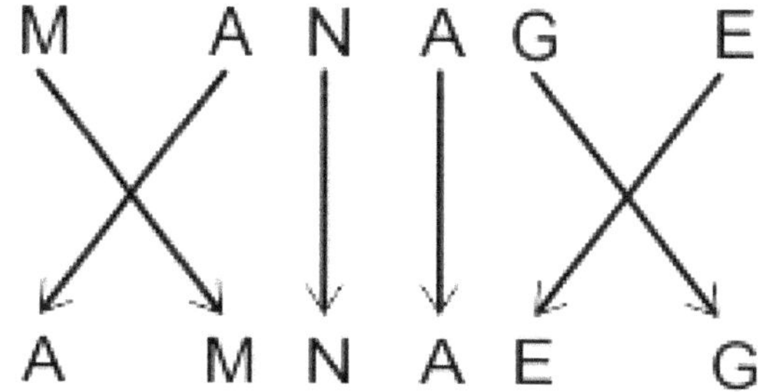

अत: विकल्प (C) सही है।

18. 2 शब्दों और उनके कूटों को अनुक्रम में मिलाकर, हम अक्षरों के निम्नलिखित प्रतिरूपों का अनुमान लगा सकते हैं:

F	I	N	G	E	R
8	5	2	3	6	9
I	G	N	O	R	E
5	3	2	7	9	6

इसलिए, उपरोक्त सारणी से, FOREIGN को निम्न प्रकार से लिखा जा सकता है,

F	O	R	E	I	G	N
8	7	9	6	5	3	2

अत: विकल्प (D) सही है।

19. तर्क है:

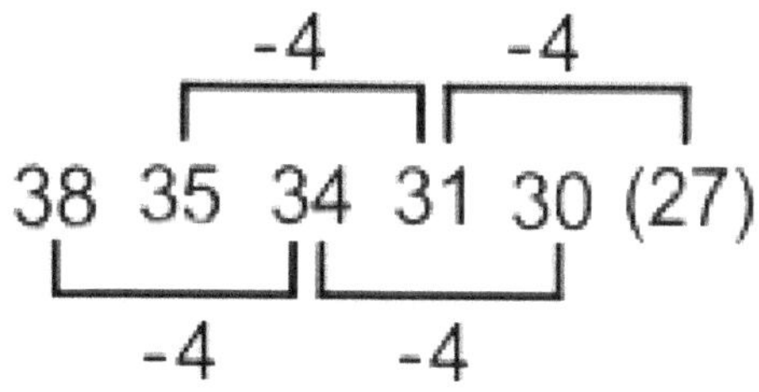

अत: विकल्प (D) सही है।

20. तर्क है:

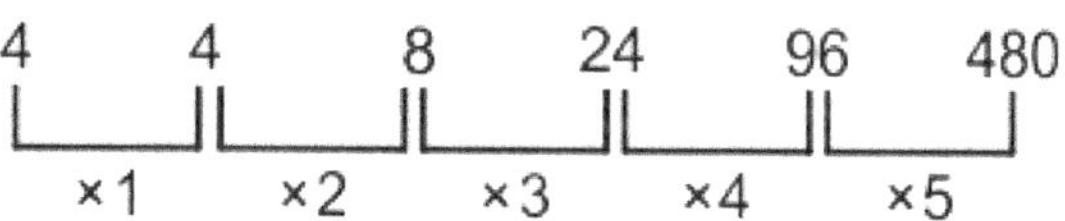

अत: विकल्प (D) सही है।

21. 1) DICE → PREDICAMENT → बनाया जा सकता है।

2) MATE → PREDICAMENT → बनाया जा सकता है।

3) TEAM → PREDICAMENT → बनाया जा सकता है।

4) RAIL → PREDICAMENT → बनाया नहीं जा सकता है क्योंकि L अक्षर मौजूद नहीं है।

अत: विकल्प (D) सही है।

22. ABO रक्त समूह प्रणाली को व्यापक रूप से ऑस्ट्रियाई वैज्ञानिक कार्ल लैंडस्टैनर द्वारा खोजा गया है, जिन्होंने 1900 में O, A, और B रक्त प्रकारों की पहचान की थी। उन्हें अपने काम के लिए 1930 में फिजियोलॉजी या मेडिसिन में नोबेल पुरस्कार से सम्मानित किया गया था।

अत: विकल्प (A) सही है।

23. फ्रेडरिक बैंटिंग एक कनाडाई चिकित्सा वैज्ञानिक, चिकित्सक और नोबेल पुरस्कार विजेता थे, जो इंसुलिन के मुख्य खोजकर्ताओं में से एक थे। 1923 में बैंटिंग और जॉन जेम्स रिकार्ड मैकलोड ने चिकित्सा में नोबेल पुरस्कार प्राप्त किया, जो फिजियोलॉजी / मेडिसिन में नोबेल पुरस्कार के सबसे कम उम्र के प्राप्तकर्ता हैं।

अत: विकल्प (A) सही है।

24. राष्ट्रीय प्रतीक लायन कैपिटल का एक रूपांतरण है, जो मूल रूप से 250 ईसा पूर्व में स्थापित सारनाथ में अशोक स्तंभ के ऊपर पाया गया था। कैपिटल में चार एशियाई शेर हैं - जो शक्ति, साहस, गर्व और आत्मविश्वास का प्रतीक हैं। अबेकस में एक बैल, एक घोड़ा, एक शेर और एक हाथी की मूर्तियां हैं।

अत: विकल्प (B) सही है।

25.

- आई डू व्हाट आई डू, रघुराम राजन द्वारा लिखी गई एक गैर-काल्पनिक पुस्तक है।

- श्रीमान राजन एक अर्थशास्त्री और भारतीय रिजर्व बैंक के पूर्व गवर्नर हैं।

- यह पुस्तक हार्पर कॉलिंस इंडिया द्वारा 2017 में प्रकाशित की गई है।

- यह पुस्तक राजन द्वारा भारतीय रिज़र्व बैंक के गवर्नर के रूप में उनके कार्यकाल के दौरान दिए गए भाषणों का एक संग्रह है, जो उस समय उनके प्रचलित आर्थिक और राजनीतिक संदर्भ पर विचारों के साथ।

- पुस्तक 5 सितंबर, 2017 को जारी की गई थी।

- यह उस समय की सबसे अधिक बिकने वाली पुस्तकों में से एक बन गई।

अत: विकल्प (B) सही है।